Christoph Martin Wieland

Lucians von Samosata - Sämtliche Werke

Christoph Martin Wieland

Lucians von Samosata - Sämtliche Werke

ISBN/EAN: 9783743685703

Hergestellt in Europa, USA, Kanada, Australien, Japan

Cover: Foto ©ninafisch / pixelio.de

Weitere Bücher finden Sie auf **www.hansebooks.com**

Lucians
von Samosata
Sämtliche Werke.

Aus dem Griechischen übersetzt

und mit

Anmerkungen und Erläuterungen

versehen

von

C. M. Wieland.

Sechster Theil.

Leipzig,
im Verlag der Weidmannischen Buchhandlung.
1789.

Verzeichniß
der in diesem sechsten Theil enthaltnen Stücke.

Die Rednerschule   S. 3
Der ungelehrte Büchernarr   33
Apophras   65
Gegen die Verläumdung   97
Lobschrift auf den Demosthenes   123
Der doppelt Angeklagte   177
Prometheus   223
Nero, oder das Project den Isthmus zu durchstechen.   233
Der Tyrannenmörder   245
Der enterbte Sohn   267
Der erste Phalaris   303
Der zweyte Phalaris   319

Lobrede auf einen schönen Saal	327
Charidemus, über die Schönheit	353
Philopatris	382
Tragopodagra	422
Sinngedichte.	441

Die Rednerschule,

oder

Anweisung

wie man mit wenig Mühe ein berühmter Redner werden könne.

Du fragst mich, mein junger Freund, wie du es anfangen müssest, um ein **Rhetor** zu werden und

Anweisung, u. s. w. Lucian stand mit den Rhetorn und Sophisten seiner Zeit nicht viel besser als mit den Philosophen. Die gegenwärtige ironische Rednerschule sieht so ziemlich der Ergießung einer lange zurückgehaltnen, und durch irgend eine besondere Veranlassung rege gemachten Galle ähnlich. Daß es damals an rhetorischen Scharlatanen, auf welche die meisten Züge dieser halb lachenden, halb bittern und brennenden Satyre passen mochten, nicht gefehlt habe, kann keinem der mit dem Genius des Lucianischen Zeitalters bekannt ist, zweifelhaft seyn: indessen fällt doch, bey Durchlesung derselben, deutlich genug in die Augen, daß es hauptsächlich auf Einen gemünzt war, der sich, wir wissen nicht warum, wie, wo und wann, den Unwillen und die Rache unsers Autors zugezogen zu haben scheint. Wer dieser unglückliche gewesen sey, ist unbekannt: denn das Vorgeben des Scholiasten, daß es Julius Pollux sey, beruht auf so armseligen Gründen, daß es die Ehre kaum verdiente, von einem Manne wie Tib. Hemsterhuys in seiner Vorrede zum Onomastikon des Pollux widerlegt zu werden.

und es dahin zu bringen, daß du sogar an den ehrwürdigen und von aller Welt hochgeachteten Nahmen eines **Sophisten** ²) Anspruch machen könnest. Du möchtest nicht leben, sagst du, wenn du nicht eine solche Stärke im reden erlangen solltest, daß dir keiner etwas anhaben könnte, oder sich dir entgegen zu stellen getrauete; kurz, du willst dich nicht eher zufrieden geben, bis du so weit gekommen bist, allgemein bewundert und angestaunt zu werden, und im ganzen Griechenlande für einen Mann zu gelten, den es der Mühe werth ist, reden zu hören. Du wünschest also nur die Wege kennen zu lernen, wie leicht oder beschwerlich sie auch seyn möchten, auf welchen du dazu gelangen könnest. — Herzlich gerne, mein Sohn! Wer wollte einem jungen Menschen, der mit solcher Leidenschaft nach einem so edeln Ziele trachtet, und nur nicht weiß wie ers anfangen soll, eine so heilige Sache, als ein guter Rath ist ³), abschlagen können? zumal, wenn er so bescheiden und ernstlich darum bittet wie du. Höre also, was ich dir, soviel an mir ist, sagen werde; und sey versichert, daß du in sehr kurzer Zeit alles, was dazu erfodert wird, wissen und so völlig in deiner Gewalt haben sollst, daß du dann weiter nichts nöthig haben wirst, als meiner Vorschrift getreu zu bleiben, dem gehörten fleissig nachzudenken, und mit muntern Schritten auf diesem Wege so lange fortzugehen, bis du das Ziel erreicht hast.

Freylich

2) S. meine vorläuf. Abhandl. zu Anfang des I. Th. d. W. s. VIII. u. f.

3) Anspielung auf den Vers des **Menander**:
Es ist ein heilig Ding um einen guten Rath.

Freylich ist die Sache, der du nachjagest, nicht etwa eine Kleinigkeit, die man mit geringer Mühe und spielend weg haben könnte; sie ist es schon werth, daß man sich ihrentwegen keine Arbeit, keine schlaflose Nacht; keine Beschwerde, wie groß sie auch seyn möchte, dauern lasse: denn du siehest ja, wie viele, die zuvor nichts waren, bloß durch ihre Beredsamkeit berühmte, reiche, und, beym Jupiter! sogar vornehme Leute und Männer von der ersten Classe geworden sind [4].

Demungeachtet laß du den Muth nicht sinken, oder dich durch die Einbildung abschrecken als ob die Schwierigkeiten mit der Größe der Vortheile die man zu hoffen hat, in gleichem Verhältniß stünden, und als ob du so schrecklich viele und hohe Berge zu übersteigen hättest. Nein, mein Sohn! so gar viel Schweiß soll es dich nicht kosten! Ich werde dich auf keinen so rauhen und steilen Pfad weisen, daß du schon auf halbem Wege vor Ermüdung wieder umzukehren genöthigt seyn solltest. Da machte ich es ja nicht besser mit dir als die andern, die ihre Schüler den gewöhnlichen, langen, immer bergan gehenden, mühseligen und die meisten wieder zurückschreckenden Weg führen. Das ist eben das beste bey dem Wege auf den ich dich weisen will, daß er gerade das Gegentheil von jenem ist; er ist zugleich der angenehmste und der kürzeste, breit und bequem

---

[4] Beyspiele hievon geben uns die Vitae Sophistarum des Philostratus, aus welchen überhaupt viel Licht auf diese Lucianische Schrift fällt.

bequem genug daß du ihn zu Pferd und im Wagen machen kannst; du wandelst auf einem immer sanften Abhang, durch blumichte Wiesen und kühle Schatten, mit größter Anmuth und Behaglichkeit einher, und befindest dich, ohne daß du selbst recht weißt wie dir geschehen ist, und ohne dich im geringsten erhitzt und abgemattet zu haben, mit Einem Mahl am Ziele⁵), hast die Beute ohne Arbeit erjagt, und legst dich nun nieder und lässest dir wohl seyn, einen mitleidigen Blick auf die armen Tröpfe unten am Berge herabwerfend, die sichs auf jenem gewöhnlichen Wege so sauer werden lassen, durch pfadlose und schlüpfrige Klippen mühselig empor zu kriechen, auch nicht selten wieder herabpurzeln und sich tüchtige Löcher in den Kopf fallen, indessen du Glückseliger schon lange mit Preis und Ruhm gekrönt oben sitzest, und dich an allen den Gütern erlabest, die dir durch die Redekunst nur nicht gar im Schlafe zugefallen sind.

Das ist nun freylich ein großes Versprechen! Aber, beym Jupiter Philius⁶)! denke nicht daß ich dich täuschen wolle, indem ich dir die Sache so ungemein leicht und angenehm vorspiegle. Denn wenn Hesiodus bloß dadurch, daß er einen kleinen Lorberzweig vom Helikon

in

5) Der Text sagt: ἐν ἄκρῳ auf dem Gipfel des Berges. Freylich ist das eben das Wunderbare, daß man durch beständiges absteigen auf die Spitze eines hohen Berges kommen soll! und nach Schach Bahams berühmter Theorie, ist das absurde das Erhabene des Wunderbaren.

6) Dem Beschützer und Rächer der Freundschaft.

in die Hand bekam, stehendes Fußes aus einem Hirten ein Dichter werden, und von den Musen begeistert, die Entstehung der Götter und Menschen singen [7]) konnte: warum sollte es unmöglich seyn, daß einer nicht auch ein Redner, (der bey weitem keine so großen Ansprüche macht als ein Poet) in kurzer Zeit werden könnte, wenn er so glücklich ist auf den kürzesten Weg gewiesen zu werden? Es sollte mir leid für dich thun, wenn es mir mit dir ergienge wie jenem Sidonischen Kaufmanne mit dem Vorschlag, den er Alexandern that, und der bloß durch den Unglauben dieses Fürsten ohne Erfolg und Nutzen blieb. Ich muß dir das Geschichtchen doch zu deiner Warnung erzählen. Alexander hatte sich, nach dem vollständigen Siege den er über den Darius bey Arbela erfochten hatte, zum Herren von Persien gemacht. Nun war es zu Regierung eines so weitläuftigen Reichs nothwendig, Boten zu bestellen, durch welche die schriftlichen Befehle des Monarchen so schleunig als möglich in alle Theile getragen würden; von Persien aber nach Aegypten war ein weiter Weg; denn weil ein Umweg über die dazwischen liegenden Berge genommen werden mußte, so mußte man einen Theil von Babylonien und die ganze Arabische Wüste durchlaufen, ehe man, wenn alles gut gieng, in Aegypten anlangte; wozu selbst der beste Laufer wenigstens zwanzig starke Tagereisen nöthig hatte. Dieß war Alexandern sehr ungelegen, weil er, auf erhaltene Nachricht, daß die Aegyptier gewisse Bewegungen mach-

---

[7]) S. das Gespräch mit Hesiodus im 5ten Theil.

machten, deren Ausbruch er verhindern wollte, seinen dortigen Satrapen die nöthigen Verhaltungsbefehle nicht bald genug zufertigen konnte. In dieser Verlegenheit erbot sich der Sidonische Kaufmann ihm einen sehr kurzen Weg aus Persien nach Aegypten anzugeben; „denn, sagte er, wer diese Berge übersteigt, (welches in drey Tagen sehr wohl möglich ist) der ist sodann gleich in Aegypten." Und so verhielt es sich in der That [8]). Aber Alexander glaubte es nicht, sondern hielt den Kaufmann für einen Betrüger. Man fand das Versprechen unglaublich, weil es unwahrscheinlich war.

Hüte dich also nur vor diesem Unglauben, und du sollst aus eigner Erfahrung überzeugt werden, daß es dir eben so leicht werden soll in sehr kurzer Zeit für einen Redner zu paßieren, als in einem einzigen Tag, und in weniger, das ganze Gebürge zwischen Persien und Aegypten — zu überfliegen.

Vor allen Dingen will ich dir nun, in der Manier des berühmten Cebes, die beyden Wege, die zu deiner, wie es scheint, so leidenschaftlich geliebten Redekunst führen, in einem Gemählde zeigen. Stelle sie dir vor als eine Frau von der schönsten Gestalt und Gesichtsbildung, die auf der Spitze eines Berges sitzt, das

Horn

---

[8] Lucian hatte also eine sehr unrichtige Carte; denn es verhält sich in der That nicht so. Die kürzeste Linie zwischen der Persischen Grenze gegen Abend und der Aegyptischen gegen Morgen beträgt, über 200 deutsche Meilen; und Alexander hatte also großes Recht, den Sidonier für einen Betrüger oder Narren zu halten.

Horn der Amalthea, mit allen Arten von Früchten angefüllt, in ihrer rechten haltend; bilde dir ferner ein, du sehest den **Reichthum** (Plutus) von Kopf zu Fuß ganz golden und reizend zu ihrer linken; neben ihm der Ruhm und die **Stärke**, und rings um sollen die **Lobsprüche**, gleich kleinen Liebesgöttern, in großer Menge und in den anmuthigsten Gruppen um sie her flattern. Wenn du etwa den Nil in einem Gemählde vorgestellt gesehen hast, auf einem Krokodil oder Seepferde liegend, wie man ihn gewöhnlich zu mahlen pflegt, mit einer Menge kleiner Knaben 9) die um ihn herum spielen, so stelle dir die Lobsprüche um die Rhetorik vor. — Nun frisch zu, du feuriger Liebhaber! da du doch wohl keinen sehnlichern Wunsch hast, als je bälder je lieber auf dem Gipfel zu seyn, um dich mit deiner Göttin zu vermählen, und mit ihr zugleich den

---

9) Der Text setzt hinzu: „die Aegyptier nennen sie Pecheis (πηχεις, Ellen) um ihre Statur, verhältnißmäßig gegen die Größe des Nilgottes, dadurch anzudeuten, wie Philostratus in seinem Gemählde des Nils (im 5ten des I. Buchs der Iconum) sagt. Sie hießen auch die Zwerge des Nils, und die wahre Ursache warum sie gerade nicht größer als einer Elle groß und warum ihrer sechzehn seyn mußten, war, weil sie die Zahl der Ellen bezeichneten, zu welcher der Nil in seinem Anwachsen steigen durfte, wenn er den höchsten Grad der Fruchtbarkeit eines Jahres bewirken sollte. Plin. V. c. 9. und XXXVI. c. 7. wo er der colossalischen Bildsäule des Nils, mit den sechzehn kleinen um ihn herumspielenden Knaben Erwähnung thut, welche Kayser Vespasianus im Tempel der Vesta auffstellen ließ, und von welcher diejenige, die jetzt im Vaticanischen Museo steht und in den Ruinen der Villa Hadriani gefunden wurde, vermuthlich eine Copie ist.

Reichthum, den Ruhm und die Lobsprüche zu erhalten, als welche nach dem Gesetze demjenigen zufallen der die Braut davon trägt. Zwar wirst du anfangs, wenn du dich dem Berge näherst, allen Muth jemals hinauf zu kommen verlieren: es wird dir damit ergehen, wie den Macedoniern mit dem Aornos, der ihnen so steil und hoch und unzugangbar schien, daß es sogar den Vögeln kaum möglich sey über ihn wegzufliegen [10], und ihn zu erobern wenigstens ein Bacchus oder Herkules erfodert werde. So scheint es dir beym ersten Anblick. Wenn du dich aber genauer umsiehest, so fallen dir bald zwey Wege in die Augen, wovon der eine sehr schmal, rauh und mit Dornen verwachsen ist, und denjenigen, der ihn betreten wollte, zum voraus mit vielem Durst und Schweiß bedroht. — Doch Hesiodus hat ihn bereits so gut beschrieben, daß ich nichts hinzuzusetzen habe. Der andere hingegen ist breit, blumicht, von Quellen und Bächen durchschlängelt, kurz wie ich ihn vorhin geschildert habe, so daß ich dich nicht durch Wiederholung des bereits gesagten um eine Zeit bringen will in der du schon ein ausgemachter Redner geworden seyn könntest.

Uebrigens darf ich nicht unbemerkt lassen, daß jener rauhe Pfad nur sehr wenige Fußstapfen hat, und auch diese wenige sind aus alten Zeiten her; wiewohl ich gestehen muß, daß ich selbst unglücklich genug gewesen bin auf ihm hinaufzusteigen, und mich dadurch so vielen

---

10) S. das vierzehente Todtengespräch, im 2 Theile S. 251.

len Beschwerlichkeiten auszusetzen, deren ich wohl hätte überhoben seyn können. Nicht als ob ich den andern bequemern Weg nicht auch gesehen hätte; im Gegentheil, da er so eben und ohne alle Krümmung ist, fiel er mir schon von weitem in die Augen: aber ich war damals zu jung, um zu wissen was das bessere ist, und glaubte dem Poeten Hesiodus, der mich versicherte, man könne nicht anders als mit vieler Mühe und Arbeit zum Besitz des Guten kommen. Das verhält sich aber nicht so; denn ich sehe manchen, der es viel weiter in der Welt gebracht hat als ich, bloß weil er in der Wahl des Weges und dem Gebrauch den er von seinem Talente machte, glücklicher war.

Du wirst also, wie gesagt, wenn du dahin gekommen bist, wo die beyden Wege sich scheiden, bey dir selbst anstehen, und unschlüssig seyn, welchen von beyden du einschlagen sollst. Was du nun zu thun hast, um mit der wenigsten Arbeit den Gipfel zu ersteigen, zum Besitz der schönen Dame zu gelangen, und durch sie ein glücklicher und weltberühmter Mann zu werden, das will ich dir nun getreulich sagen: denn es ist genug, daß ich selbst betrogen worden bin und mirs so sauer werden lassen mußte; Dir soll alles ohne Pflug und ohne Saat wachsen, wie in der goldnen Zeit.

Merke also wohl auf! Gleich anfangs wird dir ein starker rüstiger Mann entgegen kommen, von derbem Ansehen und männlichem Gang, mit Augen voll Feuer und am ganzen Leibe von der Sonne braun gefärbt.

färbt. Dieser Mann wird sich dir zum Wegweiser auf dem rauhen Fußpfad anbieten, und dir eine Menge albernes Zeug vorschwatzen, um dich zu bereden mit ihm zu gehen; wird dir die Fußstapfen eines Demosthenes, Plato, uud einiger anderer ihres gleichens zeigen, welche freylich größer sind als die aus unsern Zeiten, dafür aber kaum noch kenntlich und durch die Länge der Zeit fast ganz unsichtbar geworden sind; und wird dir sagen, wenn du auf diesem Wege, so gerade wie auf einem Seile, fortgehest, werdest du endlich so glücklich seyn, zum rechtmäßigen Besitz der Göttin zu gelangen: hingegen dürftest du auch nur einen einzigen kleinen Schritt seitwärts über die gerade Linie hinaus thun, so würde alle Hoffnung dazu auf ewig für dich verlohren seyn. Er wird dich hierauf jenen alten Männern nacheifern heissen, und dir wer weiß was für altmodische und bey allem dem nicht leicht nachzumachende Muster aus der Fabrik eines Hegesias 11), Krates 12), und

---

11) Cicero fällt kein so günstiges Urtheil von diesem Hegesias, und tadelt vielmehr die übermäßige Affectation der attischen Concinnität des Charisius, den er sich zum Muster genommen hatte, an ihm, de clar. Orator. c. 83. Noch härter drückt er sich über ihn im 67sten Capitel seines Orators an M. Brutus aus: — et is quidem (Hegesias) non minus sententiis peccat quam verbis: ut non quaerat quem appellet ineptum, qui illum cognoverit.

12) Nicht der cynische Philosoph dieses Nahmens, sondern ein Redner von Trallia in Phrygien gebürtig, aber so wenig berühmt, daß man sich billig wundern muß, warum ihn Lucian hier als ein Muster aufstellen sollte. Es ist daher nicht unwahrscheinlich, daß man statt Krates, Kritias lesen müsse, welchen des

und Gorgias ¹³) vorlegen, an denen alles streng angezogen, nervicht, hart und in die schärfsten Umrisse ein-
geschlossen ist. Ueberdieß wird er dir Arbeit, Nacht-
wachen, Wassertrinken und Hunger leiden zu unnach-
läßlichen Bedingungen machen, ohne die es ganz und
gar nicht möglich sey, auf diesem Wege fortzukommen.
Das allerverdrießlichste aber ist, daß seinem sagen nach,
eine so schrecklich lange Zeit zur Reise erfodert wird;
denn die mißt er dir nicht etwa nach Tagen oder Mo-
naten, sondern zu ganzen Olympiaden vor, so daß einem, der es hört, gleich aller Muth vergeht solche Stra-
pazen auszuhalten, und man lieber die Hoffnung einer
so mühsamen und ungewissen Glückseligkeit auf der
Stelle gänzlich fahren läßt. Und bemungeachtet ist er
im Stand für alle die Plackerey, die er dir auferlegt,
noch einen großen Lohn zu fodern, und du darfst dir
nicht einbilden, daß er dir den Weg zeigen werde, ehe
du ihm eine tüchtige Summe vorausbezahlt hast.

Solche Anträge hast du von dem unverschämten,
altfränkischen, saturnischen Kerl zu erwarten, der die
Leute,

der competenteste aller Richter in diesem Fache unter die Redner zunächst nach Perikles setzt, die er als subtiles, acu-
tos, breves, sententiis magis quam verbis abundantes, (de
Oratore II. 22.) charakteri-
sirt.

13) Im Text: der be-
rühmte Insulaner. Da hier
die Rede von dem ist, was

Cicero unter *Concinnitas*
versteht (s. *Orator* ad M.
Brut. c. 44 — 50) so kann
Lucian schwerlich einen andern
als den berühmten Gorgias
von Leontium in Sicilien
meynen, welchen Cicero in
hujus concinnitatis confe-
ctandae *principem* nennt.
l. c. cap. 49.

Leute, die von undenklichen Zeiten her todt und verweſt ſind, zur Nachahmung vorſtellt; dir zumuthet, längſt vergeſſene Reden wieder aus ihren Grüften heraus zu graben, und dir eine gewaltige Herrlichkeit daraus macht, den Söhnen eines alten Schwertfegers und Schulmeiſters ¹⁴) nachzueifern, wiewohl, dem Himmel ſey Dank! unſre Freyheit von keinem Philippus mehr bedroht wird, und die Zeiten Alexanders, wo ihre Sachen noch von einigem Nutzen ſeyn konnten, längſt vorbey ſind; hingegen kein Wort davon weiß, daß uns vor kurzem eine neue, breite und bequeme Heerſtraße gemacht worden iſt, die uns geraden Weges in die Arme der Redekunſt führt. Aber ſey du kein ſolcher Thor dich von ihm beſchwatzen zu laſſen, und dich, unter ſeiner Anführung vor der Zeit zum alten Mann abzuarbeiten! Wenn du wirklich ſo verliebt in die Rhetorik biſt, wie es das Anſehn hat, und ihrer fein recht geſchwinde und in einem Alter genießen willſt, wo du noch bey vollen Kräften biſt, und hoffen kannſt, daß ſie ſich hinwieder beeifern werde dich glücklich zu machen: ſo heiſſe den zottichten bengelhaften Kerl zum Henker gehen, und andere ſuchen, die ſich von ihm an der Naſe führen laſſen, und deinethalben ſo viel keuchen und ſchwitzen mögen als ihnen beliebt. Wenn du nun auf den andern Weg kommſt, ſo wirſt du unter vielen andern, die auf ihm wandeln, einen gar ſchönen, zierlichen und alleswiſſenden Mann antreffen, der einen ſchlottrigen Gang und ein klares Weiberſtimmchen hat,

immer

---

14) Dem Demoſthenes und Aeſchines.

immer mit dem Halſe hin und her wackelt, Wohlgerü-
che wi it um ſich her duftet, ſich mit der äuſſerſten Fin-
gerſpitze im Kopfe kraut, und an ſeinen dünnen aber
zierlich gelockten hyacinthnen Haaren immer was in
Ordnung zu bringen hat, mit Einem Wort, einen
Mann, den du auf den erſten Blick für einen Sarda-
napal oder Cinyras, oder gar für den eleganten Tragö-
diendichter Agathon ¹⁵) halten könnteſt. Ich bezeich-
ne ihn bloß darum ſo genau, damit du ihn deſto gewiſſer erkenneſt, und einen ſo erklärten Liebling der Venus und ihrer Grazien nicht lange ſuchen müſſeſt ¹⁶).
Doch was ſage ich? So wie er ſich dir mit halbge-
ſchloßnen Augen nähern, ſeine honigſüßen Lippen öffnen
und dich mit ſeinem gewöhnlichen Stimmchen anreden
wird, merkſt du gleich daß das keiner von uns andern,

die

15) Der Dichter Agathon, ein Zeitgenoſſe des Sophokles und Euripides wiewohl viel jünger als beyde, zeichnete ſich, ſagt man, durch eine Weich-lichkeit und übertriebene Ele-ganz aus, die ſich auch ſeiner Dichterey mittheilte, und, da er ſehr beliebt zu Athen war, viel zur Verderbniß des guten Geſchmacks beytrug: wofür ihm aber auch in den Thesmo-phorien des Ariſtophanes ſo übel als möglich mitgeſpielt wird. Das Wahre iſt indeſ-ſen, daß wir ſelbſt von ſeinen Werken nicht urtheilen kön-nen, weil nichts mehr davon übrig iſt als unbedeutende Fragmente; und daß Ariſto-phanes, der ihm ſeine ſchlim-me Reputation gemacht zu ha-ben ſcheint, dem Euripides und Sokrates eben ſo leicht-fertig mitgeſpielt hat als dem Agathon, der ein Freund von beyden, und vermuthlich nicht ohne Verdienſt war, wiewohl auch die Sarkasmen des Ari-ſtophanes nicht ohne Grund ſeyn mochten!!

16) Dieſes Porträt ſcheint ziemlich individuell zu ſeyn, und doch nicht ſo ſehr daß es nicht auf mehr als einen anwendbar geweſen wäre; welches ver-muthlich auch die Abſicht des Autors war.

die sich von den Früchten des Feldes nähren, sondern irgend eine fremde mit Thau und Ambrosia aufgefütterte Luftgestalt seyn müsse. Diesem also wirst du dich kaum genähert und übergeben haben, so wirst du gleich auf der Stelle und ohne daß es dich die geringste Arbeit kostet, ein Redner seyn, und ein Redner der Aufsehen macht, „ein König in der Kunst zu reden", wie er sich selbst ausdrückt, seyn, der „auf Worten wie auf einem „Triumph-Wagen mit vier Pferden daher fährt." — Denn das ist gleich das erste was er dich lehren wird, sobald er dich in Unterricht genommen hat.

Doch, er soll sich lieber selbst gegen dich erklären; denn es wäre lächerlich an mir, wenn ich für einen so großen Redner das Wort führen, und mich verwegner Weise der Gefahr aussetzen wollte eine so große Rolle durch mein schlechtes Spiel zu Grunde zu richten [17]. Bilde dir also ein, er selbst rede dich, — nachdem er sich zuvor das Bißchen Haare, das er noch hat, glatt gestrichen, — mit dem feinen und graziösen Lächeln, das ihm eigen ist, und mit einem Ton der Stimme, der auf der komische Schaubühne einer Malthace oder Glycera, ja der leibhaften Thais selbst Ehre machen würde, folgendermaßen an. — Denn die Mine eines Mannes zu haben, ist bäurisch, und schickt sich für einen eleganten und liebenswürdigen Redner nicht [18].

„Hat

---

17) Im Text: durch meinen Fall den Helden, den ich vorstellte, (d. i. die Larve desselben) zu zertrümmern.

18) Anspielung auf die Stelle im angezogenen Stücke des

"Hat dich etwa, mein Theurester, (wird er mit ungemeiner Bescheidenheit sagen) der pythische Gott zu mir geschickt, um mich dadurch für den größten Redner zu erklären, so wie er ehmals dem Chärephon, auf seine Anfrage, den weisesten aller damals lebenden Menschen zeigte? Oder kommst du etwa bloß auf meinen großen Ruf von freyen Stücken zu mir, da du gehört hast was für erstaunliche Wirkungen meine Reden thun, wie mein Lob von aller Welt gesungen wird, und wie mich alles anstaunt und die Segel vor mir streicht? Wenn dieß ist, so sollst du gar bald aus eigener Erfahrung überzeugt werden, zu was vor einem Manne du gekommen bist. Erwarte nichts zu hören, das sich mit diesem oder mit jenem vergleichen ließe! Der Unterschied ist so ungeheuer, so ausser aller Proportion, daß dir zu Muthe seyn wird, wie wenn du unter einem Haufen gemeiner Menschen plötzlich einen Tityus, Otus oder Ephialtes [19]) auftreten sähest; denn du wirst finden, daß die andern alle so weit von mir übertönt werden als die Flöte von der Trompete, die Biene von der Grille, und der Vorsänger von seinem ganzen Chor, überschrien wird. Weil du aber selbst ein Redner zu werden wünschest, und dieß durch keinen andern leichter werden kannst: so horche nur, o du Glücklicher, mit lehrgierigem Ohr, auf das was ich sagen werde, und habe die Gesetze, die ich dir geben werde, unverwandt vor

des Aristophanes, wo Agathon seine Weichlichkeit vertheidiget, besonders auf den Vers; ἀμυσον ἐςι ποιητὴν ἰδειν ἀγρειον ὄντα και δασυν.

19) S. I Th. S. 167. Anm. 5.

vor Augen! Tritt nur getrost und zuversichtlich hervor, und laß dich das nicht anfechten, daß du noch nicht in den angeblichen Kenntnissen initiirt bist, wodurch sich andere unverständige und alberne Leute, nicht sonder großer Mühe, den Weg zur Rhetorik zu bahnen vermeynen. Du hast das alles nicht nöthig, und kannst dich darauf verlassen, daß es dir keinen Nachtheil bringen soll, wenn du auch, was jedermann kann, nicht einmal deinen Nahmen schreiben könntest. Ein Redner ist ein ganz ander Ding, und weit über alle diese Kleinigkeiten weg. Das erste und nöthigste, was ich dir zu sagen habe, betrift was du gleichsam als Reisezehrung von Hause mitbringen, und womit du versehen seyn mußt, um den Weg ohne Aufhaltung aufs geschwindeste zurücklegen zu können. Das übrige wird sich unter Weges geben, und das so leicht, daß ich dich noch vor Sonnen Untergang zu einem so großen Redner zu machen gedenke, als ich selbst bin; ich, dem keiner von allen, die vom reden Profession machen, den ersten Rang und die Vollkommenheit in der Kunst streitig zu machen begehren wird. Was du also vor allen Dingen mitbringen mußt, ist Unwissenheit und Dreistigkeit, nebst einer guten Portion von Verwegenheit und Unverschämtheit: hingegen wirst du wohl thun, Anständigkeit, Bescheidenheit und Schaam zu Hause zu lassen, da sie dir nicht nur ganz unnütz, sondern sogar nachtheilig seyn würden. Dafür schaffe dir eine tüchtige Marktschreyerstimme an, und einen zuversichtlichen declamatorischen Ton, und einen Gang wie der meinige. Alle diese Partien sind unentbehrlich, aber damit längst

du

du noch nicht aus: Du mußt auch durch die Eleganz deiner Kleidung in die Augen fallen. Sorge also für einen Habit von dem feinsten tarentinischen Zeuge ²⁰), weiß und buntgestickt, und für zierliche attische Pantoffeln, wie das Frauenzimmer sie trägt, oder sicyonische Schuhe, die überaus gut zu weissen Strümpfen stehen. Ueberdieß mußt du dir eine Menge von Bedienten nachtreten lassen, und immer ein Buch in der Hand haben. Soviel von dem was du selbst vorläufig zur Sache beyzutragen hast!"

„Das übrige, was du noch wissen mußt, kann ich dir, während wir so mit einander sachte fortgehen, begreiflich machen. Das meiste betrift die Gesetze, die du zu beobachten hast, um von der Rhetorik anerkannt und vorgelassen zu werden; da sie dich hingegen, wenn du sie nicht befolgtest, verabscheuen und als einen profanen Entweiher ihrer Mysterien an den Galgen schicken würde. Das erste ist also auf dein Aeusserliches die höchste Aufmerksamkeit zu tragen, und immer schön angezogen zu seyn. Hernach mußt du funfzehn oder höchstens zwanzig attische Wörter aller Gattung auswendig lernen und dir so geläufig machen, daß sie dir immer, wie von selbst, auf die Zunge kommen ¹²).

Mit

20) S. die Anmerk. 5. zu dem VIten Hetärengespräche, im IIIten Theil, S. 369.
21) Der Text setzt hinzu: „als da sind αττα (ein den Atheniensern eigenes Wörtchen, das zuweilen dem quaeso der Lateiner entspricht, oft aber auch eben so müßig war, als das halt oder halter der Schwaben, Bayern und Oesterreicher, oder das Gad der

Mit diesen bestreue alle deine Reden wie mit Zucker, unbekümmert, wie wohl oder übel die übrigen dazu passen, und was für einen Effect sie an der Stelle thun wo du sie anbringst. Wenn das purpurne Oberkleid nur recht schön und von hoher Farbe ist, mag doch der Unterrock von noch so grobem Tuche seyn!"

„Nächst diesem hast du besonders darauf zu sehen, recht viele unverständliche, unerhörte und bey den Alten selten vorkommende Wörter zu gebrauchen. Von diesen mußt du deinen Köcher immer voll haben, um sie auf diejenigen, die mit dir sprechen, abschießen zu können: denn das setzt dich bey dem großen Hauffen in Achtung, und macht daß sie dich für einen hochstudierten und über ihren Verstand gelehrten Mann ansehen *). Du kannst auch wohl bey Gelegenheit so weit gehen und ganz funkelneue uud wunderseltsame Wörter von deiner eigenen Erfindung ausprägen *); und sollte es dir von

Zeit

der Appenzeller,) „κᾱ/α"(für „κκι εἰ/α, ey nun, nun so) „μῶν etwa?) ἀμηγεπη (für „ἀμηγε, gewisser maßen u. „s. w.) und λωσε (mein Bester!) —" Der Atticismus bey diesen Arten zu reden, lag theils in den Wörtern selbst, theils in der besondern Anwendung derselben, worin die Einwohner von Attika etwas eigenes hatten. Lucian, der sich ihrer zuweilen selbst bedient, spottet nicht über diese Wörter, sondern über die Affectation, sich durch ihren zu häufigen oder unschicklichen Gebrauch, das Ansehen geben zu wollen, als ob man in Athen gebohren sey; da doch gerade der unzeitige und übertriebene Atticismus das war, was einen Fremden sogar den Kräuter- und Fischweibern auf der Stelle verrieth, und Leuten von Geschmack lächerlich war.

*) An beyden mit * bezeichneten

Zeit zu Zeit begegnen, daß du Solözismen und Barbarismen begiengeſt, ſo hilf dir ſtehendes Fußes mit der Unverſchämtheit, und nenne einen Poeten oder Proſeſchreiber, wenn er gleich nie exiſtiert hat, der ein gar gelehrter Mann und großer Sprachkenner geweſen ſey, und dieſe Art ſich auszudrücken gut geheiſſen habe. Hüte dich übrigens wohl in alten Büchern zu leſen, und dich darum zu bekümmern, was der Schwätzer Iſokrates, der trockne und von allen Grazien verabſäumte Demoſthenes, oder der froſtige Plato geſchrieben habe: lies du nichts als moderne Schriften, die kurz vor unſerer Zeit erſchienen ſind, und beſonders was man Declamationen, oder Betrachtungen über — dies und das nennt, und mache dir Auszüge daraus, um daraus bey Gelegenheit, wie aus einer wohlgefüllten Vorrathskammer, das benöthigte hervorhohlen und in deinen Nutzen verwandeln zu können."

„Kommt der Fall, daß du über eine gegebene Materie aus dem Stegreif ſprechen ſollſt, ſo lehne die ſchweren Aufgaben als gar zu leicht und ſchülerhaft mit Verachtung von dir ab; und dann fange ohne dich lange zu beſinnen an, und rede was dir vor den Mund kommt,

---

neten Stellen habe ich die von Lucian angeführte Beyſpiele weglaſſen müſſen, weil ſie, wie man ſich leicht vorſtellen kann, unüberſetzbar ſind, und ich billiges Bedenken trug, ähnliche Beyſpiele in dem einen oder andern deutſchen Sprachverderber aufzuſuchen, und dem alten Griechen, der wenig an uns und unſre Sprache dachte, unterzulegen.

kommt, unbesorgt ob du (wie die andern Pedanten es verlangen) das Erste zuerst, und so weiter das zweyte und dritte, jedes zu seiner Zeit und an seinem Orte vorbringest: sondern was dir zuerst einfällt, ist bey dir das erste, sollte auch der Stiefel auf den Kopf und der Helm ans Schinbein kommen; sprich du nur immer drauf los, daß ein Wort das andere schlägt, und bleibe nur nicht stecken, so geht alles gut. Gesetzt du hättest zu Athen von irgend einem Räuber oder Ehebrecher zu sprechen, so sprich du von dem was in Indien und zu Ekbatana geschieht: vor allem andern aber vergiß mir das Treffen bey Marathon und den Cynägirus nicht [22]), ohne welche gar nichts zu machen ist; auch muß immer um den Athos herumgeschifft und zu Fuß über den Hellespont gegangen werden, die Sonne muß von den Pfeilen der Perser verfinstert werden [23]), Xerxes fliehen, Leonidas der Held des Tages seyn, der

Brief,

---

22) S. die Anmerk. 45. zum Jupiter Tragödus im IIten Th. Der Spott in dieser Stelle trift vielleicht weniger die Armuth des Geistes der damaligen Redner, als die Eitelkeit der Athenienser, welche, da sie nun schon seit so langer Zeit die Kräfte verlohren hatten, selbst etwas preiswürdiges zu thun, sich mit nichts lieber als mit den großen Thaten ihrer Vorfahren in den Zeiten des Miltiades und Themistokles unterhalten ließen, die Rede mochte auch seyn wovon sie wollte. Ihre Redner, eine Art von Künstlern, denen es bloß um den Beyfall ihres Publikums zu thun war, richteten sich hierin nach dem Geschmack desselben, und befanden sich wohl dabey.

23) Anspielung auf die berühmte Antwort, die ein Spartanischer Feldherr demjenigen gab, der ihm von dieser Verfinsterung des Tages durch die Pfeile der Perser sprach: so fechten wir im Schatten.

Brief, den Othryades mit seinem Blute schrieb ²⁴), vorgelesen, und Salamis, Artemisium und Platea tapfer herausgestrichen werden! Je dickter das alles auf einander gedrängt wird, desto besser! und immer müssen jene wenige attische Wörter oben schwimmen, und wie eben so viele Blumen herausstechen; immer muß uns das holde Atta und Deputhen ²⁵) um die Ohren schwirren, wenn man ihrer gleich noch so gut entbehren könnte; denn sie bleiben doch immer schön, auch wenn sie zur Unzeit angebracht werden."

„Ergiebt sich dann etwa eine Gelegenheit, wo du glaubst, eine singende Declamation werde Wirkung thun, so fange auf einmal an zu singen, und fahre in dieser melodischen Manier so lange fort als es sich nur immer thun lassen will. Siehst du aber daß deine Materie schlechterdings nicht singbar zu machen ist, so begnüge dich wenigstens das „O Andres Dikastá" (ihr Herren Richter) in einem so herzrührenden Adagio vorzutragen, daß es die Stelle einer vollständigen Musik vertreten kann. Auch das öftere — O Gott! oder O des Jammers! wird sehr gut thun, zumal wenn du dich dazu vor das Dickbein schlägst, und es aus vollem Halse herausschreyst. Vergiß auch nicht, dich unterm reden öfters zu räuspern und mit hin und herge-

---

24) S. die Anmerk. 25. zu den Weltbeschauern im IIten Th. Nur gehört diese That des Othryades nicht in die Geschichte des Medischen Krieges.

25) Δητουθεν, noch ein den Athenienſern eigenes Bejahungswörtchen.

hergeschlenkertem Hintertheil bald vor bald rückwärts zu schreiten. Merkst du – daß deine Zuhörer keine große Lust zum Klatschen zeigen, so nimm es übel und sag ihnen Grobheiten; stehen sie geradezu auf und scheinen nur noch durch eine gewisse Schaam ²⁶) vom weggehen zurückgehalten zu werden, so heiß' sie niedersetzen, und spiele überhaupt den Tyrannen mit ihnen, der sich der Gewalt, die er nun einmal über sie erlangt hat, in ihrem ganzen Umfang zu bedienen weiß."

„Damit aber deine Beredsamkeit auch dem Pöbel einleuchte und dir seinen lauten Beyfall zuziehe, so hohle immer so weit aus als möglich; fange gleich beym trojanischen Kriege, oder lieber gar bey Deukalions und Pyrrhens Hochzeit an, und so führe dann deine Rede nach und nach bis auf die gegenwärtigen Zeiten, und die Sache, wovon du eigentlich reden solltest, herab. Du wagest nichts dabey. Denn der Kenner sind wenige, und diese schweigen größtentheils aus Gutmüthigkeit; oder wenn sie auch etwas sagen, so glaubt man es geschähe aus Neid. Der große Hauffe hingegen wird deine schöne Kleidung, deine Stimme, deinen Gang, den singenden Ton, und das hin und herschreiten, und die schönen Pantoffeln und das holde Atta, womit du so freygebig bist, bewundern, und kann wenn er sieht wie du schwitzest und keuchest, unmöglich anders als dich für einen gar gewaltigen Worthelden halten. Ueberhaupt hat das Reden aus dem Stegreif ²⁷) bey den

---

26) Da nehmlich in solchen Fällen keiner der erste seyn will.

27) Dieß gilt selbst den berühmtesten Rednern oder Sophi-

den Meisten den großen Vortheil, daß alle Fehler entschuldiget und unter dem Erstaunen über die vermeynte Geschicklichkeit des Redners übersehen werden. Nimm dich also vor nichts mehr in Acht als vor dem Schreiben und vor meditierten öffentlichen Reden; denn da würde freylich an den Tag kommen wo dirs fehlt."

„Ein andrer Punct wofür du zu sorgen hast, ist, daß du immer, so zu sagen, deinen eignen Chor habest der dir singen hilft. Das muß eigentlich das Ammt deiner guten Freunde und Clienten seyn, welche die Mahlzeiten, die du ihnen giebst, damit verdienen können, daß sie dich bey solchen Gelegenheiten unterstützen, und, wenn sie merken daß es nicht mehr bey dir fort will, plötzlich aufspringen, als ob sie sich vor lauter Vergnügen nicht mehr zu halten wüßten, und ihren Beyfall auf eine so lärmende Art bezeugen [27]), daß du in der Pause, die du deßwegen zu machen genöthigt bist, Zeit gewinnst dich wieder zu besinnen was du weiter sagen willst. Nach geendigter Rede müssen sie sich, als deine Trabanten, um dich her versammeln, und dich nach Hause begleiten, während du noch immer über die Materie, wovon du gesprochen hast, zu dissertieren fortfährst.

Sophisten der damaligen Zeit, einem Herodes Attikus, Polemion, Alexander von Seleucia, Ptolemäus von Naukratis, Antipater, u. s. w. die sich alle auf das Talent aus dem Stegreif zu reden viel zu gut thaten, und einen großen Theil ihres Ruhmes darauf gründeten.

28) Die Alten pflegten nicht mit den Händen, sondern mit den Füßen zu applaudieren.

fährst. Begegnet dir jemand unterwegs, so sprich Wunderdinge von dem was du geleistet hast, und lobe dich selbst, solltest du ihm gleich noch so lästig dadurch werden — „Was hat der Päanienser ²⁹) mit mir zu schaffen?" — oder (wenn du noch bescheiden seyn willst) „Mit einem einzigen unter den Alten könnte ich „allenfalls noch zu kämpfen haben." — Solche Beweise wie sehr du dir deiner Stärke bewußt bist, verfehlen ihre Wirkung nicht leicht."

„Aber beynahe hätte ich das nöthigste vergessen. Wenn du deinem eignen Ruhm nicht schaden willst, so rede von allen, die sich öffentlich hören lassen, mit Verachtung. Hat einer gut gesprochen, so gieb zu verstehen, das sey nicht in seinem Topfe gekocht; ist er mittelmäßig, so laß ihm gar nichts gelten. Bey Vorlesungen mache dir zum Gesetz immer erst zu kommen wenn alle andern schon da sind, denn das richtet jedermanns Augen auf dich und giebt dir ein gewisses Ansehen: und wenn alle andern stillschweigend zuhören, so unterbrich du den Leser, indem du das gehörte auf eine so seltsame Art und in so übertriebenen und absurden Ausdrücken lobest, daß die Aufmerksamkeit der Anwesenden dadurch gestört wird, und daß sie, um das widerliche Zeug nicht wider Willen hören zu müssen, kein ander Mittel haben als die Finger in die Ohren zu stecken ³⁰).

Schüttle

29) Demosthenes, der diesen von seinem Stammorte hergenommenen Beynahmen in den Volksschlüssen, die auf sein Angeben zu Stande kamen, führte.

30) Das Undeutliche des Textes in dieser Stelle kommt viel

Schüttle die Hand nicht oft zum Zeichen deines Beyfalls, denn das schickt sich nicht für einen Mann von Geschmack, und stehe nicht über einmal, oder höchstens zweymal auf: hingegen gieb desto öfter durch ein ironisches Lächeln und andere Zeichen zu verstehen, daß dir das was gesagt wird nicht gefalle. Wer mit dem Vorsatz zu schicanieren gekommen ist, findet immer Anlaß zum tadeln."

„Ueberhaupt ist das vornehmste und nothwendigste dreist zu seyn, und sich alles zu erlauben: mit Verwegenheit und Unverschämtheit, mit der Fertigkeit immer eine Lüge in Bereitschaft und einen Schwur zu ihrer Bekräftigung auf der Zunge zu haben, mit erklärtem Haß gegen alles Verdienst an Andern, mit hämischer Tadelsucht, und mit der Geschicklichkeit den Verläumdungen einen Anstrich von Glaubwürdigkeit zu geben, wirst du auf dem Wege, den ich dich führe, in kurzer Zeit ein angesehener und gepriesener Mann werden."

„Alles bisher gesagte betrift die Rolle, die du öffentlich und vor dem großen Publicum zu spielen hast. Im Privatleben kannst du getrost alles thun was der Welt-

vielleicht bloß daher, weil Lucian hier (wie es mir wenigstens vorkommt) irgend einen einzelnen Fall dieser Art im Sinne hatte, der ihm vermuthlich selbst mit einem von den Herren, gegen welche diese beissende Satyre gerichtet ist, begegnet seyn mochte. Wie auffallend uns auch der grobe Kunstgriff vorkommen mag, von welchem hier die Rede ist, so muß man wenigstens gestehen, daß er, zu rechter Zeit angebracht, ein treffliches Mittel wäre, die Wirkung der besten Stelle einer Vorlesung zu Grunde zu richten.

Weltbrauch mit sich bringt, spielen, sauffen, huren, ehebrechen, oder dich dessen wenigstens gegen jedermann rühmen, wenn es auch nicht wahr wäre, und die Liebesbriefchen und Einladungen zu geheimen Zusammenkünften vorweisen, die du von schönen Frauen bekommest. Denn du mußt auch Prätension machen ein Stutzer zu seyn und dir auf alle mögliche Art das Ansehen zu geben suchen, als ob du viel bey den Damen geltest, weil der große Haufe auch dieß auf die Rechnung deines Talents schreibt; und daraus schließt was für ein großer Mann du seyn müssest, da dein Ruhm bis zu den Toiletten durchgedrungen sey. Schäme dich sogar dessen nicht was ich nicht nennen will — und wenn du auch bereits einen noch so großen Bart, oder wohl gar einen Glatzkopf hättest: sondern sorge dafür daß du immer gute Freunde habest, die bloß dieser Sache wegen mit dir leben; fänden sich aber keine, so hast du wenigstens Hausbediente dazu. Du kannst kaum glauben wieviel auch das nebenher zur Rhetorik beyträgt, und wäre es nur um es in der Dreistigkeit und Unverschämtheit desto weiter zu bringen. Siehst du nicht, wie viel redseliger überhaupt die Weiber sind als wir, und wieviel sie im verläumden und lästern vor den Männern voraushaben? Es ist also klar, daß du unfehlbar dadurch gewinnen mußt, wenn du dich diesem Geschlechte soviel möglich zu nähern suchst. In dieser Rücksicht möchte es wohl nicht übel gethan seyn, wenn du dir die Haare überall, oder wenigstens wo du weißt, mit Pechpflastern ausziehen ließest [31]); auch ist die Zunge, ausser dem schwatzen,

---

31) S. den Cyniker, und laufnen Sclaven, im IIIten die Anmerk. 34. zu den ents Th.

tzen, narrieren, solözieren und barbarisieren, falsch schwören, schimpfen, lügen, u. s. w. bey Nacht noch zu allerley Diensten zu gebrauchen, zumal wenn du der Liebeshändel so viele hast, daß du dir nicht mehr zu helfen weißt — Kurz, eine Zunge wie die deinige muß Alles können, und sich vor nichts grauen lassen."

„Hast du nun dieß Alles wohl gefaßt und in Ausübung bringen gelernt, junger Mensch — und dieß hängt, wie du siehst, bloß von deinem Wollen ab, denn schweres ist nichts darunter — so kann ich dir zuversichtlich versprechen, daß du in kurzer Zeit ein eben so großer Rhetor, als ich selbst bin, werden sollst. Wie wichtig die Vortheile sind, die dir diese Kunst verschaffen wird, brauche ich dir nicht erst weitläuffig vorzurechnen. Nimm, zum Beyspiel, nur mich. Mein Vater war ein gemeiner und nicht einmal ein freygebohrner Mann³²), meine Mutter eine Kleiderflickerin, die er auf irgend einem Scheidewege aufgegabelt hatte. Da ich in meiner Jugend nicht übel aussah, so war meine erste Ausflucht bey einem armseligen filzigten Knauser, dem ich ums liebe Brod gewisse Dienste thun mußte. Wie ich nun sah, daß dieser Weg sein Glück zu machen so leicht sey, und ich in kurzer Zeit bis zum Gipfel desselben gelangt war, (denn mit allen den Hülfsmitteln

deren

---

32) Der Text setzt hinzu: denn er diente an einem Orte, der über Xois und T[..]uis (zwey niederägyptische Städte) hinaus liegt. Wahrschein-lich machte Lucian den Mann, dem dieses besonders galt, durch diesen Umstand, seinen damaligen Lesern kennbarer.

deren ich vorhin erwähnte, mit Dreistigkeit, Unwissenheit und Unverschämtheit war ich, ohne Ruhm zu melden ³³), reichlich versehen) so war gleich das erste, daß ich nicht länger Potheinus heissen wollte, sondern mich zum Nahmensverwandten der Söhne Jupiters und Leda's adelte ³⁴). Hierauf machte ich mich an eine reiche alte Dame, die troß ihrer siebenzig Jahre noch eine große Anmuthung zu hübschen jungen Leuten hatte; ich spielte den feurigen Liebhaber mit ihr, ungeachtet sie nur noch vier mit Golddrath befestigte Zähne im Munde hatte, und wurde dafür sehr gut von ihr gefüttert; ja es fehlte wenig, so hätte sie mich zum Erben ihres ganzen Vermögens eingesetzt, wenn ihr nicht von einem verdammten Bedienten gesteckt worden wäre, daß ich Gift gekauft hätte, um die Wirkung des Testaments, das schon zu meinen Gunsten gemacht war, zu beschleunigen. Ich wurde also plötzlich aus dem Hause gejagt; aber ich war um meinen Unterhalt nicht verlegen. Kurz, ich habe Mittel gefunden für einen Redner zu passieren, ich spiele den Sachwalter, und es fehlt mir nicht an Thoren, die sich durch die Hofnung, die ich ihnen mache die Richter zu bestechen, von mir ins Netz locken lassen.

Ich

---

33) Im Griechischen: o liebe Adrastea, (nehmlich, verzeih daß ich mich selbst rühme!) S. die Anm. 2. zum Vten Hetärengespräche, Th. III. S. 362.

34) Da diese die Dioskuren genannt wurden, so hieß er sich also, wie Palmer sehr richtig bemerkt, Dioskures, oder Dioskoridas. Vermuthlich ist dieß aber ein erdichteter Nahme, und L. will damit nur sagen, derjenige, auf den er zielt, habe seinen vorigen Nahmen mit einem vornehmern vertauscht.

Ich ziehe zwar meistens den kürzern; aber meine Hausthür ist darum nicht weniger mit frischen Palmenkränzen behangen ³⁵), als der Lockspeise, womit sich immer wieder neue unglückliche fangen lassen. Wahr ists, ich bin allgemein verhaßt, meine Reden stehen beynahe in einem noch schlimmern Ruf als mein moralischer Charakter, und man weiset mit den Fingern auf mich als auf einen Menschen der in allen Arten von Büberey seines gleichen nicht hat: aber, glaube mir, das ist nichts kleines, und trägt mehr ein, als man denken sollte. Und somit habe ich dir dann ohne Zurückhaltung, so wahr mir Venus Pandemos gnädig sey! die nehmlichen Lehren gegeben, die ich vorlängst mir selber gegeben, und bey denen ich mich bis auf diesen Tag sehr wohl befunden habe."

Dieß mag genug seyn, und der feine Herr, der sich so vertraulich erklärt hat, mag nun wieder schweigen. Du aber kannst dir, wenn er dich überzeugt hat, einbilden, du seyest schon wirklich da, wohin du anfangs zu gelangen wünschtest; und ich sehe nicht was dich verhindern sollte, mittelst Ausübung seiner Regeln ein berufner, beym Volke beliebter, und vor Gericht gewaltiger Redner und Sachwalter zu werden, und nicht etwa eine zahnlose Alte aus der Komödie, wie dein Gesetzgeber und Meister, sondern die schöne Dame Rhetorik selbst zu heurathen, und dich rühmen zu können, du fahrest auf

---

35) So wie ein Epheukranz an der Thür bey den Alten das Zeichen war, daß Wein in diesem Hause geschenkt werde, so zeigte ein Kranz von frischen Palmzweigen an, daß hier ein berühmter Advocat wohne.

auf Platons geflügeltem Wagen mit eben so gutem oder noch bessrem Anstand daher, als er seinen Jupiter darauf fahren läßt ³⁶).

Was mich betrift, so gestehe ich gerne, daß ich zu blöde und furchtsam bin, euch auf diesem Wege zu folgen. Ich gebe also meine Bewerbung um die Rhetorik lieber gar auf, da ich mich unfähig fühle auf euere Manier zu ihrem Besitz zu kommen — oder vielmehr, ich habe sie schon lange aufgegeben. Ihr aber, laßt euch immerhin getrost als Sieger, die keinen Gegenkämpfer gefunden haben, ausrufen und bewundern, so viel ihr wollt: nur vergesset nicht, daß ihr den Sieg nicht erlangt habt, weil ihr am geschwindesten, sondern bloß weil ihr auf dem leichtesten Wege, und anstatt Bergan — Bergab gelaufen seyd.

36) Anspielung auf eine im vorhergehen auch dem Plato-Stelle im Phädrus, um doch so etwas abzugeben.

Der ungelehrte Büchernarr.

Ich sehe wohl was du willst, aber das Mittel wodurch du es zu erhalten hoffest, wird gerade das Wider-

Der ungelehrte Büchernarr. Wie lächerlich auch die Sucht eines Ungelehrten, eine große und kostbare Bibliothek zu sammeln, gemacht werden kann, so muß man doch gestehen, daß sie eine der unschuldigsten Thorheiten ist, die ein reicher Mann begehen kann. In unsern Zeiten könnte sie sogar gemeinnützig genannt werden; wenigstens befinden sich sowohl Buchhändler als Schriftsteller in Frankreich sehr wohl bey der Mode, daß in jedem vornehmen oder reichen Hause ein Bibliothekzimmer eben so unentbehrlich ist als ein Gesellschaftssaal; ja daß sogar der Mann und die Frau im Hause jedes seine eigne Bibliothek hat. Vermuthlich hatten die Gelehrten zu Lucians Zeiten hierüber ein anderes Interesse, und es mochte ihnen wohl mehr daran gelegen seyn, daß die guten Bücher durch allzu große Concurrenz ungelehrter Käufer nicht zu sehr vertheuert als daß die Buchhändler reicher würden. Wie dem auch seyn mag, die gegenwärtige Personalzüchtigung eines Ungenannten ist viel zu heftig und beleidigend, um einen andern directen Beweggrund auf Seiten des Verfassers vermuthen zu lassen, als Groll und Rache wegen irgend einer von dem unglücklichen Gegenstande derselben empfangenen Beleidigung; und wenn unsre Leser diese Lucianische Gallen-Erleichterung bey allem Witz der sich mit darein ergossen hat, mit unter etwas langweilig finden sollten, so liegt es wenigstens nicht daran, daß ich ihnen nicht einen großen Theil der Taurologien, die sich L. erlaubt, erspart haben sollte.

Widerspiel bewirken. Du meynst, wenn du mit grossem Eifer die schönsten Bücher zusammenkaufest, so werde man denken du seyest ein Gelehrter: aber so denkt kein Mensch; im Gegentheil, deine Unwissenheit wird dadurch erst recht ins Licht gesetzt. Fürs erste kaufst du nicht einmal die besten, sondern trauest dem ersten, der dir ein Buch anpreißt; dafür opfern auch die Büchermäkler, die das Glück haben mit dir bekannt zu werden, dem Merkur, nicht anders als ob sie einen Schatz gefunden hätten: denn eine bessere Gelegenheit ihren schlechtesten Plunder in gutes Geld umzusetzen, könnten sie sich nicht wünschen. Wie solltest du auch unterscheiden können was alte und kostbare, oder was schlechte und nichtswerthe Bücher sind? Bey einer solchen Untersuchung hast du nur Ein Mittel womit du dir hilfst; du ziehest die Motten zu Rathe, und das angefressenste und durchlöchertste ist, deiner Meynung nach, das rarste. Denn woher sollte dir die Weisheit kommen, ein gültiges und sicheres Urtheil über ihren Werth fällen zu können?

Doch, zugegeben du hättest es soweit gebracht, die ihrer Schönheit wegen so beliebten Handschriften eines Kallinus oder die wegen ihrer äussersten Correction berühmten Ausgaben eines Attikus unterscheiden zu können²), was kann dir, mein vortreflicher Herr, ihr Besitz helfen, da du keinen Sinn für ihre Schönheiten,

2) Zwey berühmte *Librarii* der damaligen Zeit, wie uns Lucian selbst weiter unten noch deutlicher sagt.

ten, und gerade so viel Genuß davon hast, als ein Blinder von den schönen Augen und Rosenwangen seiner Geliebten? Freylich hast du das vor dem Blinden voraus, daß du in deine Bücher hineingucken kannst bis du genug hast; ich gebe sogar zu, daß du einige flüchtig überliesest, wiewohl so schnell, daß die Augen den Lippen immer zuvor laufen ³). Aber das ist mir noch nicht genug, und ich werde dir nie zugeben, daß du ein Buch gelesen habest oder lesen könnest, wenn du nicht alle seine Tugenden und Fehler kennest, den Geist des Ganzen nicht einsiehest, nicht weißt wie es geschrieben ist, und ob der Abschreiber sich genau an ein richtiges Exemplar gehalten hat, oder was etwa verdächtig, unächt und verfälscht in der Abschrift ist.

Was meynst du nun? Willst du uns glauben machen du wissest das alles ohne es gelernt zu haben? Oder von wem solltest du es haben, wenn du nicht etwa wie der Hirt Hesiodus ⁴) einen Lorberzweig von den Musen bekommen hast, der dich auf einmal so gelehrt gemacht

---

3) Diese Stelle beweiset, dünkt mich, deutlich genug, daß die Alten (wenigstens die Griechen) alle Bücher, die einen Werth hatten, laut zu lesen pflegten, und daß es bey ihnen Regel war, ein gutes Buch müsse laut gelesen werden. Diese Regel ist so sehr in der Natur der Sache gegründet, und daher so indispensabel, daß sich mit bestem Grunde behaupten läßt, alle Dichter, und überhaupt alle Schriftsteller, von Talent und Geschmack müssen laut gelesen werden, wenn nicht die Hälfte ihrer Schönheiten für den Leser verlohren gehen sollen.

4) S. das Gespräch mit Hesiodus zu Ende des Vten Theils.

gemacht hat? Denn von dem Helikon, wo diese Göttinnen wohnen sollen, hast du, denke ich, in deinem Leben nichts gehört, geschweige daß du dich, wenigstens in deinen Knabenjahren, in selbiger Gegend aufgehalten hättest. Ein Mensch wie du kann nicht einmal den Nahmen der Musen ohne Entheiligung in den Mund nehmen. Daß sie jenen Hirten der hohen Ehre, ihm sichtbar zu werden, würdigten, das begreift sich noch allenfalls; das war ein derber, wohl behaarter und von der Sonne überall braun gefärbter Mann: aber einem — wie du bist (die Grazien bewahren mich es deutlicher zu sagen *)! werden sie sich wohl hüten so nahe zu kommen; oder, wenn sie es thäten, statt ihm einen Lorberzweig zu reichen, ihn mit Myrtenruthen oder Hasenpappeln vom Helikon wegpeitschen, damit er weder den Holmeion noch die Hippokrene 5) verunreinige,

*) Statt des Ausdrucks, die Grazien bewahren mich, u. s. w. der seiner Erklärung bedurfte, steht im Original: ich beschwöre dich bey der Libanitis, erlasse mir alles deutlich herauszusagen — J. M. Geßner beweiset aus einer Stelle des Eusebius im Leben Constantins des ersten, (den die christliche Klerisey aus schuldiger Dankbarkeit mit dem Nahmen des Großen decoriert hat) daß unter dem Beynahmen Libanitis eine Venus (ohnezweifel die Syrische Atergatis oder Astarte) oder, wie der hochwürdige Bischoff sich ausdrückt, der schändliche Teufel der Aphrodite, der einen von Mannweibern bedienten Tempel auf dem Libanon gehabt habe, zu verstehen sey.

5) Der Musenbrunnen Hippokrene ist bekannter als der Holmeios, dessen jedoch Hesiodus im Eingang seiner Theogonie, und Strabo in seiner Beschreibung von Böotien erwähnt. Es war ein auf dem Berge Helikon entspringender Bach, der, nachdem er sich mit einem andern, Permessus genannt,

ge, wiewohl sie es wohlzufrieden sind, daß die Herden sowohl als ihre unschuldigen Hirten ihren Durst aus diesen heiligen Quellen löschen.

Doch, wie unverschämt du auch sonst immer seyn magst, so sehr bist du es doch nicht, daß du dich unterstehen solltest uns bereden zu wollen, du hättest eine gelehrte Erziehung gehabt und dich jemals den Gedanken anfechten lassen, mit den Büchern in genauere Bekanntschaft zu kommen; oder uns einen zu nennen, der dein Lehrer oder Mitschüler gewesen sey: sondern du meynst mit dem einzigen sey alles gethan, und damit könnest du alles was du in deiner Jugend versäumt auf einmal einbringen, wenn du eine große Menge Bücher zusammen kaufest. Magst du doch die eigenhändigen Handschriften des Demosthenes, und eines von den Exemplarien des Thucydides besitzen, die man, vom Demosthenes selbst achtmal zierlich abgeschrieben⁶), gefunden hat! Und wenn du alle die Bücher beysammen hättest, welche Sylla, da er sich von Athen Meister machte, zu seinen Händen nahm und nach Italien schickte⁷): was

könnte

nannt, vereinigt hatte, sich in den See Kopais, unweit Koronea und Haliartus, ergoß.

6) Wenn dieß kein damaliger Buchhändlerkniff war, (welcher Handel hat nicht seine Kniffe?) so wäre es wohl die größte Ehre, die jemals einem Buche wiederfahren wäre, daß ein Mann wie Demosthenes sich die Mühe nicht hätte dauern lassen, ein so beträchtliches Werk wie die Geschichte des Thucydides mit eigener Hand achtmal abzuschreiben. Wahrscheinlich ist es wenigstens nicht.

7) Die Stadt Athen wurde bey dieser Gelegenheit von

dem

könnte es dir helfen? Ja, wenn du statt auf Matrazen auf lauter Handschriften der größten Schriftsteller schliefest, oder dich von Kopf zu Fuß in Manuscripte einballieren ließest, würdest du gelehrter davon werden? Ein Affe bleibt ein Affe, sagt das Sprichwort, wenn er gleich mit goldnen Kleinodien behangen würde. Wiewohl du also immer ein Buch in der Hand hast und immer liesest was du nicht verstehst, so nennt man dich doch nur den Esel, der mit wackelnden Ohren neben einem Citherspieler steht. Wahrlich, es wäre eine bequeme Sache, wenn der bloße Besitz einer großen Bibliothek den Eigenthümer zum Gelehrten machte; und ihr andern reichen Herren hättet gar zu viel vor uns armen Schelmen voraus, wenn ihr bloß auf den Markt zu schicken brauchtet, um die Kenntnisse, die uns soviel Fleiß und Mühe kosten, in einem Augenblick und in noch größerm Maaß für euer baares Geld zu haben 8)? Wenn das wäre, welcher Gelehrte dürfte es

mit

dem ungroßmüthigen Sieger vieler ihrer schätzbarsten Zierden beraubt, unter andern der schönsten Bildsäulen, und der seltensten Bücher, unter denen auch eine große Anzahl noch nicht gemein gemachter Werke des Aristoteles und Theophrastus waren. Plutarch im Leben des Sylla.

8) Ich gestehe denen, die das Original lesen können, gerne ein, daß dieß Paraphrase, nicht Uebersetzung ist. Aber man traut mir hoffentlich zu, daß ich (wenigstens in den meisten Fällen) richtig fühle, wo ein Autor wie Lucian übersetzt, und wo er paraphrasiert, oder auch wohl ein wenig beschnitten (nicht verschnitten) werden muß. Ohne dieses Zutrauen bey den Lesern voraussetzen zu können, hätte ich sehr Unrecht gehabt, soviel Zeit und Mühe daran zu wenden, meinen alten Freund von Samosata in die gute Gesellschaft bey meiner Nation einzuführen.

mit den Buchhändlern aufnehmen? Wenn du aber genauer nachsehen willst, wirst du finden, daß diese wackern Männer in diesem Stücke nichts vor dir voraus haben, sondern ihre Sprache eben so schlecht reden, und eben so wenig Einsicht und Geschmack haben, wie du, wiewohl sie alle die Bücher Tag und Nacht in den Händen haben, von denen du jedem von ihnen vielleicht nur zwey oder drey abgekauft hast.

Wozu also kaufst du sie, wenn du nicht etwa den Glauben hast, die bloßen Schränke, worin so viel Geist und Weisheit verwahrt würde, hätten schon eine gewisse magische Kraft, dem, der sich ihnen nähert, etwas davon mitzutheilen? Aber sey so gut und antworte mir auf eine einzige Frage, oder — weil das doch zuviel von dir gefodert wäre, nicke mir dein Ja oder Nein nur mit dem Kopfe zu. Wenn einer, der die Flöte nicht zu spielen weiß, sich die Flöten des Timotheus und des Ismenias anschaffte, die dieser letztere zu Korinth mit sieben tausend Thalern bezahlte, wird er darum die Flöte spielen können? — Du schüttelst den Kopf? — Wohl geantwortet! Und wenn einer die Flöte des Marsyas und Olympus hätte 9), so würde er sie darum doch nicht blasen können. Oder wenn einer,

der

---

9) Ein von den Alten oft erwähnter mythologischer Flötenspieler, der zum Schüler des Satyrs Marsyas gemacht wird, vermuthlich, weil die Griechen seinen wahren Lehrmeister nicht zu nennen wußten. Er war ein Phrygier und lebte vor dem trojanischen Kriege. S. Euripid. Iphigen. in Aulis, in der Epode des zweyten Acts v. 576—78.

der kein Philoktetes wäre, die Pfeile des Herkules hätte und seinen Bogen dazu, würde er darum den Bogen spannen und die Pfeile ins Ziel schießen können? Was meynst du? — Du schüttelst den Kopf abermals. Eben so, wenn einer, der nichts von der Kunst ein Schiff zu steuern versteht, das schönste, stärkste und best-ausgerüstete Schiff, oder einer der nicht reiten kann, das beste Arabische Pferd, ja eines das unmittelbar von den Centauren selbst abstammte¹⁰), bekäme, würde sichs nicht bald zeigen, daß dieser demungeachtet nicht reiten, jener kein Schiff regieren könnte? — Du nickst wieder Ja¹¹)? Nun, so glaube mir, und nicke mir auch das zu, wenn ein Mensch der nicht einmal zur Schule gegangen ist — wie du, viele Bücher kauft, reizt er die Leute nicht selbst recht vorsetzlich über seine Albernheit zu spotten? — Warum nickt hier der Herr nicht auch Ja? Die Sache ist, dächte ich, klar genug, und es ist gewiß unter den Zuschauern keiner, dem nicht gleich das gemeine Sprüchwort einfalle: Was hat der Hund im Bade zu thun?

Es

10) Der Text setzt hinzu: ἢ κοππαφορον, d. i. ein mit einem K bezeichnetes Pferd (Aristophanes nennt sie, in seinen Wolken, Κοππατιας) d. i. ein Pferd, dem seiner ausserordentlichen Schönheit wegen, der Buchstabe K auf den Schenkel gebrannt wurde.

11) Man muß gestehen, schmählicher kann man einen Menschen nicht tractieren als Lucian den reichen Bücher-narren, der das Unglück hatte seinen Zorn auf sich zu laden. Er hätte so dumm und blödsinnig seyn müssen um seine eignen Finger nicht zusammen zählen zu können (und das will Lucian eben damit sagen) wenn dieser zu entschuldigen seyn sollte aus diesem Tone mit ihm zu sprechen. Aber wie fahren die Leser dabey? Von einem armen Uebersetzer nichts zu sagen!

Es ist noch nicht lange, so lebte in Asien ein Mann von großem Vermögen, der das Unglück gehabt hatte durch erfrieren um beyde Füße zu kommen. Um den Mangel in etwas zu ersetzen, hatte er sich hölzerne Füße machen lassen; diese ließ er sich anbinden, und so gieng er, auf ein paar Bediente gestützt, einher. Aber das lächerliche dabey war, daß er die Grille hatte, immer mit den schönsten Halbstiefeln nach der neuesten Fassong versehen zu seyn, und sich eine ordentliche Angelegenheit daraus machte, seine hölzernen Füße so elegant als möglich zu bekleiden und aufzuschmücken. Thust du nun nicht gerade das nehmliche. Oder glaubst du uns deinen hölzernen Kopf mit Hülfe deiner schönen Bücher besser verbergen zu können, als jener seine hölzernen Füße in vergoldeten Kothurnen [12])?

Weil du doch unter andern auch den Homer öfters gekauft hast, so laß dir doch einmal aus dem zweyten Buche die Stelle vom Thersites vorlesen. — was vorgeht und folgt laß an seinem Orte, denn das geht dich

---

12) Im Griechischen: „Thust du nicht das nehmliche, da du einen lahmen und feigenhölzernen Verstand hast, und dir goldene Kothurnen anthust, in denen kaum ein Mensch mit gesunden natürlichen Füßen gehen möchte." Diese Art von unächt witzelndem Gleichniß-Spiel ist unserm A. eben so gewöhnlich als sie dem gesunden Geschmack unerträglich ist. Aber auch die Taschenspielerische Geschicklichkeit, eine und eben dieselbe Sache durch hunderterley Wendungen immer auf eine andere Manier zu sagen, wird uns in die Länge sehr lästig, wie große Liebhaber auch die Griechen zu Lucians Zeiten davon seyn mochten.

geht dich nichts an — die Stelle also von dem lächerlichen, mißgeschaffnen und krüppelhaften Kerl, der sich einfallen läßt den Volksredner zu spielen, laß dir von jemand vorlesen; und nun sage mir, was meynst du, wenn dieser Thersites die Rüstung des Achilles anzöge und mit Achills Schwert und Speer bewafnet hervorträte, würde er darum auch so schön und tapfer seyn wie Achill, und sich mitten in den Xanthus stürzen; und seinen Strohm mit dem Blute erschlagner Phrygier roth färben [13]), und nicht nur einen Lykaon und Asteropäus, sondern den gewaltigen Hektor selbst zu Boden strecken? — er, der nicht einmal im Stande wäre, die Esche, die dem Achill zum Speere dient, auf seine Schulter zu heben? Das wirst du gewißlich nicht behaupten wollen. Vielmehr würde der eingebildete Tropf, wenn er so unter dem Schilde des Göttersohnes heranhinkend auf einmal mit der ungeheuern Last zu Boden stürzte, oder unter dem Helm hervorblinzelnd seine schielenden Augen zeigte, den Harnisch mit seinem krummen Buckel empor lüftete und die ihm zu weiten und zu schweren Halbstiefel hinten nach schleppte, mit allgemeinen Gelächter empfangen werden, und diese Waffen, das Werk eines Gottes, sowohl als den Herren derselben beschimpfen. Und siehst du denn nicht, daß du in eben demselben Falle bist, wenn du irgend ein schönes, auf purpurnes Pergament geschriebenes, und mit goldnen Knöpfen [14]) geziertes Buch in der Hand hast, und

es

13) S. das 21ste Buch Cylinders, an welchem die der Ilias. Rolle aufgewunden wurde.

14) An beyden Enden des

es durch deine barbarische Aussprache so jämmerlich verhunzest und verdrehst, daß du nicht nur den Gelehrten zum Spotte wirst, sondern deine zum Beyfall gedungenen Schmeichler selbst es endlich nicht länger aushalten können, und sich von Zeit zu Zeit umkehren müssen, um einander ins Gesicht zu lachen.

Weil es doch die Gelegenheit mit sich bringt, wirst du mir erlauben, dir ein Geschichtchen zu erzählen, das einmal zu Delphi begegnet ist. Ein gewisser Evangelus von Tarent, der in seiner Vaterstadt keine unansehnliche Figur machte, wurde von einer großen Lust überfallen, sich bey den Pythischen Spielen einen Siegeskranz zu hohlen. Auf die Gymnischen Kämpfe, wozu ihm die Natur weder Stärke noch Geschwindigkeit verliehen hatte, that er gleich Verzicht: aber daß er im Citherspielen und singen unfehlbar den Sieg davon tragen würde, hatte er sich von dem leichtfertigen Gesindel überreden lassen, das ihm gewöhnlich die Cour machte, und gleich in Entzückung und lautes Lobgeschrey ausbrach, wenn er nur auf den Saiten herum zu klimpern anfieng. Er langte also mit großem Gepränge zu Delphi an, und zog besonders durch seine mit Gold durchwirkte Kleidung, und eine Krone von goldnen Lorberzweigen, woran die Beeren in natürlicher Größe von Smaragd waren, alle Augen auf sich. Aber so etwas wie seine Cither war noch gar nicht gesehen worden, sowohl an Kostbarkeit der Materie als an Schönheit der Ausarbeitung; denn sie war ganz aus gediegenem Golde, über und über mit Gemmen und

viel-

vielfarbichten Edelsteinen eingelegt, und unter andern auch mit den Figuren der Musen, des Apollo und des Orpheus ausgezieret, kurz, so schön daß sie von jedermann als ein Wunder angestaunt wurde. Wie nun der Tag des Wettkampfs endlich kam, waren ausser ihm noch zwey die sich um den Preis hören lassen wollten. Die Loose wurden gezogen, und Evangelus war der zweyte. Sein Vorgänger, ein gewisser Thespis von Theben, hatte seine Sachen nicht übel gemacht. Nun tritt mein Evangelus in seiner reichen Kleidung von Purpur auf, von Kopf zu Fuß von lauter Gold, und Smaragden, Beryllen und Hyacinthen funkelnd. Die Zuschauer, von einem so prächtigen Aufzuge geblendet, hofften, wie billig, Wunderdinge zu hören, und konnten den Augenblick, wo er zu spielen und zu singen anfangen sollte, kaum erwarten. Endlich präludiert er weiß der Himmel was für ein Ding ohne Melodie und Mensur, stürmt gleich so hitzig in sein Instrument hinein, daß er auf den ersten Schlag drey Saiten springen macht, und fängt mit einem dünnen Faden von Stimme so geschmacklos zu singen an, daß ein allgemeines Gelächter im Theater entsteht, die Kampfrichter aber, über die Verwegenheit des Menschen aufgebracht, ihn erst tüchtig geiseln und dann zum Theater hinauswerfen lassen: und so wurde dann der goldne Evangelus, unter dem Gezische und Gelächter aller Zuschauer, weinend und blutrünstig, von den Bütteln über die Scene geschleppt, indem er die Gemmen am Boden zusammen raffte, welche von den Schlägen, die seine Cither mit ihm bekam, ausgefallen waren.

ren. Gleich darauf erschien der dritte, ein gewisser
Eumelus von Elea, eine alte unansehnliche Cither mit
hölzernen Wirbeln in der Hand, und in einem Kleide,
das zusammt seiner Krone kaum zehn Drachmen werth
war: aber dafür sang und spielte der Mann so meister-
haft, daß er den Preis erhielt und die Ehre hatte, öffentlich als Sieger ausgerufen zu werden. Er lachte
nun des albernen Tarentiners, der sich auf seine prächtige Cither so viel eingebildet hatte, und soll zu ihm gesagt haben: Du, Evangelus, trägst, wie billig, eine
goldene Lorberkrone, weil du ein reicher Mann bist: ich
bin nur ein armer Schelm, und begnüge mich an der
delphischen. Uebrigens mußt du dir schon gefallen
lassen, daß dir alle dieß überflüssige und zur Kunst nichts
helfende Gepränge keinen andern Vortheil gebracht hat,
als daß du von keiner Seele bedaurt, und im Gegentheil von jedermann verachtet und ausgelacht, mit einer
langen Nase abziehen mußt. — Dieser Evangelus
war ein Mann von deinem Schlage wie du siehest, besonders darin, daß du das Auslachen der Zuschauer
eben so herzhaft aushältst wie er.

Noch fällt mir ein altes Lesbisches Geschichtchen
ein, das ich dir doch auch erzählen muß, weil es so gut
hieher paßt. Wie die Thrazischen Weiber den Orpheus
in Stücken zerrissen hatten, warfen sie seinen Kopf und
seine Leyer in den Hebrus, der beyde dem schwarzen
Meere 15) zutrug. Der Kopf, sagt man, schwamm
über

15) Herr Massieu bemerkt hier häßlich verschrieben haben
sehr richtig, daß sich Lucian müsse, weil der Hebrus sich
nicht

über der Leyer und gab traurige Töne, gleich einem Klagelied über den Tod des göttlichen Sängers, von sich; die vom Winde bewegten Saiten der Leyer stimmten harmonisch in diesen Trauergesang ein, und so wurden beyde singend mit einander an das Ufer von Lesbos getrieben, wo sie von den Einwohnern aufgefangen, und der Kopf, an dem Orte wo dermalen der Tempel des Bacchus steht, begraben, die Leyer aber dem Apollo in seinem Tempel geheiliget, und viele Jahre lang daselbst aufbewahrt wurde. Endlich begegnete es in der Folge, daß Neanthus, des Tyrannen Pittakus Sohn, — der alle die Wunderdinge, die von der Leyer des Orpheus erzählt werden, als, wie sie, bey seinem Leben, Thiere, Bäume und Felsen nach sich gezogen, und sogar nach seinem Tode, noch von sich selbst fortgesungen hätte, gehört hatte, — große Lust bekam diese Leyer zu besitzen, und endlich Mittel fand einen Priester mit schwerem Gelde zu bestechen, daß er eine andere ähnliche an ihren Platz unterschob, und die ächte Leyer des Orpheus ihm in die Hände lieferte. Wer war froher als Neanth da er sich Meister von diesem wundervollen Instrumente sah, wodurch er, ohne das mindeste von der Musik zu verstehen, der Erbe des Talents eines Orpheus zu seyn glaubte! Er war so vollkommen hievon überzeugt, daß er, aus Furcht daß die Sache ruchtbar werden

nicht in das schwarze Meer, sondern ins Aegeische ergießt und Lesbos, wo der Kopf und die Leyer anländeten, eine Insel dieses letztern ist. Durch Gronovs Anmerkung, daß die Propontis zu verstehen sey, ist der Sache nicht geholfen.

den möchte, sich nicht getrauete, bey Tage und in der Stadt die Probe damit zu machen. Sobald aber die Nacht eingebrochen war, verbarg er die Leyer unter seinem Mantel, begab sich an einen einsamen Ort vor der Stadt, und fieng an, mit aller Ungeschicklichkeit eines jungen Menschen der in seinem Leben keine Leyer angerührt hatte, auf den Saiten herum zu klimpern, nicht zweifelnd, daß sie Harmonien von sich geben werde, wodurch alle lebendigen und leblosen Dinge bezaubert werden müßten; bis endlich eine Menge Hunde, die das Geklimper aus der ganzen Gegend herbeygezogen, über ihn hergefallen seyn, und ihn in Stücken zerrissen haben sollen; so daß der arme Jüngling wenigstens in diesem Stücke dem Orpheus nur gar zu ähnlich wurde, und durch den Zauber seiner Musik wenigstens Hunde, wiewohl zu seinem Unglück, herbey zog. Es zeigte sich also (was du, zu gehöriger Nutzanwendung, wohl zu bemerken hast) daß es nicht die Leyer, sondern die Kunst des Orpheus, die er von der Muse, seiner Mutter, empfangen hatte, war, was jene zauberische Wirkungen hervorbrachte; die Leyer an sich selbst war ein bloßes Instrument, und nicht besser als andere.

Doch, warum spreche ich dir von Orpheus und Neanth, da in unsern heutigen Tagen jemand gelebt hat und vielleicht noch lebt, der für die Lampe des Epiktetus, wiewohl sie nur von Thon war, dreytausend Drachmen [16] bezahlte. Vermuthlich muß der Mann
geglaubt

---

[16] Fünfhundert Thaler.

geglaubt haben, er brauche nur bey dieser Lampe zu lesen, so werde ihm die Weisheit jenes allgemein bewunderten Greises im Schlafe kommen, und er also, mit größter Bequemlichkeit, ein zweyter Epiktetus werden können ¹⁷). Ja, es sind nur wenige Tage, seitdem ein dritter für den Stecken, den der Cyniker Proteus von sich legte, als er zu Olympia ins Feuer sprang tausend baare Thaler gegeben hat, und sich so viel damit weiß, diese Reliquie vorweisen zu können, als die Einwohner von Tegea mit der Haut des Calydonischen Schweins, die Thebaner mit den Knochen des Riesen Geryons und die Memphiten mit den Haarlocken der Isis. Und gleichwohl ist der Besitzer dieses herrlichen Kleinods ein Mensch, der es in der Unwissenheit und Schaamlosigkeit — mit Dir selbst aufnehmen könnte! ¹⁸)

Man

---

17) Ich sehe nicht, warum der Käufer der Epiktetischen Lampe gerade so albern gedacht haben müßte. Ausserdem, daß er aus großer Verehrung dieses ausserordentlich weisen und guten Mannes auf die Lampe deßelben, ein pretium affectionis legen konnte, so läßt sich auch sehr wohl begreifen, wie ihm eine solche Reliquie, bloß als Erinnerungsmittel, mehr werth seyn konnte als dreytausend Drachmen. Wenn das aber nicht der Fall war, und der Käufer weiter nichts gewesen wäre, als ein reicher Mann, der seine Freude daran hatte Seltenheiten von dieser und ähnlicher Art zusammen zu bringen: so war er gewiß, schon darum, keiner der schlechtesten seiner Classe, und verdient nicht deßwegen lächerlich gemacht zu werden, weil die Lampe eines Epiktets mehr Werth in seinen Augen hatte als wenn sie von klarem Golde und von der künstlichsten Arbeit gewesen wäre.

18) Dieß war, mit Lucians Erlaubniß, schon grob genug, däucht mich. Ihm schien es nicht so; denn er

setzt

(49)

Man sagt von dem bekannten Tyrannen von Syrakus, dem jüngern Dionysius, er habe auch an den dichterischen Lorber Anspruch gemacht, und unter andern eine Tragödie geschrieben, die aber so übel gerathen sey, daß der Dichter Philoxenus, weil er das Lachen nicht dabey zurückhalten konnte, ihrentwegen mehr als einmal in den Steinbruch geschickt worden seyn soll [19]). Dionysius, wie er sah daß er mit seinen Versen nur ausgelacht wurde, ließ nicht nach, bis er die Schreibtafel in seine Gewalt bekam, deren sich Aeschylus gewöhnlich zu seinen Werken bedient hatte; in der festen Meynung, es würde etwas von dem Geist und Feuer ihres ehmaligen Besitzers aus ihr in ihn übergehen. Aber es erfolgte gerade das Widerspiel: er schrieb in diese nehmliche Schreibtafel noch elenderes Zeug als jemals, als, zum Beyspiel, die dorische Idylle, die sich anfängt — „Es kam die Frau des „Dionysius" — und solche Verse wie dieser: „O „weh, ich hab' ein braves Weib verlohren!" — und dieser: „Thörichte Menschen haben nur sich selbst zum „Narren" — ein Vers, welchen der königliche Dichter ausdrücklich auf dich gemünzt zu haben scheint, und wegen dessen allein, wie wohl oder übel er klingen mag, seine Schreibtafel vergoldet zu werden verdient hätte.

Denn

setzt noch hinzu: „Du siehst „wie unglücklich du bist" (vermuthlich deßwegen, weil ihm jener in Erkauffung einer so kostbaren philosophischen Reliquie zuvorgekommen) „da

„du doch eines Steckens — „auf deinen Kopf so sehr „benöthigt bist."

19) S. die Anmerk. 46. S. 157. im Vten Theil d. W.

Lucians Werke VI. Th.

D

Denn was für einen sonderbaren Glauben mußt du an deine Bücher haben, daß du dir den ganzen Tag so viel damit zu thun machst sie auf und abzurollen, anzuleimen, zu beschneiden, mit Saffran und Cedern-Oehl zu reiben, und mit zierlichen Knöpfen zu versehen? oder was in aller Welt für einen Nutzen hoffest du aus ihnen zu ziehen? — Hast du etwa durch sie besser reden gelernt? Du bist ja stummer als ein Fisch. Oder haben sie irgend einen heilsamen Einfluß auf dein leben? Umgekehrt; du lebst daß es eine Schande wäre zu sagen wie du lebst, — kurz, so daß du allen Menschen ein Greuel bist. Wenn du das aus deinen Büchern gelernt hast, so solltest du vor ihnen laufen als ob die Pest darin wäre. Es ist doch längst ausgemacht, daß aller Nutzen, den wir aus den Schriften der Alten ziehen können, darauf hinausläuft, daß wir von ihnen lernen können wie man reden und wie man handeln soll um gut zu reden, und edel zu handeln. Wenn es nun augenscheinlich ist, daß einer weder diesen noch jenen Nutzen aus ihnen gezogen hat: was thut er, indem er sich eine große und kostbare Sammlung dieser Schriften anschafft, anders, als daß er mit schwerem Gelde den Mäusen Zeitvertreib, den Motten Wohnungen, und seinen armen Sclaven, welche beydes hätten verhüten sollen, Schläge erkauft?

Wenn dich jemand mit einem Buch in der Hand antrift, welches bey dir immer der Fall ist, und er fragt dich von welchem Redner, Geschichtschreiber oder Dichter es sey? bleibst du ihm in der That die Antwort nicht

lange

lange schuldig, weil du es aus der Ueberschrift weißt: will er sich aber, (wie es bey solchen Gelegenheiten unter guten Freunden gewöhnlich ist) tiefer mit dir über den Inhalt einlassen, und lobt oder tadelt dieß und jenes darin: ist es da nicht Spott und Schande, daß du sogleich in die größte Verlegenheit geräthst und nicht weißt was du sagen sollst; und solltest du dann nicht lieber wünschen, daß sich die Erde unter dir aufthun möchte, als es so offenbar werden zu lassen, daß du dein Buch, wie Bellerophon seinen Brief, zum Zeugniß gegen dich selbst, herumträgst [20])?

Es trug sich einst zu Korinth zu, daß ein Ungelehrter deines Gelichters die Bacchantinnen des Euripides, eines von seinen schönsten Werken, in Gegenwart des Cynikers Demetrius [21]) vorlaß. Wie er zu der Scene kam, wo der Bote das unglückliche Ende des Pentheus und die schreckliche That der rasenden Agave

[20]) Zwischen dieser letzten Zeile und dem folgenden Geschichtchen scheint etwas zu fehlen; denn so wie der Text jetzt ist, steht das Histörchen ganz isoliert da, und hängt weder mit dem unmittelbar vorhergehenden noch nachfolgenden so zusammen, wie es die Gesetze der guten Schreibart erfodern. Man sieht leicht, daß ein Vorwurf über die Ungeschicklichkeit des Ungenannten in der Kunst einen Dichter oder andern guten Schriftsteller recht vorzulesen, vorhergegangen seyn müßte, wenn das Geschichtchen passen soll. Indessen ist nicht zu läugnen, daß allzurasche Uebergänge oder vielmehr Uebersprünge, ja selbst solche isolierte Stellen, wie diese hier, unserm Autor nicht ungewöhnlich, aber weder an ihm zu billigen noch nachzuahmen sind.

[21]) Vermuthlich dessen, von welchem ich in einem Anhang zum Peregrinus im IIIten Th. Nachricht gegeben habe.

erzählt, konnte es Demetrius nicht mehr länger aushalten: er raste das Buch dem elenden Leser aus der Hand, und sagte, indem er es in Stücken zerriß: immer noch besser für den armen Pentheus, von mir einmal, als von dir so oft zerrissen zu werden!

Ich muß gestehen, mit allem meinem öftern Nachsinnen habe ich doch bis auf den heutigen Tag nicht ausfindig machen können, worauf du es eigentlich mit der erstaunlichen Mühe, die du dir der Bücher halben giebst, abgesehen haben magst; denn daß du ihrer vonnöthen hättest, oder irgend einen Gebrauch von ihnen zu machen wüßtest, wird sich kein Mensch einfallen lassen, der auch nur die mindeste Kenntniß von dir hat; denn, was diesen Punct betrifft, so bist du völlig in dem nehmlichen Falle, wie ein Kahlkopf, der einen Kamm, ein Blinder, der einen Spiegel, ein Tauber, der einen Flötenspieler, ein Verschnittner, der eine Beyschläferin, ein Landmann, der ein Ruder, oder ein Steuermann, der einen Pflug kaufte. Doch, vielleicht willst du der Welt dadurch zeigen wie reich du seyn müssest, da du auf Dinge, wovon du nicht den geringsten Nutzen hast, von deinem Ueberfluß so viel verwenden könnest? Aber so viel ich, da ich ebenfalls ein Syrer bin, von deinen Umständen weiß, würdest du, wenn du deinen Nahmen nicht durch einen glücklichen Kunstgriff in das Testament des bewußten alten Herren eingeschwärzt hättest, längst durch Hunger gezwungen worden seyn, deine Bibliothek öffentlich feil zu bieten. Es bleibt also nichts übrig, als anzunehmen,

nachdem

nachdem du dir einmal von deinen Schmarotzern habest weiß machen lassen dich nicht nur für schön und liebenswürdig, sondern auch für einen Philosophen, Rhetor und Geschichtskundigen, wie es keinen mehr giebt, zu halten, so kauffest du nun alle mögliche Bücher zusammen, um ihr günstiges Urtheil von dir zu rechtfertigen. Es heißt du lesest ihnen sogar Abhandlungen von deiner Arbeit über Tische vor, und die armen Teufel müssen mit lechzenden Gaumen bravo! schreyen wie die durstigen Laubfrösche, und bekommen nicht eher zu trinken bis sie vor schreyen platzen möchten. Ich würde mich wundern, wie du dich so von ihnen bey der Nase herumführen lassen und einfältig genug seyn könnest ihnen alles zu glauben, wenn es nicht soweit gienge, daß du dich sogar hast bereden lassen, du sehest einem gewissen Monarchen ²²) so gleich, daß du allenfalls für ihn selbst passieren könntest, wenigstens so gut als jener Pseudo-Alexander, der sich für den Sohn des Königs Antiochus ausgab ²³), oder als der Walker, der den Pseudo-Philippus ²⁴), oder noch bey unsrer Großväter

D 3   Den-

22) Allem Ansehen nach ist der Kayser Marc. Aurelius Antoninus gemeynt.

23) Ein gemeiner Kerl, der sich, unter Begünstigung einiger Aehnlichkeit, für Alexander, den Sohn des K. Antiochus Epiphanes ausgab, in dieser Qualität Anspruch an Syrien machte, und gegen den König Demetrius Soter, wiewohl mit schlechtem Erfolge, zu Felde zog.

24) Ein gewisser Andriskus, der eine ziemliche Zeit nach dem Tode des unglücklichen Königs Perseus, unter dem Nahmen eines Sohnes desselben, und vermittelst eines Romans, den er zu Beglaubigung seines Betrugs ersonnen hatte, Mittel fand,

sich

Denken, der vorgebliche Nero, der sich nach dem Tode des wahren hervorthat ²³), und was es noch für andere geben mag, die in diese Rubrik gehören.

Doch, was Wunder, wenn ein alberner Mensch ohne Erziehung und Lebensart, wie du, sich so eine Grille in den Kopfe setzen läßt, und mit gesenktem Kopfe dahergeht und sogar den Gang, die Gebehrden und die Miene des großen Fürsten nachzuäffen sucht, mit dem er sich so gerne vergleichen läßt? Hatte nicht sogar der berühmte Pyrrhus, im übrigen ein bewundernswürdiger Mann, die Schwachheit, sich von Schmeichlern bereden zu lassen, daß er dem großen Alexander ähnlich sehe, wiewohl in der That die Verschiedenheit ihrer Gesichtsbildungen kaum größer hätte seyn können; wenigstens so viel ich aus Vergleichung ihrer beyderseitigen Bildnisse urtheilen kann. Mit allem dem glaubte Pyrrhus, Alexanders Gestalt sey in ihm abgeformt. Bis hieher habe ich mich gröblich an Pyrrhus versündiget, daß ich dich, wiewohl nur in diesem einzigen Puncte, mit einem Pyrrhus verglichen habe. Was aber folgt, würde auch auf dich sehr schicklich anzuwenden

den

sich zum Könige von Macedonien aufzuwerfen, sich aller Staaten des Perseus wieder zu bemächtigen, und den Römern nicht wenig zu thun zu geben; bis endlich eine gegen den Prätor Q. Cäcil. Metellus verlohrne Schlacht dieser Tragikomödie, worin Andriskus seine Rolle für einen Walker gut genug gespielt hatte, ein Ende machte.

23) Sueton spricht von drey Pseudo-Neronen, die aber ihr Glück schlecht machten, und eben so schnell wieder verschwanden als sie entstanden waren.

den seyn. Sobald Pyrrhus sich selbst von dieser vermeynten Aehnlichkeit mit Alexandern überzeugt hatte, fand sich niemand, der ihm hierin nicht beygestimmt und eben so falsch, wie er, zu sehen affectiert hätte, bis ihn endlich eine alte Dame zu Larissa, die eine Ausländerin war, dadurch daß sie ihm die Wahrheit sagte, von dieser Grille heilte. Er hatte ihr eben die Bildnisse des Perdikkas, Philippus, Alexander, Kassander, und anderer Macedonischen Könige gewiesen, als es ihm einfiel, sie zu fragen, welchem er ähnlich sehe? Er zweifelte keinen Augenblick sie würde auf Alexandern deuten: aber wie sehr fand er sich in seiner Erwartung getäuscht, da die Dame, nach langem Stocken, endlich sagte: dem Garkoch Batrachion. Denn wirklich lebte ein Mensch dieses Nahmens und dieser Profession zu Larissa, der dem Pyrrhus ähnlich sah. Nun verlange ich nicht zu bestimmen, welchem von den Cinäden, die man mit den Tänzern und Luftspringern herumziehen sieht, du gerade am ähnlichsten seyest: daß du aber eine tüchtige Portion Tollheit im Leibe haben müssest, daran zweifelt wohl niemand, der das Urbild kennt, von welchem du eine Copey zu seyn wähnest. Ist es nicht erstaunlich, daß, ein Mensch der sich so schlecht auf Bilder und Aehnlichkeiten versteht, sogar an die Physionomie eines Gelehrten Anspruch macht, und den Leuten, die so boshaft sind ihn in dieser Narrheit zu bestärken, Glauben beymißt? Doch, was halte ich mich so lange bey diesen Possen auf? Die wahre Ursache, warum du aufs Büchersammeln so erpicht bist, liegt am Tage, wiewohl ich so stumpf gewesen bin sie nicht gleich einzusehen.

sehen, Du glaubst eine gar kluge Speculation gemacht zu haben, und bauest keine kleinen Hoffnungen darauf; wenn der Monarch, denkst du, der selbst ein gelehrter Herr ist und einen sehr hohen Werth auf Gelehrsamkeit setzt, hören werde was für eine große Bibliothek du zusammenkauffest, so könne es nicht fehlen, daß du nicht in kurzem alles von ihm erhalten solltest. Wie? Du — *) siehst du ihn für so schlafsüchtig an, daß er, wenn er dieß von dir hört, sich nicht näher nach dir erkundigen und erfahren sollte was du für Sitten hast, und welch ein ausgelaßnes schändliches Leben du bey Tag und Nacht führst? Weißt du nicht daß die Könige eine Menge Ohren und Augen haben? Wie könnte ihm allein unbekannt bleiben was sogar Blinde und Taube von dir wissen? Du brauchst ja nur den Mund aufzuthun, oder dich nur im Bade auszuziehen — oder wenn du dazu keine Lust hast, so ist auch genug, wenn man deine Hausbedienten ausgezogen sieht, um auf der Stelle hinter die Geheimnisse deiner Nächte zu kommen? Und nun, sage mir einmal, wenn euer berüchtigter Sophist Bassus, oder der Flötenspieler Batalus [26], oder der Weichling Hemitheon von Sybaris, der

---

*) Der Titel womit L. den Ungenannten hier beehrt, hat kein Aequivalent in unsrer Sprache, wenigstens nicht in der Sprache der gesitteten Menschen.

26) Wer dieser Sophist Bassus gewesen sey, und womit er verdient habe hier genennt zu werden, ist unbekannt. Der Flötenspieler Batalus soll ein so verschriener Weichling gewesen seyn, daß sein Nahme selbst ein schändliches Wort und mit καταπυγων, κιναιδος, ανδρογυνος, gleichbedeutend wurde.

der euch sogar Gesetze und praktische Regeln für euere
schändlichen Mysterien vorgeschrieben hat ²⁷), wenn,
sage ich einer von diesen saubern Gesellen in einer Löwenhaut und mit einem derben Knüttel in der Hand
herumgienge, würden ihn die Leute darum für den Herkules ansehen? Sie müßten wahrlich sehr blind seyn ²⁸),
wenn sie den Cinäden nicht an seinem Gang, an seinen
halbgeschloßnen Augen, an der Stimme und dem wackelnden Kopfe, und an dem Bleyweiß, dem Mastix
und der rothen Schminke, womit diese Herren sich zu
verschönern pflegen, kurz, an hundert Merkmalen, die
gegen das herkulische Costum zeugen, sogleich erkennen
sollten; und das Sprüchwort hat wohl recht, daß es
leichter wäre fünf Elephanten unter der Achsel zu verbergen als einen einzigen Cinäden. Wenn es sich nun
so verhält, wie kannst du dich hinter einem Buche zu
verbergen hoffen? Ueberhaupt scheinst du mir gar keinen Begriff davon zu haben, daß ein Gelehrter seine
Hoffnungen nicht auf die Büchermäkler, sondern auf
sich

27) Vielleicht ist die Sy-
baritis gemeynt, deren Ovidius in seiner apologetischen
Epistel an August als eines
zu seinen Zeiten geschriebenen
schändlichen Buches erwähnt,
dessen Verfasser, wie er meynt,
viel eher nach Tomos verwie-
sen zu werden verdient hätte
als er.
28) Lucian sägt: Nein,
und wenn sie auch ganze
Töpfe voll Augenbutter in
den Augen hätten. Denn
daß dieß der Sinn der sell-
samen Redensart χυτραις λη-
μᾶν sey, folgt sehr deutlich aus
der Erklärung, die uns der
Scholiast des Aristophanes
über das εἰ μὴ λημᾷν κολο-
κυνταις im 336 Verse der
Wolken giebt, wovon dieser
komische Ausdruck Lucians eine übertriebene und, die Wahrheit zu sagen, geschmacklose
Nachahmung ist.

sich selbst und sein eignes tägliches Leben gründen müsse. Du hingegen bildest dir ein, auf jeden Fall keiner andern Sachwalter und Zeugen vonnöthen zu haben als der Büchercopisten Attikus und Kallinus. Armer Mann! Du solltest sie vielmehr als deine grausamsten Feinde betrachten, als Leute, die dich, wenn die Götter nicht ganz besonders über dich walten, noch gänzlich ruinieren und zum Bettler machen werden; solltest, weil es doch immer besser ist spät klug zu werden als gar nicht, deine Bücher jetzt noch irgend einem Gelehrten verkauffen, und dein neugebautes Haus dazu, und mit dem daraus gelößten Gelde wenigstens etwas an den ungeheuren Summen abzahlen, die du den Sclavenhändlern schuldig bist. Denn auf diese beyden Gegenstände bist du immer entsetzlich erpicht gewesen, — kostbare Bücher, und junge Bursche, von dem Alter da der Knabe sich in den Mann zu verlieren anfängt, zusammen zu kaufen; und man muß gestehen, daß du eine ganz eigene Gabe hast, diese Art von Wildpret aufzuspüren. Aber um beyde Liebhabereyen zugleich zu befriedigen bist du lange nicht reich genug. Wenn dir also noch zu rathen ist, so laß die Büchernarrheit, die dir doch zu nichts helfen kann, fahren, und schränke dich auf deine andere schöne Leidenschaft ein; kaufe dir für dein Geld Sclaven wie du sie nöthig hast, damit du nicht so leicht in den Fall kommest, dich an freye Leute zu wagen, die sich nicht soviel Bedenken zu machen haben wie jene, die Scenen, die euern Trinkgelagen zum Nachspiele dienen, auszuplaudern, und die du für ihre Verschwiegenheit bezahlen mußt. Es ist noch

nicht

nicht lange, daß ich mit meinen eignen Ohren hören mußte, was für schändliche Dinge ein solcher Nichtswürdiger von dir erzählte, der sogar kein Bedenken trug, die Spuren dessen, was mit ihm vorgegangen war, vorzuweisen. Ich könnte dir Zeugen aufstellen, wie ungehalten ich darüber wurde dich so übel behandelt zu sehen, und wie wenig fehlte daß ich den Kerl in meiner ersten Hitze nicht ausgeprügelt hätte; zumal da er sich noch auf ein paar andere berief, welche von ähnlichen Erfahrungen zu sprechen wüßten, und die sich in der That nicht lange bitten ließen, uns alles sehr umständlich zu erzählen. Spare also dein Geld für diesen Gebrauch, mein schöner Herr, und richte dich so ein, daß du alles was du zu den activen und passiven Rollen dieser Art nöthig hast, in deinem eigenen Hause findest. Denn daß du dieser Art von Zeitvertreib gänzlich entsagen solltest, wer könnte das über dich zu gewinnen hoffen? Ein Hund, der einmal Leder fressen gelernt hat, ist nicht so leicht wieder davon abzubringen. Daß du hingegen keine Bücher mehr kaufest, kann dich so schwer nicht ankommen. Ich dächte, du wärest gelehrt genug wie du bist. Hast du nicht einen größern Vorrath von Weisheit beysammen als du gebrauchen kannst? Weißt du nicht die Alten alle beynahe auswendig? Kannst du nicht die ganze Geschichte an den Fingern hererzählen? Kennest du nicht alle Kunstgriffe der Beredsamkeit, alle Schönheiten und alle Fehler einer Composition, und den Gebrauch der attischen Wörter? Deine vielen Bücher konnten doch wohl nicht weniger thun als einen völligen Pansophen, einen Gelehrten

ten vom erſten Rang, aus dir zu machen? — Da
du dir doch ſo gerne was weiß machen läſſeſt, warum
ſollte ich mir nicht eben ſo wohl die Zeit mit dir vertreiben dürfen als ein andrer? Uebrigens möchte ich dich
wohl fragen dürfen, welche unter deinen vielen Büchern
du am meiſten lieſeſt? den Plato oder Antiſthenes, oder
Antilochus, oder Hipponax ²⁹)? Oder machſt du dir
vielleicht nichts aus dieſen, und giebſt dich lieber mit
den Rednern ab? So haſt du wohl auch die Rede des
Aeſchines gegen den Timarch geleſen ³⁰)? Oder
haſt du alle deine Bücher geleſen, ſo biſt du ohnezweifel auch mit dem Ariſtophanes und Eupolis bekannt?
Haſt vermuthlich auch die Bapten des letztern ³¹) von
einem Ende bis zum andern geleſen? War in dem allen
nichts das dich geſtochen hätte? Biſt du nie roth worden wenn du deine eignen Heimlichkeiten ſo deutlich
darinn geſchildert gefunden haſt. Immer bleibt es ein
großes Wunder was für Bücher das wohl ſeyn mögen,

zu

29) Wirft Lucian etwa
hier Philoſophen und Jamben-
ſchreiber deßwegen ſo zuſammen, um dem Ungenannten
dadurch indirecte zu ſagen er
ſey unwiſſend genug, den Hipponax auch für einen Philoſophen wie Plato zu halten?

30) Eine noch vorhandene
Rede, worin Aeſchines dieſem
Unglücklichen ſeinen ſchändli-
chen Lebenswandel ſo bitter
und mit ſo wenig Möglichkeit
ſich zu rechtfertigen, vorwirft,
daß der Angeklagte den kürzern
Weg ergriff und — ſich er-
henkte.

31) So hieß eine Komö-
die des Eupolis, in welcher
(wie es ſcheint) die Prieſter
der Göttin Kotytto, Bap-
tä genannt, eine große Rolle
ſpielten. Dieſe wenig bekannte Göttin wurde durch nächtliche Myſterien verehrt, die
in einem ſehr ſchlimmen Rufe
ſtanden. Horaz und Juve-
nal erwähnen ihrer im Vorbeygehen.

zu denen du die meiste Anmuthung hast? mit was für Händen du sie aufschlägst? und besonders, um welche Zeit du liesest? — Bey Tage? Kein Mensch in der Welt hat dich jemals bey Tage lesen sehen. Bey Nacht also? Aber da hast du ja ganz andere Geschäfte? Geht bey dir etwa beydes mit einander? Oder mußt du eben so nothwendig vorher etwas gelesen haben als es finster seyn muß, ehe du den Muth hast solche Thaten zu thun [32]).

Der beste Rath bleibt also immer, du lässest, wie gesagt, die Bücher Bücher seyn, und treibst künftig dein eigentliches Handwerk allein. Wiewohl du, in der That, auch dieses je bälder je lieber aufgeben möchtest, wenn du nur einigen Respect vor der Euripidischen Phädra hättest, die in ihrem Unwillen über die Weiber sagt:

Zittern sie nicht, daß die Mitschuld'ge ihrer Schande,
Die Nacht, an ihnen zur Verrätherin werde?
Nicht, daß, wenn alles schweigt, die Wände reden [33])?

Wenn du aber, diesem allem ungeachtet, schlechterdings entschlossen bist in deinem Wahnsinn zu beharren, nun so

---

[32]) Ich gestehe, daß dieser Witz, wenn es Witz seyn soll, etwas schaal ist; aber es ist noch immer das beste was ich aus dem Text, (der in dieser ganzen Stelle nicht immer richtig zu seyn scheint, und wenigstens in den Worten τινα ἀπο ψυχης ἐχων offenbar corrupt ist) zu machen gewußt habe.

[33]) Eurip. im Hippolytus, v. 418.

so geh, und kauffe Bücher, und schließe sie im Innersten deines Hauses ein, und genieße der Ehre sie zu besitzen! Das ist für dich genug. Nur, um alles in der Welt, laß sie unangerührt und ungelesen, und erlaube einer Zunge wie die deinigen nicht, die Werke der alten Dichter und Weisen, die dir nichts zu leide gethan haben, zu verunreinigen. — Doch, wozu sage ich dir das? Ich weiß nur zu wohl, daß es in den Wind gesprochen ist, und daß ich mir die vergebliche Mühe mache, einen Mohren, wie das Sprüchwort sagt, bleichen zu wollen. Du wirst fortfahren zu kauffen was dir nichts hilft, und der Spott aller wahren Gelehrten zu seyn, die den Werth der Bücher nicht nach ihrer äusserlichen Schönheit oder Kostbarkeit, sondern nach ihrem Inhalt schätzen, und anstatt sie zu einem Gegenstande der Eitelkeit zu machen, sich begnügen so viel Nutzen daraus zu ziehen als ihnen möglich ist.

So denkst du freylich nicht. Du bildest dir ein, durch den Ruf, den dir die Größe und Pracht deiner Büchersammlung giebt, uns die Augen zu verblenden, und dadurch deine Unwissenheit und Thorheit wo nicht hellen, wenigstens verbergen zu können: und du siehest nicht, daß du es gerade machst wie die ungeschicktesten unter den Aerzten, die mit elfenbeinernen Arzneybüchsen, silbernen Schröpfköpfen und vergoldeten Lanzetten Parade machen, aber wenn es darauf ankommt sie zu gebrauchen nicht einmal damit

mit umzugehen wissen: da hingegen der geschickte
Arzt ein wohlgeschärftes Bistouri, das übrigens so ro-
stig aussehen mag, als es will, hervorzieht, und
den Kranken von seinem Schmerz befreyet. Doch
diese Vergleichung ist noch zu vornehm: die Bar-
bierstuben geben eine an die Hand, die noch besser
auf dich paßt. Betrachte einmal diese Bartscheerer
hier, und du wirst sehen, daß die Kunstverständigen
unter ihnen mit einem guten Scheermesser, etlichen kleinen Messern und einem Spiegel von hinlänglicher
Größe sich behelfen: die Pfuscher hingegen kramen
eine Menge Messer und mächtig große Spiegel aus,
ohne daß es darum weniger bekannt ist, daß sie nur
Stümper in ihrer Profession sind. Dafür haben sie
aber auch alle Tage das Vergnügen, daß die Leute
sich erst bey ihren Nachbaren rasieren lassen, und
dann kommen, und sich vor ihren großen Spie-
geln die Haare in Ordnung bringen. Auch du
könntest, da du doch selbst mit deinen Büchern
nichts kluges anzufangen weißt, sie dadurch gemeinnützig machen, wenn du sie andern ausliehest:
aber das hast du in deinem Leben nie gethan, sondern machst es gerade, wie der Hund in der Fabel, der sich in eine Krippe legt, und zwar selbst
keine Gerste frißt, aber auch nicht leiden will daß
das Pferd, dessen Futter sie ist, davon fresse.

Dieß ist es, was ich für diesesmal bloß
über deine Bücher mit dir zu sprechen mir die
Freyheit

=Freyheit genommen habe: von deinen übrigen Schändlichkeiten sollst du künftig noch oft genug zu hören bekommen 34).

34) Man sollte denken, er deutlich und derb genug verhätte sich auch über diese nehmen lassen.

Apophras

Apophras
gegen einen gewissen Timarchus.

Daß dir das Wort Apophras gänzlich unbekannt war, ist augenscheinlich: oder wie hättest du die sonst bey gehen lassen können, mich eines Barbarismus in der Sprache zu beschuldigen, weil ich von dir gesagt hatte, du wärest einem **unglückdrohenden Tage** ähnlich —. denn ich erinnere mich sehr wohl daß die Rede von deinen Sitten wär, da ich dich mit einem solchen Tage verglich. Weil du es also nicht weißt, so will

Apophras. Ein mehr durch seine schlechten Sitten als durch sein Talent bekannter Sophist, der sich vermuthlich Timarchus nannte, hatte wie es scheint, seine Rednerbude zu Ephesus aufgeschlagen und gab jungen Leuten Unterricht in der Redekunst, als er über das Wort Apophras in einem schlimmen Handel mit Lucian gerieth, und diesem nur zu leicht reizbaren Gegner unbesonnener Weise Gelegenheit und Ursache gab, in gegenwärtiger

Schrift sich auf eine Art an ihm zu rächen, die bey den Alten ziemlich gewöhnlich gewesen zu seyn scheint, und völlig in der Manier ist, wie noch in unsern Zeiten, Voltaire, ein Mann der mit Königen und allem was groß in der Welt heißt, gelebt hatte, seine Tadler zu behandeln pflegte — die ich aber so weit entfernt bin gut zu heissen, daß ich nicht einmal sehe, womit sie zu entschuldigen wäre.

E

will ich dich lehren was Apophras sagen will. — Aber vorher muß ich dir doch erklären, was die Redensart des Archilochus, „du hast die Grille beym Flügel gefaßt," auf sich hat; — wenn du anders in deinem Leben von einem Jambendichter aus Paros, Nahmens Archilochus gehört hast, einem Manne von sehr freyer Zunge, der sich wenig darum bekümmerte, wie weh er den Leuten that, die das Unglück hatten in seine gallsüchtigen Jamben zu gerathen. Dieser Archilochus also, da er einst von einem deinesgleichen angegriffen wurde, sagte, der Mensch habe eine Grille beym Flügel gefaßt; er verglich nehmlich sich selbst mit diesem Thierchen, das von Natur schon geschwätzig genug ist ohne dazu genöthigt zu werden, wenn man es aber gar bey den Flügeln nimmt, noch viel lauter schreyt. Er wollte also damit sagen: du unglücklicher Mensch, wo denkst du hin, daß du einen Dichter gegen dich aufreißest, der ohnehin schon alles sagt was ihm vor den Mund kommt, und nur Anlaß und Stoff für Jamben sucht ²)? Das nehmliche kann ich Dir sagen, — nicht als ob ich mich mit dem Archilochus vergleichen wollte, denn dazu fehlt mir viel — sondern weil ich eine so ungeheure Menge Jambenwürdiger Dinge von dir weiß, daß Archilochus selbst, wenn er auch den Simoni-

2) Man sieht daß Lucian unter Jamben hier Schmähgedichte oder Personalsatyren versteht, weil Archilochus, dessen größte Stärke in dieser Art von Gedichten lag, für die seinigen eine eigene jambische Versart worin Jamben von sechs und vier Füßen (trimetri und bimetri) mit einander abwechselten, erfunden hatte.

monides und Hipponax ³) noch zu Hülfe nähme, nicht
hinreichend wäre, auch nur Eine von deinen Untugen-
den nach Verdienst zu züchtigen: so sehr hast du gemacht, daß die Drobocides, Iykambes und Bupalus,
die so übel in den Jamben dieser Dichter wegkommen,
in allen Arten von Büberey nur Kinder gegen dich
scheinen. Wermuthlich war es irgend eine auf dich
zürnende Gottheit, die damals als ich das Wort Apophras auf dich anwandte, deinen Mund in das spöt-
telnde Lächeln zog, um es vor aller Welt an den Tag
zu bringen, daß du unwissender bist als ein Scythe, und
dadurch daß du nicht einmal die gemeinsten und bekann-
testen Dinge weißt, einem Manne Gelegenheit gegen
dich zu schreiben zu verschaffen, der gewohnt ist kein
Blat vor den Mund zu nehmen, dich, von Haus aus,
in und auswendig kennt, und durch keine Furcht zurückgehalten wird, alles zu sagen und sogar laut auszurufen, was du, ausser deinen Jugendstreichen, noch jetzt
bey Nacht und Tage für schändliche Dinge treibst.

Zwar mag es wohl eine sehr vergebliche Arbeit
seyn, dir mit der Freyheit, die unter Gelehrten üblich
ist ⁴), deine Wahrheiten zu sagen: denn, daß du je-

E 2 mals

3) Auch Simonides und
Hipponax, zwey andere Ly-
rische Dichter von großem Ruf
hatten sich durch satyrische
Jamben hervorgethan. Der
letztere hatte eine so scharfge-
spitzte Zunge daß Cicero in
einem seiner Briefe (ad Fa-
mil. VII. 24.) ein Hippo-
nakteisches Lob (praeconium
hipponacteum) und ein Pas-
quill für Synonyma nimmt.

4) Der ganze Context macht
es deutlich genug, daß Lucian
unter

mals durch den Tadel besser werdest, ist so wenig zu erwarten, als daß ein Mistkäfer sich abgewöhnen lasse, im Unflath herumzuwühlen; auch glaube ich nicht daß deine Ausschweifungen und was du noch jetzt in deinen alten Tagen treibst, irgend jemanden unbekannt sey. Du hast nie so viel Vorsichtigkeit gebraucht deine schlechte Aufführung geheim zu halten, und es ist nicht nöthig dir erst die Löwenhaut abzuziehen, um der Welt zu zeigen was für ein großer Esel du bist; der müßte nur eben erst von den Hyperboreern zu uns gekommen, oder noch kumanischer als ein Kumaner seyn der dir nicht gleich auf den ersten Blick ansähe, daß du der leichtfertigste aller Esel bist, ohne zu warten bis du dich durch deine schöne Stimme verrathest. Dazu sind deine Tugenden schon längst, sowohl von mir selbst als von tausend andern, zu oft und zu laut ausgerufen worden; und dein Nahme ist dadurch so berühmt, daß du die glänzendsten in diesem Fache, einen Ariphrades, einen Misthon von Sybaris und einen Bastas von Chios selbst, verdunkelst⁴). Indessen muß ich doch davon sprechen

unter dem, was er παιδειας νομω ραθηγιαζεται zu nennen beliebt, keine glimpflichere Behandlung eines Gegners versteht, als wie er selbst in dieser kleinen Schrift dem Unglücklichen begegnet, der das entsetzliche Verbrechen begieng, aus Unwissenheit über das attische Wort Apophras zu spotten. In der That scheint diese cannibalische Ma-

nier mit seinen Gegnern umzuspringen, unter den griechischen Gelehrten nicht weniger Sitte gewesen zu seyn, als sie es unter den Scaligern, Calderinen, Schoppen und Gronoven der neuern Zeiten war.

5) Ariphrades hat eine Unsterblichkeit, um welche ihn niemand beneiden wird, dem Aristophanes zu danken, der

in

sprechen, sollt' ich auch vielen längst bekannte Dinge zu sagen scheinen, damit ich mir wenigstens nicht den Verdacht zuziehe, als ob ich der einzige sey, der nichts davon wisse ⁶).

Doch, es wird wohl noch besser seyn, ich rufe einen von Menanders Prologen zu Hülfe, den Elenchus nehmlich, einen Gott, der ein besonders vertrauter Freund der Wahrheit und Freymüthigkeit ist, und wahrlich nicht der geringste unter den Göttern, die den Schauplatz besteigen, und keines Menschen Feind, als solcher, die sich wie ihr vor seiner Zunge fürchten, weil ihm nichts verborgen ist, und weil er alles was er von euch weiß, ungescheut heraus sagt. Es wäre doch recht artig, wenn er hervortreten und die Zuschauer mit dem ganzen Inhalt des Drama's bekannt machen wollte. Wohlan dann, bester aller Vorredner und Dämonen, Elenchus ⁷), komm' und belehre unsre Zuhörer, daß wir uns

in seinen Rittern, v. 1277—84. ein scheußliches Bild von seinen Sitten macht, und es in verschiedenen andern Stellen seiner Komödien wieder in Erinnerung bringt. Die beyden andern, von unserm A. genannten Sünder sind unbekannt.

6) Vor diesem Verdachte durfte ihm nicht sehr bange seyn, da er wenige Zeilen zuvor sich gerühmt hatte, daß er ehmals schon das seinige redlich beygetragen, dem Ti-marchus eine so feine Reputation zu machen.

7) Lucian beruft sich, um seine Personification des Elenchus (Ueberweisung) zu rechtfertigen, auf den Menander, der in einer seiner Komödien den Elenchus als einen Halbgott oder Genius auftreten, und den Vorredner (Prologus) machen ließ. Er selbst hat ihn auch in seinem kleinen satyrischen Drama, die Fischer, als eine Person aufgeführt. S. 1. Th. S. 443.

uns nicht für die lange Weile, noch viel weniger aus Antrieb eines feindseligen Gemüthes, sondern theils aus gerechter Rache, theils aus allgemeinem Haß gegen alle schändlichen Leute seiner Art, dieser Schrift unterzogen haben. Eine bloße deutliche Exposition dessen was die eigentliche Veranlassung zu derselben gegeben, ist alles was wir uns von dir ausbitten; sobald du damit fertig bist, magst du dich sofort in Gnaden) wieder wegbegeben, und das übrige uns überlassen. Wir werden dich dann zum Muster nehmen, und ihn dergestalt zu überweisen suchen, daß dich gewiß niemand beschuldigen soll, der Wahrheit und Freymüthigkeit ungetreu gewesen zu seyn. Uebrigens bitte ich dich, liebster Elenchus, weder etwas zu meinem Lobe vorzubringen, noch dich vor der Hand auf Alles was von diesem Menschen zu sagen ist, einzulassen; denn es würde gegen den Respect seyn, den du als ein Gott dir selber schuldig bist, wenn du deinen Mund mit solchen Abscheulichkeiten verunreinigen wolltest.

Der Elenchus, als Vorredner, nimmt also nun die Rede.

„Dieser Mensch, der sich für einen Sophisten ausgiebt, kam einsmal nach Olympia, um vor einer
öffentli-

8) Λεωφ. da er den Elenchus als einen Halbgott einführt, so muß er billig auch etwas ehrerbietig mit ihm sprechen.

öffentlichen Verſammlung eine lange zuvor aufgeſetzte Rede zu halten. Der Inhalt war eine Apologie für den Pythagoras, der von einem Athenienſer, (wenn ich nicht irre) von den Eleuſiniſchen Myſterien ausgeſchloſſen worden war, aus Urſache, daß er, Pythagoras, ſelbſt geſagt habe, er ſey ehmals Euphorbus, und alſo ein Ausländer geweſen *). Dieſe Rede war, gleich der Aeſopiſchen Krähe, mit vielerley fremden Federn beſteckt. Weil er ſich aber das Anſehen geben wollte, nicht etwas altes und auswendig gelerntes zu geben, ſondern aus dem Stegreif zu reden, ſo hatte er es mit einem ſeiner Vertrauten, einem bekannten Advocaten von Patrà, verabredet, daß, wenn er bitten würde man möchte ihm eine Materie, worüber er ſprechen ſollte, vorlegen, dieſer den Pythagoras vorſchlagen möchte. Der Patrenſer ſäumte alſo nicht lange, das zwiſchen ihnen verabredete Sujet in Vorſchlag zu bringen, und brauchte wenig Mühe den Anweſenden Luſt zu machen, zu hören wie er die Sache des Pythagoras führen würde. Nun war gleich das erſte was einem jeden auffiel, daß es ihm ſo friſch vom Munde gieng, und überhaupt alles ſo zuſammengekettet war, daß man nothwendig merken mußte, er habe die ganze Rede lange zuvor aufgeſetzt und auswendig gelernt, wiewohl die große Unverſchämtheit des Menſchen ihm auch bey dieſer Gelegenheit zu ſtatten kam, und ihm allerley Kunſtgriffe an die Hand gab, die Zuhörer zu täuſchen, wenn es ſonſt nur immer möglich geweſen wäre.

9) S. den Hahn des Micyllus im I. Th. S. 110. u. f.

wäre. Inzwischen entstand unter diesen ein großes
Gelächter, indem die einen auf den Patrenser schauten und ihm zu verstehen gaben, sie wären nicht so einfältig, daß sie den Antheil den er an dem Betrug hatte,
nicht merken sollten: andere hingegen (die sich sehr gut
erinnerten, wo dieß und jenes, was sie hörten, hergenommen war) während der ganzen Rede nichts anders
thaten, als einander zu erinnern, welchem von den Sophisten, die kurz vor unsrer Zeit in dieser Art von Redübungen den meisten Beyfall erlangt hatten, jede einzelne Stelle zugehörte. Unter der großen Menge von
Lachern befand sich denn auch der Verfasser dieser gegenwärtigen Schrift. Und wer hätte auch über eine so
verwegene, so schlecht versteckte, und doch mit solcher
Unverschämtheit ausgehakne Betrügerey nicht lachen
sollen? Zumal da das Lachen keine Bewegung ist, die
von unsrer Willkühr abhängt. Nun kam eben eine
Stelle, wo der Redner, indem er seine Stimme auf
einmal in ein wehmuthsvolles Cantabile verwandelte,
dem guten Pythagoras eine Art von Trauergesang anzustimmen vermeynte, der unsern Verfasser so lebhaft
an den Esel, der die Cither spielen will, erinnerte,
daß er sich nicht enthalten konnte in ein herzliches Gelächter auszubrechen. Zum Unglück hörte es der Redner, sah sich um, und bemerkte wem er für diese etwas
zweydeutige Aeußerung von Vergnügen verbunden sey;
und von diesem Augenblick an war der Krieg zwischen
ihnen erklärt. Einige Zeit darauf trat das neue Jahr
ein, oder eigentlicher zu reden, der dritte Tag nach
den großen Kalenden, an welchem die Römer, einem

nem uralten Gebrauch zu Folge, gewisse von dem Könige Numa vorgeschriebene Gebete und Opfer für das ganze Jahr verrichten, und in dem Glauben stehen, die Götter machten sich an diesem Tage, mehr als an irgend einem andern, mit den Bitten zu thun, die ihnen vorgetragen würden. An diesem so festlichen und heiligen Tag begegnete es nun, daß derjenige, der vorbesagter maßen über den untergeschobenen Pythagoras zu Olympia gelacht hatte, da er eben bey einigen seiner Bekannten stand, diesen verachtenswürdigen Prahler, der mit solcher Unverschämtheit andrer Leute Reden als seine eigene declamierte, auf sich zukommen sah. Da er ihn nun, über all dieses, schon von langem her als einen Menschen von dem schlechtesten Charakter und dem schändlichsten Ruf kannte, und also wenig Lust hatte in seiner Gesellschaft gesehen zu werden, sagte er zu einem seiner Freunde: weichen wir diesem fatalen Anblick aus, der hinlänglich wäre uns den glücklichsten und fröhlichsten Tag im Jahre zum Unglückstage (Apophras) zu machen. Dieses nehmliche Wort Apophras hörte der Sophist, schlug eine große Lache über das, seiner Meynung nach, unerhörte und ungriechische Wort auf, (wiewohl niemand zweifelte, daß er diese Gelegenheit bloß ergreiffe, um sich an seinem Manne wegen jenes ehmaligen Gelächters zu rächen) und hörte nicht auf, zu einem jeden zu sagen: „Apophras! Was für ein Ding ist das? Eine Frucht? „oder ein Kraut? oder ein Hausrathstück? Wer kann „mir sagen wozu Apophras gut ist? ob es gegessen oder „getrunken wird? Ich muß gestehen, daß ich in meinem

„Leben

„Leben nichts davon gehört habe, noch jemals errathen
„würde was es heissen soll." — Durch diese und
dergleichen Reden, wodurch er meinen Autor mächtig
zu beschämen vermeynte, zog er dem armen Apophras
viel Gelächter zu; unwissend, daß nur noch diese letzte
Probe fehlte, um den Beweis seiner groben Unwissenheit vollständig zu machen. Was also den Autor, dessen Vorredner ich bin, zu Verfassung dieser Schrift
bewogen hat, ist lediglich, zu zeigen, daß dem berühmten Sophisten, mit welchem ers hier zu thun hat, sogar die gemeinsten Dinge, Dinge die man im ganzen
Griechenlande in allen Werkstätten und Schenken kennt,
fremd und unbekannt sind."

So weit der Elenchus, der nun wieder abtritt
und das übrige Drama mir selbst zu spielen überläßt.
Nun könnte ich zwar mit gutem Fug dabey anfangen,
mit so vieler Gewißheit, als ob alles aus dem Delphischen Dreyfuß hervorkäme, zu erzählen: was
du in deiner Vaterstadt gethan, was in Palästina, was in Aegypten, Phönizien und Syrien, was
hernach in Griechenland und Italien; und vornehmlich, was du nun zu Ephesus thust, wo du deine Thorheit aufs äusserste zu treiben und deinem schönen Leben
den Kranz aufsetzen zu wollen scheinst. Denn da du,
mit dem Sprüchwort zu reden, der Trojaner bist, der
schlechterdings haben will, daß man ihm Tragödie spiele,
so könntest du es nicht übel finden, wenn du deine eigene Schande hören müßtest [10]).

Doch

[10] Ἰλιεὺς ὢν τραγῳδὸς, ein Sprüchwort, das schon in den wieder auferstandes nen Philosophen vorkam.

Doch dazu wird es noch immer früh genug seyn! Vor erst ein paar Worte vom Apophras. – Sage mir also, um aller Welt willen [11]), warum dir das Wort Apophras so verwerflich und lächerlich geschienen hat? Es ist also, deiner Meynung nach, kein den Griechen eigenthümlich angehöriges Wort, sondern irgend aus dem Celtischen, Thrazischen oder Scythischen Kauderwelsch über die Grenze herüber gekommen, und du, als ein großer Kenner der ächten Attischen Mundart, hast dich verbunden gehalten, es sogleich mit Arrest zu belegen und durch einen öffentlichen Ausruf von dem Griechischen Boden zu verbannen? Gleichwohl werden dir andere, welche besser wissen, als du, was bey den Atheniensern einheimisch ist, sagen können, daß es kein Attischeres Wort gebe als dieß; und daß du aber den Erechtheus und Cekrops [12]) zu Ausländern und fremden Ankömmlingen in Athen machen, als beweisen könntest, daß Apophras nicht ein gutes, ächtes, auf attischem Boden gewachsenes Wort sey. Es giebt tausend Dinge, die sie auf eben die Art wie alle andern Menschen benennen: aber einen schwarzen, verwünschten, unglückbringenden und zu keinem guten Geschäfte

11) Im Original: bey der Venus Pandemos, Genetyllis und Cybebe — per omnes Veneres!

12) Apollodorus (Lib. III. 13.) nennt den Cekrops ausdrücklich einen Autochthon, d. i. einen auf und aus Attischem Grund und Boden entstandenen Menschen, und dieß scheint ein gemeiner Volksglaube zu Athen gewesen zu seyn, wiewohl die Gelehrten sehr wohl wußten, daß Cekrops aus Aegypten oder Phönizien nach Attica gekommen sey.

schäfte tauglichen Tag, mit Einem Wort, einen Tag der dir ähnlich ist, nennen sie allein — apophras, d. i. unnennbar 13). Oder, muß ich dirs noch genauer erklären? Ein Tag, an welchem keine obrigkeitliche Person Audienz giebt, an welchem niemand vor Gericht gefodert werden kann, an welchem keine gottesdienstliche Handlung verrichtet, und überhaupt nichts, was mit gutem Glück geschehen soll, unternommen wird, ein solcher heißt in Athen apophras Hemera, (ein unnennbarer Tag). Die Veranlassung zu dieser Benennung eines unglücklichen Tages haben sehr vielerley Ursachen gegeben. Entweder war es ein Tag, woran sie einst ein großes Treffen verlohren hatten, und da verordneten sie, daß an dem Tage, der ihnen ein so großes Unglück gebracht hatte, so oft er wiederkommen würde, nichts gesetzmäßiges und gültiges sollte verrichtet werden dürfen; oder — doch wozu soll ich mir die unzeitige und zuspät kommende Mühe geben, einen alten Kerl Dinge zu lehren, die er schon als Knabe hätte lernen sollen, und wozu ihm sogar die Vorkenntnisse mangeln? — Oder ist dieß etwa das einzige was du noch zu lernen hättest? wie käm' es denn, daß du alles übrige wüßtest, und nur das einzige nicht was jedermann weiß? Es wäre einem Menschen, wie du, leicht zu verzeihen, wenn er etwas nicht wüßte, das, so zu sagen, außer der gemeinen Landstraße liegt

und

---

13) Lucian wußte also sehr wenig Latein, da er nicht wußte daß die Römer solche Tage nefastos zu nennen pflegten, ein Wort das mit ἀποφρας eine ganz ähnliche Etymologie hat.

und den Idioten unbekannt ist: aber mit Apophras ist
es ganz ein ander Ding: wenn du noch so gerne wolltest, so kannst du das was es sagen will nicht anders
sagen; denn es giebt nun einmal kein anderes gleichbedeutendes Wort dafür. — Gut! möchte jemand
vielleicht für dich antworten, aber wenn es auch veraltete
Worte giebt, die man gebrauchen darf: so sollte man
doch wenigstens diejenigen vermeiden, die den meisten
unverständlich sind, und die Ohren der Personen, mit
denen wir sprechen, beleidigen. — Ich gestehe dir
gerne, mein schöner Herr, daß ich sehr gefehlt hätte,
wenn ich so ein Wort gegen dich selbst gebraucht hätte;
denn natürlicher Weise muß man mit dir Paphlagonisch
oder Kappadozisch oder Bactrianisch reden, wenn du
einen verstehen und mit Vergnügen anhören sollst:
aber mit Griechen ist es, denke ich, ganz schicklich
Griechisch zu reden; und dazu kommt noch, daß die
Einwohner von Attika, wiewohl sie von Zeit zu Zeit
manches in ihrer Mundart verändert, gerade dieses
Wort immer beybehalten und sammt und sonders zu
allen Zeiten einen Unglückstag nie anders als Apophras
geheissen haben. Zum Beweis könnte ich dir, (wenn
es nöthig wäre) eine Menge berühmter Poeten, Redner und andrer Schriftsteller nennen, die dieses Wort
vor mir gebraucht haben, wenn ich nicht Bedenken
trüge, dich durch so viele dir ganz fremde Nahmen in
neue Unruhe zu setzen. Ich will sie also lieber nicht
nennen, da sie ohnehin allgemein bekannt sind: du hingegen, wenn du mir nur einen einzigen unter den Alten nennen kannst, der es nicht gebraucht hat, so sollst

du

du aus gediegenem Golde, wie man zu sagen pflegt, zu Olympia stehen! Wiewohl ich bekennen muß, daß es mir vorkommt, ein Mann von deinen Jahren, der solche Dinge nicht weiß, müsse auch nicht wissen, daß Athen in Attika, Korinth im Isthmus, und Sparta im Peloponesus liegt.

Das einzige was du allenfalls noch sagen könntest, wäre: das Wort selbst hättest du ganz wohl gekannt, und du hättest dich bloß über den unzeitigen Gebrauch desselben aufgehalten. — Wohlan! auch darüber hoffe ich mich hinlänglich verantworten zu können: merke nur wohl auf, wenn es dir anders nicht ganz einerley ist, ob du etwas oder nichts weißt. Ich sage also: Wenn die Alten eine Menge dergleichen Beynahmen Leuten deinesgleichen zu ihrer Zeit an den Kopf geworfen haben (denn, wie natürlich, fehlte es auch damals nicht an heillosen Buben) — wenn dieser z. B. einen solchen Quidam Kothurnus hieß, weil er eine auffallende Aehnlichkeit zwischen dem Charakter dieses Menschen und dieser Art von Schuhen fand; jener einen andern der das Volk durch seine Reden in Tumult zu setzen pflegte, Tollwurm [14]), ein dritter einen andern Volksredner den Siebenten nannte, weil man, so oft er auftrat eben so gewiß war, daß es viel zu lachen geben würde, als die Kinder sich auf den siebenten eines

jeden

---

14) Ich lese nehmlich nach J. M. Geßners Vorschlag λυσσα, statt des gar keinen Sinn habenden λυκαη, das vermuthlich auf der Abschreiber Rechnung steht.

jeden Monats als auf einen Spieltag ⁱ⁵) zu freuen pflegen: wenn, sage ich, dieß den Alten erlaubt war,
warum, beym Adonis! sollte ich nicht einen durchaus
heillosen und in aller Büberey aufgewachsnen Taugenichts mit einem unglückbringenden Tage vergleichen
dürfen? Pflegen wir doch einem Menschen der am
rechten Fuß lahm ist, zumal wenn er uns des Morgens
früh begegnet, aus dem Wege zu gehen; und wenn
einem beym ersten Schritt aus seinem Hause ein Verschnittner oder ein Eunuch ¹⁶) oder ein Affe in die Augen fällt, so zieht er sogleich den Fuß zurück, und bleibt
lieber zu Hause, weil er nach einer so bösen Vorbedeutung sich von allem, was er an diesem Tage unternehmen könnte, nicht viel Gutes verspricht. Und am ersten Morgen und so zu sagen, beym ersten Schritt über
die Schwelle eines neuen Jahres, sollte man einem alten Sünder von einem Cinäden, einem Menschen, der
Dinge thut und leidet die sich gar nicht aussprechen lassen, und auf den jedermann deßwegen mit Fingern weiset, einem Betrüger, einem Spitzbuben, einem mein-
eidigen, heillosen schändlichen Galgenstrick, der uns in
den Wurf kommt, nicht aus dem Wege gehen? ihn
nicht

15) Der siebente Tag eines jeden Monats war, nach al-
tem Brauch, ein Feyer- und Spieltag für die Knaben bey
den Griechen, zum Andenken daß Apollo am 7ten des Monats Thargelion gebohren worden. Herr Massieu bleibt
dem Lateinischen auch in den Noten so getreu, daß er
Thurgalion schreibt, wie-
wohl dieß nur ein doppelter
Druckfehler in der Reizischen
Ausgabe ist.

16) Eine Person, die gar
kein entschiedenes Geschlecht
hat.

nicht mit einem Unglückbringenden Tage vergleichen dürfen?

Oder bist du etwa kein solcher? Ich müßte mich sehr an dir irren, oder du wirst es nicht läugnen, da du dir vielmehr nicht wenig darauf einbildest, daß deine großen Thaten nicht in Dunkelheit vergraben bleiben, sondern dich überall bekannt und berüchtigt gemacht haben. Wenn du es aber auch läugnen wolltest, wer wird dir glauben? Etwa deine Mitbürger? (denn billig fange ich bey ihnen an) Aber diese wissen ja die ganze Geschichte deiner ersten Jugend, wie du dich einem gewissen Officier, einem erzlüderlichen Taugenichts, überlassen, und was für Dienste du ihm gethan hast, bis er dich zu einem puren Haderlumpen abgenutzt hatte, und von sich warf. Auch erinnern sie sich noch recht gut, daß sie dich in deiner Jugend auf dem Schauplatz figurieren gesehen haben, wo du dich zu einer Bande Histrionen und Tänzer gesellt hattest, und mit aller Gewalt für die Hauptperson bey der Truppe angesehen seyn wolltest; denn du ließest schlechterdings keinen andern dazu kommen den Vorredner zu machen, sondern wurdest immer gar zierlich herausgeputzt, in goldnen Schuhen und in einer prächtigen Tyrannenkleidung und mit Kränzen in den Händen vorangeschickt, die Zuschauer um ihren gnädigen Beyfall zu bitten; galtest auch schon soviel bey ihnen, daß sie dich immer mit großem Geklatsche hinter die Scene begleiteten. Aber daß noch ein so berühmter Redner und Sophist aus dir werden könnte, das ließ sich damals wohl niemand träumen. — Wenn sie es nun hören werden

den, muß es ihnen nicht nothwendig, wie dem Pentheus in der Tragödie, vorkommen als ob sie zwey Sonnen am Himmel und ein doppeltes Thebä sehen, und werden sie nicht alle zugleich aus Einem Munde ausrufen: Wie? der? der damals — ? Was doch aus einem Menschen werden kann!

Vermuthlich ist das auch wohl die Ursache, warum du dich sorgfältig in Acht nimmst, wieder dahin oder nur in diese Gegenden zu kommen, und dich lieber freywillig aus einer Vaterstadt verbannest, die so milde Winter und so wenig drückende Sommer hat, und unstreitig die schönste und größte aller Städte in Phönizien ist. Du würdest dich eben so gern hängen lassen als unter Leuten leben, die dich erkennen und sich deiner alten Geschichten wieder erinnern würden. — Doch, wo denke ich hin? Vor wem hast du dich jemals gescheut? Was ist so schändlich daß du darüber erröthen könntest? — Indessen höre ich doch, du rühmest dich große Besitzungen daselbst zu haben? Vermuthlich das armselige Thürmchen, gegen welches die Tonne des Diogenes Jupiters Palast scheinen könnte? — Soviel ist also immer richtig, daß du deine Mitbürger nun und nimmermehr so herumstimmen wirst, daß sie dich nicht für den liederlichsten Taugenichts von der Welt, und für einen Schandfleck ihrer ganzen Stadt halten sollten.

Aber vielleicht wirst du dich auf das Zeugniß des übrigen Syriens berufen können, wenn du vorgiebst du du hätteſt dich niemals einer frevelhaften Handlung ſchuldig gemacht? So? Hat etwa nicht ganz Antiochia geſehen, wie du den Jüngling der von Tarſus kam, auf die Seite führteſt?— Die Sache iſt zu ſchändlich als daß ich deutlicher davon reden könnte: indeſſen giebt es Leute genug, die ſich der Stellung noch ſehr gut erinnern können, worin ſie dich damals antrafen, und was jener that wirſt du, wenn du nicht auſſerordentlich vergeßlich biſt, am beſten wiſſen.

Doch vielleicht kennen dich die Aegyptier nicht, zu denen du nach jenen vorerwähnten Heldenthaten in Syrien deine Zuflucht nehmen mußteſt, als dir die Kaufleute nachſetzen ließen, bey denen du, um einen Reiſepfennig zu haben, die koſtbaren Kleider ausgenommen hatteſt und die Bezahlung ſchuldig geblieben warſt? Aber Alexandria weiß eben ſo feine Anekdoten von dir zu erzählen als Antiochia, und es war nicht mehr als billig, daß du der Hauptſtadt von Aegypten nicht weniger Ehre anthun wollteſt als der von Syrien. Wirklich war der Unterſchied bloß daß du es zu Alexandria öffentlicher und ungeſcheuter triebſt, und dir alſo auch einen deſto größern Nahmen machteſt. Ein einziger, der letzte von allen, in deren Sold du dort ſtandeſt, einer von den vornehmſten Römern der Stadt, glaubte dir, als er dich in ſein Haus nahm, auf dein Wort, daß du an den Dingen, die dir nachgeſagt wurden, unſchuldig ſeyeſt. Seinen Nahmen wirſt du mir erlauben zu

ver-

verschweigen, zumal, da jedermann weiß wen ich meyne. Wie viel dieser Herr während der Zeit da du dich in seinem Hause aufgehalten, von dir ertragen und wie weit er die Geduld mit deinen Ausschweifungen getrieben, wäre überflüssig hier anzuführen. Aber da er dich endlich auf den Knien seines jungen Mundschenkens Oenopion überraschte, — was meynst du? glaubte er dir da auch noch auf dein Wort, du seyest der nicht für den dich jedermann hält? oder glaubte er seinen eignen Augen? Er müßte stockblind gewesen seyn, um nicht zu sehen — was zu sehen war. Ich denke aber, er hat sich hierüber deutlich genug erklärt, indem er dich auf der Stelle aus seinem Hause jagte, und sogar, wie man sagt, das ganze Haus, so bald du hinaus warst, durch einen Priester reinigen ließ.

Was Achaja und Italien betrift, beyde Länder sind deiner Thaten und des Nahmens, den du dir dadurch gemacht hast, voll; und wohl möge dir diese Celebrität bekommen! Alles was ich denen, die sich jetzt über deine Aufführung zu Ephesus verwundern, zu sagen habe, ist bloß, sie würden das alles sehr natürlich finden, wenn ihnen dein voriges Leben bekannt wäre. Doch gestehe ich, daß du in dieser letztern Stadt noch etwas Neues gelernt hast, um dich den Damen zu empfehlen. — Und auf einen solchen Menschen sollte das Wort Apophras nicht passen? Wie,

Wie, zum Jupiter! treibst du die Unverschämtheit nicht so weit, daß du dich sogar unterstehst, mit einem Munde, der solche Dinge verübt hat, ehrliche Leute zu küssen? Und, was noch das insolenteste ist, sogar deine Zuhörer; als ob es nicht schon mehr als zuviel wäre, daß sie alle andere Leiden, die ihnen dein Mund verursacht, deine Barbarismen, deine knarrende Stimme, und deinen verworrenen, übelzusammenhangenden, geschmacklosen Vortrag erdulden müssen! Zu allem dem sich noch von dir küssen zu lassen, das verhüte der gütige Himmel! Lieber wollte ich eine Natter oder Viper küssen. Da ist doch das ärgste was man dabey wagt, gebissen zu werden, und diesem Uebel kann der Arzt abhelfen: aber wer mit einem Kuß von dir vergiftet worden ist, wie dürfte sich der noch einem Altar oder Tempel nähern? Welcher Gott würde seine Gebete erhören? Ganze Ströme von Weyhwasser würden ihn kaum wieder reinigen können?

Ein solcher Mann bist du, solcher Dinge, solcher Schändlichkeiten bist du dir bewußt, und darfst über andere wegen Nahmen und Wörter spotten? Ich meines Orts würde mich geschämt haben, wenn ich nicht gewußt hätte was Apophras heisse, so wenig begehre ich zu läugnen daß ich dieses Wort gebraucht habe: Dir hingegen hat noch keiner von uns die barbarischen und ungereimten Wörter, die

du

du uns täglich hören lässest [17]), vorgeworfen! Daß dich Hermes Logios mit solchen monströsen Wörtern zu Schanden mache! Oder in welchem Buche hast du sie jemals gefunden? Vermuthlich in irgend einem Winkel aus einem mit Moder und Spinneweben bedeckten Hauffen frostiger Leichengesänge [18]), oder aus den Tabletten der Philänis [19]) die du immer in

den

---

17) Lucian führt einige zum Beyspiel an, als βωμολογος, τροπομαϑλης, ῥησιμετρειν, Ἀθηνιω, u. s. w. die keiner Uebersetzung fähig sind, als allenfalls ins lateinische, worin sie, nach Geßners Uebersetzung, *verbicrepus, morefutilis, vocimetiri, Athenurio,* lauten.

18) Im Griech. τῶν Ἰαλεμων τινος ποιητῶν etc. Cet Jaleme étoit un Poëte si detestable et si insipide que l'on disoit proverbialement d'un mauvais auteur, il est plus froid que Jaleme — sagt Hr. Massieu, und beruft sich auf den Hesychius, der aber in diesem Artikel eine schlechte Autorität ist. Jalemos war bey den Griechen der eigene Nahme einer Art von Trauergesängen, die zu den sämtlichen Trauer-Ceremonien gehörten, die in dem Hause, wo eine Leiche war, vorgenommen wurden — ἰαν τενϑεσι Ιαλεμος, *Athenaeus*, L. XIV. c. 3. Sie hatten diesen Nahmen von Jalemus, einem Sohne der Muse Kalliope und Bruder des Orpheus, der der Erfinder dieser Trauergesänge gewesen seyn soll, und den die Tradition nicht zu einem Sohn der Kalliope gemacht hätte, wenn er ein so elender Versmacher gewesen wäre. Daß aber die Jalemen ihrer Frostigkeit wegen zum Sprüchwort wurden, ist sehr begreiflich; die Griechen sagten, frostiger als ein Jalemos, wie wir zu sagen pflegen, frostiger als eine Leichenpredigt.

19) Eine berüchtigte Trobade, der die Alten Schuld gaben die Verfasserin von gewissen Tabletten zu seyn, worin die *mille modi l'eneris*

den Händen hast. Wo du sie aber auch her haben magst, immer sind sie eines Mannes wie du und eines Mundes, wie der deinige, würdig.

Weil doch einmal die Rede hier von deinem Munde ist, was wolltest du wohl antworten, wenn deine Zunge (gesetzt sie könnte es) eine Injurienklage gegen dich anstellte, und sagte: Du undankbarer Mensch, so vergiltst du mir alles was ich für dich gethan habe? Du warst ein armer Teufel, der nicht wußte was er anfangen wollte, als ich dir auf der Schaubühne zu Brodt und Beyfall verhalf, indem ich bald einen Ninus, bald einen Antiochus [20], bald wieder einen Achilles aus dir machte. Als dieß nicht mehr gehen wollte, wie lange verschafte ich dir nicht deinen Unterhalt damit daß du die Kinder buchstabieren lehrtest? Und nun, da du Profeſſion machſt andrer Leute Reden zu declamieren, habe ich dich nicht so weit gebracht,

ris (mit Ovidius zu reden) beſchrieben und vermuthlich auch abgebildet waren —, kurz, die Aloyſia der Griechen.

20) Es ſcheint keine Frage zu ſeyn, daß man, ſtatt Meſiochus, Antiochus leſen müſſe, und daß der König Antiochus Soter gemeynt ſey, deſſen ſonderbare Liebesgeſchichte wir in der Abhandl. von der Syriſchen Göttin geleſen haben. Die Herren Ausleger, die nicht wiſſen was ſie aus dem hier erwähnten Antiochus machen ſollen, hätten ſich nur erinnern dürfen, daß Lucian ſeiner ſchon in dem Dialog von der Tanzkunſt als eines dramatiſchen Sujets aus der neuern Geſchichte erwähnt hat. (S. 421. im 4ten Theile d. W.).

gebracht, daß du vor einen Sophisten paſſierſt, und dir einen Ruhm erworben, an den du nicht den mindeſten Anſpruch zu machen haſt? Was für ein ſo großes Verbrechen gegen dich kannſt du mir nun vorwerfen, daß du ſo mit mir verfährſt, und mich zu ſo garſtigen und ſchandbaren Sclavendienſten mißbrauchſt? War es nicht ſchon mehr als genug, daß ich den ganzen Tag über lügen und falſch ſchwören, und allen den Wuſt von albernen Poſſen und ſchaalen Declamationen von mir geben muß? Kannſt du mich unglückliche auch bey Nacht nicht ruhen laſſen? Muß ich allein dir zu allem gut genug ſeyn, wie der verächtlichſte Fußhaber behandelt werden, und gegen meine Natur Dienſte thun, die kaum der Hand zuzumuthen ſind? Ich bin bloß zum reden da — und du zwingſt mich Dinge zu thun und zu leiden, die mich dahin bringen, daß ich es für eine Wohlthat anſehen würde, wenn mich jemand, wie die Zunge der Philomele in der Fabel, ausſchneiden wollte; denn wahrlich! die Zungen der tragiſchen Väter, die ihre eigenen Kinder fraßen, ſind noch glücklicher als ich.“ — Bey allen Göttern! wenn deine Zunge das Vermögen für ſich ſelbſt zu ſprechen bekäme, und mit deinem Bart als rechtlichem Beyſtande, dich ungefähr in dieſen Worten verklagte, was wollteſt du ihr antworten? Etwa was du neulich dem Glaukus, da er dich einer ähnlichen Büberey beſchuldigte, zur Antwort gabſt: eben das hätte dir in kurzer Zeit einen großen Nahmen in der Welt gemacht. Durch deine Reden hätteſt du dir freylich

eine

eine solche Celebrität nicht erwerben können; und berühmt zu werden ist doch eine gar zu wünschenswürdige Sache, sey es auch wodurch es immer wolle! Ueberdieß könntest du deiner Anklägerin alle die schönen Beynahmien vorzählen, die du bey den verschiedenen Völkern (des römischen Reichs) erhalten hast; Beynahmen von so kräftiger Bedeutung, daß ich mich billig wundere, wie ein Mann, dessen Ohren durch sie nicht beleidigt würden, über das Wort Apophras in solchen Unwillen gerathen könnte. In Syrien nannten sie dich Rhodedaphne (Lorberrose) — warum, schäme ich mich, so wahr mir Minerva gnädig seyn mag! heraus zu sagen; es mag also meinetwegen ein Geheimniß bleiben! In Palästina bekamst du den Nahmen Phragmos (Hecke) vermuthlich deines stachlichten Bartes wegen, der deine Caressen mit unter beschwerlich machte; denn damals ließest du ihn noch scheeren. In Aegypten hießen sie dich Synanche, (Bräune) wovon man eine sehr simple Ursache angiebt: nehmlich, du hättest dich an einen gewissen Schiffmann machen wollen, der aber keinen Spaß verstanden, sondern dich bey der Gurgel gepackt und dir den Mund dermaßen verstopft habe, daß du beynahe erstickt wärest. Die Athenienser, wie sie in allem immer den Vorzug haben, machten gar bald einen Nahmen für dich ausfindig, der, ohne so räthselhaft zu klingen, dich mit Einem Zug nach dem Leben zeichnet; sie beehrten dich bloß mit dem Zusatz eines einzigen Buchstabens und nannten dich Atimarchus: denn da du es sogar deinem berühmten

Nahmens-

Nahmensverwandten noch zuvor thust, so wär nichts billiger als daß du auch wenigstens einen Buchstaben vor ihm voraus hätteſt ²¹). In Italien aber haſt du leider!

21) Das zweydeutige und räthselhafte, das dieſe Periode im griechiſchen Texte hat, war es nicht für Lucians damalige Leſer, und fällt, däucht mich, auch für uns weg, ſobald wir annehmen, daß der Unglückliche, an welchem er in dieſer Schrift ein ſo abſcheuliches Exempel ſtatuiert, Timarchus geheiſſen habe. Dieſer Nahme bedeutet, ſeiner Etymologie nach, einen Mann, der mehr Ehre hat und verdient als alle andern, gleichſam der Ehrenfürſt oder Ehrenkönig: ſobald ihm aber der einzige Buchſtabe A vorgeſetzt wird, ſo bedeutet er gerade das Gegentheil. Wenn nun der Sophiſt, dem es hier gilt, Timarchus hieß, ſo begreift ſich ſogleich, wie die Athenienſer, denen dieſe Art von Witz ſehr gewöhnlich war, auf den Einfall kamen ihn Atimarchus zu nennen, und was der Sinn des ſcherzhaften Compliments iſt, das ihnen Lucian deßwegen macht. Die Syrer, Paläſtiner, Aegyptier bezeichneten ihn durch Uebernahmen, die einer Erklärung bedurften um verſtanden zu werden: die Athenienſer allein, Αθηναιοι βελτιςοι (die immer den beſten Einfall haben) mußten ſich leichter zu helfen, und ſahen, daß ſie ihn nur mit dem Buchſtaben A zu ſeinem gewöhnlichen Nahmen zu beſchenken brauchten, um ihm ſeinen rechten und verdienten Nahmen zu geben. Der Beyſatz, εδει γαρ κκκει- νε τι περιττοτερον προσει- ναι σοι, iſt, nach dieſer Vorausſetzung, ein Einfall Lucians, nicht der Athenienſer, und ſcheint mir (da er offenbar eine Anſpielung auf den Timarchus des Aeſchines enthält, von welchem ſchon in der vorgehenden Stachelſchrift auf einen ungelehrten Büchernarren die Rede war) keinen andern Sinn zuzulaſſen, als den er in meiner Ueberſetzung hat. Hätte der Sophiſt nicht Timarchus geheiſſen, ſondern den Uebernahmen Atimarchus von den Athenienſern wegen der Aehnlichkeit ſeiner Sitten mit dem Taugenichts, gegen welchen

(99)

leider! sogar den heroischen Zunahmen der Cyklops erhalten, da du den mehr als cyklopischen Einfall hattest, die von Homer besungene Geschichte wie Polyphemus vom Ulysses seines einzigen Auges beraubt wird, in deiner eigenen schandbaren Manier, zu parodieren. — Eine Scene, die du selbst, so unverschämt du bist, am folgenden Tag mit nichts anderm als der Trunkenheit entschuldigen konntest.

Sage mir nun, wie kann ein Mann, der an so vielbedeutenden Nahmen so reich ist, sich schämen, auch noch den Nahmen Apophras auf sich zu nehmen? Um aller Götter willen, woher dieses Uebermaß von Schaamhaftigkeit an einem Manne, der sich geduldig nachsagen lassen kann, daß er lesbisiere und phönizisiere²²)? Verstehst du etwa die Bedeutung dieser Wörter auch nicht, und bildest dir vielleicht ein, die Leute wollen dir dadurch ein Compliment machen? Oder bist du ihrer als alter Bekanntschaften schon so gewohnt, daß sie nichts auffallendes mehr für dich haben; und nur das einzige Apophras, das dir etwas neues ist, hat das Unglück dir so sehr zu mißfallen, daß du es schlechterdings nicht in dem Katalogus deiner Nahmen dulden

---

welchen Aeschines 500 Jahre vorher seine feurige Pfeile gerichtet hatte, bekommen: so dünkt mich, sie würden ihn in diesem Falle, nicht Atimarchus, sondern Timarchus schlechtweg genennt haben.

22) λεσβιαζειν σε και Φοινικιζειν.

dulden willſt? Ich, für meinen Theil, kann indeſſen wohl mit der Genugthuung zufrieden ſeyn, die mir die Meynung der Welt von dir verſchafft, und verlange keine größere Rache, als daß dein Ruf ſogar bis in die Gynäzeen ²³) gedrungen iſt. Es iſt noch nicht lange daß du dich um die Hand einer ſehr liebenswürdigen Perſon zu Kyzikum ²⁴) bewarbeſt; aber die Dame, die von allem wohl unterrichtet war, gab zur Antwort: ich verlange keinen Mann der ſelbſt einen Mann nöthig hat.

Da nun alſo deine Sachen auf dieſem Fuß ſtehen, was kümmern dich noch Wörter, und wie kommſt du dazu, dich über andere Leute aufzuhalten? Aber freylich iſt es nicht einem jeden gegeben, ſo zu reden wie du. Oder wer von uns ſollte verwegen genug ſeyn, gegen **drey Ehebrecher** ſtatt eines Degens um einen **Dreyzack** zu rufen ²⁵)? oder vom Theopompus zu ſagen, er habe

---

23) Die Wohnung des weiblichen Theils einer Familie, die von der Wohnung des männlichen immer abgeſondert, und allen Fremden, ja ſelbſt allen nicht ſehr nahen Anverwandten verſchloſſen war, hieß das Gynäceum oder die Gynäkonitis: ein Wort, dem unſer deutſches Frauenzimmer in ſeiner urſprünglichen Bedeutung völlig entſpricht.

24) oder Cycicum, wie es die Lateiner ſchrieben, war damals noch eine anſehnliche Stadt in der Provinz KleinMyſien, an der Propontis (Mar di Marmora) auf einer Inſel gelegen, die durch zwey Brücken mit dem feſten Lande verbunden war.

25) Es ſcheint (wie J. M. Geßner wohl anmerkt) der Timarchus

habe Griechenland aufgegabelt ²⁶), und er sey ein Cerberus im reden. Wie lange ist es wohl, daß du einen gewissen (vermuthlich verlohrnen) Bruder, wie Diogenes seinen Menschen, mit dem Licht in der Hand suchtest? und tausend andere solche Beyspiele, die ich von deiner sonderbaren Wohlredenheit anführen könnte, wenn es der Mühe werth wäre ²⁷).

Du siehst wie billig ich mit dir verfahre, daß ich bir jemals was du von Armuth gedrungen thust, vorrücken sollte, davor wolle mich Abrastea bewahren! Es ist zu verzeihen, wenn ein Mensch, ehe er sich zum verhungern entschließt, eine ihm anvertraute Summe abschwört, oder wenn er in einem so bringenden Nothfalle unver-

Timarchus, der in dieser Schrift auf der Schandbühne steht, habe in einer von seinen Declamationen gedichtet, ein Mann hätte drey Ehebrecher auf einmal bey seiner trauten Hälfte erwischt, und, um seine Rache an ihnen zu nehmen, einen Dreyzack verlangt, damit er alle drey auf Einen Stoß durchbohren könne; wozu ihm freylich Neptunus selbst den seinigen hätte leihen müssen. — Das im Text unmittelbar folgende Beyspiel (das aus einer Lobrede auf den Geschichtschreiber Theopompus genommen scheint) habe ich, weil es unübersetzbar ist, und überdies noch einer eben so weitläufigen als langweiligen Note bedurft hätte, weglassen müssen.

26) Im Griechischen, ἐκτριαίνωσαι, *extridentasse* (statt expugnasse) welches freylich noch stärker, aber auch noch toller ist als das deutsche aufgabeln, und von Lucian, zur Probe der geschmacklosen Tollkühnheit dieses Sophisten in Schmiedung neuer vermeyntlicher Kraftwörter, aus einer seiner Declamationen angeführt wird.

27) Die Beyspiele, die er

unverschämt bettelt, oder Kleider in den öffentlichen
Bädern wegstiehlt, oder sich zum Zoll eintreiben brauchen
läßt. Ich werfe dir nichts dergleichen vor. Es
ist keinem zu verdenken, wenn er alles versucht und
alles wagt, um sich vor der Dürftigkeit zu schützen.
Aber das ist unausstehlich, daß ein so armer Teufel
wie du bist, alles was er mit seiner Unverschämtheit
gewonnen hat, auf eine so schandbare Art wieder durchbringen
soll! Wenn du mir indessen erlauben wolltest,
auch etwas an dir zu loben, so gestehe ich, das machtest
du pfiffig, da du dem einfältigen alten Kerl die
dreissig Goldstücke aus dem Beutel zu locken wußtest,
der dumm genug war, sich ein Buch von deiner eignen
Arbeit für das Original der berühmten Redekunst des
Tisias aufheften zu lassen, und dir siebenhundert und
funfzig baare Drachmen dafür bezahlte [28]).

Ich hätte dir noch vieles zu sagen eh ich fertig
wäre, aber für dießmal mag es genug seyn. Nur dieß
einzige erlaube mir noch beyzufügen. Halte es mit deinen
Liebhabereyen wie du willst, und treib es so toll als
du magst und kannst; nur mach es so, daß nicht auch
andre

demungeachtet noch anführt,
bestehen in Solözismen gegen
die griechische Sprache, oder
die attische Mundart, die in
keine andere Sprache übergetragen
werden können.

28) Der goldne Denarius
oder Aureus der Römer galt
also zu Lucians, wie zu Tacitus
Zeiten, eben so viel attische
Drachmen als römische
Denarien, nehmlich fünf und
zwanzig.

andre ehrliche Leute daburch gestraft werden. Also von der Galanterie, die ich nicht nennen mag, nichts mehr, wenn ich bitten darf! Du begreifst doch selbst, daß es schlechterdings nicht angeht, neben Leute die sich mit dergleichen ... abgeben, an eben derselben Tafel zu sitzen, aus derselben Schüssel mit ihnen zu essen, und sich den Freundschaftstrunk aus eben demselben Becher von ihnen zutrinken zu lassen. Auch das küssen beym Abschied könntest du ohne alles Bedenken einstellen, zumal bey denen die dir nicht lange zuvor den Mund in apophrabischen Stand gesetzt haben. Und, weil ich doch einmal daran bin dir einen freundschaftlichen Rath zu geben, so gewöhne dir auch das ab, daß du deine grauen Haare salbest und nirgends als an deinem Kopfe Haare leiden willst. Nöthigt dich eine Krankheit zu einer solchen Operation, warum soll beym Kopf allein die Ausnahme gemacht werden? Ist das aber der Fall nicht, wozu die Pechpflaster, um auch das was nicht in die Augen fallen darf, so glatt und poliert zu machen? Da deine grauen Haare doch das einzige an dir sind, was du mit der Weisheit gemein hast, so behalte wenigstens diese Hülle deiner Schande bey; schone ihrer, um Jupiters willen! aber vornehmlich deines armen Bartes, den du bisher gar zu schmähliche Mißhandlungen zu leiden genöthigt hast: oder ist es dir ja nicht möglich von der alten Gewohnheit abzulassen, so nimm doch nur wenigstens die Nacht dazu; bey hellem Tage — Pfuy! das ist gar zu thierisch!

Du

Du siehst nun, wie viel besser es für dich gewesen wäre ruhig zu bleiben [29]) und das Wort Apophras unverspottet zu lassen, das dir nun auf dein ganzes übriges Leben Unheils genug bringen wird. Oder fehlt etwa dazu noch etwas? An mir wenigstens soll die Schuld nicht liegen. Du weißt noch nicht, was du dir auf den Hals gezogen hast. So ein Mensch, wie du bist, sollte an allen Gliedern zittern, wenn ihm ein Mann, der Haar in den Zähnen hat, nur ins Gesichte blickt [30]). Wenn dir also Apophras nicht schon drey und vierfach vergolten hat, so verzerre immer dein Sykophantenmaul auch über diese Schrift; aber die Folgen

magst

---

[29]) Im Terte: die Kamarina (d. i. einen Morast dieses Nahmens bey der Stadt Kamarina, den die Einwohner gegen den ausdrücklichen Befehl eines Orakels, zu ihrem großen Schaden, austrockneten) nicht aufzurühren; eine sprüchwörtliche Redensart.

[30]) Auch von dieser Periode, habe ich mich begnügen müssen bloß den Sinn zu geben, da die Aristophanischen Schimpfwörter παιπαληµα und κιναδος (wie unstreitig statt κιναιδος gelesen werden muß) keiner Uebersetzung fähig sind und bey dem Worte µελαµπυγος, die Anspielung auf ein ziemlich albernes Mährchen, das die griechischen Ammen ihren Kindern vom Herkules und einem paar losen Buben zu erzählen pflegten, eine größere Note, als die Sache werth ist, nöthig gewesen wäre. Etliche darauf folgende unbedeutende Zeilen mußte ich fallen lassen, sobald die obigen Ehrentitel aus dem Aristophanes (Aves. v. 429. 30.) wegfielen; denn sie sagen weiter nichts als — Timarchus werde sich vermuthlich auch über diese Wörter, als ihm unverständliche Räthsel, inocieren.

magst du dir selbst beymessen. Denn, wie Euripides [31] sehr weislich zu sagen pflegt: eine zügellose Zunge und freche kein Gesetz scheuende Thorheit nimmt immer ein unseliges Ende.

[31] In den Bacchanten v. 385. 86.

Gegen
die Verläumbung,
oder
daß man denen, die andern Böses nachsagen, nicht zu leicht glauben müsse.

Es ist ein großes Uebel um die Unwissenheit, und man kann mit gutem Grunde sagen, sie sey die Ursache der meisten Uebel, von welchen das menschliche Geschlecht gedrückt wird, indem sie uns die wahre Gestalt und Beschaffenheit der Dinge zu sehen verhindert, und den größten Theil unsers Lebens in Nebel und Schatten einhüllt. Wir sind daher alle wie Wanderer, die im Dunkeln irren, oder, noch eigentlicher, wie Blinde, die, weil sie nicht sehen was vor ihren Füßen liegt, alle Augenblicke an etwas anstoßen, dem sie hätten ausweichen sollen, oder weiter gehen als sie gehen wollten: vor dem hingegen, was weit von ihnen ist, sich immer fürchten, und besorgen daß ihnen ein Leid dadurch geschehen möchte. Daher alle die falschen Schritte, die wir überhaupt bey allen Gelegenheiten und in allen Geschäften des Lebens so häufig machen; daher die unzähligen Stoffe, womit bloß dieser einzige

Lucians Werke VI. Th.   G   Um-

Umstand die Tragödienschreiber versehen hat, die ganze Geschichte der Familie des Labdakus und Pelops ¹) und ihresgleichen. Denn man wird finden, daß die meisten Jammergeschichten, die auf den Schauplatz gebracht werden, von der Unwissenheit, als einem wahren tragischen Dämon, herbeygeführt worden sind.

Was ich bisher gesagt habe, bezieht sich insonderheit und hauptsächlich auf die unwahrhaften heimlichen Angebungen, wodurch schon so oft Aeltern gegen ihre Kinder, und Kinder gegen ihre Aeltern, Brüder gegen Brüder, und Liebende gegen ihre Geliebten zur äussersten Wuth getrieben, und ganze Häuser, ja ganze Städte und Reiche zu Grunde gerichtet worden sind. Und wenn wir auf diese seltneren Fälle keine Rücksicht nehmen wollen, wie viele Freundschaften werden noch täglich zerrissen, wie viele Familien in Verwirrung gesetzt, ohne daß etwas anderes daran Schuld ist als diese unselige Geneigtheit, Verläumdungen, die nur einigen Schein von Wahrheit haben, Glauben beyzumessen?

Um uns also vor diesem Uebel möglichst zu verwahren, gedenke ich in dieser Schrift, wie in einem Gemählde,

---

¹) Labdakus, König, oder (wie es Hr. v. Pauw sehr richtig nennt) Cazike von Theben, war der Vater des Lajus, und Großvater des Oedipus; Pelops der Vater des Atreus und Thyestes, und Großvater des Agamemnon und Aegisthus. Beyde Familien haben nur allein dem Sophokles und Euripides den Stoff zu mehr als zwanzig Tragödien gegeben.

Gemählde, darzustellen, was die Verläumbung ist, woher sie entspringt, und was sie für Wirkungen thut; wiewohl mir der Mahler Apelles von Ephesus ²) hierin schon lange mit seinem Pinsel zuvorgekommen ist. Auch er war bey dem Könige Ptolemäus fälschlich angegeben worden, als ob er an der Verrätherey des Theodotas; (der die Stadt Tyrus dem Antiochus in die Hände spielte) Antheil gehabt hätte; wiewohl der gute Apelles weder in seinem Leben jemals die Stadt Tyrus gesehen hatte, noch wußte wer Theobotas war, ausser, daß er, wie tausend andere, gehört hatte, er sey einer von den Ministern des Ptolemäus und zum Statthalter über Phönizien gesetzt. Diesem ungeachtet hatte ein anderer Mahler, Nahmens Antiphilus, sein Nebenbuhler in der Kunst, und der wegen der Achtung, worin Apelles bey dem Könige stand, einen heftigen Neid auf ihn geworfen hatte ³), Mittel gefunden, dem Ptolemäus beyzubringen, als ob Apelles um alle geheimen

2) Der Apelles, von welchem hier die Rede ist, ist nicht der berühmte Mahler der Grazie, sondern ein viel späterer Mahler dieses Nahmens, der von Ephesus, woher er gebürtig war, oder wo er doch sein Leben größtentheils zubrachte, der Ephesier genennt wurde. Er scheint, ungeachtet des Geschmacks, den der König Ptolemäus Philopator (der vierte der Ptolemäen) an ihm gefunden haben soll, kein Künstler von ausgezeichnetem Verdienste gewesen zu seyn.

3) Plinius, der des Apelles von Ephesus gar nicht gedenkt, spricht hingegen von diesem Antiphilus mit Achtung. Er zählt ihn unter die Meister, die den größten am nächsten kommen, (primis proximi) *Histor. Natur.* XXXV. 11.

Anschläge des Theodotas wisse; er könne einen Zeugen aufstellen, der ihn in Phönizien mit dem Theodotas speisen gesehen und bemerkt habe, daß sie während der Tafel einander immer ins Ohr geflüstert hätten; kurz der Abfall der Tyrier und die Uebergabe von Pelusium sey mit Vorwissen und Mitwirken des Apelles zu Stande gekommen. Ptolemäus, der überhaupt kein Mann von großer Klugheit und, (wie die meisten großen Herren) unter lauter Schmeichlern aufgewachsen war, gerieth über diese so ganz unwahrscheinliche Verläumdung in einen so heftigen Grimm, daß ihm von allem, was ihm bey der kleinsten Ueberlegung hätte einfallen müssen, nichts einfiel; und anstatt zu bedenken, der Angeber sey ein eifersüchtiger Kunstverwandter vom Apelles — dieser Mahler sey der Mann nicht, der sich in ein so großes und gefährliches Unternehmen einlassen werde — am allerwenigsten da er so viel Gutes von ihm empfangen hatte, und allen seinen Kunstgenossen ohne Ausnahme vorgezogen worden war, — ohne an etwas dergleichen zu denken, ja ohne sich nur vorher zu erkundigen, ob Apelles wirklich in Syrien gewesen sey, brach er gleich in eine rasende Wuth aus, und erfüllte die ganze königliche Burg mit seinem Geschrey über den undankbaren, verrätherischen Kerl, — und wenn nicht einer von den Mitverschwornen, aus edlem Unwillen über die Unverschämtheit des Antiphilus und aus Mitleiden mit dem armen Apelles, erklärt hätte, daß der Mann nicht das geringste mit ihnen zu thun gehabt habe, so würde er das Verbrechen der Tyrier unschuldiger Weise mit seinem Kopfe haben büßen

müssen

müssen. Ptolemäus, sagt man, ließ sich das Vorgegangene dermaßen gereuen, daß er den Apelles mit hundert tausend Thalern beschenkte, den Antiphilus hingegen zur Leibeigenschaft verurtheilte und in seine Gewalt gab. Apelles aber, auf den die Gefahr die er gelaufen war einen tiefen Eindruck gemacht hatte, verschaffte sich selbst durch ein Gemählde Genugthuung, das folgenden Inhalts ist.

Rechter Hand sitzt ein Mann, der so ansehnliche Ohren hat, daß ihnen wenig zu Midas-Ohren fehlt [4]), und schon von ferne der auf ihn zu kommenden Verläumbung die Hand entgegen reicht. Zu beyden Seiten stehen zwey Frauenspersonen neben ihm, die mir die Unwissenheit und das Mißtrauen vorzustellen scheinen. Diesem nähert sich von der andern Seite die Verläumdung in Gestalt eines wunderschönen aber etwas erhitzten Mädchens, deren Gesichtszüge Groll und Ingrimm verrathen: sie trägt in der linken Hand eine brennende Fackel, und schleppt mit der rechten einen jungen Menschen bey den Haaren herbey, der die Hände gen Himmel streckt und die Götter zu Zeugen seiner Unschuld nimmt. Vor ihr geht ein häßlicher, bleichsüchtiger, hohlaugichter Mann, der so aussieht als ob er von einer langwierigen Krankheit ausgezehrt wäre, und den man ohne Mühe für den Neid erkennt. Hinter

———————————————
4) Das Compliment, das Apelles Sr. Majestät für die empfangnen hundert tausend Thaler mit diesen Midasohren machte, ist eben nicht das schmeichelhafteste.

ter der Verläumdung gehen zwey andere Weibspersonen, die sie aufzuhetzen, zu unterstützen und an ihr zu putzen scheinen, und deren eine, (wie mir der Vorweiser und Ausleger des Gemähldes sagte) die **Arglist**, und die andere die **Täuschung** vorstellt. Noch weiter hinter ihnen folgt in einem schwarzen und zerrißnen Traueraufzug die Reue: sie weint und wendet das Gesicht beschämt vor der Wahrheit, die sich ihr nähert, ab, als ob sie sich scheute, ihr in die Augen zu sehen. Auf diese Weise suchte Apelles das Andenken der gefährlichen Lage in die ihn die Verläumdung gebracht hatte, durch ein Werk seiner Kunst zu erhalten.

Wohlan dann, laß sehen, wenn es euch gefällig ist, ob wir nicht auch, nach dem Beyspiel des Ephesischen Mahlers, ein Charakteristisches Bild dieses so häßlichen und dem geselligen Leben so nachtheiligen Lasters aufzustellen vermögend seyn werden! Wir fangen also, um kunstmäßig zu verfahren, mit dem Umriß, nehmlich mit der Definition der Verläumdung an, und sagen: sie sey eine Art von Anklage, die hinter dem Rücken des Beklagten angebracht, und dem Kläger einseitig geglaubt wird, ohne daß man sich darum bekümmert, was der andere Theil dagegen einzuwenden haben könne. Aus dieser Erklärung des Worts ergiebt sich nun der Inhalt unsrer Rede von selbst. Denn da wir hier, wie in den Komödien, nur drey Personen haben, den Verläumder, den Verläumbeten, und den welchem die Verläumdung vorgetragen wird: so werden wir eine nach der andern vornehmen, und sehen was

für

für eine Rolle sie bey der Sache spielt. Zuerst also führen wir, wenn es euch beliebt, den Urheber der Verläumdung, als die Hauptperson in diesem Drama, hervor. Daß dieser kein guter Mensch seyn könne, wird schwerlich von jemand bezweifelt werden; denn kein guter Mensch wird jemals einem andern Menschen vorsetzlich Böses zufügen: sondern die Sache rechtschaffner Leute ist, durch das Wohlwollen, so sie ihren Freunden beweisen eine gute Meynung von sich zu erwecken, und nicht dadurch, daß sie ihre Fehler und Vergehungen rügen und sie verächtlich oder verhaßt zu machen suchen, sich selbst geltend machen zu wollen.

Wie ungerecht, gesetzwidrig und gottlos aber ein Verläumder handle, und wie schädlich und gefährlich er denen, die mit ihm zu thun haben sey, ist leicht zu zeigen. Wer wird nicht zugeben, die Gerechtigkeit erfodere daß in ihrer Austheilung eine vollkommne Gleichheit, wobey keiner mehr als der andere hat, beobachtet werde, und daß es Ungerechtigkeit sey, da, wo kein Unterschied statt findet, einen Unterschied zu machen, und sich etwas über den andern heraus zu nehmen? Ist dieß aber nicht gerade was derjenige thut, der einen andern hinterrucks verläumdet? Sucht er nicht den Zuhörer voraus einzunehmen? bemächtigt er sich nicht seines Ohres und stopft es mit seinen einseitigen Angebungen so voll daß der andere Theil mit seiner Gegenrede nicht mehr durchbringen kann? Was ist dieß anders, als sich mehr Recht über einen andern herausnehmen als man ihm läßt? Und haben dieß nicht die besten

beſten aller Geſetzgeber, Drakon und Solon, für den
äuſſerſten Grad der Ungerechtigkeit erklärt? ſie, welche die Richter durch einen Eid verpflichteten, beyde
Partheyen gleich anzuhören, und keinem Theil mehr
wohl zu wollen als dem andern, bis durch die Vergleichung der Rechtfertigung mit der Anklage ſich ergeben
würde, weſſen Sache die beſſere oder die ſchlimmere ſey.
Vorher, ehe dieſe Vergleichung angeſtellt worden, zu
urtheilen, erklärten ſie für ein höchſt gottloſes und him-
melſchreyendes Urtheil. Und in der That haben wir
alle Urſache zu behaupten, daß die Götter das größte
Mißfallen daran haben müſſen, wenn der Ankläger ohne
Scheu alles ſagen dürfte was er wollte, gegen den Beklagten hingegen ſtopfte man ſich die Ohren zu oder
verurtheilte ihn ohne ihn einmal zum Worte kommen
zu laſſen. Die Verläumdung iſt alſo etwas das offenbar dem gemeinen Begriff von dem was recht iſt, dem
Geſetz und dem Richter-Eid zuwider läuft. Sollte
aber jemand an der Autorität der Geſetzgeber noch nicht
genug haben, ſo kann ich einen berühmten Poeten aufſtellen, der ſich in folgendem Verſe [5]) oder vielmehr Geſetze (denn er ſpricht in dem befehlenden Ton eines Ge-
ſetzgebers) ſehr deutlich hierüber erklärt hat:

 Sprich kein Urtheil, bevor du beyde Theile gehört haſt!

Auch er ſcheint alſo geglaubt zu haben, unter allen den
Verbrechen, deren die Menſchen ſich auf ſo vielfache
              Art

---

5) Ob dieſer Vers dem oder welchem andern alten Dich-
Moodus oder Phocylides, er angehöre, iſt unbekannt.

Art im gemeinen Leben schuldig machen, sey kein ärgeres und frevelhafteres, als jemanden, ungehört und ohne ihm förmlich den Proceß gemacht zu haben, zu verurtheilen.

Und das ist es doch, was der Verläumder geflissentlich zu bewerkstelligen sucht, indem er dem Verläumbeten durch seine hinterlistige und verheimlichte Anklage die Möglichkeit der Vertheidigung abschneidet, und ihn also dem Haß dessen der ihn anhört Preis giebt, ohne ihn überwiesen zu haben, daß er dessen würdig sey. Diese furchtsame und mit Recht gegen ihre eigene Sache mißtrauische Art von Menschen hat nie das Herz vor der Klinge zu fechten, sondern sie schießen ihre Pfeile, wie wahre Buschkläpper, aus einem dunkeln Hinterhalt ab, so daß man nicht weiß wo der Schuß her kommt und sich also auch gegen den unsichtbaren Feind nicht zur Wehre stellen kann 6). Aber gerade dieß, ist meines Erachtens, ein augenscheinlicher Beweis, daß diese Leute nichts zu Recht beständiges sagen, und keiner Aufmerksamkeit gewürdigt werden sollten. Denn wer sich bewußt ist daß er die Wahrheit sagt, der getraut sich auch, denke ich, sie dem andern ins Gesicht zu sagen; er fodert ihn auf sich zu vertheidigen, und ist seiner Gegenantwort und

seines

---

6) Unser Autor ist hier, und überhaupt in diesem ganzen Tractätchen, so reich an Tautologien, daß es unumgänglich nöthig war, ihm die überflüssigen Ranken hier und da abzuschneiden, wenn die desto sparsamern Früchte nicht ganz von ihnen erstickt werden sollten.

seines Sieges sicher: so wie niemand, der auf offnem Schlachtfelde zu siegen hoffen kann, sich so leicht Hitterlist und Betrug gegen seinen Feind erlauben wird.

Man sieht daher auch diese Leute nirgends in größerer Anzahl, als an den Höfen der Könige, und in den Häusern der Mächtigen und Großen, wo Neid und Argwohn mehr als anderswo herrschen, und wo man täglich häufige Gelegenheit hat, sich durch Schmeicheleyen und Verläumdungen in Gunst zu setzen. Denn wo die größten Hoffnungen genährt werden, da sind auch die Wirkungen des Neides desto grausamer, die Feindschaften desto gefährlicher, die Pläne und Maschinerien der Eifersucht desto künstlicher, versteckter und verwickelter. Alle lauren auf einander mit Habichtsaugen, und spähen, gleich den Gladiatoren, mit unverwandtem Scharfblick, jede Blöße aus, die der andere giebt. Jeder möchte gern der erste seyn, drängt seine Mitbewerber rechts und links auf die Seite, und sucht dem, der vor ihm ist, wo möglich ein Bein zu unterschlagen und über ihn wegzukommen. Hier kommt der rechtschaffne Mann nicht fort; er wird gar bald weggeschupft, zu Boden geworfen, und zuletzt wohl gar mit Schimpf und Schande fortgejagt. Wer hingegen am besten schmeicheln, und mit jenen bösen Künsten am geschicktesten umgehen kann, der steht in Gnaden und macht sein Glück. Ueberhaupt siegt hier immer der angreiffende Theil, und nirgends bewährt sich der Homerische Vers besser 7),

Mars

7) Ilias XVIII. v. 309. Nach der neuen Ueberf. eines Ungenannten.

Mars ist allen gemein, und oft erwürgt er den Bürger.

Da diese Leute um Dinge streiten, die in ihren Augen von der größten Wichtigkeit sind, so denken sie auch auf alle nur ersinnliche Mittel einander unter sich zu kriegen; und unter allen ist keines, das schneller wirkt und größern Schaden thut, als die Verläumdung; die aber, wiewohl sie anfangs den Neid, dessen Tochter sie ist, zwischen Hoffnung und Zweifel hinhält, zuletzt doch meistens ein erbärmliches und tragisches Ende nimmt, und den Verläumder oft selbst in dieselbe Grube fallen läßt, in die er den andern gestürzt hat 8).

Uebrigens ist das Handwerk eines Verläumders eine so leichte und simple Sache nicht als man sich etwa vorstellen möchte, sondern erfodert viel Scharfsinnigkeit und Gewandtheit, mit einer ungemeinen Aufmerksamkeit und Gegenwart des Geistes. Denn wie könnte die

---

8) Diese Stelle ist, so wie sie im Original ausgedruckt ist, eine Art von Räthsel, und ich weiß nicht ob ich es besser errathen habe als Masfieu, der die Phrase, Διαβολὴ τὴν ἀρχὴν ἀπο Φθονε ἡμισευελπιδος λαμβανουσα, übersetzt: la calomnie a pour but la jouissance d'autrui. Mich dünkt, die ganze Periode ist in eine Anspielung auf die Tragödie eingekleidet, wo man anfangs immer halb und halb hofft, daß alles noch gut gehen werde, bis uns der letzte Act endlich durch einen schrecklichen und unsrer Erwartung oft ganz widersprechenden Ausgang überrascht. Auch scheint mir Lucian hieben eben sowohl den Verläumder selbst, als den Verläumdeten, im Sinne gehabt zu haben, als welche, wie die Erfahrung häuffig lehrt, oft beyde durch die Mine in die Luft gesprengt werden, die nur dem letztern verderblich seyn sollte.

die Verläumdung soviel Schaden thun, und was würde sie gegen die allmächtige Wahrheit vermögen, wenn sie nicht die Wahrscheinlichkeit, die Ueberredung, und tausend künstlich ausgesonnene Täuschungen gegen die Zuhörer zu gebrauchen und geltend zu machen wüßte?

Gewöhnlich wird die Verläumdung vorzüglich gegen den gerichtet, der bey dem Fürsten am meisten gilt, und daher dem Neide der übrigen am meisten ausgesetzt ist. Auf diesen werden alle Pfeile abgeschossen, als gegen den, der allen im Wege steht; denn ein jeder schmeichelt sich, wenn er nur diesen Einzigen übermeistert und auf die Seite geschafft hätte, selbst der erste in der Gunst des Fürsten werden zu können. Es geht also hier gerade so, wie es öfters bey den Kampfspielen mit den Wettläufern geht. Ein guter Läufer rennt, sobald die Schranken geöffnet sind, gerade aus; alle seine Gedanken streben unverwandt dem Ziele zu; und da er die Hoffnung des Sieges in seinen eignen Füßen hat, fällt ihm nicht ein, seinem Nachbar was Leides zu thun, oder irgend etwas gegen seine Mitkämpfer zu unternehmen: der schlechte hingegen giebt die Hoffnung, durch seine Schnelligkeit zu siegen, gleich anfangs auf; er nimmt seine Zuflucht zu bösen Künsten, und trachtet nach nichts als wie er den guten Läufer aufhalten und hemmen möge, weil er, falls ihm dieses mißlingt, keine Möglichkeit sieht den Preis zu erhalten. Eben so verhält sichs mit denen die um die Gunst großer Herren in die Wette laufen: der erste ist immer der, dem alle übrigen nachstellen; er darf sich unter so vielen Feinden

nur

nur einen Augenblick vergessen, so ist er verlohren; diejenige, die ihn gestürzt haben, sind nun die begünstigten, und was bloß ein Werk ihrer schlechten Gemüthsart war, wird ihnen noch zum Verdienst angerechnet, und als ein Beweis ihrer pflichtvollen Ergebenheit aufgenommen. Es ist leicht zu erachten daß diese Leute sich ein Hauptgeschäfte daraus machen, ihren Verläumdungen die möglichste Glaubwürdigkeit zu geben, und sich vor nichts mehr fürchten als etwas ungereimtes oder zweckloses zu erdichten. Eines der besten Mittel, einer Beschuldigung die gehörige Wahrscheinlichkeit zu geben, ist, wenn man sie auf etwas stützt das sich an der beschuldigten Person wirklich befindet, nur daß man es auf die schlimme Seite dreht. So macht, zum Exempel, der Verläumder einen Arzt zum Giftmischer, oder beschuldigt einen Mann von großem Vermögen herrschsüchtiger Absichten, und den Minister eines Tyrannen der Verrätherey.

Zuweilen giebt der große Herr, auf welchen die Verläumdung wirken soll, selbst die Gelegenheit dazu, so daß die Boßhaften, die von seiner Sinnesart oder Leidenschaft Gebrauch zu machen wissen, ihren Zweck nicht verfehlen können. Sehen sie daß er eifersüchtig ist, so sagen sie: „er hat über der Tafel deiner Gemahlin auf eine geheimnißvolle Art zugewinkt, und mit einem tiefen Seufzer die Augen auf sie geheftet; auch ist nicht zu läugnen daß Stratonike ihm hinwieder Blicke zugeworfen die eben nicht die unfreundlichsten waren, und die man, ohne ihnen großes Unrecht zu thun,

thun, für verliebt hätte halten können." — Um
den Eindruck, den diese Reden auf den eifersüchtigen
Herren machen müssen, zu verstärken, hat man dann
gleich noch einige kleine Ehebruchsgeschichtchen auf Rechnung des Verläumdeten in Bereitschaft, welche nichts
als zu gut beweisen, daß der Mann in dieser Rubrik
der Galanterie kein Neuling ist. — Macht der große Herr Verse und thut sich was darauf zu gut, so
heißt es: Philorenus hat sich über deine Gedichte lustig gemacht, und behauptet, es sey weder Wohlklang
noch richtige Construction in deinen Versen. Bey einem religiosen und gottesfürchtigen wird der Mann, den
man anschwärzen will, für einen Religionsverächter
und Atheisten ausgegeben, der keinen Gott glaube und
die Vorsehung läugne. Mehr braucht es, wie leicht
zu erachten, nicht, um jenen plötzlich, als ob ihn eine
Bremse gestochen hätte, in Feuer und Flammen zu setzen, und ihm den größten Abscheu gegen seinen Freund
beyzubringen, ohne daß er warten könnte bis er die
Sache genauer untersucht hätte. Auf diese Art machen
diese heimlichen Angeber immer den wunden Ort des
Herren ausfindig und richten dann alle ihre Pfeile dahin; sie wissen sehr gut, daß er, wenn er nur einmal
in Affect gesetzt ist, sich keine Zeit mehr nimmt die
Wahrheit zu erkundigen, und daß, wenn auch jemand
die Vertheidigung der Beschuldigten übernähme, er,
der (seiner Meynung nach) von der unvermutheten Beschaffenheit der Sache zu seinem großen Erstaunen bereits informiert worden ist, sie gar nicht einmal würde
anhören wollen.

In

In der That ist keine Art von Verläumbung wirksamer als die, welche den Verläumbeten solcher Dinge beschuldiget, die mit den Neigungen dessen, bey welchem sie angebracht wird, streiten, und gerade das Gegentheil seiner Erwartung sind. So wäre es, zum Exempel dem Platonischen Philosophen Demetrius beynahe übel bekommen, daß er von jemand bey dem Ptolemäus [9]), der sich Dionysos (Bacchus) nennen ließ, angegeben wurde, er trinke keinen Wein, und sey der einzige der am Feste des Bacchus keine Weiberkleider anzöge: und hätte er nicht, da ihn der König am folgenden Tage rufen ließ, vor aller Welt-Augen Wein getrunken, und in einer Schemise von Tarentiner-Flor [10]) mit Castannietten getanzt, so wär es um ihn geschehen gewesen; der König würde gewiß nicht geduldet haben, daß ein Mensch sich anmaßen sollte seine Lebensweise nicht öffentlich gut zu heißen, und sich zum Tadler und Gegenfüßler seiner wollüstigen Ausschweifungen aufzuwerfen. Eben so war das allerschlimmste was man einem Menschen bey Alexandern nachsagen konnte, wenn man ihm sagte, er zeige keine Andacht gegen den Hephästion und knie nicht vor seinem Bilde. Denn als Hephästion gestorben war, trieb Alexander die Beweise seiner Leidenschaft für diesen Jüngling so weit, daß er zu allen seinen übrigen Großthaten auch noch

---

9) Der eilfte König von Aegypten, dieses Nahmens, auch Auletes (der Flötenspieler) zugenannt.

10) Carentinidion. S. die 3te Anmerk. zum 6ten Hetärengespräche im IIIten Theil, S. 369.

noch diese hinzuſetzen wollte, den Verſtorbenen eigenhändig zum Gott zu machen [11]). Sogleich eiferten alle Städte ſeines großen Reichs in die Wette, welche der andern zuvorkommen könnte, dem neuen Gotte Tempel zu erbauen, Altäre aufzurichten und heilige Hayne zu widmen; man brachte ihm öffentliche Opfer, ordnete ihm Feſte an, und der größte Nahme, bey welchem man ſchwören konnte, war Hephäſtion. Lächelte jemand darüber, oder zeigte nicht die gehörige Andacht dabey, ſo büßte er mit ſeinem Leben. Die Hofleute, wie man denken kann, ließen es nicht an ſich fehlen, dieſe kindiſche Schwachheit Alexanders ſogleich in ihren Nutzen zu verwenden, und ihn immer mehr darin zu beſtärken: indem ſie allerley Erzählungen unter die Leute brächten, von Träumen, die ihnen Hephäſtion zugeſchickt haben ſollte, und wie er ihnen erſchienen ſey, und ihnen Orakel ertheilt und wunderbare Curen an ihnen oder den ihrigen gethan habe. Zuletzt opferten ſie ihm gar als einem Beyſitzer der zwölf großen Götter und als dem Schutz-

11) Es war alſo nicht die Liebe zum Hephäſtion, ſondern ſeine unbegrenzte Eitelkeit, was Alexandern dieſen tollen Einfall eingab. Aber wiewohl Alexander um dieſe Zeit ſchon mehr als zu toll war, ſo war er es doch nicht ſo ſehr, um die Vergötterung Hephäſtions bloß auf ſeine eignen Schultern zu nehmen, ſondern er ließ ſich ein Orakel vom Jupiter Ammon geben, welches ihm befahl, dem Hephäſtion als einem Heros, oder vergötterten Menſchen, opfern zu laſſen. Vergötterte doch einige Jahrhunderte ſpäter, Hadrianus ſeinen Ganymeden Antinous, und ſogar der weiſe Marcus Antoninus ſeinen heilloſen Mitregenten Lucius Verus und ſeine liebe Gemahlin Fauſtina, ohne durch ein Orakel dazu befehliget zu ſeyn.

Schutzpatron des Reichs. Alexander hatte großes Vergnügen daran sich alle diese Wunderdinge erzählen zu lassen, glaubte sie am Ende selbst, und trug den Kamm noch einmal so hoch, wenn er sich vorstellte, daß er nicht nur selbst der Sohn eines Gottes sey, sondern auch Götter machen könne. Wie manchem von allen denen die mit Alexandern lebten mag wohl damals die Gottheit Hephästions übel bekommen seyn; wenn sie etwa als Leute angegeben wurden, die nicht den gehörigen Glauben an den neuen Gott zeigten, den doch die ganze Welt dafür zu erkennen schuldig war? Man kann sich leicht vorstellen, wie gute Zeit die Angeber damals haben mußten, da der geringste Mangel an Respect für den Gott Hephästion hinlänglich war, einem die höchste Ungnade des Monarchen zuzuziehen. Auch fehlte wenig, daß Agathokles von Samos, ein angesehener Officier, der sonst viel bey Alexandern gegolten hatte, zu einem Löwen wäre eingesperrt worden, weil dem Könige hinterbracht worden war, er habe geweint da er bey Hephästions Grabmahle vorbeygegangen sey. Es war sein Glück, sagt man, daß Perdikkas, um ihn zu retten, sich bey allen Göttern und bey Hephästion selbst verschwor und verfluchte, der Gott sey ihm auf der Jagd erschienen, und habe ihm befohlen Alexandern zu sagen: er sollte dem Agathokles verzeihen; denn er habe nicht aus Unglauben, und als ob er ihn für todt hielte, geweint, sondern bloß weil ihn, die Erinnerung an ihre alte Freundschaft wehmüthig gemacht habe.

Schmeicheley und Verläumdung fand also damals desto leichtern Zutritt bey Alexandern, weil sie sich seiner Leidenschaft anzuschmiegen wußte. Denn, so wie man bey einer Belagerung den Angriff nicht gegen steile Anhöhen und die stärkste Seite der Festungswerke richtet, sondern im Gegentheil irgend einen Ort, wo die Mauer schadhaft oder schwach vertheidigt und leicht zu ersteigen ist, ausfindig zu machen sucht, um sich dort mit aller Gewalt eine Bresche zu öfnen und durch dieselbe in die Stadt einzubringen: eben so verfahren auch die Verläumder; und so wie sie eine Seite gefunden haben, wo ihr Mann schwach, mürb und leicht zu überwältigen ist, da greifen sie an, dahin lassen sie alle ihre Maschinen spielen, und sind des Erfolges um so viel gewisser; weil man so wenig daran denkt ihnen Widerstand zu thun, daß man den Angriff nicht einmal gewahr wird. Sind sie aber einmal eingedrungen, so kann man darauf rechnen, daß sie ohne Verschonung zu Werke gehen, sengen und brennen, und mit Einem Wort sich alles erlauben werden, was das Schicksal einer in Feindes Gewalt gerathnen Stadt zu seyn pflegt. Die Maschinen, die sie gegen den Abwesenden spielen lassen, sind Betrug, Lügen, Meineid, Unverdrossenheit immer wieder von neuem anzugreifen, Unverschämtheit, kurz, alle Kunstgriffe, die ein schlechtdenkender Mensch bey Tausenden an der Hand hat um zu seinem Zweck zu kommen: die wirksamste aber unter allen ist die Schmeicheley, die man mit Grund die leibliche Schwester der Verläumdung nennen könnte. Denn kein Mensch ist so edel und hat einen so diamantnen

Panzer

Panzer um die Brust, daß er gegen die Verläumdungen der Schmeicheley aushalten könnte; zumal wenn sie gleichsam unter dem Boden arbeitet, und den Grund der Gesinnungen untergräbt, die ihrer geheimen Absicht im Wege stehen.

Unglücklicher Weise kommen dem Feinde, zu allen diesen Mitteln von aussen, noch eine Menge Umstände von Innen zu statten, die ihm die Arbeit erleichtern, ihm gleichsam durch Verrätherey die Thore öffnen, und auf tausenderley Weise zur Eroberung des Hörers behülflich sind. Zuerst die allen Menschen natürliche Liebe zur Abwechslung und zum Neuen, und daß wir dessen sobald satt sind, was wir haben. Sodann der nicht weniger als allgemeine Hang was ausserordentliches und unerklärbares zu hören. Ich weiß nicht wie es kommt daß wir alle ohne Ausnahme eine heimliche Freude an Dingen haben, die ins Ohr geflüstert werden und Verdacht und Argwohn zu erregen geschickt sind: aber ich kenne Personen, deren Ohren von Verläumdungen eben so angenehm gekitzelt werden, als ob man sie mit einer Pflaumfeder streichelte.

Da nun der Verläumder so vieles zum Vortheil hat, wie sollte er sich nicht darauf verlassen können den Sieg davon zu tragen? In der That ist es keine große Kunst zu siegen, wo man keinen Gegner hat, sondern der anhörende Theil sich freywillig ergiebt, der angegriffene hingegen sich von dem, was man gegen ihn vor hat, nichts träumen läßt, sondern gleich den

Ein-

Einwohnern einer durch nächtlichen Ueberfall eingenommenen Stadt, so zu sagen im Schlaf ermordet wird. Das allertraurigste bey der Sache ist, daß der Unglückliche, in der Unwissenheit alles dessen was vorgegangen ist, sich seinem Freunde mit offnem heitern Gesichte nähert, als der sich nichts böses bewußt ist, und ringsum mit Schlingen und Fallgruben umringt, eben so frey und unbefangen spricht und handelt wie gewöhnlich. Ist nun der Andere ein Mann der einige Edelmüthigkeit, Offenheit und Freymüthigkeit in seinem Charakter hat, so platzt er gleich heraus, schüttet dem Verläumbeten seinen ganzen Unwillen ins Gesichte, uud giebt ihm dadurch Gelegenheit sich zu verantworten und ihn zu überzeugen, daß er sich ohne Grund über seinen Freund ereifert hat. Ist er aber von einer unedeln und kleinlichen Gemüthsart, so läßt er jenen zwar vor sich kommen, und empfängt ihn mit einem gezwungenen Lächeln, innerlich aber kocht er Gift und Galle, beißt heimlich die Zähne zusammen, und zwingt seinen Zorn, wie der Dichter sagt, in den Abgrund seines Herzens zurück"). Ich weiß nicht ob etwas ungerechteres und niedrigeres seyn kann als diese Art zu verfahren, da man mit zusammengebißnen Lippen seinen Groll zu verbergen sucht, um ihn im Herzen desto freyer um sich fressen zu lassen, anders spricht als man denkt, und unter einer lachenden komischen Larve eine höchstleidenschaftliche und unglückschwangre Tragödie

12) Βυσσοδομευει, ein mehrmalen, in der Odyssee vorkommendes Wort.

gäbie spielt. Dieses pflegt besonders der Fall zu seyn, wenn man überzeugt zu seyn glaubt, daß der Mann, der dem andern Böses nachsagt, ein alter Freund von ihm sey. Denn da wollen sie auch nicht ein einziges Wort von demjenigen, dem die Verläumdung gilt, zu seiner Rechtfertigung anhören, indem sie die Anklage eben darum, weil eine so lange Freundschaft zwischen beyden vorgewaltet, für desto glaubwürdiger halten; ohne zu bedenken, daß sich öfters selbst zwischen den besten Freunden Ursachen zum Haß ereignen, wovon ein dritter nichts gewahr wird. Zuweilen sieht man sich auch in der Nothwendigkeit, einem Verdachte, welchen man selbst zu verdienen sich bewußt ist, zuvorzukommen, und eilt also einem andern zur Last zu legen, wessen man selber schuldig ist. Ueberhaupt aber läßt sich niemand so leicht einfallen, einen Feind zu verläumden; denn die Anklage verliert ja eben dadurch allen Glauben, weil sie sogleich für parteyisch gehalten wird. Man verläumdet also nur solche Personen, die für unsre sehr guten Freunde gehalten werden, und giebt sich dadurch das Ansehen eines desto größeren Verdienstes um demjenigen, dem man die Confidenz macht: denn was für einen stärkern Beweis könnte man ihm von seiner Anhänglichkeit geben, als daß man, um seines Nutzens willen, sogar seiner besten Freunde nicht verschont?

Es giebt auch Personen, die, wiewohl sie in der Folge entdeckt haben daß ihre Freunde mit Unrecht bey ihnen angeschwärzt worden sind, dennoch aus Schaam über ihre Leichtgläubigkeit, sich nicht entschließen können,

nen, die Rechtfertigung derselben anzuhören, ja das Herz nicht haben ihnen nur ins Gesicht zu sehen; gleich als ob wir uns dadurch sehr an ihnen vergangen hätten, daß wir unschuldig sind wenn sie uns schuldig finden wollen [13]).

Und so ist das menschliche Leben mit tausendfachen Uebeln angefüllt, deren einzige Quelle die unselige Leichtgläubigkeit ist, womit man der Verläumdung Gehör zu geben pflegt. So sagt, z. B. Antia zu ihrem Gemahl Prötus [14]).

Willt du nicht selber sterben, so tödte den Bellerophontes, der zu sträflicher Liebesumarmung mich nöthigen wollte,

da sie es doch selbst war, die den unschuldigen Jüngling hatte verführen wollen, und von ihm abgewiesen worden war! und wie wenig fehlte, daß er in seinem Kampfe mit der feuerspeyenden Chimära nicht umgekommen, und durch die Ränke dieses unzüchtigen Weibes das Opfer seiner Enthaltsamkeit und Ehrfurcht vor den Pflichten der Gastfreundschaft geworden wäre?

Zog nicht **Phädra** durch eine ähnliche Beschuldigung ihrem Stiefsohn, weil er ihrer sträflichen Liebe kein

---

13) Wer einige Weltkenntniß aus Erfahrung hat, weiß, daß dieß bey den Großen öfters der Fall ist, und daß es, aus eben dieser von Lucian angeführten Ursache, oft gefährlicher ist, unschuldiger Weise, als eines wirklichen Vergehens wegen, in ihre Ungnade gefallen zu seyn: sie verzeihen viel leichter das Unrecht, das wir Ihnen, als das, so Sie uns gethan haben.

14) Ilias VI. 164.

kein Gehör geben wollte, den furchtbaren Fluch seines
Vaters zu?

„Gut! (könnte jemand sagen) aber es giebt doch
Fälle, wo der Angeber Glauben verdient, nehmlich
wenn er für einen rechtschaffenen und verständigen
Mann bekannt ist, und sich nie eines Vergehens dieser
Art schuldig gemacht hat." — War jemals (würde
ich) antworten) ein rechtschaffener Mann als Aristides?
Und dennoch machte er Parthey gegen den Themistokles, und half das Volk gegen ihn aufhetzen ¹⁵), weil
er, wie man sagt, mit eben derselben Ambition und
Regiersucht behaftet war, die er jenem zum Verbrechen
machte. Die ganze Sache ist: Aristides war, mit
andern verglichen, ein rechtschaffnerer Mann: aber er
blieb doch immer ein Mensch, und hatte auch Galle,
und liebte diesen oder haßte jenen so gut wie andere
Leute. Und wenn die Geschichte des Palamedes wahr
ist, so sehen wir den klügsten unter allen Achäern, und
der sonst in allen Stücken ein treflicher Mann war ¹⁶)
aus bloßem Neid jenen bekannten Anschlag gegen ihn
schmieden, wodurch er ihn, seinen Blutsverwandten ¹⁷),

H 4   Freund

---

15) Lucian hatte also an-
dere Nachrichten als Plutarch,
der das Gegentheil versichert.

16) Den Ulysses nehmlich.
S. die 56ste Note zum Ge-
spräch von der Tanzkunst,
Th. IV. S. 413.

17) Auch ich habe so we-
nig als du Soul entdecken
können, woher Palamedes
und Ulysses Blutsverwandte
seyn sollen. Lucian ist, wie
wir öfters schon bemerkt haben, in solchen Dingen nicht
immer zuverläßig.

Freund und Kriegscameraden zu Grunde richtete. So sehr ist es den Menschen angebohren, sich in diesem Puncte zu vergehen! Soll ich noch des Sokrates erwähnen, der bey den Atheniensern so ungerechter Weise als ein gottloser und gefährlicher Mann angegeben wurde? Oder des Themistokles und Miltiades, die nach so vielen Siegen, wodurch sie sich um ihr Vaterland verdient gemacht hatten, dennoch dem Verdacht der Verrätherey nicht entgehen konnten? Ich könnte eine unendliche Menge solcher Exempel anführen, wenn sie nicht größtentheils bekannt genug wären.

Was soll also ein verständiger Mann thun, wenn er zwischen zwey ehrlichen Leuten in den Fall kommt, entweder an der Wahrheit des einen oder an der Tugend des andern zu zweifeln [18])? Eben das, däucht mich, was Homer in seinem Mährchen von den Sirenen anzudeuten scheint, wenn er uns bey einer so gefährlichen Musik hurtig vorbeyschiffen, und die Ohren gegen ihre verführerische Wollust verstopfen heißt, anstatt sie unvorsichtig einem jeden offen zu halten, der uns

---

18) Ich Soul hält diese Stelle im Text für corrupt, und gesteht er wisse nicht was sie sagen wolle. Sollte der Fehler nicht bloß darin liegen, daß Lucian die Worte, womit er sonst eher zu verschwenderisch ist, hier zu sehr gespart, hätte? Wenigstens sehe ich nicht, wie er hier etwas anders, als was ich ihn sagen lasse, hätte sagen wollen, und insofern scheint mir auch du Souls Verdacht unnöthig zu seyn. Tollius, Geßner und Reiz helfen sich mit — Stillschweigen aus der Schwierigkeit.

uns aus Leidenſchaft oder Vorurtheil gegen andre einnehmen will. Die Vernunft muß, ſo zu ſagen, zum Thürhüter an unſerm Ohre beſtellt werden, der nichts was uns geſagt wird ungeprüft paſſieren läßt, nur was eingelaſſen zu werden würdig iſt annimmt, alles andre hingegen abweiſet und ausſchließt. Iſt es nicht lächerlich, einen Türhüter in ſeinem Hauſe zu haben, die Ohren hingegen, die Pforten der Seele, unbewacht offen ſtehen zu laſſen?

So oft alſo jemand kommt und nachtheilig von einem andern ſpricht, ſo unterſuche man die Sache durch ſich ſelbſt, ohne ſich weder durch das Alter, noch durch den Charakter, noch durch die Geſchicklichkeit blenden zu laſſen, womit er etwa ſeinen Reden eine Geſtalt zu geben, oder den Zuhörer einzunehmen weiß. Je größer dieſe iſt, um ſo nöthiger wird es auf ſeiner Huth zu ſeyn, und ihm nichts ohne die ſchärfſte Unterſuchung zu glauben. Man muß ſich alſo in ſolchen Dingen nicht durch das Urtheil eines andern, geſchweige durch ſeine Leidenſchaft leiten laſſen, ſondern ſich immer die Prüfung der Wahrheit vorbehalten, und nach ſeiner eigenen Ueberzeugung von dem Charakter und den Geſinnungen einer Perſon, ſich für oder wider ſie beſtimmen. Statt deſſen hingegen auf die erſte nachtheilige Angebung hin ſeine Parthey gegen jemand zu nehmen — guter Himmel! kann wohl etwas kindiſcheres, niedrigeres, und ungerechteres ſeyn? Aber die Urſache, daß in dieſem Stücke ſo häufig gefehlt wird,

wird, ist, wie ich gleich Anfangs sagte, die Unwissenheit, und die Nacht, worin sich der Charakter eines jeden Menschen den übrigen verbirgt. Wie sehr wäre es also bey so bewandten Sachen zu wünschen, daß uns irgend ein Gott ein Mittel lehrte, einander ins Herz sehen zu können! — Wie schnell würde die Lüge in den Abgrund entfliehen, weil da kein Raum mehr für sie bliebe, wo sich alle Dinge im vollen Lichte der Wahrheit zeigten!

Lobschrift

Lobschrift
auf den
Demosthenes.

Als ich am sechszehnten dieses, ein wenig vor Mittagszeit in der Stoa, linker Hand wenn man heraus-

Lobschrift auf den Demosthenes. Gegen das einhellige Urtheil der hochgelahrten Philologen, Marcilius, Gronovius, Dusoulius, Küsterus, la Crozius, Reizius, und anderer Herren in us, die dieses Stück geradezu für unächt erklärt haben, weil der Styl desselben weit unter der gewöhnlichen Deutlichkeit und Grazie des Lucianischen sey, — hat bereits J. M. Geßner bemerkt: wofern Lucian der Autor sey, so scheine der erste Theil dieser Composition satyrisch und darauf abgezielt zu seyn, die abgeschmackten Lobredner (woran Lucians Zeit großen Ueberfluß hatte) lächerlich zu machen; der zweyte Theil hingegen, nehmlich das Gespräch zwischen Antipater und Archias (welches er aus Macedonischen Geheimnachrichten genommen zu haben dichtet) sey Lucians würdig, und könnte dem besten Kopfe, wie er auch hieße, Ehre machen, u. s. w. Mich dünkt, Geßner habe so ziemlich den wahren Gesichtspunct angegeben, woraus man dieses Werkchen ansehen muß: und ich gestehe meines Orts, daß gerade das Sonderbare und Neue der Erfindung und Composition dieser Mischung von Erzählung und Dialog mich beynahe nicht zweifeln läßt, daß Lucian der Verfasser sey. Vorausgesetzt, daß er durch die affectirte Sprache des Thersagoras (die er aus Persiflage und um, so zu sagen,

ein

~~ausgeht, spazieren gieng,~~ begegnete mir der Poet Ther⸗
sagoras, den einige von euch, meine Herren, viel⸗
leicht persönlich kennen —— ein kleines habichtsnasiges
Männchen, etwas blaß, aber dem es nicht an Feuer
fehlt. Wie ich ihn auf mich zukommen sah, redete ich
ihn an, und fragte ihn, (wie unter Bekannten ge⸗
wöhnlich ist) woher und wohin? —— Von Hause, hie⸗
her, war seine Antwort. —— Also wohl bloß um dir
eine Bewegung zu machen? sagte ich.

Thersagoras. Getroffen! Doch hat es noch
seine besondere Ursache. Es ist heute Homers Geburts⸗
tag, und ich bin ziemlich früh in der Nacht aufgestan⸗
den, weil ich es für meine Schuldigkeit hielt, dem Va⸗
ter der Dichter die Erstlinge meiner Dichterey an die⸗
sem Tage darzubringen.

Lucian. Das ist schön von dir, daß du dei⸗
nem Meister dieses Zeichen deiner Erkenntlichkeit giebst.

Thersag. Und wie ich einmal ins arbeiten
gekommen war, so vergaß ich mich so darüber, daß es
unver⸗

ein Duett mit ihm zu singen, selbst nachzuahmen affectiert) gewisser Lobredner des De⸗ mosthenes, die wir nicht mehr kennen, habe spotten wollen — scheint mir dieses Stück in jeder andern Betrachtung sei⸗ nen Stempel zu tragen und einer Stelle unter Lucians besten Werken würdig zu seyn. Ich möchte wohl wis⸗ sen, wem man (wenn Lucian der Verfasser nicht seyn soll) Genie und Witz genug zu⸗ trauen könnte, es gemacht zu haben? oder wie der Mann, der ein solches Stück zu schrei⸗ ben fähig war, so ganz unbe⸗ kannt hätte bleiben sollen? zumal in einer Zeit, wo die guten Köpfe immer seltner wurden.

unvermerkt Mittag wurde, und, wie gesagt, ich fühle
daß ich nöthig habe einen kleinen Spaziergang zu thun;
wiewohl in der That der erste Beweggrund, der mich
hieher geführt hat, ist, bey diesem hier meine Andacht
zu verrichten, (hier wies er mit der Hand auf die Bildsäule Homers, die mit dem langen lockichten Haupt-
haar, die, wie ihr wißt, dem Tempel der Ptolemäer
rechter Hand steht) und ihn zu bitten, daß er meine
dichterische Ader reichlich fließen und nie versiegen lassen
wolle.

  Lucian. Auch ich würde, wenn es nur aufs
Bitten ankäme um erhört zu werden, den Demosthenes schon lange weidlich geplagt haben, mir zu einer
schönen Rede auf seinen Geburtstag behülflich zu
seyn. In diesem Falle, könnten wir gleich mit einander beten, und dann die Gabe mit einander theilen.

  Thersag. (Mit einer mit sich selbst zufriednen Miene.)
Was mich betrifft, so würde ich mich sehr am Homer
versündigen, wenn ich die Leichtigkeit, womit mir alles
was ich heute Nacht und diesen Morgen gedichtet habe,
zugeströmt ist, nicht seiner Eingebung zuschreiben wollte: denn ich fühlte mich, gleich einem Propheten der
von einem Gott zum Weissagen hingerissen wird, von
einer wahren poetischen Wuth zum Versemachen begeistert. Du sollst selbst urtheilen; denn ich habe meine
Arbeit ausdrücklich deßwegen mitgebracht, wenn ich etwa auf einen meiner guten Freunde treffen sollte, der
nichts anders zu thun hätte; und das scheint mir gerade deine Sache zu seyn.

               Lucian.

Lucian. Du bist ein glücklicher Mann, Thersagoras! Es geht dir wie jenem, der im Wettlaufe den Sieg erhalten hatte, und, nachdem er sich den Staub abgewaschen, nun das Vergnügen haben wollte den übrigen Kampfspielen zuzusehen, und mit einem der Athleten, der alle Augenblicke zum Ringen aufgerufen zu werden erwartete, in guter Muße zu plaudern anfieng: Wenn du noch vor den Schranken stündest, sagte jener, würdest du wenig Lust zum plaudern haben. — Da du den Sieg in der poetischen Laufbahn bereits davon getragen, hast du nun gut dich über einen armen Schelm lustig machen, der sein Heil erst noch versuchen soll und vor dem ungewissen Glücke des Stadiums zittert.

Thersag. (Lachend.) Dächte man nicht, was für ein halsbrechendes Abenteuer du zu bestehen hättest!

Lucian. Ey, ey! dünkt dir Demosthenes in Vergleichung mit Homer ein so kleiner Gegenstand zu seyn, und macht dich dein Lob Homers so stolz, daß dir mein vorhabendes Lob des Demosthenes Nichts zu seyn scheint?

Thersag. Sykophante! Bewahre mich der Himmel, daß ich solche Halbgötter gegen einander hetzen wollte, wenn ich gleich, als ein Dichter, geneigter bin auf Homers Seite zu stehen!

Lucian. Sehr wohl! Und denkst du nicht daß ich, aus gleichem Grunde, die Parthey des Demosthenes halten werde? Wenn du denn also meine Rolle

nicht

nicht des Gegenstandes halben so gering achtest: so scheint es, du hältest bloß die Poesie für eine Arbeit die der Rede werth sey, und sehest auf uns andre Rhetoren herab, ungefähr wie ein Reiter, der bey Fußgängern vorbey galloppiert?

Thersag. Nein, Freund, so toll bin ich, Gottlob, noch nicht; wiewohl ich gestehe daß eine gute Portion Tollheit dazu gehört, um sich mit der poetischen Kunst abzugeben.

Lucian. Im Grunde haben auch die Prosaisten eines gewissen göttlichen Anhauchs vonnöthen, wenn sie sich über den Boden erheben und an Genie Anspruch machen wollen.

Thersag. Das denke ich auch, und mache mir daher oft das Vergnügen, den Demosthenes und andere große Redner in Absicht auf die Stärke der Gedanken, die Schärfe des Ausdrucks, und den Enthusiasmus in beydem, mit Homer zusammen zu stellen — z. E. jenes [2])

Weinberauschter, am Blick dem Hund, am Muthe dem Hirsch
gleich, u. s. w.

mit den „Berauschungen, Faunentänzen, und der wilden Schwelgerey," welche Demosthenes dem Philippus vorwirft [3]) — oder jenes [4]),

Peleus,

---

[2]) Ilias I. v. 288. in der mehr angezogenen deutschen Uebersetzung des Ungenannten.

[3]) In der 2ten Olynthischen Rede — „εἰ δέ τις, σωφρων ἢ δικαιος ἀλλως, τὴν (τȣ Φιλιππȣ) καθ' ἡμέραν ἀκρασιαν τȣ βιȣ και μεθην, και κορδακισμȣς ȣ δυναμενος φερειν, etc. Edit. Reiskii Vol. I. pag. 23.

[4]) Ilias VII. v. 125. u. f.
nach

Peleus, im Streite der Wagen so groß, als in der Heer-
sammlung
Unter den Myrmidonen der beste Rathmann und Redner,
Himmel! wie würd' er jammern, der alte Krieger, u. s. w.

mit diesem: „o! wie tief würden sie erseufzen jene gro-
„ßen Männer, die für Ruhm und Freyheit ihr Leben
„ließen⁵)!" — Eben so vergleiche ich den „breit da-
„her strömenden Python" des Demosthenes⁶) mit dem
„so dicht wie Schneeflocken fallenden Worten des Ulys-
„ses⁷)" — und jenes:

Ja, wenn ohne entkräftendes Alter unsterbliches Leben
Unser wartete 8) u. s. w.

mit dem Demosthenischen: „Denn das letzte, was al-
„ler Menschen wartet, ist der Tod, dem keiner entge-
„hen kann, und wenn er sich in einen Kesicht einsperr-
„te⁹)." Und so findet man tausend und aber tausend
Stellen, wo sie in dem nehmlichen Gedanken zusammen treffen. Auch macht es mir kein kleines Vergnügen, wenn ich an den einen und dem andern den
Ausdruck der Leidenschaften, den Reichthum an Figuren und Wendungen, die unerschöpfliche Kunst dem Ue-
berdruß immer durch eine andere Art dieselbe Sache zu
sagen, vorzubeugen, die geschickten Einlenkungen wenn
sie von der Hauptsache abgekommen sind, die Zierlich-
keit

nach der Bodmerischen Ue-
bersetzung, mit einer kleinen
Veränderung.

5) Demosthenes in der
Rede gegen den Aristokrates.
l. c. pag. 690.

6) Demosth. in der Rede
für die Krone, l. c. pag.
272.
7) Ilias III. v. 222.
8) Jl. XII. v. 323.
9) Pro Corona. l. c. pag.
358.

keit ihrer so nett anpassenden und zu rechter Zeit ange-
brachten Gleichnisse, und kurz, diese überall hervor-
leuchtende Schönheit und Grazie bemerke, die den
Charakter ihrer Werke ausmacht. Ja, wenn ich die
Wahrheit gestehen soll, so ist es mir nicht selten vorgekommen, Demosthenes, wiewohl er seiner Freyheit zu
reden immer den Zügel läßt, habe doch die Athenienser ihrer trägen Sorglosigkeit wegen mit mehrerem Anstand bescholten, als jener die Achäer, wenn er sie
Achäerinnen ¹⁰) heißt; und er überhaupt eine stärkere
Brust und mehr Athem habe die politischen Tragödien
der Griechen vorzutragen als jener, der seine Kämpfer
mitten in der größten Hitze des Streits Gespräche mit
einander halten, und ihr Feuer in Mährchen, die kein
Ende nehmen wollen, verdampfen läßt ¹¹). Sehr oft
kommen auch im Demosthenes Perioden, deren Glieder
so schöne Verhältnisse gegen einander haben, und so
wohlklingende Rhythmen und gut angebrachte metri-
sche Füße vor, daß sie seinem Reden einen großen Theil
dessen geben, was den eigenen Reiz der Poesie ausmacht: so wie es hinwieder dem Homer nicht an An-

tithesen,

10) Das schlimmste ist
noch, daß Homer diese Be-
scheltung der Griechen zuerst
dem verächtlichsten aller Menschen, dem Thersites (Jl. II. v.
235) und denn wieder (Jl. VII.
96.) dem Menelaus in den
Mund legt, da sie doch, nachdem sie durch den Mund eines
Thersites (für den sie sich übri-

gens recht gut schickt) gegangen war, von keinem Ehren-
manne mehr mit Anständig-
keit gebraucht werden konnte.

11) Wie z. B. Glaukus,
der im VIten Buche der Iliade dem Diomedes das ganze
Mährchen von seinem Groß-
vater Bellerophon erzählt.

tithesen, Parisosen [12], und andern Wortfiguren, die entweder die Stärke und den Nachdruck, oder die Anmuth und Lieblichkeit der Rede verstärken helfen sollen. In der That scheint die Natur es selbst so eingerichtet zu haben, daß die Tugenden beyder Künste wie in einander verflochten sind. Wie sollte ich also ein Verächter deiner Muse seyn [13], da ich diesen Begriff von ihr

12) Ich habe kein Mittel finden können, dieses in unsrer Sprache vermuthlich unerhörte Kunstwort der alten Rhetoren auszuweichen. Was darunter verstanden werde, müssen wir uns vom Quintilian sagen lassen. *Similium* (die Rede ist von Wortfiguren, figurae verborum) *fere quadruplex ratio est. Nam est primum, quoties verbum verbo simile aut non dissimile valde quaeritur; ut „puppesque tuae „pubesque tuorum — (Virgil.* Aeneid. I. v. 399.) In „hac calamitosa *fama,* quasi „in aliqua perniciosissima „*flamma* — (Cicero pro „Cluent. c. 1.) Non enim „tam *spes* laudanda quam „*res* est." — Aut certe „*par est extremis syllabis consonans,* (e. gr.) non *verbis* sed *armis.* Et hoc quoque quoties in sententias acres incidit, pulchrum est. „Quantum *possis* in eo „semper experiri ut *profis.*" Hoc est *parison,* ut plerisque placuit. *Quintil.* IX. c. 3. Diese Figur, Parison genannt, ist also eine Art von Reim oder wenigstens von Assonanz, die von den Griechen und Römern, für etwas das der Rede zuweilen eine gewisse Schönheit gebe, gehalten, und daher von den Rednern mit Fleiß gesucht wurden. Beyspiele davon sind im Homer nicht gar selten, als im IIten Buche der Ilias, v. 484. 85.

Eſpete nyn moi, *Muſae* olympia domat' ecuuſae,
Hemeis gar Theae eſte, pareſte, iſte te panta.

Und im IVten Buch, v. 21.

Pleſiae haeg' heſthen, kaka de Troeſſi medeſthen.

u. a. m.

13) Im Texte deiner Kalliope; denn diese Muse war zugleich die Vorsteherin der epischen Dichtart und der Beredsamkeit.

ihr habe? Aber dem ungeachtet, bleibe ich noch dabey, daß mein Unternehmen, den Homer zu besingen, doppelt so groß sey als das deinige den Demosthenes zu loben; und das nicht der Verse, sondern des Subjects wegen: nehmlich, weil ich von meinem Helden, seine Poesie abgerechnet, nichts zuverlässiges zu sagen habe; denn alles übrige, sein Vaterland, seine Herkunft, die Zeit wenn er gelebt hat, ist ungewiß. Wäre es nicht so, würde wohl bis auf diesen Tag ein so großer Streit darüber seyn, ob er zu Kolophon oder Cumá, zu Chios oder Smyrna, oder gar zu Thebä in Aegypten, oder was weiß ich wo anders auf die Welt gekommen sey: oder würde man ihm bald den Lydier Mäon, bald einen Flußgott zum Vater, und zur Mutter bald eine gewisse Melanope, bald eine Nymphe vom Geschlechte der Dryaden gegeben haben, vermuthlich weil die Menschen zu seiner Zeit so rar waren? Eben so ungewiß ist es, wenn er gelebt habe: denn die einen setzen ihn in die heroische Zeit, andere in die Epoke der Auswanderung der Griechen nach Jonien [14]). Eben so wenig kann man bestimmen, ob er vor, mit, oder nach dem Hesiodus lebte; ja die Ungewißheit erstreckt sich sogar bis auf seinen Nahmen, und es giebt Gelehrte, welche behaupten, sein wahrer Nahme sey Melesigenes, nicht Homerus, gewesen. Endlich lassen

---

14) Welche, nach den sogenannten Arondelischen Marmorn 163 Jahre nach der Eroberung von Troja erfolgt seyn soll. Unglücklicher Weise ist aber auch die Zeit des trojanischen Krieges, ja der trojanische Krieg selbst eben so ungewiß als die Zeit Homers.

ſie auch das Glück ſehr ungnädig mit ihm verfahren; denn nach einigen ſoll er blind geweſen ſeyn, nach andern ein Bettler: aber das Beſte, denke ich, wäre, alle dieſe Dinge im Dunkeln liegen zu laſſen? —— Ich habe alſo allerdings einen ſchweren Stand, da ich einen Poeten loben ſoll deſſen Leben und Thaten unbekannt ſind, und deſſen Weisheit man bloß durch Folgerungen aus ſeinen Geſängen herausbringen muß *). Mit deiner Arbeit hingegen iſt es gerade das Widerſpiel; alle Materialien liegen dir zur Hand; dein Weg iſt gebahnt und eben, du haſt es mit lauter beſtimmten und bekannten Nahmen zu thun; kurz, es iſt ein ſchon fertiges Ragout, wozu du nichts als das Gewürze hinzuzuthun brauchſt. Wieviel hat nicht ſchon das Glück zur Größe und zum Glanz des Demoſthenes beygetragen? War nicht ſeine Vaterſtadt das ſchimmernde, weltgeprieſene Athen, die Grundſäule von Griechenland 15)? Läge Athen in meinem Wege, was für ein Feld hätte ich da, Kraft des poetiſchen Freybriefs, meine Imagination herumzutummeln? Zu was für ſchönen Digreſſionen würden mir die Liebeshändel der Götter, der Streit der Minerva und des Neptuns, die Gaben, womit Pallas und Ceres dieſes glückliche

Land

*) Hier und in allem zunächſt folgenden ſollte ich denken, fiele die ironiſche Verſpottung der albernen Lobredner vom gewöhnlichen Schlage ſtark genug in die Augen?

15) λιπαραὶ Ἀθῆναι, ἔρεισμα Ἑλλάδος, — poetiſche Phraſen aus Pindarus und andern Dichtern, welche Therſagoras affectirt, um ſeine Bekanntſchaft mit den alten Dichtern zu zeigen.

Land beschenkt, kurz die ganze Mythologie von Attika und Eleusine, Gelegenheit geben ¹⁶)? Und würden erst noch die Gesetze von Athen, die Gerichtshöfe, die Volksversammlungen und solennen Feste, der Piräus, die Colonien, und die zu Wasser und Land erhaltnen Siege mit ins Spiel gezogen: so reichte (mit dem Demosthenes zu reden) Ein Mann nicht zu, von so vielen und großen Gegenständen nach Würden zu sprechen; und der Ueberfluß an Materie wäre so groß, daß meine einzige Verlegenheit wäre, wo ich anfangen und wie ich aufhören wollte. Auch würde ich mich dadurch von meinem Hauptzwecke keineswegs zu entfernen glauben, da es ja unter die Gesetze der Lobreden gehört, daß man demjenigen, den man loben will, alle mögliche Ehre von seinem Vaterlande mache. Hat uns doch Isokrates zu seinem Lobe der Helena noch den Theseus in den Kauf gegeben? Was dürfen nicht erst wir andern Poeten uns herausnehmen, da auf der ganzen Welt keine freyere Nation ist als wir? Du hingegen magst dir wohl vor den Spöttern fürchten, die das bekannte Sprüchwort, womit man den Mangel an der gehörigen Proportion zu rügen pflegt, auf dich anwenden und sagen möchten, du habest die Aufschrift größer gemacht als den Sack ¹⁷).

---

16) Von allem diesem ist in der Abhandl. von der Tanzkunst, IV. Theil, S. 104 und 105. schon die Rede gewesen.

17) Ein Sprüchwort, das sich auf die Gewohnheit der griechischen Kaufleute bezog, oft sehr große und weitläuftige Etiketten auf ihre Säcke und Ballen zu heften.

(134)

Ist nun nichts weiter von Athen zu sagen, so kommt dir ¹⁸) schon wieder ein prächtiger Umstand zu statten, nehmlich daß der Mann den du loben sollst, einen Trierarchen ¹⁹) zum Vater hatte. Das nenn' ich

18) Als Lobredner des Demosthenes: denn, wie man sieht, ist der Schwätzer Thersagoras noch immer in Aufzählung der Vortheile begriffen, die ein Enkomiast des Demosthenes vor einem Lobsinger Homers habe.

19) So hieß der Befehlshaber eines Trirems, d. i. eines Schiffes, das drey Reihen von Ruderbänken hätte; nicht einer qui avoit eu le commandement de la Flotte des Atheniens, la premiere dignité de la Republique, wie Hr. Massieu übersetzt; denn dieser hieß Nauarchos nicht Trierarchos: und wenn Thersagoras hinzusetzt, ὃ γαρ ἦν Ἀθηναῖοι λαμπροτερον τιμηματος τριηραρχικῆ, so heißt dieß nicht, die Würde eines Trierarchen war die erste Dignität in der Republik, sondern: die Trierarchen machten, der Vermögensschätzung nach, die erste Classe d. i. die reichsten und angesehensten Bürger in Athen, aus. Die eigentliche Bewandtniß der Sache war diese. In Friedenszeiten, und ehe die Seemacht der Athenienser auf ihren höchsten Grad gestiegen war, waren gewöhnlich nur 12 Trierarchen oder Schiffscapitäne, welche das Commando und die Aufsicht über die Marine der Republik hatten: Aber diese Würde war sehr lästig; denn die Trierarchen mußten ihre Schiffe auf eigene Kosten anschaffen und ausrüsten. Es scheint, daß nur die ärmste Classe der Bürger von der Obliegenheit, dieses Amt erfoderlichen Falles zu übernehmen, dispensirt war; daß es ziemlich willkührlich mit Besetzung desselben zugieng; daß die meisten dazu genöthiget werden mußten, und daß die reichsten gerade diejenigen waren, die sich dieser beschwerlichen Würde am meisten zu entziehen suchten. Aeschylus sagt daher in den Fröschen des Aristophanes (Act. IV. Sc. 2, v. 1097.) zum Euripides: „Seitdem du Könige in Bettlerslumpen auf die Bühne gebracht hast, will kein Reicher mehr Trierarch seyn; sondern sie gehen in zerlumpten Kitteln herum, jammern über böse Zeiten, und sagen „sie

ich, mit Pindarus, ein goldnes Fundament! Denn die Claſſe der Trierarchen war die anſehnlichſte zu Athen. Und wiewohl Demoſthenes ſeinen Vater ſchon verlohr da er noch ein ſehr junger Knabe war, ſo iſt ſein Wayſenſtand ſo wenig für ein Unglück zu halten, daß er vielmehr neuen Stoff zu ſeinem Lobe giebt, weil ſein herrliches Naturell dadurch in ein deſto helleres Licht geſetzt wird.

Von Homers Erziehung, und durch was für Uebungen und Hülfsmittel er der große Dichter ge-

worden

"ſie ſeyen Bettler." Da dieſer Artikel nun faſt ganz allein den mittlern Claſſen zur Laſt fiel, und manche wenig bemittelte Bürger ſich dabey ruinierten, ſo wurde ein Geſetz gemacht, daß mehrere, ja bis auf ſechszehn Bürger die Koſten der Equippierung eines einzigen Schiffes zuſammenſchießen durften. Dieß machte es zwar den Bürgern leichter, aber die Marine der Republik befand ſich deſto ſchlechter dabey. Demoſthenes half endlich dieſen Mißbräuchen ab, und brachte es (wie er ſelbſt in der Rede für die Krone ſagt) durch ein von ihm herrührendes Geſetz dahin, daß das Trierarchat den Reichen ausſchließlich aufgebürdet wurde: da ſichs dann zeigte, daß mancher, der vor-her nur den ſechszehnten Theil zu den Koſten eines einzigen Schiffes beygetragen hatte, im Stande war zwey Schiffe ganz allein zu equippieren. Von dieſer Zeit an konnte man ſagen, die Claſſe, woraus die Trierarchen genommen wurden, ſey die reichſte in Athen: aber vor jenem Geſetze des Demoſthenes, hatte vielmehr das Gegentheil ſtatt. Therſagoras (welchen Lucian ohnezweifel abſichtlich zu einem ziemlich confuſen Kopf macht) vermengt alſo hier die Zeiten. Wenn der Vater des Demoſthenes zur erſten Claſſe der Bürger gezählt wurde, ſo geſchah es nicht, weil er Trierarch, ſondern weil er der Eigenthümer einer großen Waffenfabrik war.

worden sey, giebt uns die Geschichte nicht die mindeste Nachricht: sein Lobredner muß also gleich mit dem Ruhm anfangen, den er sich durch seine Werke erworben hat, da ihm die Erziehung seines Helden, und seine Studien, und die Meister, von welchen er unterrichtet und gebildet worden, keinen Stoff zum reden geben, und er nicht einmal zu jenem berühmten Lorberzweige ²⁰) seine Zuflucht nehmen kann, der auch ungelehrte Hirten, wenn sie nur an ihm riechen, stehendes Fußes zu Poeten macht. Du hingegen, wenn du zu diesem Theile der Geschichte deines Helden gekommen bist, findest gleich den Kallistratus ²¹) über den du dich ausbreiten kannst, und eine ganze Reihe berühmter Nahmen, einen Alcidamus, Isokrates, Isäus, Eubulides. Und da in Athen tausenderley Gelegenheiten zu Ausschweifungen sind, denen selbst die Jünglinge, die unter väterlicher Gewalt stehen, unterliegen; da der Hang zur Wollust diesem Alter so natürlich ist, und dem jungen Demosthenes die Sorglosigkeit seiner

Vor-

---

20) Den Hesiodus von den Musen empfangen zu haben sich rühmt.

21) Demosthenes war sechzehn Jahre alt als er Gelegenheit bekam, ungesehen eine gerichtliche Rede dieses Kallistratus (der damals für einen der berühmtesten Sachwalter passirte) über einen Gegenstand, der die Aufmerksamkeit von ganz Athen beschäftigte, anzuhören. Die ungemeine Wirkung, die diese Rede that, und die großen Ehrenbezeugungen, womit der Redner vom Volke überhäuft wurde, machten einen so lebhaften und tiefen Eindruck auf den jungen Demosthenes, daß er von Stund an beschloß, alles anzuwenden, um dereinst ein eben so großer Redner zu werden. Plutarch im Leben des Dem.

Vormünder alle Freyheit ließ zu schwärmen so viel er gewollt hätte: so hielt ihn doch das Verlangen, seine Seele durch die Philosophie zu bilden, und die Talente wodurch er der Republik nützlich werden konnte zu erwerben immer in den gehörigen Schranken, und führte ihn, anstatt zur Thür einer Phryne, in die Hörsäle eines Aristoteles und Theophrast, eines Xenokrates und Plato ²²). Und hier, mein Bester, böte sich dir die

schönste

---

22) Thersagoras mengt hier Personen und Zeiten wunderlich genug durcheinander; Plato, der Lehrer des Xenokrates und Aristoteles, steht zuletzt; und alle vier sind so zusammengestellt als ob sie zu gleicher Zeit philosophische Schulen zu Athen gehalten hatten. Demosthenes kam aber im vierten Jahre des 99sten Olympiade, nur drey Jahre später als Aristoteles, zur Welt; Xenokrates übernahm die Platonische Schule erst nach dem Neffen des Plato, Speusippus, ungefähr 20 Jahre nach Platons Tode, und Theophrast, der im dritten Jahre der 123sten Olympiade starb, war noch ein Kind, als Demosthenes den Plato zu hören anfieng, und den Aristoteles und Xenokrates vielleicht in der Akademie kennen lernte, aber sie um so weniger zu Lehrern haben konnte, da er die Platonische Schule ziemlich bald verließ, und sich gänzlich den Studien und Uebungen, die ihn zu einem großen Redner, Sachwalter und Demagogen machen konnten, widmete. Lucian nimmt es zwar mit der Chronologie nicht immer sehr genau, aber so grobe Fehler konnte er doch aus Unwissenheit unmöglich machen. Man hat also diese Stelle für einen klaren Beweis angesehen, daß diese Schrift nicht von ihm seyn könne; mich dünkt aber, dieß sey zu rasch geschlossen, und Lucian habe den Poeten Thersagoras (den er absichtlich zu einem Halbgelehrten, in dessen Kopf alles durch einander geht, gemacht zu haben scheint) Anachronismen begehen und überhaupt viel dummes Zeug sagen lassen können, das, natürlicher Weise, nicht auf seine eigene Rechnung gesetzt werden muß.

schönste Gelegenheit dar, dich auch mit deinen philosophischen Kenntnissen in deiner Rede sehen zu lassen [23]), und in einer schönen Digression über die Liebe zu zeigen, daß es zweyerley Arten von Liebe unter den Menschen gebe: die eine das Werk irgend eines aus dem Meer entsprungenen Amors, eine ausschweifende unbändige, gewaltige Wellen in der Seele aufwerfende Leidenschaft, der Sturm der **Venus Pandemos**, der durch die ungestümen Aufbrausungen, so er in jungen Personen erregt, sich als einen wahren Seesturm zeigt: die andere der Zug irgend einer himmlischen goldenen Kette, eine Liebe, die, — anstatt die Herzen in Brand zu stecken oder durch ihre giftige Pfeile unheilbar zu verwunden, — Seelen, die, (mit dem Tragiker zu reden) nah an Zevs und Anverwandte der Götter sind, durch eine weise Wuth zur reinen und unvergänglichen Idee des Schönen gewaltig emporzieht [24]).

Der

---

[23] Schon diese einzige Stelle, wo die Lucianische Ironie beynahe handgreiflich wird, hätte die Herren Philologen und Uebersetzer überzeugen sollen, daß es mit der Rolle des Thersagoras in diesem Stücke hauptsächlich auf die elenden Lobredner, auf den Pöbel der Rhetoren seiner Zeit und die albernen Rezepte zu Lobschriften und Lobreden gemünzt sey, die sie ihren Schülern gaben, wobey es ihnen immer nur um locos communes, Amplificationen, Digressionen und Gelegenheiten eine oberflächliche Allwisserey auszukramen, zu thun war, die Hauptsache hingegen das einzige blieb, worüber sie wenig oder nichts zu sagen hatten.

[24] Hier giebt uns Thersagoras, in einem plötzlichen Anfall seiner poetischen Wuth, wieder sich selbst zum Besten: aber es ist nicht wohl möglich, in unsrer Sprache die ganze affectierte Ziererey und Abgeschmacktheit seines Ausdrucks zu erreichen.

Der Liebe ist nichts unzugänglich noch unerreichbar. Sie war es was den Demosthenes vermochte sich die eine Hälfte seines Kopfes abscheeren zu lassen ²⁵), sich in eine Höle einzuschließen, seine Stellungen und Gebehrden vor einem Spiegel und unter einem über seiner Schulter schwebenden bloßen Schwerte zu probieren ²⁶), in einem schon ziemlich vorgerückten Alter noch die Fehler seiner Zunge zu verbessern, sein Gedächtniß zu schärfen, sich von der Verwirrung und Betäubung, worein ein Redner bey dem Lermen und Schreyen einer großen Menge Volks leicht gerathen kann, Meister zu machen, und mit ununterbrochner Arbeit zugebrachte Tage noch durch die Nächte zu verlängern: und wer weiß nicht, zu welcher Größe er sich durch alle diese Mittel erhoben hat? Wie gedrängt in Gedanken und Worten! Wie ausnehmend geschickt und sorgfältig seine Beweise immer so zu ordnen, daß sie einander unterstützen, und die höchste Wahrscheinlichkeit und Ueberzeugungskraft dadurch erhalten! Wie majestätisch in seiner Erhabenheit! Wie kräftig und anhaltend in seinem Feuer! Wie weise und behutsam in der Wahl der Worte! Wie sorgfältig, bey allem seinem Ueberfluß an Gedanken, nichts am unrechten Ort, nie zuviel noch zu wenig zu sagen! Wie reich an immer abwechselnden

Wendun-

25) Er soll dieß gethan haben, um sich dadurch in die Unmöglichkeit zu setzen, seine einsamen Studien und Uebungen zu unterbrechen, weil er mit einem halb abgeschornen Kopfe anständiger Weise nicht unter die Leute gehen konnte.

26) Um sich ein unfreywilliges Achselzucken, dem er, wenn er redete, unterworfen war, abzugewöhnen.

Wendungen und Figuren! Mit Einem Worte, der einzige unter allen Rednern, wie Leosthenes kein Bedenken trug zu sagen, dessen Rede, gleich einer schönen Bildsäule, lauter Geist und Leben athmet und ganz aus Einem Stücke gearbeitet ist [27]). „Kallisthenes meldet uns irgendwo vom Aeschylus, er habe, um seine Seele in Feuer zu setzen, seine Tragödien beym Wein geschrieben." Demosthenes hatte dieses Hülfsmittel nicht nöthig; er trank bloßes Wasser wenn er arbeitete, und Demades soll deßwegen im Scherze von ihm gesagt haben, andere hielten ihre Reden beym Wasser [28]), Demosthenes aber schreibe die seinige dabey. Dem Pytheas schien sogar das was den Reden dieses großen Mannes einen so allgemeinen Beyfall erwarb, nach der Lampe zu riechen. Doch in diesem Theile der Lobrede ist der Vortheil auf beyden Seiten gleich: denn alles was du von der Vortreflichkeit der Demosthenischen Reden sagen kannst, das gilt auch von der Homerischen Poesie. Kommst du aber endlich auf den menschenfreundlichen Charakter deines Helden, auf den edlen Gebrauch den er von seinem Vermögen gemacht,

---

27) Ευψυχον και (statt ε) σφυριλατον λογον, nach der Verbesserung und Auslegung des Gråvius. In dieser ganzen Tirade läßt Lucian den Thersagoras sehr verständig von Demosthenes sprechen; allein seine Meynung war auch nichts weniger als diesen Poeten zu einem Dummkopfe zu machen.

28) Nehmlich bey der Wasseruhr; weil bekannter maßen kein Sachwalter länger sprechen durfte als bis das ihm aufgegossene Wasser abgelaufen war. Denn daß auch die Demagogen in ihren Reden an die Wasseruhr gebunden gewesen seyn sollten, ist nicht wohl zu glauben.

macht, und auf die preiswürdige Art wie er seine ganze Staatsverwaltung geführt hat, ———

Lucian. (Lachend.) Halt ein, lieber Freund! Ich bitte um Quartier. Du gießest mirs ja, wie ein Bader, zu ganzen Kübeln über die Ohren! Wenn du selbst dem Demosthenes eine vollständige Lobrede halten willst, was soll denn mir übrig bleiben?

Thersander. (Fortfahrend, ohne auf Luc. Einsprache Acht zu geben) —— auf die Feste und theatralische Lustbarkeiten, die er dem Volke auf seine eigene Unkosten gegeben, auf die Schiffe die er ausgerüstet, die Stadtmauer die er wieder herstellte, den Kanal den er graben ließ, die armen Mädchen die er ausstattete [29]), (was gewiß nicht die geringste Art sich um den Staat verdient zu machen, ist) die Gesandtschaften die er bekleidete, und die vortreflichen Gesetze die er gab [30]). Wahrlich, wenn ich alle die großen Dinge, die er für die Republik gethan hat, bedenke, so muß ich über den Menschen lachen, der die Augenbrauen zusammenzieht und sich bange seyn läßt der Stoff möchte ihm ausgehen, wenn er über den Demosthenes reden soll.

Lucian.

---

29) *Libanius* in Comparat. Demosth. et Aeschinis. opp. T. I. pag. 133.

30) Der beste Commentar über diese Stelle ist die Rede pro *Corona*, worin Demosthenes durch die Angriffe seines gehässigsten Widersachers, des Aeschines, sich genöthigt sah, von seinen Verdiensten um Athen zu reden, und vornehmlich seine Staatsverwaltung in ein sehr glänzendes Licht zu setzen.

Lucian. Du scheinst also zu glauben, mein werther Herr, ich sey unter allen, die sich ihr ganzes Lebenlang mit der Rhetorik abgegeben haben, der einzige, dem die Ohren nicht von den Thaten des Demosthenes gellen sollten?

Thersag. Was kann man anders meynen, da du, deinen eigenen Worten nach, zu einer Lobrede auf ihn eines besondern Beystandes vonnöthen hast? Es müßte denn nur der Fall seyn, daß du, wie einer der von allzustarkem Licht geblendet wird, deinem Helden vor dem Glanze, den er von sich wirft, nicht ins Gesicht sehen könntest. Mir selbst begegnete anfangs etwas dergleichen mit dem Homer; es fehlte wenig, daß ich ihn nicht weggeworfen hätte, weil es mir vorkam als ob mir's unmöglich sey, den Inhalt seiner Gedichte mit Einem Blick ins Auge zu fassen. Nach und nach aber stärkte sich mein Gesicht ich weiß selbst nicht wie, und ich glaube nun seines Anschauens so gewohnt zu seyn, daß ich nicht mehr besorgen darf, an dem Wegwenden meiner Augen von dieser Sonne, für einen unächten Homeriden erkannt zu werden³¹).

Uebrigens hast du noch einen andern großen Vortheil über mich. Da Homers Ruhm sich lediglich auf sein Poetisches Talent gründet, so ist, wenn ich dieses besungen

31) Anspielung auf die fabelhafte Tradition der Alten, der Adler prüfe seine Jungen dadurch, daß er sie in die Sonne sehen lasse, und stoße diejenigen, die dieses Anschauen nicht ertragen können, als Bastarde aus seinem Neste.

besungen habe, nothwendig mein ganzer Stoff erschöpft: Du hingegen, wenn du deine Betrachtung auf den ganzen Demosthenes heftest, weißt nicht wo du anfangen sollst, und es geht dir wie den Leckermäulern an Syrakusischen Tafeln, oder wie Schau- und Hörlustigen Personen, wenn sie auf einmal eine Menge interessanter Dinge zu sehen und zu hören bekommen; weil sie nichts verlieren wollen, und doch nicht alles auf einmal genießen können, wissen sie nicht wo sie sich hinwenden sollen, und wanken mit unruhiger Begierlichkeit immer von einem zum andern. Gerade so, denke ich, muß dir zu Muthe seyn; du springst immer von einem aufs andere, und kannst zu keinem festen Standpunkte kommen, so groß ist der Kreis, in welchen dich der Reichthum und die Mannichfaltigkeit deines Stoffes hineinzieht — die Größe seines Genies, das Feuer seines Geistes, die Weisheit seines Lebens, die Gewalt seiner Beredsamkeit, seine Festigkeit in dem Plan seiner Staatsverwaltung, seine Verachtung der großen Reichthümer die er sich (durch Begünstigung einer andern Parthey) hätte erwerben können, seine Gerechtigkeitsliebe, seine Treue, seine Klugheit — und wenn du dich nun vollends in die einzelnen Verrichtungen einläßest, deren er so viele und so wichtige in dem Laufe seines öffentlichen Lebens ausgeführt hat, und dir auf der einen Seite alle seine Decrete, Gesandschaften, Volksreden, Gesetze, auf der andern seine kriegerischen Verrichtungen zu Euböa, Megara, in Böotien, zu Chios, zu Rhodos, im Hellespont und zu Byzanz vorstellest: — so bemächtigen

sich

sich auf einmal so viele glänzende Thaten deines Gemüthes, daß du wirklich verlegen bist auf welche du es zuerst richten sollest. Kurz es geht dir wie Pindarn, der nicht weiß, ob er

> den Ismenus oder Melia mit dem goldnen Spinnrocken,
> den Kadmus oder der Sparten heiliges Geschlecht,
> oder Theben mit der himmelblauen Stirnbinde,
> oder die alleswagende Kraft des Herakles,
> oder Bacchus, den preiswürdigen Geber so vieles Guten,
> oder den hochzeitlichen Tag der schönen Harmonia besingen soll 32)?

und du bist unschlüssig, ob du die Reden, oder das Leben, die Rhetorik oder die Philosophie, die Demagogie 33) oder den Tod dieses großen Mannes zum Thema deines Lobgesangs machen sollst? Aber laß dich das nicht anfechten! Sey es auch daß du dich verirrest, du bist immer auf dem rechten Wege, nimm das erste das beste, — seine Beredsamkeit wenn du willst, — [welch ein Feld für einen Lobredner! Wie leicht wird es dir seyn ihn über alle andere berühmte Redner zu erheben 34]!

Sogar

---

32) Verse aus einem nicht mehr vorhandenen Gesang Pindars, vermuthlich aus einem Lobgedicht auf seine Vaterstadt Thebe; denn alle Personen, die er in diesen Versen aufzählt, sind aus der Thebanischen Mythologie und Heldengeschichte genommen.

33) So hieß mit einem einzigen Worte die Staatsministerschaft in einem Freystaate wo die höchste Gewalt beym Volke war, wie zu Athen.

34) Ich weiß nicht wie es kommt, daß keiner von den Viris doctissimis, die unsern Autor commentiert haben, einigen Zweifel in die Richtigkeit dieser Stelle zu setzen scheint. Mir dünkt es handgreiflich, daß durch Schuld der Abschreiber mehr ihre Worte, vielleicht einige Zeilen fehlen

(145)

Sogar die [so hoch gepriesene] Beredsamkeit des Perikles kann dir keinen Abbruch thun. Denn alles was man uns von ihren Blitzen und Donnerschlägen und von der Ueberredung, die sie wie einen Stachel in den Zuhörern zurückließ, sagt, ist bloße Tradition; wir haben nichts mehr übrig, wodurch wir uns einen anschaulichen Begriff von ihr machen könnten; unsre Vorstellung von ihr ist ein bloßes Phantasiebild, und man könnte billig von ihr muthmaßen, daß sie nicht Haltung genug gehabt habe, um das Urtheil der Zeit auszuhalten ³⁵). Die Reden des Demosthenes hingegen versehen dich mit einem so reichen Stoffe, daß du alles übrige, was an ihm zu loben ist, vorbeygehen mußt, wenn du ihm nur über diesen einzigen Artikel Gerechtigkeit erweisen willst. Gedächtest du aber die übrigen großen Eigenschaften und Tugenden, die er in seiner Staatsverwaltung zu Tage gelegt hat, zum Gegenstande zu nehmen, so giebt dir jede derselben schon für sich allein Gelegenheit genug Ehre einzulegen: oder willst du dich recht

sehen

ken, und daß, so wie der Text jetzt lautet, kein bequemerer Sinn herauskommt, man mag ἱκανὴ γαρ σοι ἡδ᾽ ἡ Περικλεης oder σοι εἱη Περικλεης lesen. Da ich kein Oedipus bin, so blieb mir nichts übrig als der ganzen Stelle den erträglichsten Sinn zu geben, dessen sie mir, dem ganzen Zusammenhang nach, fähig scheint; und so hat sich auch Hr. Franklin geholfen.

35) Es würde zu weitläufig seyn, wenn ich mich in eine Rechtfertigung einlassen wollte, warum ich dieser im Texte sehr dunkeln und (wie es scheint) durch den Abschreiber mißhandelten Stelle diesen Sinn gegeben habe. Er schien mir, dem ganzen Zusammenhange nach, der einzige schickliche zu seyn: ob ich es errathen habe, müssen andere beurtheilen.

Lucians Werke VI. Th.   K

sehen lassen, so wähle zwey oder drey derselben aus, und du wirst überflüssige Materie zum reden haben, so groß und glänzend ist jede schon an sich selbst. Im einen oder andern Falle kannst du dich auf Homers Beyspiel berufen, der die Beywörter, wodurch er seine Helden lobt, immer von einzelnen Theilen hernimmt; bald von den Füßen, bald vom Haupte, oder vom Haar, nicht selten sogar von ihrer Kleidung oder ihren Waffen: und dieß mit desto besserm Rechte, da die Götter selbst es den Poeten nicht übel genommen haben, wenn sie von ihnen, ich will nicht sagen, wegen irgend eines Theils ihrer Person oder einer Eigenschaft ihres Gemüthes, sondern sogar ihres Spinnrockens, ihrer Pfeile oder ihres Schildes wegen, gelobt werden sind. Und so wird es uns denn auch Demosthenes nicht übel nehmen, wenn wir uns auf die eine oder andere seiner Vollkommenheiten einschränken, zumal da seine eigene Beredsamkeit kaum hinreichte, sie alle nach Würden anzupreisen.

Lucian. Wie ich sehe begnügst du dich nicht daran mir zu zeigen daß du ein guter Poet bist; und diese Lobrede auf den Demosthenes, die du mir noch als eine Zugabe zum Besten giebst, beweiset daß du dich mit gleicher Fertigkeit in Prosa und in Versen hören lassen kannst.

Thersag. Indem ich dich bloß von der Leichtigkeit der Sache überzeugen wollte, kam ich unvermerkt tiefer in die Materie, als ich anfangs Willens war, da

du

du mir nicht abgeneigt schienst deine Meditationen zu unterbrechen und meinem Vortrag zuzuhören.

Lucian. Gleichwohl kann ich dir nicht verbergen, daß du nichts ausgerichtet hast; im Gegentheil, ich besorge das Uebel ist noch ärger geworden.

Thersag. Da hätte ich also eine schöne Cur gemacht!

Lucian. Soll ich dir sagen wie das zugehe? Du weißt nicht wo es mir eigentlich fehlt, und machst es nun wie so manche Aerzte, die, aus Unwissenheit wo der Schaden sitzt, auf eine Krankheit curieren, die gar nicht vorhanden ist.

Thersag. Erkläre dich deutlicher.

Lucian. Deine Cur könnte allenfalls bey dem ersten, der sich einer Lobrede auf den Demosthenes unterfienge, und sich durch die Größe des Unternehmens erschrecken ließe, ganz gut anschlagen: aber die Zeiten, worinn eine solche Verlegenheit möglich war, sind längst vorbey, und deine Arzneyen sind also viel zu alt, um noch wirken zu können [36]).

Thersag.

---

[36] Auch hier gehe ich von der gewöhnlichen Auslegung dieser im Originale doppelsinnigen Stelle ab. Die gemeine Meynung ist, Lucian spreche von sich selbst, und wolle sagen: Thersagoras habe ihn wie einen jungen Anfänger in der Rhetorik behandelt. Mir schien es wahrscheinlicher, er ziele damit auf die vielen Lobreden auf Demosthenes, welche schon vorhanden, und ungefähr nach dem von Thersagoras vorgezeichneten Muster zugeschnitten waren.

Thersag. Ich dachte es wäre damit wie mit den Wegen, wo der gangbarste immer der sicherste ist.

Lucian. Man erzählt von einem gewissen Annieeris von Cyrene, er sey, um dem Plato und seinen Freunden seine Geschicklichkeit im Wagenlenken zu zeigen, vielmals hinter einander in einem und eben demselben Geleise um die Akademie herumgefahren, ohne jemals im mindesten herauszukommen, so daß alle diese Fahrten nur ein einziges Geleise in dem Boden zurückgelassen hätten. Mit mir ist es gerade umgekehrt: mein Stolz ist, die Geleise, die schon gemacht sind, auszuweichen, und mir selbst neue Wege, die noch von niemand betreten worden, zu machen [37]; und das, dächte ich, wäre nun eben nichts leichtes.

Thersag.

---

[37] Sollte uns Lucian in diesem Paragraphen nicht den Schlüssel zu dieser ganzen Composition gegeben haben? Wir wissen schon aus seinem eigenen Munde, wie viel er sich auf die Neuheit seiner Erfindungen zu gute that, und daß er derselben einen großen Theil seiner Reputation unter den Griechen zu danken hatte. Demosthenes war schon so oft gelobt worden! Sein Lob war ein Gemeinplatz, worauf sich vermuthlich alle damalige Rhethorn und Sophisten, besonders die Improvisatoren unter ihnen, herumgetummelt hatten. Alle Materialien dazu waren verbraucht. Was blieb dem Lucian übrig als dem Heros unter den griechischen Rednern einen Ehrentempel von einer ganz neuen Form und Structur aufzuführen? Und gerade daß er sich dessen fähig zu seyn bewußt war, spornte ihn ohne Zweifel an, auch eine Lobrede auf den Demosthenes auszuarbeiten — eine Lobrede in Gestalt der Erzählung eines Dialogs, in welchen noch ein anderer Dialog eingefaßt ist, worin das schönste und größte

Thersag. Da hatte der Mahler Pauson einen guten Einfall.

Lucian. Wie so?

Thersag. Es bestellte jemand bey ihm, daß er ihm ein Pferd, das sich auf dem Boden wälzt, mahlen sollte: aber Pauson mahlte ihm eines, das in vollem Lauf begriffen ist, und eine ganze Wolke von Staub um das Pferd her. Wie nun der Liebhaber, der das Gemählde bestellt hatte, dazu kam und sich beschwerte, das sey ja nicht was er verlangt habe: befahl Pauson, statt der Antwort, einem seiner Lehrjungen, er sollte das Gemählde umkehren; und nun habe man gesehen, daß sich das Pferd auf dem Rücken wälze.

Lucian. Du bist sehr gütig, Thersagoras, wenn du keine bessere Meynung von meiner Geschicklichkeit hast, als dir einzubilden, daß ich mich, nach so vielen Jahren nur auf eine einzige Art umwenden könnte, und nicht vielmehr, wenn ich auch alle mögliche Wendungen und Drehungen versucht hätte, noch immer befürchtete es könnte mir gehen wie dem Proteus im Homer —

größte, was sich vom Demosthenes sagen läßt, einem Fürsten, der sein Feind war, in den Mund gelegt wird; eine Lobrede die zugleich Satyre und Persifflage seiner Kunstverwandten und Nebenbuhler war, u. s. w. kurz, eine Lobrede, wie man gewiß in Griechenland, so reich es auch an Rednern war, noch keine gesehen hatte.

Thersag. Worin?

Lucian. Darin, daß, nachdem er, um die menschliche Gestalt auszuweichen, alle möglichen Gestalten von Thieren, Pflanzen und Elementen erschöpft hatte, aus Mangel einer andern, die er hätte annehmen können, am Ende doch genöthigt war, wieder Proteus zu werden [38]).

Thersag. Wenigstens nimmst du, wie ich sehe, mehr Gestalten an als Proteus selbst, um der Vorlesung meines Gedichtes auszuweichen.

Lucian. Da thust du mir Unrecht, mein Bester! Ich werde mein eigenes Geschäffte mit Vergnügen bey Seite legen, um einen geneigten Zuhörer abzugeben. Vielleicht, wenn du der Sorge für deine eigene Geistesfrucht entlediget bist, wirst du mir auch zu meiner Entbindung behülflich seyn.

Wir setzten uns also ohne längern Verzug auf die nächste Anhöhe, ich spitzte die Ohren, und Thersagoras las mir seine Verse vor, die in der That nichts weniger als schlecht waren. Aber ehe er noch damit zu Ende war, fuhr er wie ein Begeisterter auf, rollte seine Handschrift wieder zusammen, und, es ist billig sagte er, daß du mir die Gefälligkeit mir zuzuhören eben

---

38) Wie konnten die Ausleger Lucians einen so deutlichen Wink übersehen? Wird nicht auch er, nachdem er als Lobredner so mancherley Wendungen versucht hat, wieder Lucian, d. i. der Spottvogel, der er immer ist?

eben so wenig umsonst erwiesen haben sollst; als die Athenienser den öffentlichen Versammlungen [39]) und den Gerichtssitzungen umsonst beywohnen. Du mußt belohnt werden, und auf eine Art, womit ich Dank von dir zu verdienen hoffe. —

Ich bin, erwiederte er, zufälliger Weise hinter gewisse geheime Tagbücher der Macedonischen Könige gekommen, die ich so ungemein interessant befand, daß ich sie um einen ziemlich hohen Preis kaufte. Eben jetzt fiel mir ein, daß ich sie zu Hause habe. Unter vielen andern den Antipater betreffenden Anekdoten, die darin enthalten sind, findet sich auch etwas vom Demosthenes, daß du ohnezweifel nicht ohne Vergnügen anhören würdest [40]).

Ich kann, um dir meine Dankbarkeit für diese angenehme Nachricht zu zeigen, nicht weniger thun, (versetzte ich) als noch vorher den Rest deiner Verse anzuhören; und ich werde dich nun nicht eher verlassen, bis du dein Versprechen ins Werk gesetzt hast. Es ist in der That sehr verbindlich von dir, daß du, nach

einem

---

39) Jeder Athenienser bekam so oft er einer öffentlichen Volksversammlung beywohnte, zwey Obolen (16 Pfennige) unter dem Titel Ekklesiastikon, aus dem öffentlichen Schatz.

40) Es bedarf wohl keiner Erinnerung, daß alles dieß, so wie die ganze Form dieses Werkchens, bloße Erdichtung ist, um seinem Lobe des Demosthenes alle mögliche Grazien der Neuheit und des Unerwarteten zu geben.

einem so prächtigen Geburtstagsschmaus, den du mir dem Homer zu Ehren gegeben hast, mich nun auch eben so herrlich von wegen des Demosthenes tractieren willst.

Thersagoras vollendete also die Vorlesung seines Gedichtes; und nachdem ich ihm das verdiente Lob ertheilt hatte, giengen wir zusammen nach seiner Wohnung. Er mußte das Manuscript, wovon er mir gesprochen hatte, lange suchen, und da es sich endlich fand, erlaubte er mir, es mit nach Hause zu nehmen. Sobald ich es durchgangen hatte, war mein erster Gedanke, daß ich es Euch *), so wie es ist, von Wort zu Wort, ohne eine Sylbe daran zu ändern, vorlesen wollte. Man kann nicht immer etwas Neues aus eigenem Grund und Boden ziehen. Wird denn etwa Aeskulapius weniger geehrt, wenn aus Ermanglung neuer Gesänge, die etwa einer von denen, die seinen Tempel besuchen, ihm zu Ehren gemacht hätte, die Hymnen des Alisodemus von Trözene oder des Sophokles an seinem Feste gesungen werden? Auch für die Bacchus-Feste werden schon lange keine neue Komödien noch Tragödien mehr geschrieben, sondern man weiß es denen die uns zur gewöhnlichen Zeit die alten Stücke wieder geben, noch Dank daß sie dem Gotte (durch Beybehaltung dieses alten Gebrauchs) die hergebrachte Ehre zu erweisen beflissen sind.

Die

---

41) Man sieht hieraus, daß dieses Stück eine öffentliche Vorlesung war; aber wer diese euch sind, läßt sich nicht errathen.

Die Handschrift also (die, wie gesagt, eine Art von Tagbuch des Macedonischen Hofes ist, und wovon ich bloß das hieher gehörige lesen werde) enthält unter anderm ein Gespräch zwischen Antipater und Archias, den Demosthenes betreffend [42]). Dieser Archias — wofern etwa einige von meinen jungen Zuhörern es

noch

[42] Alexander, als er seinen Zug nach Asien antrat, hinterließ den Antipater mit dem Charakter eines bevollmächtigten Statthalters oder Vicekönigs von Macedonien, und Chefs eines Kriegsheeres von ungefähr 15000 Mann Fußvolk und Reiterey. Die Griechen, welche Alexanders Unternehmungen in Asien als eine gute Gelegenheit ansahen, das Macedonische Joch wieder abzuschütteln, erwählten den Leosthenes, einem eifrigen Anhänger des Demosthenes, zum Oberbefehlshaber ihrer vereinigten Kriegsvölker, und hatten unter Anführung dieses geschickten Feldherrn bereits wichtige Vortheile über Antipatern erhalten, als Leosthenes bey Belagerung der Stadt Lamia in Thessalien das Leben verlohr. Antipater machte sich diesen Umstand so gut zu Nutze, daß die verbundenen Griechischen Republiken, noch froh waren, unter leidlichen Bedingungen einen Frieden von ihm zu erhalten, der ihnen wenigstens den Schatten ihrer ehmaligen Unabhänglichkeit ließ. Aber auch diesen konnten die Athenienser nicht anders erhalten, als unter der harten Bedingung, dem Antipater zehn ihrer vornehmsten Demagogen, und unter diesen vor allen den Demosthenes, als das Haupt der Antimacedonischen Parthey, auszuliefern. Die Athenienser, welche Alexander selbst durch seine Drohungen nicht hatte dahin bringen können, ihren größten und verdientesten Minister aufzuopfern, hatten sich jetzt von seinen Feinden anders stimmen lassen; und Demosthenes sah sich gezwungen, zu entfliehen und sich in einem Tempel des Neptuns auf der kleinen Insel Kalauria, ohnweit Trözene, zu retten. Wie es ihm dort ergieng, werden wir bald aus dem eigenen Munde des Archias vernehmen.

noch nicht wissen sollten — war vom Antipater bevollmächtigt worden, die Redner, welche die Athenienser auszuliefern versprochen hatten, in Empfang zu nehmen, mit dem Auftrage, den Demosthenes vielmehr durch Ueberredung als mit Gewalt dahin zu bringen, daß er Kalaurien verlassen und zu Antipatern kommen möchte. Der letztere lebte noch immer der Hoffnung, daß Demosthenes sich bewegen lassen werde, und erwartete ihn von einem Tage zum andern. Wie er nun hörte, daß Archias von Kalaurien zurückgekommen sey, ließ er ihm befehlen, daß er stehendes Fußes, wie er wäre, zu ihm kommen sollte. Wie nun Archias in das Zimmer trat — — doch, das übrige soll euch die Handschrift selber sagen.

Archias. Ich wünsche dir Freude, Antipater.

Antipater. Freude genug wenn du den Demosthenes mitbringst.

Arch. Ich bringe ihn so gut ich konnte. Hier in dieser Urne ist alles was von ihm übrig ist.

Antip. Du hast meine Hoffnung übel getäuscht, Archias! Was sollen mir die Gebeine und der Aschenkrug, wenn ich den Demosthenes selbst nicht habe?

Arch. Seine Seele, o König, mit Gewalt zurückzuhalten, war doch unmöglich!

Antip. Aber warum habt ihr euch denn seiner nicht lebendig bemächtigt?

Arch.

Arch. Das haben wir gethan.

Antip. Er ist also auf der Reise gestorben?

Arch. Nein, er starb wo er wär, in Katauria.

Antip. So lag gewiß die Schuld an euerer Nachläßigkeit! Ihr habt keine Sorge für den Mann getragen.

Arch. Es stand nicht in unsrer Macht.

Antip. Wie so? Du sprichst ja lauter Räthsel, Archias. Ihr habt ihn lebendig bekommen, und habt ihn nicht?

Arch. Hattest du uns nicht ausdrücklich befohlen, keine Gewalt gegen ihn zu gebrauchen. Indessen wären wir auch mit Gewalt nicht weiter gekommen; und, die Wahrheit zu sagen, wir wußten uns nicht anders zu helfen.

Antip. Daran habt ihr aber sehr unrecht gethan, und vermuthlich seyd ihr eben dadurch an seinem Tode schuldig.

Arch. Umgebracht haben wir ihn nicht: aber da er mit guten Worten nicht zu überreden war, so waren wir genöthiget Gewalt zu brauchen. Und was hättest du dabey gewonnen, wenn wir ihn lebendig gebracht hätten? Deine Absicht war doch wohl nichts anders als ihn tödten zu lassen.

Antip.

Antip. Ihn tödten zu laſſen? Wahrhaftig, wenn du das glaubſt, Archias, ſo kennſt du weder den Deinoſthenes noch meine Art zu denken! Meynſt du daß ich einen Mann wie Demoſthenes, mit ſolchen heilloſen Buben vermengen könne, wie Himeräus, Ariſtonikus und Eykrates, die wie Regenbäche einen Augenblick daherrauſchen und wieder verſchwinden, kleine Schächer, die bey zufälligen Volksbewegungen wie Schaum oben ſchwimmen, bey jeder kleinen Hoffnung daß alles trüber und drunter gehen werde, die Köpfe empor recken, aber auch gleich wieder abgeſchreckt ſind, und nach Art gewiſſer Abendwinde, ſich eben ſo ſchnell legen als ſie ſich erhoben haben? Oder meynſt du daß ich keinen Unterſchied zwiſchen einem Demoſthenes und ſo einem treuloſen Menſchen wie Hyperides mache? Dieſen verächtlichen Volks-Schmarotzer, der, um ſich bey dem großen Haufen einzuſchmeicheln, kein Bedenken trug den Mann, für deſſen Freund er ſich ausgegeben hatte, durch ſykophantiſche Verläumdungen anzuſchwärzen, und ſich zum Werkzeug von Ungerechtigkeiten zu machen, deren es diejenigen ſelbſt, denen er ſich dadurch gefällig machen wollte, bald wieder gereuete; denn bekannter maßen wurde Demoſthenes nicht lange nach jener verläumderiſchen Anklage noch ehrenvoller als ehmals Alcibiades [43]) aus ſeiner Verbannung zurückgehohlt. Aber ſo war Hyperides; immer hatte er ohne alle Schaam ſelbſt gegen ſeine beſte Freunde eine Zun-

ge

[43]) Nach dem eigenen der aber eine Urſache ſeiner Ausdruck des Demoſthenes. Verbannung angiebt, die ihm S. Plutarch in ſeinem Leben; wenig Ehre macht.

ge gebraucht, die dem boshaften Menschen schon längst
hätte ausgeschnitten werden sollen.

Arch. Aber war denn Demosthenes nicht der
ärgste unter allen unsern Feinden?

Antip. Nicht in den Augen desjenigen, der den
Werth der Treue zu schätzen weiß, und in einem jeden auf-
richtigen und rechtschaffnen Charakter einen Freund zu
sehen glaubt. Was schön ist ist auch an unsern Feinden
schön, und die Tugend ist schätzbar, wo sie immer zu
finden seyn mag. Ich will nicht weniger seyn als
Xerxes, der die beyden Spartaner Bulis und Sperchis aus Bewunderung ihrer Tugend unversehrt in ihr
Vaterland zurückschickte, wiewohl er ihr Leben in seiner
Gewalt hatte 44). Wenn ich je in meinem Leben einen
Menschen

---

44) Die Spartaner (so wie die Athenienser) hatten die Gesandten, durch welche sie Darius, der Vater des Xerxes, zur Unterwerfung unter den Persischen Scepter auffodern ließ, in einem Anfall von republicanischem Uebermuth um das Leben gebracht. Diese That, wodurch sie sich an der Religion und dem Völkerrecht ihrer Zeit gleich sehr versündigt hatten, zog ihnen den Unwillen der Götter zu; so oft sie opferten, fanden sich in den Eingeweiden der Opferthiere Zeichen von unglücklicher Vorbedeutung. Dieß währte so lange, daß die Talthybiaden, (bey welchen das Haruspicium zu Sparta erblich war) endlich erklärten, es sey kein ander Mittel diesem Unglück abzuhelfen, als wenn ein paar Spartaner sich freywillig für die übrigen aufopferten, und sich an den Xerxes abschicken ließen, um für die Ermordung der Persischen Gesandten mit ihrem Leben zu büßen. Als die ganze Gemeine zu diesem Ende versammelt wurde, boten Bulis und Sper-
thies

Menschen bewunderte, so war es Demosthenes, den ich theils zu Athen selbst aus einem zweymaligen persönlichen Umgang, wiewohl mit zu weniger Muße, theils aus Nachrichten anderer Personen, und hauptsächlich aus seiner Staatsverwaltung selbst kennen gelernt habe — und was ich an ihm bewunderte, war nicht, (wie man etwa denken möchte) seine ausserordentliche Beredsamkeit, wiewohl unser berühmter Python⁴) gar Nichts und die Attischen Redner alle nur Kinder waren, wenn man sie mit der Stärke und dem edlen männlichen Ton seiner Reden, der Eurhythmie seiner Worte, der Bestimmtheit seiner Gedanken, der Bündigkeit seiner Beweise, und der Gewalt womit er die Gegner in die Enge zu treiben und die Zuhörer hinzureissen wußte, in Vergleichung stellt. Wir ließen es uns auch deßwegen sehr gereuen, daß wir, auf Anrathen des Pythons und

thies (von unserm Autor Sperchis genennt) sich hiezu an. Sie stellten sich auch wirklich dem Xerxes dar, und betrugen sich (um so mehr da sie ihr Leben für verlohren hielten) mit aller Spartanischen Insolenz gegen diesen König der Könige. Aber Xerxes, der auf sie und diejenigen, von welchen sie gesandt worden waren, mit gleicher Verachtung herabsah, schickte sie, — nicht, aus Bewunderung ihrer Tugend, sondern aus eigener Großherzigkeit, und weil er es seiner Würde gemäß fand edler zu handeln als die Spartanischen Barbaren, — unversehrt wieder nach Hause. S. Herodot. im 7ten B. S. 483. u. f. der Steph. Ausg.

45) Ein berühmter Redner von Byzanz, der es mit dem Könige Philippus hielt. Die Ursache warum er bey dem Convent zu Athen eine so schlechte Figur machte, war nicht, weil er Nichts gegen den Demosthenes war, sondern weil dieser eine ungleich bessere Sache hatte.

und im Vertrauen auf seine Vorspiegelungen, eine Zu-
sammenkunft der Griechen zu Athen veranstaltet hatte,
um, unsrer Meynung nach, die Athenienser ihres Unrechts zu überführen; ohne zu bedenken, daß wir es
mit dem Demosthenes zu thun haben würden, dessen
Ueberlegenheit im Reden viel zu groß war als daß wir
ihm etwas hätten anhaben und gegen die Beweise aufkommen können, wodurch er alles Unrecht auf uns
selbst zurückschob. Aber, wie groß auch seine Beredsamkeit war, so betrachtete ich sie doch nicht als sein
größtes Verdienst, sondern vielmehr als ein bloßes
Werkzeug; was ich über alles an ihm bewunderte war
er selbst, war der große Verstand, und die kaltblüti-
ge Klugheit, womit er sein Gemüth in den heftigsten
Stürmen des widrigen Glückes immer aufrecht zu erhalten wußte, ohne sich durch irgend einen schlimmen
Erfolg aus der Fassung bringen und von Verfolgung
seines Zieles abschrecken zu lassen. Daß auch König
Philippus eben so von ihm dachte, ersah ich einst bey
Gelegenheit daß uns von Athen aus berichtet wurde,
Demosthenes habe den König in einer Rede an das
Volk sehr heftig angegriffen. Parmenio gerieth darüber in Eifer, und ließ sich einige spöttische und verächt-
liche Ausdrücke gegen den Athenensischen Demagogen
auffallen. Aber Philippus betrachtete ihn in einem
ganz andern Lichte. Mein guter Parmenio, sagte er,
wenn Demosthenes kein Blatt vor den Mund nimmt,
so hat er wenigstens ein Recht dazu: denn er ist von
allen diesen Griechischen Demagogen der einzige, dessen
Nahme in keiner von meinen Ausgabe-Rechnungen
vor-

vorkommt, wiewohl ich (wenn ich ihn auf meine Seite kriegen könnte) mehr Vertrauen auf ihn allein setzen würde als — auf die Schiffs-Listen meiner Admiralität. Von allen übrigen ist keiner, der nicht entweder für empfangenes Gold, oder Jahrspensionen, oder für Bauholz, Heerden, und Landgüter in Böotien oder hier, auf meinen Büchern stünde: aber weit eher könnten wir Byzanz mit Sturmleitern einnehmen ⁴⁶), als den Demosthenes mit Gold. Wenn (fuhr er zum Parmenio fort) ein Athenienfischer Redner mir vor seinem Vaterlande den Vorzug giebt, so bezahle ich ihn dafür mit klingender Münze, aber nicht mit meiner Freundschaft. Wer hingegen mein Feind ist, weil er sein Vaterland liebt, den bekämpfe ich eben so wie ich eine Festung, Schanze, Schiffswerfte oder Linie meines Feindes angreife: aber ich ehre seine Tugend, und preise die Stadt glücklich, die einen solchen Mann besitzt. Jene Miethlinge mag, sobald ich sie nicht mehr brauche, meinetwegen der Henker hohlen wann er will: aber diesen möchte ich lieber hier auf unsrer Seite haben, als die Illyrischen und Triballischen Reiter und alle die fremden Truppen die in meinem Solde stehen; denn

46) Byzanz, welche zu Philippus Zeiten eine ansehnliche und stark befestigte Stadt war, und schon lange bald unter dem Schutze der Spartaner, bald der Athenienser, sich im Besitz der Autonomie behauptete, wurde als ein Schlüssel zu Griechenland betrachtet, und es war daher immer ein Hauptaugenmerk des Demosthenes gewesen, die Athenienser zu solchen Maßnehmungen zu bewegen, wodurch Philippus verhindert wurde, sich derselben zu bemächtigen.

denn es fehlet viel, daß ich das Talent der Ueberredung und einen scharfsinnigen Kopf der Gewalt der Waffen nachsetzen sollte.

Dieß sagte Philippus zum Parmenio. Bey einer andern Gelegenheit erklärte er sich hierüber auch gegen mich. Es war damals, da die Athenienser den Diopeithes mit einigen Truppen in den Chersonesus geschickt hatten. Der König, der mich darüber unruhig sah, brach in ein lautes Gelächter aus, und sagte: Wie? Du lässest dir vor einem Athenienischen Obersten, und der Handvoll Leute, die er bey sich hat, bange seyn? Ich mockiere mich über ihre Schiffe und ihren Piräeus und alle ihre Schiffswerfte und Magazine: und was sollten mir Leute thun, die in immerwährenden Bacchanalien auf gemeiner Stadt Unkosten leben? Wäre der einzige Demosthenes nicht, so sollte es mich weniger kosten Athen zu haben, als die Thebaner und Thessalier, es sey nun durch List oder Gewalt, durch Eroberung oder um baares Geld. Nun wacht er allein, verwendet kein Auge von uns, belauscht alle Gelegenheiten uns zu schaden, folgt allen unsern Bewegungen, und wirft durch seine Gegenanstalten alle unsre Operationsplane um. Ihm bleibt keiner von unsern geheimen Anschlägen verborgen; was wir beschließen, was wir vorhaben, er weiß alles vorher; und, mit Einem Worte, dieser Mensch liegt wie eine unüberwindliche Festung in unserm Wege, und ist die einzige Hinderniß, daß wir nicht alles auf den ersten Anlauf weggenommen haben. Hätte es nur an ihm gelegen, wahrlich, weder Amphipolis noch Olynthus noch Thermopylä

mopylä wäre in unsern Händen, und nie würden wir über die Phocenser, den Chersonesus und die Städte am Hellespont Meister geworden seyn. Er allein ist es, der seine Mitbürger wieder ihren Willen aus ihrer Schlafsucht aufrüttelt, und unbekümmert, ob sie das was er ihnen sagt gern oder ungern hören, sie gleichsam durch Schneiden und Brennen von ihrer Trägheit und Sorglosigkeit zu heilen sucht. Er ist es, der von den Einkünften, die sie auf Schauspiele zu verwenden gewohnt waren, Truppen unterhält, und durch seine Gesetze und Einrichtungen ihre durch die eingerissene Unordnung fast ganz vernichtete Marine wieder hergestellt, der Republik deren Dienst seit geraumer Zeit zu einem verächtlichen Taglohn herabgesunken war *⁷) ihre alte Würde wiedergegeben hat, die ausgearteten Athenienser zur Nachahmung ihrer Vorfahren und ihrer großen Thaten bey Marathon und Salamis anspornt, und Bündnisse zu gemeinschaftlicher Vertheidigung ihrer Freyheit unter den Griechen zu Stande bringt. Eines solchen Mannes Aufmerksamkeit ist nicht zu betrügen; und mit Geld ist er so wenig zu erkaufen, als der König von Persien ehmals den berühmten Aristides kaufen konnte.

---

47) Im Texte: zur Drachme und zum Triobolus — Wer in Angelegenheiten der Republik öffentlich redete, bekam eine Drachme (vier Groschen) aus dem Schatze, und das Honorar der Richter so wie der Bürger die den gemeinen Volksversammlungen beywohnten, war ein Triobolos, oder zwey Groschen. Man begreift was für Folgen diese Einrichtung in einer Demokratie, wie die Atheniensische haben mußte, und was für Leute sich um zwey oder vier Groschen zu verdienen, in die Geschäffte eindringen mochten.

konnte. Vor ihm also, mein guter Antipater, vor ihm allein haben wir uns mehr zu fürchten als vor allen Schiffen und Flotten, womit uns die Athenienser angreiffen können. Denn was jenen alten Atheniensern Themistokles und Perikles waren, das ist Demosthenes den heutigen; er, der dem erſten an Einſichten und dem andern an Großherzigkeit gleich kommt. Auch hat er Euböa, Megara, Böotien und die Städte am Hellespont in ihre Parthey zu ziehen gewußt, und es dahin gebracht daß ſie alles thun was er will. Die Athenienser können mir also keinen größern Dienſt thun, als solche Feldherrn gegen mich zu schicken wie Chares, Diopithes, Proxenus und ihres gleichen, den Demosthenes hingegen zu Hause auf der Rednerkanzel zurückbehalten. Hätten ſie ſo viel Verſtand, dieſem Manne eine unumschränkte Gewalt über ihre Land- und Seemacht und ihre Finanzen in die Hände zu geben, und es ihm gänzlich zu überlaſſen, wie, wo und wann er gegen mich agieren wollte: ſo würde er mir vielleicht bald mein eigenes Macedonien ſtreitig machen; er der ſogar jetzt, da er nur durch Volksſchlüſſe mit mir kämpft, mich von allen Seiten angreift, allenthalben in meinem Wege iſt, immer Geld aufzutreiben weiß, große Flotten und anſehnliche Kriegsheere gegen mich ausſchickt, kurz, mir auf alle mögliche Art Widerſtand thut [48]).

---

48) Der glückliche Einfall, den König Philippus ſelbſt, deſſen heftigſter Gegner Demosthenes war, zu ſeinem ſtärkſten Lobredner zu machen, iſt, meinem Gefühle nach, kein geringes

In diesem Tone sprach König Philippus damals und bey vielen andern Gelegenheiten mit mir von diesem Manne, und er rechnete es unter die günstigsten Zufälle, die er dem Glücke zu verdanken habe, daß Demosthenes nie zum Feldherrn gemacht worden sey: denn was hätte er nicht von demjenigen erwarten müssen, dessen bloße Reden von Athen aus, gleich eben so vielen Sturmböcken und Katapulten *) alle seine Anschläge und Unternehmungen erschütterten und über den Hauffen würfen? Sogar nach dem Siege bey Chäronea konnte er nicht aufhören von der äussersten Gefahr zu sprechen, in welche uns dieser Mann gebracht habe. Wir haben zwar gegen alle Hoffnung das Feld erhalten, sagte er, Dank sey es der Ungeschicklichkeit der feindlichen Anführer, der Unordnung und schlechten Disciplin ihrer Truppen, und der ganz unerwarteten Wendung, die das Glück zu unserm Vortheil nahm! — und doch, wenn ich überlege, daß dieser Demosthenes die mächtigsten Städte Griechenlandes, die vereinigte Kriegsmacht der Thebaner und übrigen Böotier, der

Korinthier,

---

geringes Kennzeichen, daß dieses Stück von Lucian ist. Wie konnte er die Makel, welche Plutarch dem Demosthenes wegen seiner in der Schlacht bey Chäronea bewiesenen Zagheit, aufgebrannt hatte, geschickter zudecken, als durch die Art wie er einen so großen Feldherrn als Philippus von dem sprechen läßt, was Demosthenes geleistet haben würde, wenn ihn die Griechen zum Dictator gegen ihn gemacht hätten.

40) So hieß eine Art von Kriegsmaschinen der Alten, aus welchen sie große Geschosse, Balken und Steine in einer weiten Entfernung abschießen konnten.

Korinthier, Euböer und Megarer gegen mich ins Feld zu stellen, und sie dahin zu bringen gewußt hat, die Gefahr mit den Athenienſern zu theilen, bloß um mich vom Eindringen in das Attiſche Gebiet zurückzuhalten: ſo kann ich nicht ohne Grauen daran denken, daß meine Krone, und mein Leben ſelbſt, an dem gefährlichen Ausgang dieſes einzigen Tages hieng *)!

So ſprach Philippus immer und bey allen Gelegenheiten von dieſem großen Manne; und wenn etwa einer ſagte, er habe an dem Volke von Athen einen ſchweren Feind, ſo war immer ſeine Antwort: mein einziger Feind iſt Demoſthenes; ohne ihn wären die Athenienſer nichts mehr als Aenianer 50) und Theſſalier. — Die Unterhandlungen, die der König durch ſeine Geſandten mit den Griechiſchen Städten pflegte, giengen immer glücklich von ſtatten, wenn die Athenienſer einen andern von ihren Rednern gegen ihn abſchickten: aber wenn es Demoſthenes war, pflegte er allemal zu ſagen: dießmal hätten wir unſre Geſandtſchaft zu Hauſe behalten können; gegen die Beredſamkeit des Demoſthenes iſt kein Aufkommen!

So dachte Philippus von ihm. Und wenn nun ich, der in allem ſo weit unter dieſem großen Fürſten iſt,

---

*) S. Plutarch im Leben des Demoſthenes; der dem Philippus die Reflexion zu borgen ſcheint, die ihm Lucian hier in den Mund legt.

50) Ein kleines Theſſaliſches Völkchen das ſeinen Sitz öfters geändert, aber ſeine Unabhängigkeit erſt unter dem K. Philippus verlohren zu haben ſcheint.

ist, glücklich genug gewesen wäre, einen solchen Mann in meine Gewalt zu bekommen: meynst du, ich würde ihn wie einen Ochsen zur Schlachtbank geführt, und nicht vielmehr meinen Rathgeber in den Griechischen Angelegenheiten und für mein ganzes Reich aus ihm gemacht haben? Ich fühlte schon von langer Zeit her immer eine besondere Neigung zu ihm, sowohl wegen der edeln Rolle die ich ihn in seiner Republik spielen sah, als des Urtheils wegen, das Aristoteles von ihm fällte. Denn wie oft hörte ich diesen nicht zu Alexandern und zu mir sagen: unter der großen Menge derer, die sich seines Unterrichts bedient hätten, sey keiner den er jemals so hoch geschätzt habe als ihn. Bey jeder Gelegenheit rühmte er die Größe seines Genies, seinen unermüdeten Fleiß, die Gründlichkeit und Behendigkeit seines Geistes, seinen Edelmuth und seine Standhaftigkeit. Ihr, sagte er, seht ihn für einen Cubulus, oder Phryno oder Philokrates an [51], den man, wie sie und Ihresgleichen, durch Geschenke auf die Seite bringen kann: ihn, der einen großen Theil seines Vermögens seinen bedürftigen Mitbürgern und der Republik aufgeopfert hat? und wenn ihr seht, daß mit Bestechung nichts bey ihm auszurichten ist, bildet ihr euch ein, den Mann durch Drohungen zu schrecken, der von dem Augenblick an, da er sich seinem Vaterlande widmete, auch entschlossen war sein Leben auf die Spitze der Schick-

---

51) Von welchen Demosthenes in einer seiner Volksreden als Verräthern des Interesse der Republik spricht, (de falsa legat. opp. P. II pag. 341. seq.

Schickfale, die daſſelbe befallen könnten, zu ſetzen? Ihr nehmt es übel, daß er mit Heftigkeit gegen eure Unternehmungen ſpricht; er, der ſich, wenn das Beſte der Republik es erfodert, eben ſo freymüthig dem Willen ſeines ganzen Volkes entgegenſetze? Ihr wißt alſo nicht, daß es bloß die Liebe zu ſeinem Vaterland iſt, was ihn bewogen hat, ſich den Angelegenheiten der Griechen zu unterziehen, und daß er die Staatsverwaltung bloß als eine Kampfſchule betrachtet, wo er ſeine Philoſophie in Ausübung bringt⁵²)?

§ 4. Aus

---

52) Auch hier verſteht ſich von ſelbſt, daß Lucian (der in ſeinen Dialogen ſich aller Vorrechte der Dichter zu bedienen gewohnt iſt) bloß in Kraft des Rechtes quidlibet audendi, auch den Ariſtoteles zum Eukomiaſten ſeines Helden macht; um dieſen durch das Medium, wodurch ihn der Philoſoph ſieht, uns wieder in einem andern ſchimmernden Lichte zu zeigen. Mit Hülfe des Philippus hatte er einen großen Feldherren aus ihm gemacht: nun muß ihn Ariſtoteles auch noch zum Philoſophen machen. Aechte Lucianiſche Kunſtgriffe, die mit wenigſtens dem unverkennbaren Stempel ſeines Geiſtes verrathen! Gegen dergleichen innerliche Beweiſe der Aechtheit eines Stückes beweiſet die chronologiſche Unrichtigkeit, daß er den Demoſthenes zum Schüler des Stagyriten macht, ſehr wenig. Verſtöße dieſer Art ſind in Lucians Werken nicht ſelten, und waren ihm mit allen Schriftſtellern ſeiner Zeit gemein. Ja, was noch mehr iſt, er könnte gewußt haben, daß er hier gegen die Chronologie . . . . , und hätte darum . . . . iger gethan, da es . . . . zu ſeinem Plan . . . . Demoſthenes . . . . lichen Titel an die H . . . . tung und . . . wunderung ſeiner Zuhörer zu decorieren; denn er konnte ſich ziemlich darauf verlaſſen, daß keiner von ihnen die Zeitrechnung ſo genau ſtudiert habe, ... zu merken und zu . . . . . . , und wäre

es

Aus allem diesem, Archias, kannst du dir vorstellen, wie sehr ich gewünscht hätte, diesen Mann um mich zu haben, und zu hören was er von unsern gegenwärtigen Anlegenheiten denkt, wäre es auch nur, um unter allen den Schmeichlern die auf mich zudringen, einen ehrlichen Mann zu haben, der frey von der Brust mit mir spräche und von welchem ich gewiß seyn könnte, so oft ich seinen Rath bedurfte, immer nichts als die Wahrheit zu hören. Auch würde ich ihm, wie billig, zu Gemüthe führen, wie wenig die undankbaren Athenienser es um ihn verdient, daß er ihnen seine ganze Existenz aufgeopfert, da es in seiner Gewalt stand sich erkenntlichere und zuverläßigere Freunde zu erwerben.

Arch. Das übrige mein König, möchtest du vielleicht erhalten haben: aber gegen sein Vaterland hättest du nichts bey einem Manne ausgerichtet, dessen leidenschaftliche Liebe für Athen bis zum Fanatismus gieng.

Antip.

es auch, wider alles Vermuthen, geschehen: so hätte er ja immer das Recht der Fiction in einer Lobschrift dieser Art zu seinem Schilde gehabt. — Uebrigens könnte auch dieser kleine Anstoß gehoben werden, wenn man die von Wolfius vorgeschlagene Veränderung des Wortes Προσπεφοιτηκότων in συμπεφοιτηκότων gelten lassen will, die nicht ohne Wahrscheinlichkeit ist. Dieser ganze Dialog wimmelt von offenbaren und von vermuthlichen Schreibfehlern. Wie leicht konnte ein naseweiser Abschreiber oder Corrector, der sich erinnerte, daß Thersagoras den Demosthenes oben schon zum Schüler des Aristoteles gemacht hatte, hier in der ächten Lesart einen Fehler wittern und ihn, durch Veränderung der Präposition συν in προς, verbessern wollen?

Antip. Darin magst du wohl Recht haben, Archias. Doch was hilft es uns von Dingen zu sprechen, die nun vorbey sind? Sage mir wie starb er denn?

Arch. Du wirst ihn mehr als jemals bewundern, mein König. Denn sogar wir andern, die wir Augenzeugen seines Todes waren, sahen ihn mit Erstaunen und hatten eben so viel Mühe unsern Augen zu glauben, als andere, die nicht dabey zugegen waren, unsrer Erzählung. Aus den Anstalten zu urtheilen, schien er über seinen letzten Tag schon lange zum Entschluß gekommen zu seyn. Er saß im Innern des Tempels. Wir hatten schon einige Tage vergebens hingebracht ihm zuzureden —

Antip. Und was sagtet ihr ihm denn?

Arch. Ich breitete mich weitläufig über deinen menschenfreundlichen Charakter aus und machte ihm die stärkste Hoffnung daß du ihm würdest Gnade wiederfahren lassen, wiewohl ich es im Grunde selbst nicht glaubte, da ich in der Meynung stand, du wärest äusserst gegen ihn aufgebracht; ich that es also bloß, weil ich ihn dadurch zu überreden hoffte.

Antip. Und wie nahm er das was du ihm sagtest auf? Verhehle mir nichts. Ich möchte daß mir so wäre, als ob ich selbst dabey sey und alles mit eigenen Ohren höre. Laß also nicht den geringsten Umstand aus! Es ist etwas sehr interessantes, zu sehen, wie sich der Charakter eines großen Mannes in den letzten Stunden seines Lebens zu erkennen giebt — ob

er seine Spannung verlohr und in sich selbst zusammen-
sank, oder ob sich seine Seele bis ans Ende in immer
gleicher Stärke und Erhabenheit erhielt?

Arch. O gewiß verlohr er nicht das geringste
davon. Im Gegentheil, er war heiter genug, um noch
zu scherzen, und sagte mir, indem er auf meine ehmali-
ge Lebensart anspielte: für einen Schauspieler wüßte ich
deinen Lügen nicht Schein genug zu geben, daß sie
täuschen könnten.

Antip. Er entsagte also doch dem Leben, weil
er den Versprechungen, die du ihm in meinem Nahmen thatest, keinen Glauben beymaß?

Arch. Das nicht! Wenn du das übrige gehört
hast, wirst du finden, daß er noch einen andern Beweggrund hatte als das Mißtrauen. Die Macedonier,
sagte er — weil du mir doch befohlen hast nichts zu
verschweigen — die Macedonier sind alles zu thun
fähig; und es ist also nichts ausserordentliches, wenn
sie den Demosthenes auf die nehmliche Art in ihre Gewalt bekommen wie Amphipolis, wie Olynthus, wie
Oropus 53). Dergleichen Dinge ließ er sich nicht wenige
entfallen; und damit nichts davon für dich verlohren
gienge, hatte ich Schreiber bestellt, die alle seine Reden aufzeichnen mußten. Weil ich doch nicht sicher bin,
sagte er, ob mich Antipater nicht auf eine grausame Art
hinrichten lassen würde, so kann ich wohl keine große
Lust haben ihm vor die Augen zu kommen: wäre es
aber

53) Durch Ränke und Verrätherey.

über so, wie ihr mich glauben machen wollt, so hätte ich mich nur desto mehr vorzusehen, daß ich mich nicht durch das Leben selbst, das ich als ein Geschenk von ihm empfienge, bestochen ließe, die Parthey der Griechen, die ich aus freyer Entschließung immer gehalten habe, zu verlassen, und zu der Macedonischen überzugehen. Es wäre schön und ehrenvoll für mich, Archias, wenn ich mein Leben dem Piräeus und der Galeere die ich der Republik ausgerüstet, den Mauern und dem Canal, die ich auf meine Kosten hergestellt, und der Pandionischen Zunft, deren Choregos ich aus eigener Bewegung an den Dionysien gewesen bin [54]), und dem Solon und Drakon, und dem Volke, dessen Unabhängigkeit ich verfochten, und der Redekanzel, von welcher ich so manche auf diesen Zweck abzielende Decrete und Gesetze

[54]). Jede von den zehen Zünften zu Athen hatte einen Choregos, eine Art von obrigkeitlicher Person, der es oblag, an den Dionysien und Panathenäen die Aufführung der Tragödie, die seine Zunft vorstellen ließ, größtentheils aus seinem eigenen Beutel zu besorgen, d. i. die Schauspieler und Tänzer, die Kleider, Masken, Decorationen, kurz alles Zubehör, anzuschaffen. Dieses Amt war in Athen vielleicht dasjenige, wobey man sich am schwersten zu ruiniren konnte. Denn, ausserdem, daß man sich dem Volke durch nichts besser empfehlen konnte, als durch prächtige neue Schauspiele, so mischte sich auch die Aemulation darein, und jeder Choregus beeiferte sich um so mehr es seinen Nebenbuhlern zuvorzuthun, da er nicht nur sich selbst ein Verdienst dadurch machte, das zu den ersten Stellen der Republik führen konnte, sondern die Ehre des Siegs auf seine ganze Zunft zurückstrahlte. S. *Memoir. de l'Acad. des B. L.* Vol. XXIII. pag. 16. et. *Demosth.* pro Corona, etc.

Gesetze vorgetragen, und den Verdiensten und Tropäen meiner Vorältern, und der Zuneigung meiner Mitbürger, die mir so manche Krone verschaffte, und der Macht der Griechen, die ich bisher erhalten half, — diesen mein Leben zu verdanken, würde ich mir sogar zur Ehre schätzen. Müßte ich es aber vom bloßen Mitleiden als ein Almosen annehmen, so wäre das freylich demüthigend: und doch könnte ich auch das mir noch gefallen laßen, wenn ich es dem Mitleiden der Freunde schuldig wäre, deren Söhne oder Anverwandte ich aus der Gefangenschaft frey gemacht, oder der Väter deren Töchter ich ausgestattet ⁵⁵), oder derjenigen, denen ich ihre Ehrenschulden ⁵⁶) bezahlen half. Aber dem Antipater — Nein wahrhaftig, wenn keine der Inseln des Meeres, worüber Athen die Herrschaft behauptet, mich retten kann, so flehe ich hier den Neptunus und diesen seinen Altar und die heiligen Gesetze der Religion um ihren Schutz an! Kann aber, (fuhr er fort) auch Neptunus seinem Tempel die Unverletzlichkeit nicht erhalten, oder erröthet er nicht den Demosthenes an
den

55) Auf eine solche Tirade mochte sich wohl irgend ein redseliger Rhetor und Lucian selbst, der sein altes Handwerk nicht immer vergessen konnte, etwas zu gute thun: aber den Demosthenes, der sich immer mit so vieler Bescheidenheit ausdrückt, auch wo er genöthiget ist von seinen Verdiensten zu reden, ohne Zweck und Noth eine so ruhmredige Declamation in den Mund zu legen, ist unverzeihlich.

56) Οις της ερανυς συνδιαλυσαιμην. Wenn ein Athenienser in Geldnöthen war, so schossen seine Freunde die benöthigte Summe für ihn zusammen. Dieß hieß *Eranos*, war aber eine Ehrenschuld, die wieder erstattet werden mußte.

den Archias zu verrathen, — nun so will ich lieber
sterben als mein Leben vom Antipater erschmeicheln,
und ihm dadurch niederträchtiger Weise die Rechte eines
Gottes über mich einzuräumen! Hätte ich mich mit einem Pytheas, Kallimedon und Demeas vereinigen
wollen, so stand es schon lange nur bey mir, mir die
Freundschaft der Macedonier auf Unkosten der Athenienser zu erwerben, und nun auch meinen Antheil an
euerm Glücke zu empfangen. Jetzt sogar, wie spät es
auch ist, könnte ich meinen Sinn noch ändern, wenn
ich mich nicht vor den Töchtern des Erechteus und dem
Schatten des Kodrus schämen müßte 57). Aber hat uns
gleich der Dämon des Glücks verlassen, so werde ich
darum nicht auch ein Ueberläufer werden wie er; der
Tod ist ein herrliches Mittel sich gegen alle Gefahr etwas schmähliches zu thun oder zu leiden, in Sicherheit
zu setzen. Sey also versichert, Archias, ich werde, soviel an mir ist, meinem geliebten Athen die Schande
nicht anthun, mich freywillig zum Sclaven zu machen,
und

---

57) **Erechtheus**, der sechs-
te unter den alten Königen
oder Caziken von Attika, mußte auf Befehl des Orakels eine seiner vier Töchter (Pro-
kris, Kreusa, Ctonia und
Orithyia) opfern, um sich in
einem Kriege mit den Eleusi-
siern des Sieges zu versichern,
von welchem, wie es scheint,
die Erhaltung und Freyheit
der Athenienser abhieng.
Erechtheus opferte die jüng-
ste; aber die drey andern
theilten das Schicksal ihrer
Schwester freywillig. Die
Athenienser bewiesen dem Vater und den Töchtern ihre
Dankbarkeit dadurch, daß sie
ihnen als Schutzgöttern von
Athen einen Tempel erbauten,
und einen eigenen Priester
unterhielten, der ihres Dien-
stes darin warten mußte. —
Wie **Kodrus** sich für Athen
aufopferte, ist bekannt.

und die Freyheit, den schönsten Grabschmuck, mit eigner Hand von mir zu werfen. Wie schön ist es, wenn dort der tragische Dichter von der sterbenden Polyxena sagt:

   und selbst im Augenblick des Sterbens trägt
   sie große Sorge daß sie zierlich falle 58).

Des that ein Mädchen; und Demosthenes sollte der Discurse eines Platons und Xenokrates über die Unsterblichkeit so ganz vergessen haben, daß er ein schaamvolles Leben einem schönen Tode vorziehen könnte?

Ich übergehe noch verschiedenes, das er nicht ohne Bitterkeit gegen diejenige sagte, die sich im Glücke nicht zu mäßigen wissen.

Endlich, da ich gute und rauhe Worte, Bitten und Drohungen, kurz, alles mögliche anwandte um ihn zu bewegen, sagte er: dieß würde auf mich wirken wenn ich Archias wäre; aber da ich Demosthenes bin, so wirst du verzeihen, guter Freund, daß ich nicht schlechter bin als mich die Natur gemacht hat.

Nun, ich gestehe es, gieng ich wirklich damit um, ihn mit Gewalt vom Altar herunter zu ziehen. Aber wie er sahe was ich vorhatte, fieng er an zu lachen, und indem er zum Gott emporsah, sprach er: Sollte man nicht denken, Archias kenne keine andere Mittel und Wege, wie Menschen sich helfen können, als Waffen und Kriegsschiffe und Mauern und Armeen, und er verachte meine Rüstung, wiewohl ihr weder Illyrier noch Triballen noch Macedonier etwas anhaben sollen! denn sie ist sogar noch stärker als jene hölzerne Mauer von welcher das Orakel einst den Atheniensern versprach, daß

sie

---

58) Euripid. Hekuba, v. 568. 69.

(175)

ſie unerſteiglich ſeyn würde⁵⁹); und doch war es bloß
dieſe Vorſicht, die mich in meiner ganzen Staatsverwaltung immer bey Muth erhielt, und mich auch gegen den Troß der Macedonier furchtloß machte! denn
nie hat mir weder Euktemon noch Ariſtogiton noch Pytheas und Kallimedon, noch Philippus damals bange
gemacht, ſo wenig als Archias in dieſem Augenblicke. — Lege keine Hand an mich an, ſetzte er hinzu;
denn, wenn ich es verhindern kann, ſo ſoll dieſer Tempel durch keine Gewaltthätigkeit entheiliget werden: ich
will nur mein Gebet zu dem Gott verrichten, und folge
euch dann von freyen Stücken.

In dieſer Hoffnung hielt ich mich alſo ruhig,
und da ich ihn gleich darauf die Hand zum Munde
führen ſah, dachte ich nichts anders haben, als er bete⁶⁰).

Antip. Was war es denn ſonſt?

Arch. Wir brachten in der Folge durch die
Tortur von einer ſeiner Sclavinnen heraus, er habe
ſchon von langem her immer Gift bey ſich getragen, um
auf allen Fall ſeine Freyheit wenigſtens durch den Tod
erkaufen zu können. Soviel iſt gewiß: kaum waren
wir über die Schwelle des Tempels hinaus, ſo ſagte er
zu mir: führe dieß immerhin zum Antipater; den
Demo-

59) Anſpielung auf ein bekanntes Orakel, daß die Athenienſer im Mediſchen Kriege vom Apollo erhielten. Themiſtokles behauptete, der Sinn des Orakels ſey, ſie ſollten die Erhaltung der Republik nicht von den Mauern von Athen, ſondern von ihren Schiffen erwarten: und unter einem Anführer wie Themiſtokles rechtfertigte der Erfolg ſeine Deutung.

60) Die Griechen pflegten, wenn ſie vor dem Bilde einer Gottheit beten, oder ihr auch nur im Vorbeygehen ihre Ehrfurcht bezeugen wollten, ſich ſelbſt in die flache Hand zu küſſen.

Demosthenes sollst du nicht mitbringen; nein, bey denen — er wollte, denke ich, hinzusetzen, „die bey Marathon fielen" ⁶¹); aber die Rede versagte ihm, und, mit dem Worte: Lebewohl: flog seine Seele davon. Dieß, mein König, ist der Rapport, den ich dir von der Belagerung und Eroberung — des Demosthenes bringen sollte.

Antip. Ich erkenne den Demosthenes darin, Archias. Das nenne ich eine unüberwindliche Seele, die man mit Wahrheit selig preisen mag! Wie würdig eines tapfern und vorsichtigen Republikaners, das sicherste Unterpfand seiner Freyheit immer bey sich zu tragen! — Er ist nun gegangen, um in den glückseligen Inseln, wo die Heroen wohnen sollen, ein neues Leben zu beginnen; oder hat die Wege betreten, auf welchen man glaubt daß sich die Seelen zum Himmel erheben, und befindet sich als Dämon im Gefolge des Jupiter Eleutherius ⁶²). Seinen Leichnam aber wollen wir nach Athen schicken, und der Attischen Erde ein Geschenk damit machen, das noch kostbarer ist als die Gebeine derer die bey Marathon fielen.

61) Ein Schwur des Demosthenes in der berühmten Rede pro Corona, wo er eine große Wirkung thut, und deßwegen vom Longinus als ein Beyspiel des Erhabenen citiert wird.

62) Jupiter als Schutzgott der Freyheit. Antipater scheint hier auf eine Stelle in Platons Phädrus anzuspielen. Ueber die Schicklichkeit, diesem Fürsten eine so fromme poetische Ejaculation in den Mund zu legen, wollen wir unsern Autor nicht schicanieren; in der Gemüthsstimmung, die er ihm giebt, konnten ja wohl ein paar schöne Bilder, die er als Knabe aus seinem Pindarus und Plato aufgefaßt hatte, wieder lebendig werden.

Der doppelt Angeklagte.

Jupiter, Merkur, die Gerechtigkeit, Pan, ein Athenienser, noch ein zweyter und dritter, die Akademie, die Stoa, Epikurus, die Tugend, die Ueppigkeit, Diogenes, die Rhetorik, der Dialogus, und ein Syrer. (Lucian)

Jupiter.

So hohle auch der Henker alle Philosophen, die so unverschämt sind zu versichern, die Eudämonie seye nirgends als bey uns Göttern anzutreffen! Wißten die Schwätzer wie viele Plackerey wir der Menschen wegen auszustehen haben, wahrlich sie würden uns des Nektars und der Ambrosia wegen nicht so glücklich preisen, und das auf das bloße Wort des alten

---

Der doppelt Angeklagte. Nach so manchen Stücken, die entweder nicht in Lucians bester und eigener Manier geschrieben, oder gar, mit mehr oder weniger Grund, im Verdacht sind, seinen Namen unrechtmäßig an der Stirne zu führen, wird es den Lesern ohne Zweifel so angenehm als dem Uebersetzer seyn, wieder an eines zu kommen, an welchem das Gepräge seines Geistes ganz unverkennbar ist, und das in jeder Betrachtung für ein würdiges Gegenstück der Wiederauferstandnen im ersten Theile gelten kann.

(178)

ten Homers, der uns immer die seligen Götter tituliert; der blinde Marktschreyer, der alles wissen wollte was im Himmel passiert, und nicht einmal sehen konnte, was ihm vor der Nase lag! — Da ist, zum Exempel, hier gleich der ehrliche Schlag Helios, der, alle göttliche Tage, Morgens in der Frühe anspannen, und über und über in Feuer eingehüllt und Strahlen von sich schießend, um den Himmel herumfahren muß, ohne daß er sich nur so viel Zeit dabey abmüßigen könnte, sich einmal im Ohre zu krauen! denn vergäße er sich auch nur einen Augenblick, und ließe die Zügel ein wenig nach, so giengen seine Pferde mit ihm durch, rennten aus der gebahnten Straße hinaus und setzten alles in Feuer und Flammen. Die arme Selene kann hingegen die ganze Nacht kein Auge zuthun, weil sie herumfahren muß, um dem liederlichen Gesindel, das am späten Abend vom Zechen und Schmausen nach Hause taumelt, heimzuleuchten. Auch Apollo hat sich ein unmüßiges Handwerk ausgewählt, und es ist ein wahres Wunder, daß er nicht schon lange stocktaub ist, so viel machen ihm alle die Leute zu schaffen, die er anhören muß, wenn sie sich der künftigen Dinge halben Raths bey ihm erhohlen. Jetzt muß er zu Delphi seyn; bald darauf läuft er was er kann nach Kolophon [2]); von da geht es über den Xan-

chus

---

2) Der Apollo Clarius scheint, nach und nach in hatte zu Kolophon (einer Verfall gerieth, aber unter Stadt in Jonien) einen Hayn, den römischen Kaisern, vom wo schon in alten Zeiten ein Tiberius an, wieder in Aufrakel war, das, wie es nahme kam und eines der berühm

phus ²) in vollem Sprung nach Klaros, dann nach Delos oder zu den Branchiden ⁴); — kurz, wohin ihn die Priesterin, seine Worthalterin, sobald sie aus der heiligen Quelle getrunken, Lorbeerblätter gekäut, und sich wie toll auf ihrem Dreyfuße hin und hergeschüttelt hat, citiert, da muß er augenblicklich erscheinen, und sich nicht verdrießen lassen Orakel über Orakel von sich zu geben, wenn er nicht um seine Reputation und Kundschaft kommen will. Nichts davon zu sagen, was ihm das Schelmenvolk für Fallen legt, um seine Geschicklichkeit auf die Probe zu setzen, und wie sie, zum Exempel, Lammfleisch und Schildkröten zusammen kochen, so daß der gute Apollo, wenn er nicht zum Glück so eine feine Nase hätte, sich mit aller seiner Kunst noch tüchtig auslachen lassen müßte ⁵). Noch schlimmer ist Aeskulapius mit seinen Patienten geplagt; er muß Sachen, die man nicht einmal nennen mag, besehen, die widrigsten und ekelhaftesten Schäden anrühren, und kann vor unaufhörlicher Theilnehmung an fremden Leiden und Elend, seines eigenen Lebens nicht froh werden. Und wie viel könnte ich noch von den Winden sagen, die das Wachsthum der Pflanzen befördern,

rühmtesten im 2ten und 3ten Jahrhundert nach C. G. wurde.

3) Ein aus dem Homer bekannter Fluß, jenseits dessen die Hauptstadt von Lydien, Patara, lag, wo Apollo einen berühmten Tempel hatte,

worin er die sechs Wintermonate durch, Orakel stellte.

4) S. die Anmerk. 14. zum Alexander, im III. Th. S. 174.

5) S. die Anmerk. 14 zum überwiesenen Jup. im I. Th. S. 456.

dern, die Schiffe an Ort und Stelle führen, und den Getreideschwingern Luft zuwehen müssen? oder vom Schlafe, der immer bey allen lebendigen Wesen herumfliegen, oder vom Traume, der die ganze Nacht mit ihm durchwachen, und ihm Prophetendienste leisten muß? Denn mit allen diesen mühseligen Geschäften geben sich die Götter den Menschen zu Gefallen ab, und es ist keiner, dem sie nicht auf tausendfache Weise zu seinem bessern Fortkommen im Leben behülflich wären.

Doch was die übrigen Götter zu thun haben, möchte noch hingehen: aber wie ich, der allgemeine König und Vater aller Dinge, geschoren bin, was für eine Last Arbeit mir auf dem Halse liegt, wie viele und schwere Sorgen mir den Kopf verwüsten, das kommt in gar keine Vergleichung damit. Denn, ausser dem daß ich die Oberaufsicht über alle Verrichtungen der übrigen Götter, die mir die Welt regieren helfen, führen, und dahin sehen muß daß sie nichts vernachläßigen oder verhudeln: so habe ich noch zehentausend Dinge für mich selbst zu thun, und, was das schlimmste ist, fast lauter solche Kleinigkeiten, daß es kaum möglich ist, mit allem fertig zu werden. Wenn ich auch die Hauptrubriken meines Departements, Regen, Hagel, Winde, Donner und Blitz, alle besorgt und gehörig ausgetheilt habe, so fehlt noch viel daß ich nun aller Sorgen quitt wäre und meiner Ruhe pflegen könnte: ich muß jenes thun und doch zu eben derselben Zeit die Augen allenthalben und auf allem haben, wie

Ar-

Argus⁶), wo gestohlen oder ein falscher Eid geschworen wird? wo Libationen gebracht werden? wo der aufsteigende Opferrauch herkomme? welcher Kranke oder Seefahrer mich um Hülfe anrufe? und so weiter. Das allerbeschwerlichste ist, daß ich zu einer und eben derselben Zeit genöthigt bin, zu Olympia einer Hekatombe beyzuwohnen, zu Babylon die Aufsicht über eine Schlacht zu haben, bey den Geten zu hageln und bey den Aethiopiern zu schmausen. Aber auch so kann ich dem Tadel und den Vorwürfen der Sterblichen nicht entgehen: sondern, wenn die übrigen Götter sowohl als die reisigen Männer die ganze Nacht durch schlafen, entbehret nur Zevs des Schlummers süßen Genuß ⁷). Denn wenn ich auch nur einen Augenblick nickte, gleich hieße es, Epikur habe Recht, der uns alle Vorsehung über die Dinge, die auf Erden geschehen, abspricht: und wahrlich es liegt uns zuviel daran als daß uns das gleichgültig seyn dürfte! denn wenn ihm die Menschen glaubten, was würde die Folge seyn? Unsre Tempel blieben unbekränzt, die Straßen ohne Opferrauch, die

M 3

---

6) Im Original: wie jener Kuhhirt zu Nemea. — Daß kein anderer als der bekannte Hüter der von Juno in eine Kuh verwandelten Jo, der hundertäugige Argus, gemeynt sey, ist aus Vergleichung dieser Stelle mit dem dritten Göttergespräche augenscheinlich, wie Düs ul schon bemerkt hat. Die Auslegung des Vaticanischen Scholiasten, (daß sich diese Worte auf die Nemeischen Hirten bezögen, die, ehe Herkules den Nemeischen Löwen getödtet habe, aus Furcht vor diesem Ungeheuer immer in Unruhe gelebt und kein Auge hätten zuthun dürfen) ist eben so unnöthig als gezwungen und weit hergehohlt.

7) Iliade B. II. v. 1. 2

Becher ohne Libationen, die Altäre kalt; kurz unsre Einkünfte blieben aus und wir müßten den bittern Hunger leiden. Da ist also kein andrer Rath, als daß ich allein, wie der Steuermann in einem Schiffe, oben stehen, das Steuerruder in den Händen haben, und während die Equippage sich lustig macht, oder ihren Rausch ausschläft, schlaflos und nngegessen für alles sorgen und kümmern muß, und nichts davon habe als die bloße Ehre, für den Herren gehalten zu werden. Wie gesagt also, ich möchte die Philosophen, die den Göttern die höchste Eudämonie ausschließlich beylegen, wohl fragen, wo sie denn glauben daß wir die Zeit hernehmen sollen uns mit Nektar und Ambrosia gütlich zu thun, wir, die mit einer so unendlichen Menge von Geschäften überladen sind? Würden wir wohl, wenn es uns nicht so sehr an Muße fehlte, so viele alte Klaglibelle liegen haben, die, mit Staub und Spinneweben bedeckt, wer weiß wie lange schon in unsrer Canzley modern? — Besonders solche, die von den Wissenschaften und Künsten gegen gewisse Personen eingereicht worden sind, und wovon einige wirklich schon viele Jahre auf Entscheidung warten. Natürlicher Weise schreyen uns nun die Interessenten von allen Seiten an, fodern trotzig daß man ihnen ihr Recht angedeihen lasse, und beschuldigen mich ich schiebe alles auf die lange Bank; weil sie nicht wissen, daß nicht unsre Nachlässigkeit, sondern lediglich nur allein die herrliche Eudämonie, worin wir ihrer Einbildung nach leben, an diesen Verzögerungen Schuld ist.

Mer

Merkur. Ich hätte dem Herrn Vater schon lange von diesen Beschwerden sprechen können, wenn ich das Herz gehabt hätte; denn ich muß deren immer nur zu viele anhören: Da du aber selbst auf diese Materie gekommen bist, so darf ich wohl sagen, daß die Leute in der That sehr ungehalten sind und gewaltig wehklagen; nicht eben überlaut, das unterstehen sie sich nicht; aber sie stecken wenigstens die Köpfe zusammen und murmeln, es sey nicht erlaubt daß man sie so aufziehe, da sie doch schon längst ihren Bescheid haben und jede Parthey wissen sollte, woran sie wäre, und was dergleichen mehr ist.

Jupiter. Was meynst du, Merkur? Soll ich ihnen wissen lassen, daß ich ihre Händel auf der Stelle vornehmen wolle? oder wollen wir im künftigen Jahr einen Tag dazu ansetzen?

Merk. Meine Meynung wäre, sie unverzüglich vorladen zu lassen.

Jupit. Auch gut! So fliege nur gleich hinab, und rufe aus, daß heute noch Gericht gehalten werden solle. Alle, die eine Klage angebracht haben, sollten ungesäumt im Areopagus erscheinen, wo ihnen die Gerechtigkeit, nach Maßgabe der Importanz ihrer Sache eine größere oder kleinere Anzahl von Richtern aus allen Atheniensern vermittelst des Loses setzen werde. Sollte jemand durch das Urtheil beschwert zu seyn vermeynen, dem stehe frey an mich selbst zu appellieren, und ein neues Urtheil, ohne Rücksicht auf das vorige, zu erhal-

erhalten. — Zur Gerechtigkeit. Du aber, meine Tochter, setze dich zu den ehrwürdigen Göttinnen [8]) laß das Los entscheiden, welche Händel zuerst vorgenommen werden sollen, und führe die Aufsicht über die Richter.

Gerechtigkeit. Wieder auf die Erde? um mich in kurzem abermal vertreiben zu lassen, und davon laufen zu müssen, wenn ich es nicht länger aushalten kann, mich von der Ungerechtigkeit insultieren zu lassen?

Jupit. Wir wollen das Beste hoffen. Die Philosophen haben ihnen ja bewiesen, wie weit du der Ungerechtigkeit vorzuziehen seyest; sonderlich der Sohn des Sophroniskus [9]), der dir so manche schöne Lobrede hielt, und es so klar wie der Tag machte, daß die Gerechtigkeit das größte Gut in der Welt sey.

Gerechtigk. Wenigstens hat er selbst nicht viel mit seinen Predigten gewonnen. Alles was der arme Mann davon hatte, war, daß er den Eilf-Männern [10]) übergeben, ins Gefängniß geworfen und Schierling zu trinken genöthigt wurde, ohne daß man ihm nur so viel Zeit ließ dem Aeskulap noch einen Hahn zu

---

8) So nannte man die Eumeniden oder Erynnien.

9) Sokrates.

10) So hieß zu Athen ein Collegium das aus zehen Richtern (einem aus jeder Zunft) und einem Secretär bestund, und dessen Jurisdiction sich über diejenigen erstreckte, denen das Leben bereits abgesprochen war. Sie hießen auch Nomophylakes, und der Ort, wo sie ihre Sitzungen hielten, Nomophylakeion.

zu opfern: so sehr waren ihm seine Ankläger, die einer ganz entgegengesetzten Philosophie zugethan waren, überlegen.

Jupit. Du mußt von jenen Zeiten nicht auf die jetzigen schließen. Damals war die Philosophie den meisten Leuten noch etwas fremdes, und der Philosophierenden waren nur wenige; kein Wunder also, daß die Richter sich auf die Seite des Anitus und Melitus neigten. Heut zu Tage hingegen siehst du ja überall nichts als Mäntel, Stecken und Schnappsäcke, allenthalben nichts als lange Bärte und ein Buch unterm Arm; alles philosophiert für dich; auf allen Promenaden stoßen sie zu ganzen Schaaren und Phalangen auf einander; da ist keiner der nicht auch für einen Zögling der Tugend angesehen seyn will [11]). Nicht wenige werfen sogar die Profession von sich, die sie bisher getrieben haben, greiffen nach dem cynischen Mantel und Tornister, lassen sich an der Sonne zu Mohren ausbrennen, und ziehen nun als Leute die aus Schustern und Zimmergesellen plötzlich zu Philosophen geworden sind, in der Welt herum, und verkündigen deine Tugenden. Kurz, es wäre leichter, daß einer, der in einem Schiffe fällt, nicht auf Holz stieße, wie das Sprüchwort sagt, als daß ein Auge, wohin es auch sieht, einen Philosophen verfehlen könnte.

---

11) Diese Züge charakterisieren ganz besonders die Zeit der Regierung des Kaysers Marcus Aurelius.

Gerechtigk. Die sind es eben, mein Vater, vor denen ich mich am meisten fürchte, weil sie immer mit einander im Streit liegen, und von mir reden ohne selbst zu wissen was sie sagen. Man versichert mich, die meisten von diesen Leuten, die sich in ihren Reden so viel mit mir zu thun machen, würden mir, wenn ich wirklich käme und ein Obdach bey ihnen suchen wollte, die Thür vor der Nase zuschließen, weil sie bereits meine Gegnerin bey sich aufgenommen und für mich keinen Raum mehr hätten.

Jupit. Unter den vielen bösen wirst du noch immer einige gute Menschen finden, meine Tochter, und damit kannst du zufrieden seyn. Geht also und verliert keine Zeit mehr, damit wir wenigstens etliche Sachen noch heute abthun können.

Merkur. Komm, liebe Gerechtigkeit! Wir wollen uns auf den Weg machen! Er geht hier herab, gerade auf Sunium zu, ein wenig unter dem Hymettus, dem Berge Parnes zur Linken, dort wo du die beyden Anhöhen wahrnehmen wirst ") — denn du scheinst mir den Weg längst vergessen zu haben — Aber was weinst und jammerst du so? Fürchte nichts, Schwesterchen! Die Welt hat sich seit deiner Zeit sehr verändert. Die Skironen und Pityokampten, die Busiris

---

12) Eine topographische Beschreibung der Lage der Stadt Athen zwischen dem Vorgebürge Sunium und den Bergen Parnes und Hymettus. Die beyden Anhöhen sind die Akropolis und der Areopagus.

ſiris und Phalaris, die du damals zu fürchten hatteſt, ſind alle todt. Itzt iſt die Weisheit, die Akademie und die Stoa am Regiment; man ſucht dich überall, ſie ſprechen von nichts als von dir, und gaffen immer mit ofnen Mäulern herum, ob du nicht endlich wieder zu ihnen herunter geflogen kommen werdeſt.

Gerechtigk. Rede aufrichtig, Merkur; denn wer könnte mir die Wahrheit ſo gut ſagen wie du, der ſoviel mit dieſen Leuten zu verkehren hat, da du dich vermöge deines Amts ſo oft in den Gymnaſien und auf dem großen Marktplatz einfinden mußt? Wie iſt es mit ihnen? Meynſt du daß ich es bey ihnen aus‑ halten könnte?

Merk. Ganz gewiß! Warum ſollte ich dir die Wahrheit nicht ſagen, da du meine leibliche Schwe‑ ſter biſt? Der große Haufe iſt unläugbar durch die Philoſophie um vieles gebeſſert worden; und wenn es auch nur darin wäre, daß ſie aus Reſpect vor dem phi‑ loſophiſchen Habit, den Wohlſtand beſſer in Acht neh‑ men, und wenigſtens feiner und heimlicher ſündigen. Ich will zwar nicht läugnen, daß du mit unter auch auf einige böſe Buben ſtoßen wirſt; auch fehlt es nicht an Halbweiſen und Halbböſen. Es iſt eben mit der Philoſophie wie mit der Färberey. Auch jene über‑ nimmt die Leute, um ihnen gleichſam eine ganz neue Farbe zu geben. Alles kommt alſo darauf, ob ſie von dieſer Farbe ſo viel eingeſogen haben, daß ſie bis zur völligen Sättigung von ihr durchdrungen worden ſind; wo dieß der Fall iſt, da ſind ſie durchaus gut geworden,

und

und bey diesen wirst du sehr gut aufgenommen werden. Andre hingegen, die gar zu schmutzig waren als daß die gute Farbe tief genug hätte eindringen können, sind zwar besser als die übrigen die gar nicht in den Färbekessel gekommen sind; aber sie haben doch noch viele Flecken, und sehen so scheckicht aus wie die Leoparden. Es giebt auch manche, die, wenn sie den Kessel nur von aussen mit der Fingerspitze angerührt und sich rußig daran gemacht haben, schon zufrieden sind und hinlänglich gefärbt zu seyn glauben. Auf allen Fall ist natürlich daß du nur mit den Besten Umgang haben willst. — Aber indem wir so reden, sind wir schon ganz nahe bey Attika angelangt. Wir wollen also Sunium rechter Hand liegen lassen, und uns nach der Akropolis herabsenken — Du kannst dich einsweilen hier auf den Hügel setzen, und zusehen wie sich das Volk versammeln wird, um zu hören, was ich ihnen von Jupiters wegen anzukündigen habe. Ich hingegen will die Burg besteigen, wo ich desto besser und von einer desto größern Menge gehört werden kann.

Gerechtigk. Bleibe nur noch einen Augenblick, lieber Merkur, und sage mir, wer der gehörnte Mann dort ist, der auf uns zukommt, der mit der Rohrpfeiffe, und mit den zottichten Beinen?

Merkur. Wie? du kennst den Pan nicht, den bacchantischsten unter allen Dienern des Bacchus? Er hatte vor alten Zeiten seine Wohnung auf dem Berge Parthenius: wie aber der Persische Feldherr Datis

die

die Landung in Arkadien that und die Barbaren in Marathon einfielen, kam er den Atheniensern ungerufen zu Hülfe, und hielt sich so tapfer, daß sie ihm die Höle dort unter der Akropolis, nicht weit vom Pelasgikon [13]) einräumten, wo er sich nun seitdem gewöhnlich aufhält, und unter die Ansiedler zu Athen gerechnet wird [14]) Er muß uns, da wir ihm so nahe sind, erkannt haben, und kommt vermutlich uns sein Compliment zu machen.

Pan. Willkommen, Merkur und Gerechtigkeit!

Merkur. Guten — — *).

Gerechtigk. Guten Tag, Pan! ich erfreue mich, den besten Tonkünstler und Tänzer unter den Satyrn und den streitbarsten Beschützer von Athen kennen zu lernen.

Pan. Was für ein Geschäfte führt euch zu uns herab?

Merk. Das wird dir diese Dame sagen; ich muß auf die Burg eilen um meinen Ausruf zu thun. (ab).

Gerechtigk. Jupiter, mein lieber Pan, hat mich herabgeschickt um einigen gerichtlichen Verhandlungen

---

13) Seh. S. 445. im I. Theile.
14) Seh. das XXVste (XXII) Göttergespräch, S. 150. im IIten Theile.

*) Er hält, weil die Gerechtigkeit zugleich zu sprechen anfängt, aus Höflichkeit plötzlich ein.

künfgen beyzuwohnen. Und wie geht es denn dir bey den Atheniensern?

Pan. Im Ganzen kann ich eben nicht rühmen daß sie mirs zu wohl gehen ließen. Ich gestehe, daß ich, nach dem Dienst den ich ihnen gegen die Barbaren leistete, mehr von ihnen erwartet hätte. Indessen kommen sie doch zwey oder dreymal des Jahrs zu mir herauf, und schlachten mir einen alten ausgeschossenen Ziegenbock, der die ganze Gegend mit seinem Wohlgeruch erfüllt, dann schmausen sie von den besten Stücken, lassen mich zusehen wie sie sich lustig machen, und mir zu Ehren den Boden stampfen. Mit allem dem macht mir ihr Lachen und Schäkern am Ende doch Spaß, und ich bin zufrieden.

Gerechtigk. Gut! aber findest du, mein lieber Pan, daß die Philosophen bessere und tugendhaftere Menschen aus ihnen gemacht haben?

Pan. Was nennst du Philosophen? Etwa die Kopfhänger, die sauertöpfischen Kerle, mit den langen Bocksbärten wie der meinige, die sich selber so gerne reden hören?

Gerechtigk. Wie du sie beschreibst!

Pan. Nun, wenn es die sind, so kann ich dir nicht viel von ihnen sagen, denn von ihrer Weisheit versteh' ich kein Wort. Ich bin ein Waldmann und habe nie Gelegenheit noch Lust gehabt, die zierliche Sprache der Städteleute zu lernen. Wo sollte auch

in

in Arkadien ein Sophist oder Philosophus herkommen? Meine Gelehrsamkeit erstreckt sich nicht weiter als auf mein Haberrohr und meinet Rohrpfeife; übrigens bin ich ein Ziegenhirt, tanze meinen Kordax, und kann auch zuschlagen wenn's die Noth erfodert. Indessen höre ich sie doch den ganzen Tag ein großes Geschrey verführen, und weiß Gott von was für Dingern, die sie Tugend, und Ideen und Natur, und unkörperliche Dinge nennen, schwatzen, wovon ich keinen Begriff habe noch zu haben begehre. Anfangs, wenn sie von diesen Siebensachen mit einander sprechen, geht es ganz friedlich her: aber wenn sie erst tiefer hinein kommen, erheben sie nach und nach die Stimme so hoch als sie nur gehen kann, und schreyen als ob sie einen Schlachtgesang sängen; so daß sie vor lauter Anstrengung und Bestrebung einander zu überschreyen, feuerroth im Gesichte werden, daß ihnen die Hälse aufschwellen und die Adern hervorstrotzen wie den Posaunenbläsern. Indem sie nun alle auf einmal durch einander schreyen, kommen sie von der Sache ab welche untersucht werden sollte, mischen das hundertste ins tausendste, und gehen endlich, wenn sie sich alle mögliche Grobheiten gesagt haben, wieder auseinander, wischen sich den Schweiß mit den Fingern von der Stirne, und wer am lautesten geschrien und am ärgsten geprahlt und geschimpft hat, glaubt Sieger zu seyn. Indessen steht das Volk, zumal die Leute die nichts nöthigeres zu thun haben, um sie herum, und haben ihre Freude daran, je ärger die Kerle prahlen und schreyen. Ich, für meinen Theil, habe sie dieser Aufführung

we-

wegen immer für eine Art von Windbeuteln gehalten, und mich über die Aehnlichkeit ihrer Bärte mit dem meinigen herzlich geärgert. Ob nun das gemeine Wesen irgend einen Nutzen von ihrem Schreyen ziehe, oder was sie selbst mit ihrem Räsonieren und Disputieren gewinnen, kann ich nicht sagen. Wenn ich aber ohne Zurückhaltung die reine Wahrheit bekennen soll, so muß ich gestehen, daß ich, da mir die Anhöhe, wo ich hier wohne, eine sehr freye Aussicht gestattet, viele von ihnen oft genug in später Nacht —

Die Gerechtigk. (dem Pan in die Rede fallend.) Halt ein, Pan! War dirs nicht auch als ob Merkur auszurufen angefangen habe?

Pan. O ja.

Merkur. (als Ausrufer.) „Horche auf, ihr Leute! Heute, so da ist der siebente des angefangenen Monats Elaphebolions [15]), werden wir, mit gutem Glücke! einen Gerichtstag halten. Alle die also, die ihre Sache bereits anhängig gemacht, haben sich im Areopagus einzufinden, wo die Gerechtigkeit die Lose ziehen und den Richtern zur Seite stehen wird. Die Richter sollen aus allen Atheniensern genommen werden, und das Honorar ist zwey Groschen für ein Urtheil auf den Mann. Die Anzahl der Richter wird nach der Wichtigkeit der Klage bestimmt. Sollte der eine oder der ande-

---

15) D. i. der Hirschjagd-Monat, der unserm Februar entspricht.

andere, der seine Sache anhängig gemacht hat, vor Abhaltung des Gerichts verstorben seyn, so hat Aeakus ihn unverzüglich heraufzuschicken! Wer aber durch die Sentenz, die er erhalten wird, beschwert zu seyn vermeynen sollte, dem bleibt die Appellation an Jupiter selbst hiemit vorbehalten!"

Pan. Himmel! was das ein Lerm ist! Was für ein Geschrey! Wie sie zusammenlaufen! Mit welcher Eilfertigkeit sie den Hügel zum Areopagus hinaufklettern! Wie sich einer an den andern anhängt und jeder der erste seyn will! — Ach! da ist auch Hermes wieder! — Gut! Macht ihr nun eure Sachen, loset, richtet und schlichtet so gut ihr könnt und wißt. Ich will mich wieder nach meiner Höle machen, und auf meiner Rohrpfeife eins von den verliebten Liedchen spielen, womit ich die spröde Eccho zu necken pflege. Der gerichtlichen Reden hab' ich schon lange genug und satt; ich höre ihrer auf dem Areopagus alle Tage mehr als mir lieb ist. (er geht ab.)

Merkur. Wohlan, Schwester Gerechtigkeit, wenn dirs recht ist, so wollen wir die Partheyen aufrufen.

Gerechtigk. Thue das! Das Volk drängt sich, wie du siehst, mit großem Getöse herbey, und es sumßt und dröhnt wie lauter Wespen um die ganze Burg herum.

Ein Athenienser (indem er seinen Gegner zu packen kriegt.) Halt Schurke! Hab ich dich?

Ein zweyter Athen. Laß mich mit Frieden, du Sykophant!

Ein Andrer. Endlich werd' ich doch noch Satisfaction von dir bekommen!

Noch ein Andrer. Ich will dir in die Zähne hinein beweisen, daß du Dinge gethan hast, die ein ehrlicher Mensch nicht auf die Zunge nehmen mag.

Ein Andrer. (zum Merkur) Nimm meine Sache zuerst vor!

Ein Andrer. (der seinen Gegner bey der Gurgel faßt.) Fort, Schandbube! vor den Richter!

Dieser. Nun, so erdroßle mich nur nicht!

Gerechtigk. (zum Merkur.) Weißt du was, Merkur? Wir wollen heute nur die Sachen abthun die von Künsten, Wissenschaften und Lebensarten gegen gewisse Personen angebracht worden sind, und alle übrige auf morgen verschieben. — Gieb mir den Rodel her.

Merkur. (liest.) — „Die Trunkenheit contra die Akademie, in Sachen den Polemon betreffend, *puncto Plagii*."

Gerechtigk. Lose sieben Richter dazu aus.

Merkur. — „Die Stoa contra die Wollust, p&to. *Injuriae realis*, weil sie ihr ihren Liebhaber Dionysius abspenstig gemacht hat.

Ge-

Gerechtigk. Fünf Richter sind genug.

Merkur. — Die Wolluſt contra die Tugend, des Ariſipps halben.

Gerechtigk. Auch dieſe können an fünfen genug haben.

Merkur. „Die Wechſelbank, contra Diogenes, daß er ihr aus dem Dienſt entlaufen ſey."

Gerechtigk. Nur drey.

Merkur. „Die Mahlerkunſt gegen den Pyrrho, p&to. *Deſertionis.*"

Gerechtigk. Soll neun Richter haben!

Merk. Willſt du daß wir bey dieſer Gelegenheit auch die beyden Klagen vernehmen, die neulich gegen einen gewiſſen Rhetor angebracht wurden?

Gerechtigk. Wir wollen erſt die alten abthun; dann ſoll die Reyhe auch an dieſe kommen.

Merkur. Ich dächte doch, weil ſie von einerley Art mit jenen ſind, ſo wäre es am ſchicklichſten ſie mit einander gehen zu laſſen.

Gerechtigk. Du ſcheinſt mir jemand begünſtigen zu wollen, der dir ſeine Sache empfohlen hat, Merkur? Doch ſey es darum wenn du meynſt! Nur laß es bey dieſen bewenden; wir haben an den vorigen ſchon zu thun genug. — Wie lauten denn die Klagen?

Merk.

Merk. (uem.) Die Rhetorik contra einen gewissen Syrer, pEto. *Damni*. Der Dialogus contra Ebendenselben, persönlicher Mißhandlung halben.

Gerechtigk. Wer ist denn der Angeklagte? denn ich sehe keinen Nahmen beygeschrieben.

Merk. Der Nahme thut nichts zur Sache. Du sagst den Richtern nur „gegen einen Syrischen Rhetor," das ist schon genug.

Gerechtigk. Ey, ey! kriegen wir nicht noch gar Processe von der andern Seite des Taurus her zu Athen zu entscheiden, Sachen die von Rechts wegen jenseits des Euphrates hätten abgethan werden sollen! Nun, so lose denn eilf Richter, welche über beyde Klagen urtheilen mögen!

Merk. Das ist recht schön von dir, Schwester, daß du für den Beutel der Partheyen so besorgt bist, und ihnen so wenig Proceßkosten machst.

Gerechtigk. Zuerst also der Handel zwischen der Akademie und der Trunkenheit! Laß die Richter Platz nehmen! Gieß das Wasser auf! — Die Trunkenheit macht den Anfang! — Nun? Wo fehlts? Warum sprichst du nicht? Was soll das Winken? — Geh hin, Merkur, und höre was sie will.

Merkur. Sie sagt, sie könne ihre Klage nicht selbst vorbringen, weil ihr der Wein die Zunge gebunden

den habe. Ich fürchte, sie lachen mich aus, sagt sie, wenn sie mich stammeln hören; du siehst ja, daß ich kaum auf meinen Füßen stehen kann.

Gerechtigk. So mag sie sich einen rüstigen Advocaten wählen. Es sind ihrer genug bey der Hand, die um drey Obolen bereit sind sich die Lunge zu zerspringen.

Merkur. Aber wer wird so öffentlich die Sache der Trunkenheit führen wollen? Und gleichwohl kann man ihr, bey so gestalten Umständen, ihr Begehren nicht abschlagen.

Gerechtigk. Was will sie denn?

Merkur. Die Akademie ist immer bereit über jede Sache Pro und Contra zu reden, und macht ja eigentlich Profession davon, gleich gut behaupten zu können, daß ein Ding schwarz und daß es weiß sey. Sie kann also, sagt sie, zuerst für mich, und dann für sich selbst sprechen.

Gerechtigk. Das ist eine neue Manier! Indessen, wenn die Akademie will, so mag sie meinetwegen beydes, Anklage und Verantwortung auf sich nehmen, weil es ihr doch so leicht ist.

Akademie. So höret mich also, ehrsame und wohlweise Herren, zuerst im Nahmen der Trunkenheit sprechen, deren Wasser jetzt zu fließen anfängt. In der That hat die arme Frau von mir, der Akademie, großes Unrecht erlitten, da ich sie ihres einzigen Sclaven, eines getreuen und ihr gänzlich ergebenen Kerls, der nichts was sie ihn hieß für schändlich hielt, diesen hier gegenwärtigen Polemon, beraubte: eines Sclaven, der seine Zuneigung zu ihr so weit trieb, daß er, trunken und mit einem Blumenkranz um die Stirne, bey hellem Tage mit einer Cithersängerin auf dem Markte herumzog, und während er trank und zechte, sich von frühem Morgen bis in die sinkende Nacht, die Ohren voll singen ließ. Daß dieß wahr sey, können alle Athenienser bezeugen, von welchen keiner sagen wird, daß er den Polemon jemals nüchtern gesehen habe. Nun traf sich's einsmals daß der arme Mensch, indem er, seiner Gewohnheit nach, vor allen Thüren in der Stadt herum schwärmte, auch vor die Thür der Akademie kam — Was hat diese zu thun? Sie reißt ihn der Trunkenheit mit Gewalt aus den Armen, schleppt ihn in ihr Haus hinein, zwingt ihn Wasser zu trinken, und nüchtern zu seyn, reißt ihm die Kränze vom Kopfe, und bringt ihn dahin, daß er die Stunden, worin er auf seinem Faulbette ausgestreckt liegen und trinken sollte, mit dem unverständlichen langweiligen kopfbrechenden Zeuge verderben muß, das sie ihm vorschwatzt. Und was sind die unglücklichen Folgen? Daß der arme Schelm, der vorher wie eine Rose glühte, jetzt so blaß und eingefallen und mager am ganzen Leibe aussieht, daß es ein Jammer ist; daß er alle seine schönen Trink und Liebesliederchen vergessen hat, und oft ungegessen und durstig bis in die Nacht hinein über den Narrenspossen sitzt, die ich, die Akademie, mei-

ne

ne Schüler in großer Menge lehre. Das ärgste ist noch, daß er, von mir aufgehetzt, die gute Trunkenheit sogar an ihrer Ehre angreift, und tausend nachtheilige Dinge von ihr spricht. —— Dieß ist, denke ich, alles was im Nahmen der Trunkenheit zu sagen war. Man gieße mir auch nun mein Wasser auf; denn jetzt will ich für mich selbst reden.

Gerechtigk. (lächelnd zum Merkur.) Was wird sie auf eine solche Anklage antworten können? Indessen gieße ihr immer eben so viel auf als vorher!

Akademie. Ehrsame und wohlweise Herren, die Sachwalterin der Trunkenheit hat ihre Sache so vorgetragen, daß sie sich hören ließ: wollt ihr nun auch mir ein geneigtes Ohr verleihen, so hoffe ich euch zu überzeugen, daß ihr kein Unrecht von mir geschehen ist. Dieser Polemo, den sie für ihren Sclaven ausgiebt, war von Haus aus nichts weniger als ein schlechter Mensch, noch dazu gemacht, der Trunkenheit anzugehören; im Gegentheil, seinem Naturell nach war er einer der meinigen; sie ist es, die sich seiner mit Hülfe der Wollust, ihrer nur allzudienstfertigen Freundin, schon in seiner zarten Jugend bemächtigte, ihn verführte, ihn der Schwelgerey und den Hetären Preis gab, und, mit Einem Worte, den unglücklichen jungen Menschen so übel zurichtete, daß ihm auch nicht die mindeste Schaam übrig blieb. Nehmet also alles, was vorhin, ihrer Meynung nach, zu ihrem Vortheil gesagt wurde, so als ob es für mich gesagt sey. Der Unglückliche fieng schon an frühem Morgen an, vom gestrigen Weine noch benebelt, mit Pfeiffen und Cithern über den Markt zu ziehen, und in immerwährender Trunkenheit, zur Schande seiner Voreltern und der ganzen Stadt, und zum Spott aller Fremden, von Haus zu Haus herum zu schwärmen. So kam er endlich auch zu mir, da ich eben im Begriff war, nach meiner Gewohnheit bey offnen Thüren zu einigen meiner Freunde von der Tugend und von der Mäßigkeit zu sprechen. Anfangs blieb er mit seinen Pfeiffen und Blumenkränzen in der Thür stehen, und jauchzte und lermte in der Absicht mich aus der Fassung zu bringen und unsre Unterhaltung zu stören. Da ich mich aber nichts darum bekümmerte, sondern immer fortfuhr, fieng er an zuzuhören, und da er sich noch nicht ganz um alle Vernunft getrunken hatte, so wirkte meine Rede dermaßen auf ihn daß er allmählich nüchtern wurde, daß er seine Kränze von sich warf, die Flötenspielerin schweigen hieß, sich seiner üppigen Kleidung zu schämen anfieng, kurz, wie aus einem tiefen Schlaf erwachend, sich selbst so wie er wirklich war und sein bisheriges Leben mit Abscheu ansah. Nun verschwand die Röthe der Trunkenheit um der Schaamröthe über seine Aufführung Platz zu machen, und kurz, ohne daß ich ihn nur zu mir eingeladen, geschweige Gewalt gebraucht hätte, sondern weil er aus eigner Ueberzeugung unsre Lebensart besser fand als die seinige, gieng er zu uns über. Solltet ihr den mindesten Zweifel hierüber hegen, so ruft ihn selbst und vernehmt von ihm wie er gegen mich gesinnt ist. — Wie ich ihn in meine Zucht nahm, war er in einem Zustande, wo er weder ein

ver-

verſtändliches Wort von ſich geben, noch vor Trunkenheit auf ſeinen Füßen ſtehen konnte; und ich habe ihn wieder zu ſich ſelbſt gebracht, und aus einem Sclaven der Unmäßigkeit, der er vorher war, einen geſitteten, geſetzten, achtungswürdigen und ſeinem Vaterlande nützlichen Mann gemacht; wofür nicht nur er ſelbſt, ſondern auch ſeine ganze Verwandſchaft mir Dank ſchuldig zu ſeyn glauben. Dixi. Es iſt nun an euch, wohlweiſe Richter, zu entſcheiden, bey welcher von uns beyden er ſich beſſer befunden habe.

Merkur. Friſch, ihr Herren! verliert keine Zeit! — Gebt eure Stimmen — ſteht auf — Wir haben heute noch mehr zu thun.

Gerechtigk. Die Akademie ſiegt mit allen Steinen bis auf einen einzigen.

Merk. Es iſt natürlich, daß doch wenigſtens Einer iſt, der den ſeinigen der Trunkenheit giebt. — Die Richter ſetzen ſich nun, denen das Los den Handel der Stoa gegen die Wolluſt zu entſcheiden gegeben hat. Das Waſſer iſt aufgegoſſen. Du, Bunte "), ſprichſt zuerſt.

Stoa.

16) Scherzhafte Anſpielung auf den Beynahmen der Halle worin Zeno und ſeine Nachfolger zu lehren pflegten. Man nannte ſie nehmlich, zum Unterſchied von den andern Hallen in Athen, ϖѕ. kile, die Bunte, wegen der vielen großen Gemählde womit ſie ausgezieret war; wegen ihrer Schönheit aber hieß ſie gewöhnlich nur die Stoa oder Halle ſchlechtweg; und von ihr hatte bekanntlich die Zenoniſche Secte den Nahmen Stoa und Stoiker.

Stoa. Ich weiß nur zu wohl, gestrenge Herren, wie schön und verführerisch die Gegnerin ist, gegen welche ich zu sprechen habe; auch sehe ich, daß die meisten von Euch die Augen nicht von ihr verwenden und ihr freundlich zulächeln, mich hingegen, weil ich bis auf die Haut kahlgeschoren bin, eine männliche Miene habe und für gar zu ernsthaft passiere, gar nicht ansehen mögen. Indessen wenn Ihr das, was ich sagen werde, mit einiger Aufmerksamkeit anhören wollt, so zweifle ich nicht, daß ihr meine Sache besser finden werdet als die ihrige. Die Klage, die ich dermalen über sie zu führen habe, ist, daß sie mir durch ihren Hetärenmäßigen Putz und diesen Zauber ihrer Blicke meinen Liebhaber Dionysius, damals einen wohlgesitteten tugendlichen Mann, verführt und an sich gezogen hat, diese Sache ist, so zu sagen, die Schwester von derjenigen, die so eben zwischen der Akademie und der Trunkenheit entschieden worden ist. Untersuchet also nun, welches besser sey, mit zur Erde gesenktem Blicke, den Schweinen gleich, sich an Sinnenlust zu weiden, ohne sein Gemüth jemals zu großen Gesinnungen zu erheben: oder auf eine edle Art, wie freyen Männern gebührt, zu philosophiren, das Angenehme dem was schön und recht ist nachzusetzen, und sich weder vor dem Schmerz als irgend einem unbezwingbaren Ungeheuer zu fürchten, noch mit sclavenmäßiger Sinnesart das Angenehme über alles zu schätzen und die höchste Seligkeit 17) in Honig und Feigen zu setzen. Denn

von

---

17) Die Eudämonie, die Seligkeit der Götter.

von dieſer Art ſind die Lockſpeiſen, womit meine Gegnerin unvorſichtige Leute anködert, und ſich einen ſo großen Anhang macht; der Schmerz hingegen wird ihnen
als etwas ſo ſchreckliches beſchrieben 18), daß ſie ſich
nicht anders vor ihm fürchten, als die Kinder vor dem
Popanz. Durch ſolche Mittel hat ſie auch dieſen Unglücklichen dahin gebracht, unſern Zügel abzuſchütteln,
indem ſie liſtiger Weiſe die Zeit abpaßte, da er krank
war: denn bey geſundem Muthe würde er gewiß nie
auf ihre Reden Acht gegeben haben. Doch warum
ſollte ich über irgend eine Beleidigung zürnen, die mir
von einer Perſon wiederfährt, die der Götter ſelbſt
nicht ſchont, und ihren leichtfertigen Witz ſogar an der
Vorſehung ausläßt? Wofern ihr alſo ſo rechtſchaffen
denkt als ihr billig ſolltet, ſo werdet ihr ſie auch der
Gottloſigkeit wegen zur Strafe ziehen. Ich habe zwar
gehört, ſie habe ſich nicht gefaßt gemacht ihre Sache
ſelbſt zu führen, ſondern werde den Epikur als ihren
Advocaten aufſtellen; ſo wenig Bedenken trägt ſie, im
Gerichte ſelbſt einen ſo offenbaren Beweis ihrer Trägheit und Weichlichkeit abzulegen! Aber das könnt ihr
ſie doch wenigſtens fragen, was ſie wohl glaube daß

Her-

18) Der Mangel eines Wortes, das alle Bedeutungen des griechiſchen Ponos in ſich faſſe, ſetzte mich hier in
eine Verlegenheit, der nicht wohl abzuhelfen iſt: Ponos,
welchen die Stoa der Hedone (dem ſinnlichen Vergnügen,
mit Einſchluß des divinoſar niente) entgegenſtellt, heißt
Arbeit, Anſtrengung, Mü-
he, Beſchwerlichkeit, Un-
glücksfälle, Schmerz,
Krankheit. Da unter allen
dieſen Bedeutungen eine gewählt werden mußte, ſchien
mir Schmerz noch immer die
ſchicklichſte zu ſeyn.

Herkules und euer Theseus, für Helden gewesen seyn würden, wenn sie der Wollust Gehör gegeben und Arbeit und Schmerz gescheuet hätten? Was für eine Mördergrube würde, aller Wahrscheinlichkeit nach, die Erde seyn, wenn diese Heroen nicht für uns gearbeitet hätten? Soviel mag genug seyn, denn ich bin keine Freundin von langen Reden. Wenn sie mir hingegen nur auf einige ganz kurze Fragen, die ich ihr vorlegen kann, antworten will, so sollt ihr in etlichen Augenblicken sehen daß es Nichts mit ihr ist. Ihr Richter aber schicket euch, euers Eides eingedenk, an, euere Stimmen pflichtmäßig zu geben, und hütet euch dem Epikurus zu glauben, wenn er euch weiß machen will, die Götter nehmen keine Kenntniß von dem was bey uns Menschen vorgehe!

Merkur. Geh auf die Seite! Du, Epikur, sprich im Nahmen der Wollust!

Epikur. Ich werde euch mit keiner langen Rede aufhalten, meine Herren Richter, denn die Sache, die ich zu führen habe, bedarf keiner Weitläuftigkeiten. Hat die Wollust Zaubersprüche oder magische Tränke und dergleichen gebraucht, um den Dionysius, den die Stoa ihren Liebhaber nennt, von ihr abwendig zu machen, und an sich zu ziehen: so ist nicht mehr als billig daß sie für eine Giftmischerin erklärt werde, und die Strafe leide, die auf ein solches Verbrechen gesetzt ist. Wofern aber ein freygebohrner Mann in einer freyen Stadt wie diese, ohne irgend ein Gesetz des
Staats

Staats dadurch zu übertreten, der Unannehmlichkeit dieser Dame überdrüssig wird, ihre hochgepriesene Eudämonie, die vorgebliche Frucht immerwährender Anstrengungen, Aufopferungen und Leiden, für eine Schimäre hält, alle die Subtilitäten und Sophisterepen, womit sie ihn umschlungen und gefesselt hatte, zerreißt, und den Irrgängen ihrer durch einander geflochtenen Speculationen entläuft, um aus eigener freyer Bewegung bey der Wollust Trost und Hülfe zu suchen, weil er als ein Mensch menschlich denkt, seinem natürlichen Gefühle nicht entsagen will, und den Schmerz für etwas schmerzliches, das Vergnügen für etwas vergnügliches hält; wenn dieß der Fall ist, wie er es bey diesem gegenwärtigen Dionysius war: hätte sie ihn von dem Hafen, dem er wie aus einem Schiffbruch zuschwamm, zurückstoßen sollen? Wäre es billig gewesen, den Unglücklichen, der zu der Wollust, wie ein armer Verfolgter zum Altar der Barmherzigkeit [19]), seine Zuflucht nahm und nichts als Ruhe bey ihr suchte, grausamer Weise in sein voriges Elend zurückzustürzen und der Verzweiflung auszuliefern? Damit er (ein herrlicher Gewinn!) wenn er mit vielem Schweiß zuletzt den steilen Berg erstiegen hat, diese Tugend, von der sie so viel Aufhebens machen, endlich zu sehen bekomme, und dafür, daß er sein ganzes Leben durch unglücklich gewesen ist, selig wie ein Gott sey ꝛc.

wenn

[19] Die Barmherzigkeit war zu Athen eine Göttin, und hatte auf dem großen Marktplatze einen Altar von sehr hohem Alterthum.

wenn er nicht mehr lebt! Und wer könnte über diese Sache gerechter urtheilen als Dionysius selbst, der das ganze System der Stoiker so gut als einer kennt, und ihr weltgepriesenes **Kalon** [20]) so lange für das einzige Gut hielt, bis er, durch die Erfahrung überzeugt daß der Schmerz ein Uebel sey, aus beyden Systemen das erwählte, das er für das beste erkannt hatte? Er sahe vermuthlich, daß die lieben Herren, die so viel vom Dulden und Aushalten im Leiden sprechen, ihr geheim ganz anders handeln, und wiewohl sie öfentlich ihre Grundsätze gar tapfer zu verfechten wissen, in ihren Häusern wenigstens nach den Gesetzen der Wollust leben; daß sie sich zwar schämen dabey ertappt zu werden wenn sie von ihrer Ueberspannung nachlassen und sich selbst von der Strenge ihres Dogma's dispensiren, und lieber alle Martern des Tantalus ausstehen als so etwas öffentlich zu thun: aber so bald sie nicht gesehen zu werden hoffen, und mit Sicherheit gegen ihre eignen Gesetze sündigen können, sich bis an den Hals mit sinnlichem Vergnügen anfüllen. Wüßten die Herren den Ring des Gyges oder den Helm des Pluto [21])

in

20) Ich behalte dieses Wort bey, weil es eigentlich ein Kunstwort der Stoischen Philosophie war, dem in unsrer Sprache kein gleichbedeutendes entspricht. Die Griechen brauchten das Wort Kalos im gemeinen Leben in eben so vielerley ähnlicher, aber doch verschiedener Bedeutung wie wir das Wort schön: aber die Philosophen und besonders die Stoiker verbanden mit dem was sie das Kalon nannten, die abgezogenste und höchste Idee des Sittlichschönen, oder der moralischen Vollkommenheit.

21) Welcher ebenfalls unsichtbar machte. S. Ilias V. v. 845.

ih ihre Gewalt zu bekommen, ich bin gewiß, sie würden sich nicht lange besinnen allem was Schmerz und Unlust heißt gute Nacht zu geben; sie würden es alle machen wie Dionysius, und jeder würde der erste seyn wollen, sich der Wollust in die Arme zu werfen. Was den besagten Dionysius betrifft, so hoffte er, so lang' er sich wohl befand, immer von ihren Dissertationen über die Geduld zu seiner Zeit großen Nutzen zu ziehen: Wie er aber krank wurde, und der Schmerz ihn von seiner Realität immer stärker überzeugte, kurz, wie er sah, daß sein Körper der Stoa so fühlbar entgegenphilosophierte, und gerade das Gegentheil von ihrem Dogma behauptete; glaubte er ihm mehr als ihr, gestand sich selbst daß er ein Mensch sey und den Körper eines Menschen habe, und blieb nun, auch da er wieder besser war, bey dem Vorsatze, ihn nicht länger zu behandeln als ob er von Marmor wäre; sehr überzeugt, daß ein jeder, der anders spricht und auf die Wollust loszieht, gegen seine eigene innere Empfindung spricht. Dixi. Schreitet nun zum Votieren!

Stoa. Mit Nichten. Erlaubt mir vorher etliche Fragen an ihn zu thun.

Epikur. Frage immerhin, ich will dir die Antwort nicht schuldig bleiben.

Stoa. Du hältst also den Schmerz für ein Uebel?

Epikur. O Ja!

Stoa.

Stoa. Und das Vergnügen für etwas Gutes?

Epikur. Ganz gewiß.

Stoa. Aber weißt du auch, was für ein Unterschied zwischen Diaphoron und Adiaphoron, Proegmenon und Apoproegmenon ist?[22])

Epikur. Allerdings.

Merkur. Die Richter sagen, sie verständen nichts von diesen Subtilitäten. Laßt es also dabey bewenden! Sie geben bereits ihre Stimmen ab.

Stoa. Ich hatte den Sieg in den Händen, wenn man mir erlaubt hätte, noch ein paar Fragen in der dritten Figur der Indemonstrabilien zu thun[23]).

Gerechtigk. Wer hat obgesiegt?

Merkur. Die Wollust, einhellig.

Stoa. Ich appelliere an Jupiter.

Gerechtigk. Viel Glücks dazu! —— (zum Merk.) Rufe die übrigen auf!

Merkur. Die Tugend gegen die Ueppigkeit, den Aristipp betreffend, welcher ebenfalls zu erscheinen hat!

Als

---

22) S. die Anmerk. 29. im Verkauf der Secten I. Th. S. 386.

23) Was für Dinge das waren, wußte Lucian vermuthlich so wenig als wir; und ich besorge sehr, daß es ihm hier mehr darum zu thun war, seine Zuhörer, die eben so wenig davon wußten, lachen zu machen, als den guten Stoikern ihr Recht anzuthun.

Tugend. Ich bin die Tugend, und mir gebührt zuerst zu reden; denn Aristippus gehört mir an, wie alle seine Worte und Werke beweisen.

Ueppigk. Mit nichten! Ich muß zuerst reden! Der Mann ist mein, wie ihr aus seinen Kränzen, seinem Purpurkleide und den Wohlgerüchen, die er um sich duftet, abnehmen könnt.

Gerechtigk. Keinen Streit! Euer Handel hat so viel ähnliches mit dem vorigen, daß wir ihn ebenfalls bey Seite legen wollen, bis Jupiter des Dionysius halben den Ausspruch gethan haben wird. Gewinnt dann die Wollust, so wird auch Aristippus der Ueppigkeit verbleiben: siegt hingegen die Stoa, so wird er ebenfalls der Tugend zugesprochen werden [24]). — Man rufe also andere Partheyen auf. — *(zu Mercur, leise.)* Aber diese da *(auf die Richter deutend)* sollen nichts schlucken, verstehst du mich? Da die Sache nicht zum Urtheil gekommen ist, so können sie auch keine Sporteln verlangen.

Mer-

---

24) Dieses Urtheil der Gerechtigkeit ist äusserst ungerecht. Es war ein sehr wesentlicher Unterschied zwischen der Wollust (Hedone) der Epikurer, für welche wir eigentlich kein recht schickliches Wort haben, und der Ueppigkeit (Tryphe) welche an den Aristipp Anspruch macht. Aber unser Autor eilte, dieser Nebensachen auf einmal los zu werden, um zu seiner eigenen, um die es ihm hauptsächlich zu thun ist, zu kommen, und verließ sich (wie öfters) darauf daß seine Zuhörer es so gar genau nicht nehmen würden.

Merkur. Die guten alten Kauze sollen also den langen mühsamen Weg umsonst herauf gestiegen seyn?

Gerechtigk. Wenigstens können sie sich an dem dritten Theile begnügen lassen. — (zu den Richtern.) Nun, so geht nur und werdet nicht ungehalten, es wird ein andermal wieder was zu richten geben!

Merk. Die Reihe trifft nun den **Diogenes** von Sinope. Rede also du, **Wechselbank!**

Diogen. Ich habe aber ihrer Plackereyen satt, Frau Gerechtigkeit, und wenn sie mir nicht vom Leibe bleibt, so will ich ihr Ursache geben, eine Klage, die doch wenigstens was auf sich hat, gegen mich anzustellen. Ich schlag' ihr mit meinem Knüttel Arm und Bein entzwey!

Gerechtigk. Wie? Die Bank läuft davon, und der Beklagte mit aufgehabenem Stecken hinter ihr drein! Sie wird übel wegkommen, die arme Frau! — Rufe den **Pyrrho** auf!

Merk. Die **Mahlerkunst** ist zwar erschienen, aber Pyrrho läßt sich mit keinem Auge sehen. Ich dachte gleich daß er es so machen würde.

Gerechtigk. Warum das?

Merk. Weil sein erster Grundsatz ist, es könne keine wahren Urtheile geben.

Gerechtigk. So mögen sie ihn dann in contumaciam verurtheilen! — Es bleibt uns also niemand

mand mehr übrig als der Syrische Schriftsteller, wiewohl die Klagen gegen ihn erſt vor kurzem anhängig gemacht worden ſind, und noch ganz füglich hätten warten mögen. Indeſſen, weil du es ſo für gut befunden haſt, ſo nimm einsweilen zuerſt die Sache der Rhetorik vor die Hand. Behüte Gott! Was für eine Menge Zuhörer die Neugier herzugerufen hat!

Merk. Das kommt eben daher, weil es kein ſolcher alter ſchimmlichter Handel iſt, ſondern etwas neues und noch nie gehörtes, das, wie du ſagſt, erſt ſeit geſtern aufs Tapet gebracht worden iſt, und weil ſie ſich von einem Proceſſe, wo die Rhetorik und der Dialogus wechſelsweiſe Kläger ſind, und dieſer Syrer ſich gegen beyde vertheidigen muß, eine angenehme Unterhaltung verſprechen. So mache du denn den Anfang, Rhetorik!

Rhetorik. Zuförderſt, edle Männer von Athen [25], bitte ich alle Götter und Göttinnen, die gute Geſinnung und Liebe, die ich von jeher zu euerer Stadt und euch allen ſammt und ſonders getragen habe, mich nun auch von Euerer Seite in dieſem gegenwärtigen Rechtskampfe erfahren zu laſſen! Und dann, was nicht mehr als

---

[25] Lucian ſcheint die erſte Hälfte dieſes Proömions aus dem Eingang der Rede des Demoſthenes für die Krone, und die zweyte aus einer Stelle ſeiner dritten Olynthiſchen bloß darum zuſammengeſtoppelt zu haben, um ſich über viele Rhetorn ſeiner Zeit zu moquieren, die ihre Reden mit ſolchen Demoſtheniſchen Lappen auszuſtopfen und herauszuſchmücken pflegten.

als billig ist, daß euch die Götter in den Sinn geben mögen, meinen Gegner schweigen zu heissen, und mir soviel Zeit und geneigtes Gehör zu gönnen als ich nöthig habe, um meine Anklage so, wie ich sie bey mir selbst überlegt und beschlossen habe, ausführen zu können. Uebrigens sehe ich zwischen den Reden die ich höre, und den Beleidigungen die ich erfahren mußte, einen Widerspruch, der euch nicht irre machen darf. Ihr werdet in dem was er euch vorschwatzen wird, meinen Ton und meine Sprache wieder erkennen: seine Handlungen hingegen werdet ihr so beschaffen finden, daß ich mich wohl vorzusehen habe, wenn ich mir nicht noch weit ärgeres gefallen lassen will. Doch, damit mein Wasser nicht noch länger vergebens fließe, will ich, ohne längern Eingang, meine Klage selbst beginnen.

Wisset also, meine Herren und Richter, daß dieser Syrer, als ich ihn zu mir in die Lehre nahm, noch ein sehr junges Bürschgen und in jeder Betrachtung so beschaffen war, daß er seine barbarische Herkunft nicht verläugnen konnte; seine Sprache und sein Accent verriethen ihn wie er nur den Mund aufthat, und es fehlte ihm nur noch sein assyrischer Kandys, um völlig wie ein Mensch aus einer andern Welt auszusehen. So fand ich ihn in Jonien herum irrend und nicht wissend was er mit sich selbst anfangen wollte: und weil er mir gelehrig zu seyn schien, und kein Auge von mir verwandte, (denn damals hatte er noch Respect vor mir und wußte nicht wie er mir seine Hochachtung und Ergebenheit genug beweisen sollte) so setzte ich eine Menge

rei-

reicher, schöner und vornehmer junger Leute, die sich damals um meine Hand bewarben, zurück, und verlobte mich mit diesem Undankbaren, wie arm, nahmenlos und jung er auch war, und brachte ihm, als eine nicht geringe Mitgift, eine Menge herrlicher Reden zu, führte ihn hierauf zu meinen Zunftgenossen, ließ ihn bey ihnen einschreiben, und machte ihn zum Bürger, alles zu größtem Verdruß derjenigen, die sich auf eine Verbindung mit mir vergebliche Rechnung gemacht hatten. Einige Zeit darauf kam ihn die Lust an in der Welt herum zu reisen, und zu zeigen was für eine reiche Heurath er gethan hätte. Auch da ließ ich ihn nicht im Stiche; ich begleitete ihn allenthalben, ließ mich von ihm die Welt auf und ab führen, putzte ihn heraus und that, mit Einem Worte, soviel für ihn, daß ich einen berühmten Mann aus ihm machte. Ich will nichts von Griechenland und Jonien sagen: aber, da es ihm einfiel nach Italien zu reisen, schiffte ich mit ihm über das Jonische Meer, und folgte ihm endlich bis nach Gallien, wo ich ihm zu sehr ansehnlichen Einkünften verhalf. Dafür muß ich auch sagen, daß er sich mir eine lange Zeit gefällig zu machen suchte, und sich so getreu zu mir hielt, daß er mich auch nicht eine einzige Nacht allein schlafen ließ.

Wie er sich nun soviel Vermögen erworben hatte um von dieser Seite ruhig zu seyn, und einen hinlänglichen Nahmen zu haben glaubte, fieng er an die Nase höher zu tragen, bildete sich ich weiß nicht was für große Dinge ein, und vernachlässigte mich, oder ließ

mich

mich vielmehr geradezu sitzen. Dagegen hat er sich an diesen bärtigen Gesellen dort gemacht, den ihr an seinem Aufzug gleich für den Dialogus erkennen werdet, und der sich für einen Sohn der Philosophie ausgiebt; für diesen, wiewohl er älter ist als er, hat er eine ordentliche Passion gefaßt, bringt Tag und Nacht mit ihm zu, und schämt sich nicht, ihm zu gefallen, dem freyen Schwung und anhaltenden Fluß der Rede, der mir eigen ist, Gewalt anzuthun, sich selbst in kleine, kurz abgeschnittene Fragen einzuzwängen, und anstatt mit voller Stimme zu declamiren, kurze Reden und Gegenreden, die oft nur aus einzelnen Sylben bestehen, in einander zu flechten; wovon er dann auch natürlicher Weise wenig Ehre hat. Denn an jene großen Wirkungen meiner Kunst, an jenes schwärmerische Zusammenklatschen, an jene lauten Bravo's, die auf einmal aus den Lippen aller Zuhörer zusammenschallen, ist hier gar nicht zu gedenken: ein Lächeln bey dieser oder jener Stelle, oder ein leises Aufheben und Bewegen der Hand, ein öfteres Nicken mit dem Kopfe, und mit unter ein kleiner Seufzer, ist alles was er sich von seinen Zuhörern versprechen kann. In diese Dinge ist nun der edle Herr verliebt, der mich verachtet! Wiewohl es heißt, daß er sogar mit diesem seinem Liebling keinen Frieden halten könne, sondern auch ihm übel mitspiele.

Wie könnte nun, bey dieser Bewandtniß der Sachen, geläugnet werden, daß er ein Undankbarer ist, und die Strafe verdient, welche die Gesetze auf die

schlim-

schlimme Behandlung einer Ehegattin gesetzt haben? Er, der seine rechtmäßige Frau, von welcher er soviel Gutes empfangen, der er seinen Ruhm und sein ganzes Glück schuldig ist, so schmählich verlassen, und sich in so schlechte neue Verbindungen eingelassen hat? Und das noch zu einer Zeit, wo ich bey der ganzen Welt in der höchsten Achtung stehe, und jedermann mich zu seiner Patronin und Sachwalterin zu haben wünscht! Gleichwohl widerstehe ich so vielen Freyern, die sich Mühe um mich geben, noch immer, und öfne ihnen, wie stark sie auch anklopfen, nicht nur die Thür nicht, sondern will sogar nichts von ihnen hören, wie laut sie mir auch bey meinem Nahmen rufen; denn freylich ist ihr Geschrey alles wodurch sie sich bey mir empfehlen müßten. Aber auch dies bewegt den Treulosen nicht zu mir zurückzukehren; er fährt immer fort an seinem Liebling zu hangen, wiewohl die Götter wissen mögen was er sich von ihm, der ausser seinem Mantel nichts auf der Gottes Welt sein nennen kann, für Vortheile verspricht! Dixi. Ihr, meine Herren Richter, wofern er sich nach meiner Weise verantworten wollte, so bitte ich daß es ihm nicht gestattet werde. Denn es wäre doch gar zu widersinnisch, daß ich mein Schwert gegen mich selbst geschliffen haben sollte. Gegen seinen Liebling, den Dialogus, mag er sich auf diese Art vertheidigen, wenn er kann!

Merkur. Dieses Gesuch kann nicht statt finden, liebe Rhetorik. Denn das ist doch nicht möglich, daß er allein sich in Form eines Dialogus vertheidige; du wirst

wirst ihm also schon erlauben müssen, ebenfalls an einem Stück zu reden.

Der Syrer. Meine Herren, weil doch meine Gegnerin ungehalten darüber ist, daß ich eine an einander hangende Rede halten soll, da ich, wie sie sagt, das Talent zu reden lediglich von ihr empfangen hätte, so will ich mich hier ganz kurz fassen. Ich werde bloß die Hauptpuncte ihrer Klage entkräften, und euch dann überlassen wie ihr die ganze Sache ansehet. Alles was sie von mir erzählt hat, ist wahr. Sie hat mich unterwiesen, sie hat Reisen mit mir gethan, sie hat mich unter den Griechen naturalisirt, und in Rücksicht auf alle diese Verdienste, die sie sich um mich gemacht hat, würde ich ihr die Verbindung mit mir immer Dank gewußt haben. Warum ich sie aber verlassen und mich mit dem hier gegenwärtigen Dialogus eingelassen habe, sollt Ihr sogleich vernehmen, und Ihr könnt versichert seyn, daß ich, um meine Sache besser zu machen, keine Lüge sagen werde. Das Ganze von der Sache ist also, daß ich (nachdem wir einige Zeit beysammen gelebt hatten) wahrzunehmen anfieng, daß sie sich selbst nicht mehr glich und mit der edeln anständigen Kleidung, worin ihr der berühmte Peänenser ehmals seine Hand gegeben hatte, nicht länger zufrieden war, sondern immer an sich putzte, ihre Haare, nach Art der Hetären, aufkräuselte und in künstliche Locken verflocht, sich schminkte, sich größere und schwärzere Augenbrauen machte, und was dergleichen mehr ist: worüber ich dann, wie natürlich, einigen Argwohn schöpfte und sie von dieser Zeit an genauer beobachtete. Es wäre viel

viel darüber zu sagen: um es aber kurz zu machen, sag'
ich nur daß unsre Straße alle Nächte mit betrunknen
Liebhabern angefüllt war, die schwarmweise zu ihr giengen, an die Thür klopften, auch wohl zum Theil gegen alle Manier und Sitte mit Gewalt einzudringen
sich erfrechten. Sie hingegen lachte nur dazu, hatte
ihre Freude an dem Unfug, und schaute entweder vom
Dache herab [26]), um den Liebesliedchen zuzuhören,
die sie ihr mit ziemlich rauhen Stimmen vorsangen, oder
öfnete ihnen auch wohl, wenn sie glaubte daß ich es
nicht merke, heimlich die Thür, und trieb es, mit Einem Worte, so arg, daß es nicht länger auszustehen
war. Weil ich nun nicht für gut befand, sie des
Ehebruchs öffentlich anzuklagen, so half ich mir auf
eine andere Art, und bat den in unsrer Nachbarschaft
wohnenden Dialogus, daß er mir Dach und Fach bey
sich geben möchte. Dieß ist nun alles das große Unrecht, das ich der Rhetorik angethan haben soll. Indessen, und gesetzt auch, sie hätte sich von dem allen
nichts zu Schulden kommen lassen, so würde es doch,
denke ich, einem Manne von vierzig Jahren nicht zu
verargen seyn, wenn er jenes gerichtlichen Lermens und
Schreyens endlich genug bekommen hätte die Gerichtshöfe unbehelliget ließe, und anstatt in schalen Declamationen Tyrannen anzuklagen oder vortrefliche Männer zu loben [27]), lieber die Akademie oder das Lyceum

---

26) Bekannter maßen waren die Dächer bey den Griechen so flach, daß sie als Altanen gebraucht werden konnten.

27) Als das ewige Geschäfte der damaligen Rhetorn und Sophisten.

besuchte, und dort, unter ruhigen Gesprächen mit diesem wackern Dialogus hier, herum spazierte, ohne den mindesten Anspruch an Jemandes enthusiastischen Beyfall und Bewunderung zu machen. Wie vieles ich auch noch zu meinem Vorstand zu sagen hätte, so will ich doch hiemit schließen, und überlasse nun dem Gerichte, nach Pflicht und Gewissen zu stimmen.

Die Gerechtigk. Wer hat gesiegt?

Merk. Der Syrer mit allen Stimmen, eine einzige ausgenommen.

Die Gerechtigk. Das war vermuthlich ein Rhetor, der den Ungeraden machte! — Nun sprich du, Dialogus! — Die Richter bleiben sitzen, und sollen, wie billig auch doppelte Sporteln erhalten.

Dialogus. Ich bin auf keine Weise gesonnen, meine Herren, mich in Weitläuftigkeiten vor Euch einzulassen, sondern werde mich so kurz ausdrücken als ichs gewohnt bin. Indessen will ich doch meine Anklage soviel möglich dem Gerichtsstyl gemäß zu führen suchen, wiewohl ich in diesem Fache eben so unwissend als ungeübt bin. Und dieß mag die Stelle meines Eingangs vertreten! Die Kränkungen und Beleidigungen aber, die ich von diesem Syrer erlitten habe, sind ungefähr diese. Ehe ich mit ihm bekannt wurde, stellte ich immer eine sehr ernsthafte und feyerliche Person vor; ich gab mich mit tiefsinnigen Untersuchungen über die Götter, die Natur und das Universum ab, und schritt hoch über den Wolken in den Himmelslüften einher, da wo der große Zevs auf seinem geflü-
gel-

gelten **Wagen** daherfährt ²⁸). Ich hatte bereits den **Gipfel des Himmels** erflogen und war im Begriff noch über den Himmel hinaufzusteigen, als dieser Mensch mich zu packen kriegte und herunterzog, mir die Flügel zerbrach, und mich in einen Zustand versetzte, wo ich mit allen andern gemeinen Leuten in einer Linie stehe. Kurz, er zog mir die stattliche tragische Maske, in der ich meine Rolle bisher gespielt hatte, ab, steckte mich in eine andere komische und satyrische, um nicht gar burleske zu sagen, und sperrte mich zum **Spott**, zum **Jambus**, zum **Cynismus**, und zum **Eupolis** und **Aristophanes** ein, zu ganz entsetzlichen Leuten, sobald es darauf ankommt die ehrwürdigsten Dinge lächerlich zu machen, und über alles was schön und gut ist Grimassen zu schneiden. Zuletzt trieb er es gar so weit, daß er einen von den alten Cynikern, einen gewissen **Menippus**, einen von den bissigsten Belferern des ganzen Ordens, aus dem Grabe hervorrief und zu mir ins Haus brachte, einen bitterbösen Hund, von dem man gebissen ist ehe man sichs versehen kann, weil er sogar lachend beißt. Wie sollte ich also nicht Ursache haben, über schwere Mißhandlungen zu klagen, da er mich genöthigt hat meinen eigenen Charakter abzulegen um den Komödianten und Possenreisser zu machen, und mich zu den abenteurlichsten Rollen und Vorstellungen von ihm mißbrau-

28) Anspielung auf eine bekannte Stelle in Platons Phädrus. S. Opp. Tom. X. p. 321. seq. edit. Bipont. Eben daher ist auch der Gipfel des Himmels und der überhimmlische Raum.

brauchen zu lassen? Aber was noch das aller ungereimteste ist, er hat ein so seltsames Mischmasch aus mir gemacht, daß ich weder zu Fuß gehe noch auf Versen einhersteige, sondern gleich einem Hippocentauren aus zwey ungleichartigen Naturen zusammengesetzt bin, und allen die mich hören ein ganz fremdes Wunderthier scheinen muß.

Merkur. Nun, was hast du hierauf zu antworten, Syrer?

Syrer. Ich muß gestehen, meine Herren, daß mir der Handel, den ich hier vor Euch auszufechten habe, etwas sehr unerwartetes ist, und daß ich mich zum Dialogus eher alles andere versehen hätte, als daß er so von mir reden würde. In der That glaubte ich etwas besseres um ihn verdient zu haben; denn, wie ich mich mit ihm einließ, fanden die meisten, daß er ein trauriges Personage sey, und von dem ewigen Fragen sich eine gewisse Trockenheit zugezogen habe, die ihn, bey allem Respect den er sich zu verschaffen gewußt hatte, zu keinem sehr angenehmen und unterhaltenden Gesellschafter für das größere Publicum machten. Ich fieng also dabey an, daß ich ihn vor allen Dingen wie andere Menschen auf dem Erdboden gehen lehrte; ich wusch ihm den vielen Schmutz ab, nöthigte ihn zu lächeln, und kämmte und putzte ihn so heraus daß man ihn mit Vergnügen sah. Was ihn aber dem Publico vorzüglich empfahl, war der Einfall den ich hatte, ihm die Komödie beyzugesellen: da vorher, wegen der vielen Dornen wovon er wie ein Igel starrte, sich niemand getraute ihn in die

Hand

Hand zu nehmen. Aber ich weiß sehr wohl was ihn eigentlich verdrießt; es ist nichts anders, als daß ich mich nicht zu ihm hinsetze, und mich in eine umständliche Untersuchung solcher subtilen Fragen mit ihm einlasse als da sind: ob die Seele unsterblich sey ²⁹)? und wieviel Kannen von jenem ganz reinen und sich selbst immer gleich bleibenden Wesen der liebe Gott, da er die Welt fabricierte, in den Becher, worin er alles mischte und zubereitete, hinein gegossen habe ³⁰)? und ob die Rhetorik ein „Schattenbild eines Stückchens der Politik" und „der vierte Theil der Schmeichlerprofession" sey ³¹)? Denn an solchen Schnurrpfeiffereyen hat er eine ganz eigene Freude, gerade wie Leute, die die Krätze haben, sich gerne kratzen, und er thut sich auf nichts soviel zu gut, als wenn es heißt, es sey nicht einem jeden gegeben, die Dinge mit ihm zu sehen, die er vermöge der übernatürlichen Schärfe seiner Augen an den Ideen gesehen haben will.

29) Platons Phädon, und Apologie des Sokrates.
30) Platons allegorische Kosmogonie im Timäus.
31) Auch Quintilian hat kein Bedenken getragen, diese Worte des platonischen Sokrates in Platons Gorgias, buchstäblich zu übersetzen: rhetoricam esse *civilitatis particulae simulacrum et quartam partem adulationis*, und scheint ihm diese Pläsanterie (denn offenbar sagt der platonische Sokrates alle diese Dinge bloß, um die Sophisten Polus und Gorgias, mit welchen er disputiert, zu schicanieren) übler zu nehmen, als man einen Scherz, dem allenfalls auch etwas satyrische Wahrheit beygemischt ist, billig nehmen sollte. Die drollichte Art, wie Sokrates seine so paradox klingende Sätze rechtfertiget, ist für diesen Ort zu weitläufig und muß bey ihm selbst nachgelesen werden.

will. Das verlangt er nun auch von mir, und hätte gerne seine Flügel wieder, und schaut immer in die Höhe während er nicht sieht was ihm vor den Füßen liegt. Denn was er mir sonst zur Last legen könnte, sehe ich nicht: wenigstens wird er nicht sagen können, daß ich ihm sein vaterländisches griechisches Gewand vom Leibe gezogen, und ihn in einen ausländischen Rock gesteckt hätte, wiewohl ich selbst für einen Ausländer passiere; denn da hätte ich mich freylich eines strafwürdigen Frevels an ihm schuldig gemacht. — Ich habe mich nun verantwortet so gut ich konnte. Ihr, meine Herren, laßt mich ein eben so gerechtes Urtheil erhalten als in meiner vorigen Sache.

Merkur. Wahrlich, du hast wieder mit zehen Stimmen gesiegt: der nehmliche, der dir vorhin zuwider war, hat sich auch jetzt nicht entschließen können, für dich zu stimmen ³²). Es scheint nun einmal in seinem Charakter zu seyn, daß die braven Leute bey ihm immer Unrecht haben. — Dieß mag für heute genug seyn. Geht nun in Gottes Nahmen ³³) wieder aus einander. Morgen wollen wir die übrigen Sachen abthun.

---

32) Massieu sagt, ich weiß nicht warum, gerade das Gegentheil, wiewohl der Text klar genug ist, und das folgende dadurch zu Nonsens wird.

33) Dieß dünkt mich ist in unsrer gemeinen Sprache das schicklichste Aequivalent für das $ἀγαθῇ\ τύχῃ$ der Griechen.

Prometheus.

An Jemand, der ihn einen Prometheus im Schriftstellen genannt hatte.

Du nennst mich also einen Prometheus? ⁾ Wenn du nicht mehr damit sagen willst, mein Bester, als meine Werke seyen auch nur von Thon, wie die seinigen, so erkenne ich mich in dem Bilde und gestehe die

---

Prometheus. Dieser kleine Aufsatz gehört unter die sogenannten Proslalien, deren zu Ende des dritten Theils mehrere vorgekommen sind. Lucian vertheidigt darin seine Dialogen, die damals eine ganz neue Erscheinung waren, und beym Publico großen Beyfall fanden, gegen einen Athenienfischen Rhetor, der ihn in einem zweydeutigen und ironischen Tone mit dem Menschenbildner Prometheus verglichen hatte, mit so vieler Urbanität und ächtem Atticismus, daß er den Atheniensern einen neuen Beweis dadurch gab, wie sehr er bey ihnen naturalisiert zu werden verdiene.

2) Die häufigen Anspielungen auf die Geschichte des Prometheus, die in diesem Stücke vorkommen und um welche sich der Witz und die Scherze des Verf. größtentheils herumdrehen, machen es nothwendig, daß man den Dialog gleiches Nahmens im zweyten Theile gelesen und gegenwärtig habe; welches ich denn, zu Ersparung überflüssiger Noten voraussetzen will.

die Aehnlichkeit; ich habe nicht nur nichts dagegen, wenn man mich in diesem Sinne einen Leimarbeiter nennen will, sondern gestehe sogar, daß die Materie worin ich arbeite noch geringer als die seinige, und wenig besser als diejenige ist, die uns auf den Straßen an den Schuhen hängen bleibt. Solltest du aber meinen Aufsätzen, in Rücksicht auf die Kunst der Composition, ein unverdientes Compliment damit machen wollen, daß du ihren Urheber mit dem Nahmen des kunstreichsten aller Titanen beehrest: so siehe zu daß nicht Ironie und verdeckter Spott, wie man es euch andern Atheniensern ohnehin so leicht zutraut, unter diesem Lobe zu lauern scheine. Denn wo sollte denn die große Prometheische Kunst in meinen Schriften stecken? Ich bin überflüssig zufrieden, wenn du sie nur nicht von all zu grobem Leime oder gar des Kaukasus würdig findest. Ihr andern berühmten Sachwalter hingegen, die ihr um einen Preis von ganz anderer Wichtigkeit kämpfet, mit wie viel besserm Rechte könntet ihr mit dem Prometheus verglichen werden? Von euern Werken kann man mit Wahrheit sagen daß sie Leben in sich haben, und durch und durch von jenem dem Himmel entwendeten Feuer glühen, das die Bildungen des Titanen beseelte; und wenn ein Unterschied ist, so besteht er bloß darin daß er nur in Thon arbeitete, den meisten unter euch hingegen alles was sie bilden zu Gold wird.

Ich, dessen Ansprüche nicht weiter gehen, als das Publicum mit Vorlesungen zum Zeitvertreib zu unterhalten, kann mich höchstens in die Klasse der Künstler stellen,

ſtellen, die ſich damit abgeben kleine Spielpuppen aus Töpferleim zu verfertigen; was ich mache ſind groteske Figuren ohne Bewegung und ohne die kleinſte Spur einer Seele, die, wenn man ſich einige Augenblicke daran beluſtigt, ihre ganze Beſtimmung erfüllt haben. Ich kann mir alſo nicht wohl etwas anders vorſtellen, als daß du mir mit dieſer Benennung kein größeres Compliment habeſt machen wollen, als der komiſche Dichter, wenn er den Kleon damit beehrt. — Du erinnerſt dich doch wohl des Verſes, „Kleon iſt ein Prometheus — nach der That.“ 3) Bekannter maßen nannten die Athenienſer die Töpfer und Ofenmacher, und überhaupt alle Leimarbeiter zum Scherze **Prometheen**, vermuthlich weil ſie in ebenderſelben **Materie** arbeiten, und das **Feuer** nöthig haben, um

---

3) D. i. Was er hätte thun ſollen, fällt ihm immer erſt hinten nach ein, wenn es zu ſpät iſt. Das komiſche Salz dieſes Verſes liegt in dem Widerſpruche, den dieſer Charakter des Kleon mit der wörtlichen Bedeutung des Nahmens Prometheus macht, welcher einen vorſichtigen Mann bezeichnet, der vorher überlegt und dann erſt handelt. Hemſterhuys bemerkt mit ſeiner gewöhnlichen Scharfſinnigkeit, daß dieſer ganze Periodus mit dem vorgehenden und nachfolgenden nicht allzuwohl zuſammen zu hangen ſcheine: aber durch ſeinen Vorſchlag, ihn eben nach den Worten βωμολοχος τις παρα μικρον einzuſchieben, ſcheint der Sache nicht ſonderlich geholfen zu ſeyn. Mich dünkt, das von Lucian bezielte tertium comparationis liege bloß darin, daß der Athenienſer, der ihn einen Prometheus nannte, es eben ſo wie Eupolis, da er den Kleon mit dieſem Nahmen decorirte, nur aus Ironie gethan habe.

um ihren Gefäßen die gehörige Härte und Festigkeit zu geben. Wenn du so etwas mit deinem Prometheus sagen wolltest, so trift der Pfeil auf ein Haar, und hat alles beissende Salz einer attischen Spötterey: meine Werke sind in der That von keiner größern Dauerhaftigkeit als jener ihre Töpfe, und ein kleiner Stein, den man unter sie würfe, wäre hinlänglich sie in tausend kleine Scherben zu zertrümmern.

Doch vielleicht könnte jemand zu meinem Troste sagen, so hättest Du es bey dieser Vergleichung nicht gemeynt, sondern du hättest mir im Gegentheil ein Compliment über die Neuheit meiner Compositionen dadurch machen wollen, als zu welchen mir kein anderes Werk zum Modell dienen konnte: so wie Prometheus, da noch keine Menschen vorhanden waren, sie nach einer Idee, die er sich in seinem eigenen Verstande ausgedacht hatte, bildete, und solchergestalt eine Art von Thieren hervorbrachte, welche mehr Anmuth in ihrer Gestalt und mehr Geschicklichkeit zu allen möglichen Bewegungen hatten als andere Thiere, und deren Erfinder und Werkmeister er zugleich war; wiewohl ihm auch Minerva dabey behülflich war, da sie dem Leim einen lebendigen Athem einhauchte, und seinen neuen Gebilden die Seele, die ihnen fehlte, gab. So könnte freylich jemand sagen, der jenem Worte eine mir vortheilhafte Auslegung geben wollte; und vielleicht war dieß auch wirklich was du selbst dabey dachtest: aber mir, ich muß gestehen, ist es nicht genug dafür zu passieren, daß ich etwas Neues gemacht habe, und

daß

daß niemand unter allen Werken meiner Vorgänger Eines zeigen kann, wovon die meinigen die Abkömmlinge wären; wofern sie nicht noch andere Eigenschaften hätten, wodurch sie gefallen können, so würde ich mich ihrer schämen, und keinen Augenblick anstehen, sie mit Füßen zu zertreten; mit Einem Worte, die Neuheit sollte sie nicht vor der Vernichtung retten, wofern sie häßlich wären. Dächte ich nicht so, so würde ich mir selber würdig scheinen von sechzehn Geiern dafür ausgeweidet zu werden, daß ich nicht wüßte, daß ein häßliches Ding dadurch, daß es etwas neues ist, nur desto häßlicher wird.

Ptolemäus Lagus Sohn [4]) hatte einsmal aus dem Orient zwey in Aegypten nie gesehene Dinge mitgebracht, ein ganz schwarzes Baktrianisches Kamel, und einen Menschen dessen eine Hälfte kohlschwarz die andere hingegen schneeweiß war. Nach vielen andern Schauspielen die er den Aegyptiern im Theater gegeben hatte, ließ er ihnen zuletzt auch das Kamel und den halbweißen Menschen vorführen, und zweifelte nicht daß sie über einen so neuen Anblick in das angenehmste Erstaunen gerathen würden. Aber es erfolgte just das Gegentheil. Wiewohl das Kamel über und über mit Gold ausgeschmückt war, und mit Purpurdecken und einem mit Edelgesteinen besetzten Zaum prangte, der

---

4) Gewöhnlich Philadelphus genannt.

vermuthlich zu dem Schatz eines Darius, Kambyses oder Cyrus gehört hatte, so gerieth dennoch das Volk bey seiner Erblickung in einen solchen Schrecken, daß alles aufsprang und im Begriff war davon zu laufen. Wie sie aber den weiß und schwarzen Menschen ansichtig wurden, brachen die meisten in ein Gelächter aus, und die übrigen fuhren mit Schaudern zusammen, als ob sie ein Ungeheuer von böser Vorbedeutung erblickten: so daß Ptolemäus, wie er merkte, daß er eine so schlechte Ehre damit bey ihnen eingelegt habe, und daß die Aegyptier sich wenig aus der Neuheit machten, sondern das Schöne in Formen und Proportionen bey weitem vorzogen, beyde sogleich wieder fortführen ließ, und nun selbst nicht mehr so viel Wesens aus seinem zweyfärbigen Menschen machte als zuvor. Das Kamel wurde so vernachläßiget daß es in kurzer Zeit crepierte: den Menschen aber schenkte er einem gewissen Flötenspieler Nahmens Thespis, als er einst bey der Tafel besonders schön gespielt hatte.

Muß ich nun nicht billig besorgen, daß es mir mit meiner neuen Erfindung eben so gehen könnte, wie dem baktrianischen Kamel in Aegypten, und daß der schimmernde Zaum und die Purpurdecken alles seyen, was die Leute daran bewundern? Denn, um schön zu seyn, ist es nicht genug daß sie aus zwey der schönsten Dinge, dem Dialog und der Komödie, zusammengesetzt ist, wofern nicht auch aus dieser Mischung ein harmonisches und mit sich selbst in schönen Verhältnissen stehendes
Gan-

Ganzes herauskommt. Denn daß aus zwey schönen Formen eine sehr widersinnische Zusammensetzung gemacht werden könne, davon ist der Hippocentaurus ein Beyspiel, das sogleich einem jeden einfallen wird. Niemand wird sagen wollen, daß der Centaur ein liebenswürdiges Thier sey, sondern im Gegentheil ein sehr schändliches, wenn anders den Mahlern zu glauben ist, die uns so manche Scenen ihrer Trunkenheit und blutgierigen Sinnesart zu sehen geben. Wer wird aber darum läugnen, daß aus zwey schönen Dingen nicht auch ein schönes Drittes zusammengesetzt werden könne? So wie, zum Exempel, die Mischung, die aus Wein und Honig gemacht wird, ein sehr angenehmes Getränke ist? Daß aber meine Compositionen von dieser Art seyen, möchte ich nicht behaupten, und besorge vielmehr, beydes werde durch die Vermischung seine eigenthümliche Schönheit verlohren haben.

Es ist nicht zu läugnen, daß der Dialog und die Komödie⁵) von Anfang an nichts weniger als gute Be-

---

5) Die alte Komödie nehmlich, in welcher Eupolis, Kratinus und Aristophanes den ersten Platz einnahmen. Wäre die Rede von dem, was die Komödie in der Folge durch Menander und Philemon wurde, so würde diese Behauptung Lucians weniger passend seyn; denn bekannter maßen herrscht in verschiedenen Dialogen Platons ein sehr feiner Ton von gesellschaftlichem Scherz und muntrer Laune.

Bekannte und Freunde gewesen sind. Jener hatte seine Unterhaltungen immer nur mit wenigen, es mochte nun zu Hause oder selbst auf den öffentlichen Spaziergängen seyn: diese hingegen, die sich ganz dem Bacchus und seinem Feste gewidmet hatte, trieb ihr Wesen im öffentlichen Schauplatze, spielte mit dem ganzen Volke und machte es zu lachen, erlaubte sich über alles zu spotten, und tanzte zum Getön der Flöte nach einem freyen Rhythmus; fuhr auch wohl mit unter hoch auf Anapästen einher, meistens um der Freunde des Dialogus 6) zu spotten, und sie Kopfhänger und Grillenfänger 7) und dergleichen zu nennen; ja sie trat sogar einmal bloß deßwegen auf, um sie lächerlich zu machen und ihre ganze Bacchische Ungebundenheit auf Einmal über sie auszuschütten 8), indem sie dieselben bald in der Luft gehen und mit den Wolken Umgang pflegen, bald ausmessen ließ wie hoch ein Floh springen könne, kurz, sie als Leute darstellte, die sich mit subtilen Untersuchungen über nichtswürdige und den Menschen nichts angehende Dinge abgäben. Der Dialogus hingegen hatte nur mit ernsthaften Gegenständen

---

6) Des Sokrates und seiner philosophischen Familie.

7) Μετεωρολεσχαι, Leute die immer von hohen überirdischen Dingen schwatzen. Da dieß nicht mit Einem einzigen Worte gesagt werden konnte, mußte ich schon ein anderes dafür unterschieben, wiewohl es dem Meteroleschos keineswegs entspricht.

8) In den Wolken des Aristophanes.

den zu thun, und philosophierte unaufhörlich über die Natur der Dinge und über die Tugend.

Wiewohl also der Unterschied zwischen ihnen so groß war daß er nicht wohl größer seyn konnte, so erkühnte ich mich doch des verwegenen Unternehmens, sie zu vereinigen und zwey so ungeschmeidige und zu einer gesellschaftlichen Verbindung so ungeneigte Wesen in Harmonie zu bringen.

Ich besorge also, man werde hierin wieder eine neue Aehnlichkeit zwischen mir und deinem Prometheus finden, dem, wie bekannt, ein Hauptverbrechen daraus gemacht wurde, daß er das Mittel, aus Mann und Weib Eins zu machen, erfunden habe; oder man werde mich vielleicht gar beschuldigen, meine Zuhörer, wie er den Jupiter, betrogen und ihnen Knochen mit Fett überzogen, nehmlich komischen Spaß in philosophischen Ernst eingewickelt, vorgesetzt zu haben. Denn, daß man die Vergleichung meiner Wenigkeit mit diesem Gotte so weit treiben sollte, mich auch des Diebstahls zu beschuldigen, habe ich hoffentlich nicht zu befürchten. Denn wen sollte ich bestohlen haben? Wenigstens wüßte ich nicht, daß schon jemand vor mir solche Wunderthiere zu Tage gefördert hätte. Indessen, was ist zu thun? Ich habe mir dieses Fach gewählt, und werde also auch dabey bleiben müssen; denn, da ich doch nun einmal Prometheus seyn soll

und

und muß, so würde sichs nicht für mich schicken, den Epimetheus machen zu wollen ⁹).

9) Wörtlich: denn seine Gedanken ändern, ist die Sache eines Epimetheus, nicht eines Prometheus. Lucian spielt mit der wörtlichen Bedeutung dieser beyden Nahmen; jener bedeutet einen, der vorher, dieser, einen der hinten nach überlegt was das Beste ist. Der Titan Prometheus hatte bekanntlich einen jüngern Bruder, welcher Epimetheus hieß, und seinen Nahmen mit der That führte.

Nero,

Nero,
oder
Das Project den Isthmus von Korinth zu durchstechen.

Menekrates, Musonius.

Menekrates.

Das Project den Isthmus zu durchstechen, womit der Tyrann umgegangen seyn soll, hatte also, auch deiner Meynung nach, lieber Musonius [1], Sinn genug,

Nero. Ich sehe keinen hinlänglichen, oder auch nur sehr scheinbaren Grund, diesen kleinen Dialog unserm Autor abzusprechen, wie die meisten Commentatoren gethan haben. Wenigstens ist der Einwurf des Marcilius, „daß Lucian zur Zeit, da dieser Dialog gehalten seyn sollte, noch nicht einmal gebohren gewesen sey," beynahe gar zu albern für einen Doctissimum: denn nach dieser Art zu räsonieren müßte ihm auch sein Timon und noch mancher anderer Dialog abgesprochen werden. Wer aber auch am Ende der Verfasser seyn mag, das kleine Stück selbst wird wegen der Anekdoten, vom Nero, die es enthält, immer mit Vergnügen gelesen werden.

[2] Cajus Musonius Rusus, ein gebohrner römischer Ritter, lebte unter Nero, und den Vespasianen, und pro-

genug, um eines patriotischen Griechen würdig zu seyn?

Muson. Wundert es dich, Menekrates, daß Nero mit unter auch gute Anwandlungen bekam? Die Durchstechung des Isthmus würde den Seefahrern den ganzen Umweg um den Peleponesus und das Vorgebürge Malea erspart haben.

Menekr. Und das würde der Handlung und den Seestädten, sowohl als denen, die mitten im Lande liegen, große Vortheile gebracht haben. Denn auch diese letztern, ziehen desto größern Nutzen von ihren Früchten je mehr die Seeplätze in Aufnahme kommen. — Wenn du nichts nöthigeres zu thun hast, lieber Musonius,

profitierte die Stoische Philosophie mehr durch die Grundsätze und die Regel, nach welchen er lebte, als dadurch, daß er einen eigentlichen Lehrer derselben gemacht hätte, da er vielmehr in andern öffentlichen Aemtern gestanden zu seyn scheint. Origenes stellt ihn mit Sokrates in eben dieselbe Linie; er lehrte wie dieser, noch mehr durch sein Beyspiel als durch seinen Umgang; aber Stoische Grundsätze waren in den Zeiten, in die er gefallen war, *intempestiva sapientia* (mit Tacitus zu reden) und Nero, dem damit nicht gedient war, schickte ihn in die wüste Insel Gyaros (eine von den Cykladen) ins Elend. Nach dem Berichte des Philostratus war er einer von den Gefangenen, die bey dem Abgraben des Isthmus gebraucht wurden; und auf diesen Umstand scheint unser Autor die Fiction zu gründen, daß Menekrates von Lemnos und einige andere den Musonius in seiner Gefangenschaft besucht hätten, um seines Umgangs und Unterrichts zu genießen, soviel als es die Sclavenarbeit, wozu er verdammt war, erlauben wollte.

fonius, würdeſt du uns alle ſehr verbinden, wenn du uns erzählen wollteſt, was es mit dieſem Project für eine Bewandtniß hatte.

Muſon. Von Herzen gerne, wenn ihr es wünſchet. Ich weiß ohnehin nicht, wie ich euch meine Erkenntlichkeit dafür zeigen kann, daß ihr euch habt entſchließen können, meines Umgangs wegen einen ſo unangenehmen Hörſaal zu beſuchen.

Was den Nero nach Achaja trieb, war ſeine Leidenſchaft für den Geſang, und die Einbildung die er ſich feſt in den Kopf geſetzt hatte, daß die Muſen ſelbſt nicht lieblicher ſingen könnten als er. Kurz, er wollte ſich auch an den Olympiſchen Spielen, wo der Sieg ſo vorzüglich ſchmeichelhaft iſt, eine Krone erſingen. Denn was die Pythiſchen betrift, dort glaubte er mehr als Apollo ſelbſt zu Hauſe zu ſeyn; ſo überzeugt war er, daß dieſer Gott ſich nicht einfallen laſſen dürfte ihm in dem Talente die Cither zu ſpielen und dazu zu ſingen den Preis ſtreitig machen zu wollen. Der Iſthmus war wohl das, was ihn in der Ferne am wenigſten angefochten haben mochte: wie er aber ſelbſt dahin kam, ſtieg ihm auf einmal der Gedanke zu Kopfe, etwas recht Großes zu unternehmen; er dachte an den alten König der Achäer die einſt vor Troja zogen, der durch den Canal, den er zwiſchen Chalcis und Aulis graben ließ, Böotien von Euböa abgeſchnitten hatte [3]); an

den

---

[3]) Die Inſel Euböa war von uralten Zeiten her von dem gegen über liegenden Böotien durch eine Meerenge abgetrennt,

den Darius, der auf seinem Zuge gegen die Scythen eine Brücke über den Thrazischen Bosporus warf; und vermuthlich noch mehr an die Unternehmungen des Xerxes, denen an ungeheurer Größe keine andern gleich kommen. Ueberdieß mochte er sich auch vorstellen, daß er dem ganzen Griechenland kein prächtigeres Fest geben könnte als wenn er ein Werk zu Stande brächte, wodurch er, mittelst Wegräumung eines so kleinen Hindernisses, alle Arten von Gemeinschaft und Verkehr zwischen den Griechischen Städten und den Ausländern so sehr erleichtern würde. Denn wie trunken und taumelig auch immer die willkührliche Gewalt diese Tyrannen macht, so giebt es doch Augenblicke, wo es ihnen wohl thut, so etwas von sich sagen zu hören.

Er schritt also, in großer Feyerlichkeit, aus seinem Gezelt hervor, und stimmte nach einem Hymnus an Am-

trennt, welche zwischen der Euböischen Stadt Chalcis, und der gegenüberliegenden Stadt Aulis, wo sie eigentlich den Nahmen Euripus (der Canal) bekam, die wenigste Breite hat; daher auch die Euböer und Böotier einsmals (in dem Zeitpuncte, da Alcibiades die Athenienser wieder auf kurze Zeit zu Herren der griechischen Meere gemacht hatte) auf den Einfall kamen, Aulis und Chalcis durch einen Damm zusammenzuhängen; eine Unternehmung, die im ersten Feuer des Entschlusses mit vereinigtem Eifer ausgeführt wurde, wiewohl sie vermöge der Natur der Sache und der Umstände, von keinem Bestande seyn konnte. Woher aber unser Autor hatte, daß Euböa und Böotien vor dem Trojanischen Kriege wirklich zusammengehangen, und daß Agamemnon den Euripus habe graben lassen, kann niemand sagen; wenigstens findet sich bey keinem andern eine Spur davon.

Amphitrite und Neptun einen kleinen Lobgesang auf Leukothea und Melicertes an. Hierauf reichte ihm der Präfect von Griechenland ein goldenes Grabscheit; er näherte sich, unter dem Gesang und Zujauchzen einer unendlichen Menge Volkes, dem Orte, wo der Anfang mit graben gemacht werden sollte, schlug mit seinem goldenen Spaten dreymal, wo mir recht ist, in die Erde⁴), und nachdem er in einer kleinen Anrede diejenige, denen die Auffsicht über die Arbeiten anbefohlen war, vermahnt hatte, das Werk unverdrossen anzugreiffen, kehrte er im Triumph nach Korinth zurück, so zufrieden mit sich selbst als ob er alle zwölf Arbeiten des Herkules bestanden hätte. Und nun mußten die zu öffentlichen Arbeiten verurtheilten Gefangenen⁵) die Felsen aushauen und überhaupt die mühseligste Arbeit thun; die Prätorianer hingegen beschäftigten sich die Erde in den ebenen Gegenden auszugraben und wegzuschaffen. Wir hatten ungefehr fünf oder sechs Tage gearbeitet, als ob wir an den Isthmus angeschmiedet wären, als ein, wiewohl noch ungewisses, Gerücht sich von Korinth aus verbreitete, Nero habe seinen Vorsatz geändert. Es hieß, gewisse Aegyptische Gelehrte, welche die Höhe beyder Meere aufgenommen, hatten sie nicht Wagerecht gefunden, sondern behaup-

---

4) In Achaja Isthmum perfodere aggressus, praetorianos pro concione ad inchoandum opus hortatus est: tubaque signo dato primus rastello humum effodit et corbulae congestam humeris extulit. *Sueton.* in *Nerone* c. 19.

5) Unter welchen auch Musonius war.

haupteten das Meer stehe im Lechaischen Meerbusen höher, und es wäre zu besorgen, daß wenn eine so gewaltige Masse von Wasser auf einmal auf Aegina zustürzte, diese ganze Insel untergehen konnte. Aber Thales selbst mit aller seiner Weisheit und Naturkunde würde den Nero nicht verhindert haben den Isthmus zu durchstechen; denn er hatte sich wirklich in das Project verliebt, und es lag ihm so sehr am Herzen, daß er beynahe darüber versäumt hätte, öffentlich zu singen. Das Wahre an der Sache war, daß die Bewegungen im Occident, und der tapfere Bindax⁶) der sich an die Spitze der Empörten setzte, den Nero vom Isthmus und aus Griechenland zurückrief; die geometrische Entscheidung der Aegyptier war ein bloßer Vorwand, und ein sehr frostiger dazu: denn ich weiß gewiß, daß das Meer in dem einen und dem andern Golfo von gleicher Höhe ist. Man sagt sogar, selbst die näher um Rom liegenden Gegenden fiengen schon an zu wanken, und seyen im Begriff abzufallen; auch ihr werdet es, denke ich, von dem Tribun gehört haben, der gestern hier anlandete.

Menekr. Aber sage mir doch, lieber Musonius, wie ist es denn mit der Stimme des Tyrannen, um derentwillen er von dieser rasenden Liebhaberey zur Musik und dieser Passion sich an den Olympischen und Pythischen Versammlungen hören zu lassen, besessen ist?

6). Julius Vindex, Proprätor in Gallien.

ist? Die Fremden, die zu uns nach Lemnos 7) kamen, sprachen sehr ungleich davon; die einen bewunderten sein Talent, die andern spotteten darüber.

Muson. Im Grunde, lieber Menekrates verdient er, was seine Stimme betrift, weder das eine noch das andere. Die Natur hat ihn in diesem Stücke so behandelt, daß weder viel an ihm zu tadeln noch zu loben ist. Der Fehler liegt bloß darin, daß er ihr in der Tiefe und Höhe einen größern Umfang geben will, als ihre natürliche Mittelmäßigkeit zuläßt: Daher hat seine Stimme in der Tiefe, weil er den Ton im Schlunde mit Gewalt aufhält und zurückpreßt etwas hohles und dumpfes, und dann tönt sein Gesang beynahe wie wenn eine Menge Hummeln und Wespen zusammen sumsen 8). Indessen wird doch dieser sumsende Ton durch den musicalischen Vortrag und die Begleitung so zu sagen, ausgeglättet, und wenn er ohne große Prätension singt, so hilft die natürliche Anmuth der chromatischen Modulation, die Melodie, die Begleitung mit der Cither, worin er viel Geschmack und Fertigkeit hat, ingleichen die Kunst womit er zu rechter Zeit fortzuschreiten oder inzuhalten oder sich zu wenden weiß,

und

---

7) Menekrates war also von Lemnos gebürtig, und scheint hier als ein junger Mensch aufgeführt zu werden, dessen erster Ausflug diese Reise zu dem Philosophen Musonius war.

8) Auch Suetonius, dessen 19-25. Capitel mit dieser Erzählung zusammengehalten zu werden verdient, sagt von seiner Stimme, daß sie *exilis et fusca* gewesen sey.

und daß der Ausdruck seines Gesichtes immer mit dem was er singt zusammenstimmt, kurz, die ganze Art des Vortrags hilft alsdann zusammen, daß er sich noch ganz leidlich aus der Sache zieht; und das einzige, dessen er sich in diesem Falle eigentlich zu schämen hätte, ist, daß er für einen großen Monarchen zuviel Virtuosität in diesen Dingen zeigt. Aber wenn er es den wirklichen Meistern gleich thun will, Himmel! in welches Gelächter brechen da die armen Zuschauer wider Willen aus! wie gefährlich es auch ist zu lachen wo ein Nero allgemeine Bewunderung erwartet *). Denn da wackelt er indem er sich bestrebt den Athem länger als recht ist zurückzuhalten, mit dem Kopfe, richtet sich auf den Spitzen der Füße in die Höhe, und macht, mit Einem Worte, Grimassen und Contorsionen, wie ein Missethäter der um ein Rad gebunden ist; und da er zu dem was er leisten will viel zu wenig Athem hat, so wird seine von Natur schon sehr röthe Gesichtsfarbe von dem gewaltsamen Aufblasen so hoch, daß sie ganz ins Kupferfarbe fällt.

Menekr. Aber wie kommt es, daß alle, die sich mit ihm in einen öffentlichen Wettstreit einlassen,

---

*) Daß Nero, ungeachtet der Mittelmäßigkeit seines Talentes, sich in vollem Ernst für den größten Virtuosen seiner Zeit gehalten habe, davon scheint mir ein ganz entschiedener Beweis zu seyn, daß er selbst in seiner vom Sueton mit der interessantesten Umständlichkeit beschriebenen Todesstunde nichts so sehr beklagte, als daß die Welt einen so großen Künstler an ihm verlieren sollte. *Qualis artifex pereo!*

immer den kürzern ziehen? Vermuthlich sind sie künstlich genug, ihre Kunst aus Gefälligkeit gegen ihn verbergen zu können.

Muson. Allerdings machen sie es wie die Ringer, wenn sie ihrem Gegner den Sieg lassen wollen. Und wehe dem, der sich bey dieser Gelegenheit einer unzeitigen Ruhmgier und Eifersucht überlassen wollte! Du erinnerst dich doch, wie der Tragische Schauspieler neulich an den Isthmischen Spielen um sein Leben kam?

Menekr. Was ist das für eine Geschichte? Mir ist nichts davon zu Ohren gekommen.

Muson. So höre dann eine Thatsache, die immer unglaublich bleiben wird, wiewohl sie vor den Augen von ganz Griechenland geschehen ist. Ungeachtet des Gesetzes, welches die Wettstreite der komischen und tragischen Schauspieler von den Isthmischen Spielen ausschließt, beliebte es dem Nero doch, auch in der tragischen Declamation an diesen Spielen den Preis zu erringen. Es meldeten sich also zu diesem Wettkampfe verschiedene Subjecte, unter andern ein Epirote, der eine ganz vortrefliche Stimme hatte, und deßwegen sehr berühmt und bewundert war. Dieser Schauspieler machte kein Geheimniß daraus, daß er große Lust habe, dießmal die Krone davon zu tragen, und daß er nicht weichen würde, wofern ihm Nero nicht zehn Talente für den Sieg gäbe. Nero kam darüber in die äusserste Wuth; denn der Epirote erklärte sich hierüber, da der Kampf

eben angehen sollte, hinter der Scene ꝛc. so laut, daß
ihn hören konnte wer wollte. Da ihm nun die Griechen mit großem Geschrey Bravo! zuriefen, schickte
Nero einen seiner Secretäre, und ließ ihm sagen, er
sollte seine Stimme so sinken lassen, daß sie unter der
seinigen bliebe. Aber jener erhob sie nur desto mehr,
und beeiferte sich mit aller demokratischen Freyheit den
Sieg auf die entscheidenste Weise zu erhalten. Wie
Nero dieß sieht, schickt er seine Histrionen [9]) auf die
Scene, als ob sie etwas bey der Sache zu thun hätten.
Diese fielen, mit ihren elfenbeinernen doppelten Schreibtafeln in den Händen, über den Epiroten her, drückten
ihn an die nächste Säule, und stießen ihn mit den
Spitzen ihrer Schreibtafeln, die ihnen für Dolche die-
nen mußten, so lange in die Gurgel, bis ihm der
Athem ausblieb.

  Menekr. Und der Mann, der so eine verruchte
That vor den Augen aller Griechen zu thun fähig war,
trug gleichwohl den Sieg in der tragischen Declamation
davon!

  Muson. Für einen jungen Fürsten, der seine
leibliche Mutter ermordet hatte, war so etwas nur ein
kleiner Spaß. Er schafte sich einen Nebenbuhler in
der Declamierkunst vom Halse, indem er ihm den
Athen

---

9) Τὺς ἑαυτῶ ὑποκριτας.
So hießen die subalternen
Acteurs, die mit einem Tra-
 gödien auftraten, um zu der
Rolle, die er sang, die Ge-
sticulationen zu machen.

Athem zugleich mit der Stimme nehmen ließ: ist sich darüber viel zu verwundern, wenn man weiß, daß er sogar die Oefnung der pythischen Höle, aus welcher der Gott zu Delphi seine Orakel emporhaucht, mit Gewalt verstopfen wollte, um die Stimme des Apollo selbst zu ersticken [10]); ungeachtet dieser Gott ihm die Ehre angethan hatte, ihn mit den Oresten und Alkmäonen in Eine Linie zu stellen [11]), denen die Ermordung ihrer Mütter eine Art von Ruhm brachte, weil sie dadurch zu Rächern ihrer Väter wurden. Vermuthlich glaubte er aber, weil er nicht sagen konnte, wen er gerochen habe, der Gott habe seiner nur spotten wollen, da er doch, im Grunde, der Sache auf Unkosten der Wahrheit eine mildere Wendung gab.

Aber was für ein Schiff hat sich indessen, daß wir so zusammen sprechen, dem Ufer genähert? Siehet es nicht aus als ob es eine gute Zeitung bringe? Das ganze Equippage ist mit Blumen bekränzt, wie der Chor in einer Tragödie, wenn er Worte von guter Vorbedeutung spricht. Ich sehe sogar jemand auf dem Vordertheile, der uns zuruft, fröhlich und gutes Muthes zu seyn — Ruft er nicht, Nero sey nicht mehr?

Q 2 Menekr.

---

10) Conf. Dion. Histor. L. LXIII. c. 14.

11) In folgendem Verse, der dem Delphischen Apollo zugeschrieben wurde,

Νερων, Ορεϛης, Αλκμαιων μητροκτονοι.

Menekr. So ruft er; man hört es immer deutlicher, je näher sie dem Ufer kommen.

Muson. Das habt ihr gut gemacht, ihr Götter!

Menekr. Wir wollen ihn ruhen lassen, we es doch, wie man sagt, nicht ziemlich ist, den Todten Böses zu wünschen!

Der Tyrannenmörder.
Eine Redeübung.

Wiewohl ich, ehrwürdige Richter, so glücklich gewesen bin, die Republik in einem einzigen Tage von zwey Tyrannen zu befreyen, wovon der eine schon bey

---

Der Tyrannenmörder. Dieses und die drey folgenden Stücke sind Declamationen, von derjenigen Art, wie die Rhetoren zum Behuf ihrer Schüler ausarbeiteten, als Modelle woran sie ihnen die wirkliche Anwendung der mannichfaltigen Regeln ihrer Kunst in den verschiedenen Gattungen der Beredsamkeit zeigten. Lucian scheint sie selbst, aus einer vermuthlich großen Menge anderer, als Stücke, die er des Aufbehaltens würdig fand, ausgewählt zu haben, und sie sind in der That sehr geschickt, uns den großen Beyfall und Ruhm begreiflich zu machen, den er sich als Rhetor in Griechenland und Gallien erworben zu haben, an mehrern Stellen seiner Werke versichert. Nur ist es soviel als unmöglich, daß sie nicht in jeder Uebersetzung einen Theil derjenigen kleinen Schönheiten verlieren müßten, für welche die Griechen so besonders empfindlich waren, und die, weniger in den Gedanken, als in der Art sie einzukleiden und zu stellen, in allerley Wortfiguren, und in der schönen Verschlingung der Sätze in zierliche Perioden und dergl. bestehen, und sich selten ohne Verlust in einer fremden Sprache umsetzen lassen.

bey Jahren, der andere aber bey vollen Kräften und
desto geschickter und geneigter war die Usurpation seines
Vorgängers fortzusetzen, so mache ich doch für diese
zweyfache That nur auf eine einfache Belohnung Anspruch. Unter allen Tyrannentödtern, die jemals gewesen sind, bin ich der einzige, der mit Einem Streich
zwey Bösewichter aus der Welt geschaft hat, den Sohn
durch mein Schwert, den Vater durch die Verzweiflung, wozu ihn der Tod eines geliebten Sohnes brachte. Der Tyrann hat die verdiente Strafe seiner Thaten empfangen, da er noch vor seinem Ende seinen
einzigen Sohn ermordet sehen mußte, und, was das
sonderbarste ist, gezwungen wurde zum Tyrannenmörder an sich selbst zu werden: der Sohn aber, indem er
durch meine Hand fiel, wurde mir durch seinen Tod
behülflich auch den andern zu tödten, und da er in seinem Leben an den Ungerechtigkeiten seines Vaters Theil
genommen hatte, mußte er sogar nach seinem Tode
noch so viel möglich zum Vatermörder werden.

Ich bin es also, der der Tyranney ein Ende gemacht hat, und dieses mein Schwert hat alles gethan.
Ich habe nur die gewöhnliche Ordnung umgekehrt, und
bin der Urheber einer neuen Art, die Bösewichter aus
dem Wege zu räumen, geworden: ich habe den stärkern

lassen. Ich habe indessen
mein Bestes gethan, und em-
pfehle diese Stücke besonders
jungen Gelehrten, deren Be-
ruf öffentlich zu reden ist, als
Modelle der Kunst, welche
meditirt zu werden verdienen,
und woraus viel zu lernen ist.

kern mit eigener Hand erlegt, und den alten Mann meinem Degen allein überlaſſen.

Mit beſtem Grunde konnte ich mir alſo verſprechen, daß ich mehr als die gewöhnliche Prämie verdient hätte, und daß ihr mir für einen zweyfachen Tyrannenmord auch ein doppeltes Ehrengeſchenke zuerkennen würdet, da ich euch nicht nur von dem Gefühl der gegenwärtigen Bedrückungen, ſondern auch von der Erwartung der künftigen erlößt, und die Freyheit der Republik dadurch, daß kein Erbe der Uſurpation übrig gelaſſen iſt, auf einen ſichern Fuß geſetzt habe. Allein ſtatt deſſen ſehe ich mich in Gefahr, für ſo große dem Vaterlande geleiſtete Dienſte ohne alle Belohnung zu bleiben, und der einzige zu ſeyn, dem die Geſetze nicht zu ſtatten kommen, deren Erhaltung mein Werk iſt; wiewohl es ſo ziemlich das Anſehen hat, mein Gegner ſey mir in dieſer Sache nicht aus übergroßer Sorge für das gemeine Weſen, wie er vorgiebt, zuwider, ſondern weil ihn der Tod der Tyrannen ſchmerzt, und weil er ſie an demjenigen, der Urſache daran iſt, gerne rächen möchte.

Damit ihr aber von der Wichtigkeit des Dienſtes, den ich dem Staat geleiſtet habe, deſto richtiger urtheilen, und durch die Ueberlegung deſſen, was ihr gelitten, die Freude davon befreyt zu ſeyn deſto lebhafter genießen möget: ſo erlaubet mir, meine Herren, euch, wiewohl ihr bekannt genug damit ſeyd, vor allen Dingen eine kleine Abſchilderung zu machen. Es war nicht,

nicht, wie sonst gewöhnlich ist, eine einzige Sclaverey, die wir auszustehen hatten; es waren nicht die Launen und Leidenschaften Eines Herren, deren Spiel wir waren: unter allen, die jemals ein ähnliches Mißgeschick getroffen hat, waren wir die einzigen, die, anstatt von Einem Tyrannen, von zweyen auf einmal mißhandelt wurden. Der Alte war im Grunde noch immer der erträglichste; Er war gemäßigter in seinem Zorn, langsamer zu Ausbrüchen der Grausamkeit, und weniger ausschweifend in seinen Begierden; woraus ich ihm jedoch kein Verdienst zu machen begehre: denn es war freylich bloß das Alter, was die Heftigkeit der Leidenschaften bey ihm gedämpft hatte, und die wollüstigen Begierden im Zügel hielt. Man will sogar sagen, daß er zu den ersten Schritten, die er zur Unterdrückung des Vaterlandes gethan, von seinem Sohne wider Willen hingerissen worden; er für sich selbst war von keiner tyrannischen Gemüthsart, und sein größter Fehler war eine zu große Nachgiebigkeit gegen seinen Sohn, zu dem er, wie sich's auch am Ende zeigte, eine ganz unmäßige Liebe trug. Sein Sohn war ihm alles; seinem Sohne konnte er nichts abschlagen; er begieng alle Ungerechtigkeiten die sein Sohn von ihm verlangte, unterschrieb alle Todesurtheile die ihm sein Sohn dictierte, verschafte ihm alles was er haben wollte, kurz, ließ sich von ihm tyrannisieren, und war weniger selbst ein Tyrann, als der erste Sclave seines Sohnes. Der junge Mensch überließ zwar dem Vater die Ehre aus Respect vor seinen Jahren; aber der Nahme eines Regenten war das einzige dessen er sich enthielt; die Sache
selbst,

selbst, die höchste Gewalt, war in seinen Händen. Er war es, auf dem die Sicherheit und Dauer der Alleinherrschaft gänzlich beruhte: auch war er's allein, der den Nutzen von den Ungerechtigkeiten, welche begangen wurden, zog. Er war es, von dem die Leibgarde abhieng, der die Besatzung commandierte, der die unglücklichen Schlachtopfer der Tyrannie auszeichnete, der die heimlichen Feinde derselben in der Furcht erhielt, der unsre Jünglinge stümmelte und unsre Ehfrauen schändete; ihm wurden unsre Töchter zugeführt; alle Mordthaten, alle Landesverweisungen und Confiscationen, alle Torturen und Mißhandlungen, waren das Werk dieses jungen Menschen. Der Alte that weiter nichts dabey als daß er ihm folgte, und alles gut und recht fand was sein Sohn begann, wie ungerecht und schändlich es auch immer seyn mochte.

Daß das alles unerträglich sey, war nun freylich etwas, worin wir alle stillschweigend übereinstimmten; wiewohl es sehr natürlich und also auch nichts anders zu erwarten ist, als daß die Leidenschaften, wenn sie zu ihrer eigenen Energie noch das ganze Vermögen einer unumschränkten Gewalt bekommen, in ihren Ausschweifungen keine Grenzen kennen. Aber was uns am meisten ängstigte, war, daß wir mußten unsre Knechtschaft würde sehr langwierig oder vielmehr ewig seyn, die Republik würde wie ein Eigenthum fortgeerbt werden, und das Volk, gleich den Sclaven in einem reichen Hause, immer von einem Herrn auf einen andern noch schlimmern kommen. Andere finden doch noch) einigen Trost in der Hoffnung, indem sie sich sagen: es wird doch endlich ein Ende nehmen! Er muß doch endlich einmal sterben, und es kann nicht mehr lange währen, so sind wir wieder frey! Aber uns war diese Hoffnung benommen: wir hatten den Nachfolger und Erben der Herrschaft vor den Augen. Und dieß benahm auch dem edlern Theile der Bürger den Muth. Selbst unter denen, die wie Ich dachten, wagte es keiner die Hand an das Werk zu legen; man verzweifelte an der Möglichkeit jemals wieder frey zu werden, und die Tyrannie schien unüberwindlich, da man es mit so vielen aufzunehmen hatte.

Aber mich schreckten diese Umstände nicht; ich erwog die Schwierigkeit der Unternehmung, ohne an der Ausführung zu verzagen, und sah der Gefahr ins Auge ohne zu zittern. Allein, ganz allein, gieng ich auf dieses so furchtbare zweyköpfige Ungeheuer los, — oder vielmehr nicht ganz allein; mich begleitete mein treuer Gehülfe und Theilnehmer am Tyrannenmorde, mein Schwert; und wiewohl ich dem Tod entgegen gieng, so war doch mein Tod der Preis der Befreyung meines Vaterlandes! Nachdem ich die erste Trabantenwache, die ich antraf, nicht ohne Schwierigkeit in die Flucht getrieben, und alles was sich mir entgegenstellte nieder gehauen hatte, drang ich endlich bis in das Innerste der Citadelle zu demjenigen durch, der die einzige Stütze der Tyrannie und der Inbegriff aller unsrer Drangsale war, und wiewohl er sich tapfer für

sein

sein Leben wehrte, so gelang es mir doch ihn mit vielen Wunden zu erlegen.

Die Tyrannie war nun zerstört, und mein Unternehmen vollendet; denn von diesem Augenblick an waren wir frey. Der alte Mann, der allein noch übrig blieb, war eines tapfern Armes nicht mehr würdig. Wehrlos, seiner Garde, und was das Wesentlichste war, seines großen Leibtrabanten, seines Sohnes, beraubt, was hätte er unternehmen wollen? Ich dachte also bey mir selbst: „Alles ist mir gelungen, alles ist vollbracht, alles ist wie ich es nur wünschen konnte. Wie soll nun der Alte, der allein noch übrig ist, seinen Sohn empfangen? Er ist nicht gut genug von dieser meiner Hand zu fallen, zumal nach einer so schönen, so kühnen, so gefahrvollen That! Sie würde allen ihren Glanz dadurch verlieren. Ich muß einen Nachrichter, der seiner würdig ist, für ihn suchen. Zudem wäre es auch nicht billig, wenn ich ihm das Gefühl der ganzen Größe seines Verlustes ersparen wollte. Er soll ihn sehen! dieß wird für ihn die größte Strafe seyn. Neben seinem erschlagenen Sohne will ich meinen Degen liegen lassen; dem trage ich das übrige auf." — Mit dieser Entschließung entfernte ich mich und fand mich nicht betrogen. Mein Schwert hat vollbracht was ich vorhersah; es hat den Tyrannen getödtet und meiner That die Krone aufgesetzt.

Und so bin ich nun hier, euch die Demokratie wieder zuzustellen, und durch die fröhliche Botschaft der wiederhergestellten Freyheit jedes Herz mit neuem Muthe zu beleben. Ihr genießet nun der Frucht meiner Thaten; die Burg ist, wie ihr seht, von euern Unterdrückern gereinigt; ihr habt keinen Herren mehr; alle Ehrenstellen sind wieder in euern Händen; die Gerechtigkeit hat wieder ihren Lauf, und ein jeder ist wieder im Besitz aller Rechte die ihm die Gesetze zugestehen ²). Alles dieß ist euch durch die That zu Theil worden, deren ich mich erkühnt habe; es sind die Früchte jenes einzigen Streiches, den der Vater nicht überleben konnte. Mit Recht verlange ich also dafür die verdiente Belohnung von euch; nicht als ob ich klein genug wäre, bey einer solchen That auf Gewinn Rücksicht zu nehmen, und mir um Handlohn Verdienste um mein Vaterland machen zu wollen: sondern weil ich die gesetzmäßige Belohnung als eine öffentliche Erklärung, eine preiswürdige That gethan zu haben, ansehe; und damit kein Mißgünstiger mir daraus, daß sie als unvollendet und einer Belohnung unwürdig von euch erkannt worden, einen Vorwurf zu machen, und ihr das ehrenvolle und verdienstliche abzusprechen berechtiget sey.

Mein Gegner behauptet zwar, ich hätte keinen Anspruch an öffentliche Ehre und Belohnung zu machen; denn

2) Wörtlich: es ist jedem wieder erlaubt, nach den Gesetzen sein Recht gegen einen jeden zu behaupten, oder, jedem zu widersprechen, der, seiner Meynung nach, sich etwas anmaßet, das ihm nicht gebührt — ein Recht, worin das Palladium der Demokratie besteht.

denn ich hätte den Tyrannen nicht getödtet, und keine der Bedingungen erfüllt die das Gesetz erfodere: kurz, es fehle meiner That gerade das was mich berechtigen könne die Belohnung zu fodern. Aber ich frage ihn, was er noch mehr von mir verlangen könne? Hatte ich nicht den Willen? Stieg ich nicht hinauf? Erschlug ich den Tyrannen nicht? Seyd ihr nicht frey? Wer befiehlt euch noch? Wer darf euch noch seinen Willen zum Gesetze machen? Wo ist der gebietende Herr, der euch noch drohen darf? Ist einer von den Uebelthätern meinem Schwert entronnen? Du kannst es nicht sagen! Ueberall ist Friede, alle Gesetze gelten, die Freyheit ist unwidersprechlich, die Demokratie steht auf ihrem alten Grunde, die Ehen sind vor Kränkungen sicher, unsre Knaben ohne Furcht, unsre Jungfrauen ohne Gefahr, und die ganze Republik feyert die wiederhergestellte gemeine Glückseligkeit. Wer ist denn an allem diesem Ursache? Wer hat allen jenen Drangsalen ein Ende gemacht? Alles dieses Gute erworben? Wenn einer ist, der gerechtere Ansprüche an diese Ehre machen kann als ich, so trete er auf, und ich weiche ihm und entsage aller Foderung an die Belohnung. Habe ich aber alles allein vollbracht, bin ichs allein, der den kühnen Gedanken faßte, sein Leben daran wagte, hinaufstieg, die Unterdrücker anfiel, aus dem Wege schaffte, strafte, einen zum Nachrichter des andern machte: was verkleinerst du mein Verdienst? Was bemühst du dich das Volk undankbar gegen mich zu machen?

„Aber

„Aber, du haſt doch den Tyrannen ſelbſt nicht getödtet: und nur dem, der den Tyrannen getödtet hat, erkennt das Geſetz die Belohnung zu." — Worin, ich bitte dich, liegt denn der Unterſchied, ob jemand den Tyrannen mit eigener Hand umbringt, oder an ſeinem Tode Urſache iſt? Ich meines Orts ſehe keinen: und gewiß hat auch der Geſetzgeber nichts als die Freyheit, die Demokratie, die Vertilgung der abſcheulichen Wirkungen der Tyrannie, zum Augenmerk gehabt. Dieß iſt es, was er einer ehrenvollen Belohnung würdig geachtet hat, und daß dieß durch mich zu Stande gekommen, kannſt du nicht läugnen. Denn wenn ich denjenigen getödtet habe, ohne welchen der Tyrann nicht länger leben konnte, iſt es nicht eben ſoviel als ob ich den Tyrannen ſelbſt getödtet hätte? Die That iſt mein, er lieh mir nur ſeine Hand dazu. Höre alſo auf, mich länger über die Art ſeines Todes zu ſchicanieren! Anſtatt zu fragen, wie er geſtorben ſey, frage: ob er todt ſey? und ob er es mir zu danken habe daß er todt iſt? Widrigenfalls könnte man Männer, die ſich ein ähnliches Verdienſt um die Republik gemacht hätten, auch darüber Schwierigkeiten machen, wenn ſie einen Tyrannen, anſtatt mit dem Schwerte, mit einem Stein oder Knittel getödtet hätten. Wie wenn ich ihn durch Hunger in die Nothwendigkeit zu ſterben geſetzt hätte? Würdeſt du dann auch noch wollen, daß ich ihn eigenhändig abgeſchlachtet haben müßte, und auch noch behaupten, es fehle mir eine vom Geſetz erfoderte Bedingung, ungeachtet der Uebelthäter, in dieſem Falle, mit größerer Schwie-

rig-

rigkeit vom Leben zum Tode gebracht worden wäre? Noch einmal, was du zu fragen, zu erfodern und zu untersuchen hast, ist bloß: ob noch einer von den Bösewichtern lebe? ob die Republik noch etwas zu besorgen habe? Ob noch eine Spur unsrer vormaligen Bedrückungen übrig sey? Wenn aber alles rein und sicher ist, so kann nur ein Sykophant die Art und Weise, wie die Sache bewerkstelliget wurde, zum Vorwand nehmen, mir das verdiente Ehrengeschenk entziehen zu wollen.

Uebrigens, wenn ich anders während unsrer langwierigen Knechtschaft die Worte des Gesetzes nicht gänzlich vergessen habe, werden in demselben zwey Arten bestimmt, wie jemand der Urheber eines Mordes seyn könne: die eine, wenn er die That eigenhändig begangen hat; die andere, wenn er zwar nicht der unmittelbare Thäter ist, aber einen andern dazu genöthiget und die Ursache zum Tode gegeben hat. Diesen letztern erklärt das Gesetz für eben so strafwürdig als den ersten, und mit Recht. Denn es fand nicht billig, daß einem andern volle Freyheit und Gelegenheit zur That verschaffen, weniger seyn sollte, als die Ausführung. Diesem zu Folge [3]) ist es sehr unnöthig

nach

---

3) Der Text scheint hier verdorben zu seyn. Der Sinn und Zusammenhang der ganzen Stelle erfodert, daß man das folgende mit dem vorigen in diese Verbindung setze: der Text thut aber eher das Gegentheil, und die Worte καὶ περιττὴ λοιπὸν etc. bis zu εἶτα haben im Zusammenhang gar keinen Sinn.

nach der Art und Weise des Mordes zu fragen, da die Analogie des Gesetzes die Antwort schon gegeben hat. Ist es nicht widersinnisch, wenn du den, der einen Meuchelmord mit der Hand eines andern begangen hat, für eben so strafbar als den Thäter selbst erklärst und schlechterdings nicht frey sprechen lassen, und gleichwohl einen andern, der den Tod des Tyrannen, ohne selbst Hand an ihn zu legen, bewirkt hat, nicht eben so gut für einen Wohlthäter des gemeinen Wesens und eben derselben Belohnung würdig erkennen willst, als wenn er ihn mit eigner Hand getödtet hätte? Denn auch das kannst du nicht sagen, es wäre bloß das Werk eines glücklichen Zufalls gewesen, woran mein Wille keinen Theil gehabt hätte. Denn was hatte ich wohl noch zu besorgen, nachdem der stärkere weggeräumt war? Oder warum ließ ich mein Schwert in seiner Gurgel stecken, als weil ich mir selbst das was geschehen würde, vorhersagte? Du müßtest also nur sagen wollen, derjenige, der sich selbst mit meinem Schwert ums Leben brachte, sey kein Tyrann gewesen, er sey nicht so genennt worden, und ihr würdet nicht herzlich gerne viele Prämien gegeben haben, um seiner loß zu werden? Kannst du aber dieß nicht läugnen, wie willst du, da der Tyrann nun wirklich getödtet ist, demjenigen, der die Ursache dazu gegeben hat, die Prämie versagen? Welche abgeschmackte Spitzfündigkeit! Und was kümmerts dich, ob er so oder so aus der Welt geschafft wurde? Bist du etwa darum weniger in den Genuß der Freyheit wieder eingesetzt? Was kannst du von dem Wiederhersteller der Demokratie noch mehr ver-

verlangen? Zumahl da auch das Gesetz, worauf du dich berufst, nur das Wesentliche fodert, die Mittel hingegen den Umständen überläßt, und darüber nichts bestimmt. Wie? haben wir nicht Beyspiele, daß die Prämie sogar dem, der einen Tyrannen nur vertrieben hatte, zuerkannt wurde? Und das von Rechts wegen! Denn auch dieser hat das Vaterland von der Unterdrückung erledigt und die Freyheit hergestellt. Aber ich habe gleichwohl mehr gethan; hier bleibt keine Furcht vor einem neuen Ueberfall zurück; die ganze Familie ist vertilgt, das Uebel ist mit Stiel und Stumpf bis auf die Wurzel ausgerottet.

Und nun, bitte ich euch um der Götter willen, gehet, wenn es euch gefällig ist, nochmals alles, vom Anfang bis zu Ende mit mir durch, um zu sehen, ob mir irgend etwas mangelt, was, nach dem Gesetz, an einem Tyrannenwürger sich finden soll. Das erste ist unstreitig ein Herz voll edler Gesinnung und Liebe zum Vaterlande, das bereit ist jede Gefahr für dasselbe zu übernehmen und die Wohlfahrt seiner Mitbürger mit seinem eigenen Leben zu erkaufen. Hat es mir etwa hieran gefehlt? Habe ich vor den leicht vorauszusehenden Gefahren, die mit meiner Unternehmung verbunden waren, zurückgebebt, und die Sache aufgegeben? Das wirst du nicht sagen wollen. Gut! so bleibe bey diesem einzigen, und bilde dir ein, ich verlange die Belohnung bloß dieses Vorsatzes, dieser Gesinnung und

Entschließung wegen; gesetzt auch, das Gute, das ich dadurch schaffen wollte, wäre nicht zu Stande gekommen. Denn gesetzt, ich hätte es nicht gekonnt, ein anderer nach mir hätte den Tyrannen umgebracht: wäre es, ich frage dich, in diesem Falle unvernünftig oder unbillig mir eine Belohnung zuzuerkennen? Könnte ich nicht sagen; ich habe den Gedanken zuerst gedacht, ich habe die Ausführung beschlossen, ich habe sie wirklich unternommen, ich habe Proben, daß es mir Ernst damit war, gegeben; ich allein habe also die Ehre verdient? Was wolltest du hiegegen einwenden?

Nun befinde ich mich aber nicht in dem Falle diese Sprache zu führen: ich bin in die Burg eingedrungen, ich habe mich der größten Gefahr ausgesetzt, ich habe unzählige Hindernisse überstiegen, ehe ich dazu kommen konnte den Sohn des Tyrannen zu erlegen. Denn ihr müßt euch nicht einbilden, daß es etwas so leichtes sey, durch Wachen durchzubringen, eine Schaar Trabanten über den Haufen zu werfen, und ihrer so viele ganz allein in die Flucht zu treiben: im Gegentheil, eben dieß ist, bey der Unternehmung einen Tyrannen umzubringen, die Hauptsache. Der Tyrann selbst ist kein so fürchterliches Ding, daß man ohne große Gefahr und Schwierigkeit nicht sollte mit ihm fertig werden können; aber die Anstalten worauf die Sicherheit und Stärke der Tyrannie beruht, sind es desto mehr:

mehr: wer diese überwunden hat, hat die Sache glücklich ausgeführt; das übrige ist eine Kleinigkeit. Nun konnte ich bis zu den Tyrannen selbst nicht anders kommen, als nachdem ich zuvor alle die Wachen und Trabanten, von welchen sie umgeben waren, überwältiget hatte. Hier bleibe ich wieder stehen und sage: ich habe die Wache zerstreut, habe die Trabanten zu Boden geworfen, habe den Tyrannen hülf und wehrloß gemacht: Verdiene ich nicht um dessentwillen schon eine öffentliche Ehre? Oder bestehst du schlechterdings darauf, daß ich auch Tyrannenblut vergossen haben müsse?

Gut! Auch diese Forderung ist befriedigt! und das Opfer, das durch meine Hand geblutet hat, war weder gemein noch leicht zu bezwingen; es war ein junger Mann in seiner vollen Stärke, vor dem alles zitterte, der den alten Tyrannen vor allen Nachstellungen sicherte, auf den dieser sein ganzes Vertrauen setzte, und der ihm schon allein statt einer zahlreichen Wache diente. Wie? findest du noch immer nicht, daß ich genug gethan habe, um die Prämie zu verdienen? Wie wenn ich auch nur Einen Trabanten, nur einen Diener oder einen der vertrautesten Sclaven getödtet hätte? Wäre es nicht immer schon ein großes Wagestück gewesen, in die Burg einzudringen, und mitten unter so vielen Bewaffneten einen von den Dienern oder Günstlingen des Tyrannen zu ermorden? Nun siehe, wer der Erschlagene ist? Es war der Sohn des Tyrannen, oder vielmehr ein zweyter und noch viel härterer Tyrann, herrischer und unbiegsamerer im Befehlen, grausamer im Strafen, ein gewaltthätiger Mann, der sich alles erlaubt hielt, der nichts schonte, dem nichts heilig war, und, was über alles geht, der Erbe und Nachfolger des Tyrannen, der unser Elend noch auf eine lange Reihe von Jahren ausdehnen konnte. Gesetzt, ich hätte diesen allein aus dem Wege geräumt, der alte Tyrann lebe noch und sey entronnen: so bleibe ich dennoch berechtigt die Belohnung zu fodern. Was sagt ihr? Könntet ihr sie mir verweigern wollen? Hattet ihr etwa von dem Sohne nichts zu befürchten? Spielte er den Herren nicht eben so wohl, und auf eine noch drückendere, noch unerträglichere Art als der Alte?

Aber gönnet mir nur noch eine kleine Aufmerksamkeit, und ich will euch überzeugen, daß ich sogar das, was mein Gegner von mir fodert, auf die beste Art die mir nur immer möglich war, geleistet habe. Denn ich behaupte den Tyrannen selbst, wiewohl nur auf eine andere als die gewöhnliche Weise, getödtet zu haben: nicht geradezu, auf Einen Streich, was für einen mit so vielen und schweren Verbrechen belasteten Missethäter noch erwünscht und eine wahre Gnade gewesen wäre; sondern nachdem ich ihn zuvor alle Martern des bittern Schmerzes fühlen lassen, sein liebstes in der Welt,

sein

sein Ebenbild, seinen einzigen Sohn, in der Blüthe des Lebens erschlagen und in seinem Blute liegen zu sehen. Das nenne ich einen Vater tödlich verwunden! das sind die Dolche, womit ein Tyrann durchbohrt zu werden verdient! das ist die langsam tödtende qualvolle Strafe, die den Verbrechen solcher Uebelthäter angemessen ist. Ein schneller Tod, eine plötzliche Beraubung des Bewußtseyns, ohne vorher durch einen solchen Anblick gepeiniget worden zu seyn, ist eine viel zu gelinde Strafe für einen Verbrecher der so viel verschuldet hat. Denn ich wußte, mein guter Freund, ich wußte sehr wohl, und wer in der ganzen Stadt wußte es nicht? wie groß die Liebe des Tyrannen zu seinem Sohne war, und wie bitter es ihm gewesen wäre, ihn auch nur eine kurze Zeit zu überleben. Zwar sind natürlicher Weise alle Väter gegen ihre Söhne so gesinnt: aber dieser hatte noch einen Beweggrund mehr als andere, da er in seinem Sohne den einzigen Freund und Beschirmer seiner Tyrannie sahe, den einzigen, dessen eigenes Interesse war sich für den Vater in Gefahr zu begeben, und auf dessen Person die Stärke seiner Herrschaft beruhete. Ich wußte also, daß ihn, wo nicht die Liebe zu seinem Sohne, doch gewiß die Verzweiflung, als die natürliche Folge des Gedankens daß die einzige Stütze seiner Sicherheit gefallen sey, nicht lange leben lassen würde. Ich überfiel ihn auf einmal mit allem was ihn zu Boden werfen mußte; ich bot Natur, Betrübniß, Muthlosigkeit, Schrecken und Furcht des Zukünftigen gegen ihn auf, und zwang ihn dadurch zu seinem letzten Entschluß. Er starb, und starb auf eine Art, die euch an ihm gerochen hat, kinderlos, weinend und jammernd; und wenn sein Schmerz von kurzer Dauer war, so war er wenigstens heftig genug, daß er ihn nicht lange aushalten konnte; er starb den jämmerlichsten aller Tode, durch seine eigene Hand, was ohne alle Vergleichung härter ist als von einer fremden Hand zu sterben!

Wo ist mein Schwert? — Ist jemand hier, der es als das seinige in Anspruch nehmen darf? Hat es jemals einem andern angehört als mir? Wer hat es in die Burg hinaufgetragen? Wer hat es vor dem Tyrannen gebraucht? Wer hat es ihm zugeschickt, um sich dessen gegen sich selbst zu bedienen? O mein gutes Schwert! Theilnehmer und Fortsetzer meiner braven Thaten! wenn hätte ich denken sollen, daß wir, nachdem wir so viel mit einander gearbeitet haben, so hintan gesetzt und einer Belohnung unwürdig geachtet werden sollten? Wie? Meine Herren, wenn ich diese Ehre für dieß mein Schwert allein foderte — wenn ich sagte: „Der Tyrann wollte sich selbst den Tod geben, und zwar zufälliger Weise ohne Waffen; Mein Schwert hier hat ihm diesen Dienst gethan, und ist dadurch das Werkzeug von euer aller Freyheit geworden; Erkennet ihm die Prämie zu!" — Würdet ihr es nicht billig finden, auch den Herren eines so gemeinnützigen Instrumentes zu belohnen, und den Wohl-
thä-

thätern des Vaterlandes beyzuzählen? Würdet ihr nicht das Schwert selbst in einem Tempel unter den geheiligten Dingen verwahren? und vor ihm wie vor den Göttern selbst die Kniee beugen?

"Doch (um euch noch mehr zu überzeugen, mit wie vielem Recht ich an das Verdienst eines Tyrannenwürgers Anspruch mache) so stellet euch mit mir vor, was der Tyrann wahrscheinlicher Weise wohl vor seinem Ende gethan und gesprochen haben könne. Sein Sohn, von vielen Wunden durchbohrt, die ich ihm um das grausenhafte des ersten Anblicks bey dem Alten aufs äusserste zu treiben — an den offensten und am meisten in die Augen fallenden Theilen des Leibes beygebracht hatte, dieser Unglückliche, sag' ich, wälzte sich in seinem Blute, indem er mit kläglichem Geschrey seinen Vater, nicht zum Helfer oder Retter (denn was konnte er von dem schwachen alten Mann erwarten?) sondern zum Zuschauer des über sein Haus gekommenen Verderbens herbeyrief. Ich, der Ueheber der Tragödie, hatte mich zwar entfernt, hatte aber dieser neuen Person die Scene, den Todten und das Schwert überlassen, um den Rest des Drama's auszuspielen. Er kommt herbey geeilt, er sieht seinen Sohn, seinen einzigen, in den letzten Zügen, auf eine gräßliche Art entstellt, mit Blute bedeckt und von einer Menge ungeheurer tödlichen Wunden durchlöchert. O! mein Sohn, ruft er aus, wir sind verlohren, wir sind ermordet, wir sterben den Tyrannentod⁴)! Wo ist der Mörder? Wozu spart er mich auf? Was will er mit mir anfangen? Warum giebt er mir nicht vollends den Rest, da er mich in dir schon getödtet hat? Verachtet er vielleicht mein Alter, oder will er mich durch diese Verzögerung die Qualen des Todes desto länger und schmerzlicher fühlen lassen? — Mit diesen Worten sieht er sich nach einem Schwert um; denn, da er sich gänzlich auf seinen Sohn verließ, pflegte er immer unbewafnet zu seyn. Aber ich hatte dafür gesorgt daß es ihm daran nicht fehlen sollte, und das meinige zu der That, die es noch zu verrichten hatte, absichtlich zurückgelassen⁵). Er zog es also aus der tödlichen Wunde heraus und sagte: „Du hast mir den Tod gegeben, da du meinen Sohn durchbohrtest; mach' es nun wieder gut, komm einem unglücklichen Vater zum Trost, unter-

---

4) Τυραννοκτονήμεθα — sehr frostig, wie diese ganze, dem Rhetor gleichsam unter den Händen verunglückte Prosopopöie! das einzige was diese schöne Rede verunziert.

5) War denn der Sohn auch unbewafnet, der sich doch (wie wir oben gehört haben) so tapfer gegen seinen Mörder gewehrt hatte? Vermuthlich gieng der Tyrannenwürger mit dem Schwert des Erschlagenen davon, und ließ das seinige zurück: aber diesen Umstand hätte der Redner wenigstens im Vorbeygehen erwähnen sollen; wäre es auch nur geschehen, um den Verdacht desto eher von sich abzulehnen, er sey aus Furcht von den Anhängern des Tyrannen ertappt zu werden, eilfertig davon gelaufen, daß er nicht einmal Zeit gehabt habe, sein Schwert mitzunehmen.

entfühte diese krastlose Hand, würge mich ab, werde zum Thränenmörder, ende meine Quaalen! — O daß ich dir früher begegnet wäre! daß ich der erste gewesen wäre, der durch dich fallen mußte! — So wäre ich doch nur noch ein anderer Tyrann, und mit dem Trost einen Rächer zu hinterlassen, gefallen. Nun trauß ich finderlos und von allen verlassen sterben, so verlassen, daß sich nicht einmal ein Mörder für mich finden will! Und mit diesen Worten, arbeitet er mit schwacher zitternder Hand, sich das Schwert in die Brust zu stoßen; er will, aber seine Kräfte versagen ihm den Dienst zur Ausführung. —

Wie viele Strafen, wie viele Wunden, wie viele Tyrannmorde — in diesem einzigen! Wie viele verdiente Belohnungen! Wofür sollte ich mehr Worte machen? Ihr selbst, ihr alle habt den jungen Mann zu Boden liegen gesehen und gefühlt, daß es keine leichte Arbeit gewesen seyn müsse ihn dahin zu bringen; ihr habt den Alten gesehen, wie er über seinen Sohn hingegossen lag, das Blut des Vaters und des Sohnes vermischt, eine herrliche Libation den Göttern der Freyheit und des Sieges! ihr habt auch mein Schwert, dessen Werk beydes war, zwischen beyden siegprangen sehen, stolz darauf seines Herren nicht unwürdig gewesen zu seyn, und durch die That selbst bezeugend, daß es mir treue Dienste geleistet habe! — Hätte ich alles mit eigener Hand vollbracht, so verlöhre die ganze That dabey: Nun ist sie eben dadurch desto glänzender, weil sie die erste in ihrer Art ist. Ich bleibe immer derjenige, der der Tyrannie ein Ende gemacht hat; nur die Ausführung ist, wie in einem Schauspiele, unter mehrere getheilt; der erste Acteur bin ich selbst, der zweyte ist der Sohn, der dritte der Tyrann, und mein Schwert diente allen dreyen.

Der

Der enterbte Sohn.
Eine Redeübung.

Die Begegnung die ich heute von meinem Vater erfahre, Ehrwürdige Richter, ist nichts neues und sollte billig niemand befremden, denn es ist nicht das erste mal daß er mich seinen Zorn auf diese Art fühlen läßt: er ist immer bereit das Gesetz gegen mich geltend zu machen, und erscheint in diesem Gerichtshofe als an einem Orte mit dem er sehr wohl bekannt ist. Das neue an meinem dermaligen Unglück besteht darin, daß ich nicht für ein von mir selbst begangenes Verbrechen, sondern für meine Kunst büßen soll, die nicht alles befolgen kann, was er befiehlt. Läßt sich wohl was ungereimteres erdenken, als daß ein Arzt nach Ordre curieren soll, nicht was die Kunst kann, sondern

---

Der enterbte Sohn. Da der Inhalt dieser Declamation sich sogleich aus dem Eingang ergiebt, so ist unnöthig, mehr davon zu sagen. Die Rede selbst ist, meines Bedünkens, ziemlich weit unter der vorigen, und die sophistische Subtilität, die ihren Haupton ausmacht, ist mehr auf den Geschmack der Griechen an rhetorischen Taschenspielerkünsten, als auf den Beyfall moderner Leser calcülirt.

dern ~~was sein Vater will?~~ ~~Ich möchte daher~~ wohl
wünschen, die Heilkunst hätte ein Mittel, das nicht nur
die Wahnsinnigen, sondern auch diejenigen curiren könnte, die das Unglück haben sich ohne billige Ursache zu
erzürnen; gewiß würde ich es nicht an mir fehlen lassen,
meinen Vater auch von dieser Krankheit zu heilen.
Nun ist er zwar ~~von seinem ehemaligen~~ Wahnsinn völlig hergestellt, aber dafür wird er desto ärger von der
Zornmüthigkeit geplagt; und, was mir in der That
sehr hart fallen muß, er ist für alle andre Leute klug, und
rafet nur noch gegen mich, allein, der ihn wieder hergestellt hat. Ihr sehet es aus dem Lohn den ich für
meine Cur empfange, da er mich nun zum zweytenmale
verstößt und von der Familie abschneidet, als ob ich
nur darum auf eine kurze Zeit wieder aufgenommen
worden sey, um durch eine abermalige Ausstoßung desto empfindlicher an meinem guten Nahmen gekränkt
zu werden.

Wo es möglich ist daß ich den Meinigen nützlich
seyn könnte, da warte ich auf keine Befehle; daher
kam ich neulich ²) ungerufen meine Dienste anzubieten:
wenn aber das Uebel ganz verzweifelt ist, dann mag
ich auch keine Hand rühren. Bey der Dame, von
welcher hier die Rede, bin ich mit größtem Rechte, noch
ungeneigter etwas zu wagen als gewöhnlich: denn wie
könnte ich mir verbergen, was mir von meinem Vater bevorstünde, wenn es mir bey ihr mißlänge, da
ich

2) Nehmlich, als der Vater die Hirnwuth bekam.

ich schon enterbt werde, ehe ich die Cur einmal angefangen habe? Ich beklage das unglückliche Uebel meiner Stiefmutter von ganzem Herzen, sowohl um ihrentwillen, (denn sie war eine gute Frau) als meines Vaters wegen, der sich die Sache so sehr zu Gemüthe zieht; doch noch viel mehr um meiner selbst willen, da meine Weigerung, die Cur auf seinen Befehl zu übernehmen, mir den Schein des Ungehorsams giebt, wiewohl sie keinen andern Grund hat als die Größe des Uebels und die Unvollkommenheit der Kunst. Aber daß man einen Sohn aus der Familie stoße, weil er, was er nicht leisten kann, auch nicht versprechen will, das kann ich unmöglich für recht erkennen.

Aus was für Ursachen er mich zum erstenmal verstoßen habe, läßt sich aus den gegenwärtigen leicht errathen. Ich glaube aber mich gegen jene durch mein ganzes darauf folgendes Leben hinlänglich vertheidiget zu haben. Indessen da ich dermalen nicht umhin kann, mich gegen die neuen Klagen, die er über mich führt, zu rechtfertigen, so bitte ich um Erlaubniß etwas weniges von meiner Geschichte vorausschicken zu dürfen.

Damals, als er mich öffentlich und mit so großem Eifer und Geschrey für einen unbiegsamen widerspänstigen Menschen erklärte, der seinem Vater Schande mache und sich auf eine unsers Geschlechts unwürdige Weise aufführe, damals glaubte ich nur wenig erwiedern zu müssen. Ich verließ das väterliche Haus in der Hoffnung, meine künftige Aufführung würde meine beste

beſte Apologie ſeyn, und der gröſte aller Gerichtshöfe, das Publicum, würde mich unfehlbar für unſchuldig erklären, wenn man ſehen würde, wie weit ich entfernt ſey, jene Beſchuldigungen meines Vaters zu verdienen, indem ich meine Zeit auf die edelſten Beſchäftigungen verwendete und von den vortreflichſten Männern zu profitieren ſuchte. Schon damals ſah ich etwas von dem, was ſich hernach nur zu deutlich zeigte, vorher, und vermuthete, dieſer ungerechte Zorn, und dieſe falſchen Beſchuldigungen gegen einen leiblichen Sohn, möchten Zeichen ſeyn, daß es nicht gar zu richtig mit meinem Vater ſtehe: auch waren damals mehrere Perſonen, welche ſo dachten, und ſein unaufhörliches Schelten und Drohen, den ohne Urſache auf mich geworfenen Haß, die Schimpfwörter die er immer auf der Zunge hatte, und den hartherzigen Entſchluß mich zu verſtoßen, und daß er ſogar die Gerichte deßwegen überlief und mit ſeinem Geſchrey und Toben über mich erfüllte, kurz, alle dieſe Ergießungen einer ſcharfen und immer kochenden Galle für den Anfang einer Tollheit, die in kurzem zum völligen Ausbruch kommen würde, anſahen. In Betrachtung aller dieſer Umſtände kam es mir nur zu wahrſcheinlich vor, ich dürfte mich wohl bald in dem Falle befinden können zu wünſchen, daß ich ein Arzt ſeyn möchte. Ich begab mich alſo auf Reiſen, ſuchte die bewährteſten auswärtigen Aerzte auf, und brachte es durch ihren Unterricht und meinen eigenen unermüdeten Fleiß, unter vieler Mühe und Arbeit, endlich ſo weit, daß ich die Kunſt erlernte. Bey meiner Zurückkunft finde ich meinen Vater bereits in offenbarer

barer Raserey, und von allen einheimischen Aerzten
völlig aufgegeben, die, wie es scheint, seinem Uebel nicht
auf den Grund gesehen hatten und überhaupt die Krankheiten nicht scharf genug zu beurtheilen und zu unterscheiden wissen. Ich that also was ein guter Sohn
zu thun schuldig ist; ich vergaß das Unrecht das er
mir durch die Enterbung angethan hatte, und wartete
nicht bis ich gerufen wurde. Denn ich hatte wirklich
keine Beschwerde über ihn selbst zu führen, und betrachtete alles vorerwähnte als Wirkungen einer materia
peccans, die ihm fremd war, mit Einem Wort, als
Folgen seiner Krankheit. Ich besuchte ihn also ungerufen, fieng aber nicht gleich beym curieren an; denn
das ist bey uns Aerzten nicht der Gebrauch; unsre Kunst
heißt uns vielmehr vor allen Dingen untersuchen, ob
die Krankheit heilbar ist, oder ob sie ausser den Grenzen der Kunst liegt. Im ersten Falle, legen wir Hand
ans Werk, und wenden alle mögliche Sorgfalt an,
den Kranken zu erhalten: sehen wir aber daß sie bereits die Oberhand gewonnen und die Natur schon gänzlich überwältigt hat, so befolgen wir das Gesetz der
Stifter und Väter unsrer Kunst, die uns keinen Kranken zu übernehmen erlauben, dessen Zustand bereits
verzweifelt ist. Da ich nun, nach vorgenommener genauer Untersuchung und Erforschung aller Umstände,
erkannte, es sey mit der Krankheit meines Vaters noch
nicht so weit gekommen, daß nicht wenigstens noch einige Möglichkeit der Hülfe vorhanden sey: so nahm ich
ihn in meine Cur, und fieng getrost an, ihm die Arzney, die ich für ihn zubereitet hatte, einzugeben, ohne

mich

mich von den Anwesenden irre machen zu lassen, deren nicht wenige mit verdächtigen Mienen die Köpfe schüttelten, meine Curart tadelten und sich schon auf eine gerichtliche Klage gegen mich gefaßt machten. Auch meine Stiefmutter zeigte nichts als Furcht und Unglauben; nicht als ob sie mir gehässig wäre, sondern aus bloßer Besorgniß für ihren Mann, und weil sie besser als irgend jemand wußte, wie schlimm es mit ihm stand. Denn da sie dem Kranken nie von der Seite kam, so war sie auch die einzige Person, der von seinen Umständen nichts verborgen war. Ich ließ mich aber durch das alles nicht abschrecken; (denn ich wußte zu gut, daß die Zeichen, nach welchen ich die Krankheit beurtheilt hatte, nicht betrügen konnten, und daß mich die Kunst nicht im Stiche lassen würde) sondern setzte die Cur von dem Augenblick an, da ich sie unternommen hatte, ununterbrochen fort; ungeachtet einige meiner Freunde mich ermahnten mir nicht zu viel zuzutrauen, und mir vorstellten, daß, wenn die Sache übel abliefe, die Verläumdung gewonnen Spiel haben und mich beschuldigen würde, ich hätte mich bey dieser Gelegenheit wegen des ehmals von meinem Vater erlittenen Unrechts rächen wollen. Daß ich es kurz mache, es währte nicht lange, so besserte es sich zusehends mit dem Patienten, er kam wieder zum völligen Gebrauch seiner Vernunft, und wußte alles wieder gehörig zu erkennen und zu unterscheiden. Alle Anwesenden bezeugten ihre große Verwunderung; meine Stiefmutter überhäufte mich mit Lobsprüchen, und ließ allen Menschen sehen, daß die Ehre, die mir diese Cur machte,

sie

sie nicht weniger freute, als die Wiederherstellung ihres
Mannes. Er selbst, dieß Zeugniß muß ich ihm geben, hatte sich kaum von den Anwesenden erzählen lassen was vorgegangen war, als er sogleich, ohne sich zu
bedenken oder jemand zu Rathe zu ziehen, die Enterbung aufhob, mich von neuem wieder zu seinem Sohn
annahm, mich seinen Retter und Wohlthäter nannte,
gestand, er habe nun keine andere Probe meiner Gesinnungen vonnöthen, und sich des Vergangenen halben
zu entschuldigen suchte. Viele wackere Leute, die bey
diesem Auftritt zugegen waren, hatten große Freude
darüber: andere, denen die Enterbung angenehmer gewesen war als die Wiederannehmung, zeigten das Gegentheil. Besonders bemerkte ich, daß eine gewisse
Person plötzlich die Farbe veränderte³), die Augen unruhig herumwarf, und sehr merkliche Spuren einer
Gemüthsbewegung, die dem Haß und der Mißgunst
sehr ähnlich sah, in ihrem Gesichte sehen ließ. Ich
hingegen und mein Vater überließen uns, wie leicht zu
erach-

3) Wer war diese gewisse Person, die er weder nennen, noch deutlicher bezeichnen will? Aller Vermuthung nach die Stiefmutter, deren zuvor gegen ihren Stiefsohn bezeugte gute Gesinnung, wie es scheint, nichts weniger als aufrichtig war. Daß der Stiefsohn so behutsam von ihr spricht, sie eine gute Frau nennt, und oben ausdrücklich sagt, ihr Mißtrauen in seine Cur sey aus keiner gehässigen Gemüthsverfassung gegen ihn entsprungen, darf uns nicht irre machen. Er mußte so sprechen, um auch dem bloßen Schein eines Verdachtes auszuweichen, als ob persönliche Abneigung, Rache oder andere eigennützige Leidenschaften auf seine beharrliche Weigerung ihre Cur zu übernehmen, einigen Einfluß gehabt hätte.

erachten, gänzlich der Freude einander wietergegeben zu seyn.

Nicht lange darauf verfiel die Stiefmutter in eine schwere und unerklärbare Krankheit, wie ich sie um so zuversichtlicher nennen kann, weil ich das Uebel von Anfang an sehr genau beobachtet habe. Es ist keine von den gewöhnlichen Arten der Tollheit, die sich durch bald vorübergehende Anwandlungen äussert und wovon die Ursache leicht zu entdecken ist: es ist vielmehr irgend ein altes Uebel, das schon lang' in ihrer Seele verborgen lag und nun auf einmal einen Ausbruch gefunden hat. Wir haben zwar noch viele andere Kennzeichen einer unheilbaren Tollheit, aber an dieser Frau hab ich noch ein ganz eigenes wahrgenommen; und dieß ist, daß sie mit allen Arten von Personen ziemlich zahm und gelassen ist, und die Krankheit ihr in deren Gegenwart einige Ruhe läßt, und daß sie hingegen plötzlich in den heftigsten Paroxysmus fällt, so bald sie einen Arzt erblickt, oder nur von einem reden hört. Ein Umstand, der für sich allein schon Beweises genug ist, wie übel es mit ihr steht und wie wenig Hoffnung da ist daß ihr geholfen werden könne.

Diese Bemerkung verursachte mir keinen geringen Kummer, und ich beklagte die arme Frau herzlich, wie sie es auch verdient, sie in einem so sehr unglücklichen Zustande zu sehen. Mein Vater indessen, der weder den ersten Grund noch das Maaß des Uebels kennt oder beurtheilen kann, befiehlt mir, dieser seiner Un-
wissen-

wissenheit zu Folge, sie in die Cur zu nehmen und ihr eben dieselbe Arzeney einzugeben, die er selbst von mir bekommen hatte; in der Meynung es gebe nur Eine Art von Tollheit, es sey eben dieselbe Krankheit, und es könne ihr also auch durch eben dasselbe Mittel geholfen werden; und da ich darauf bestehe, wie es denn auch die Wahrheit ist, daß die Frau unter diesen Umständen unmöglich zu retten sey: so entrüstet er sich über mich, und behauptet, ich entziehe mich ihr vorsetzlich und lasse sie muthwillig zu Grunde gehen. Er macht mir also ein Verbrechen aus der Unvollkommenheit meiner Kunst, und erzürnt sich, wie alle Leute, die von irgend einer großen Traurigkeit übermeistert werden, über denjenigen, der ihm freymüthig die Wahrheit sagt. Ich werde mich also, so gut ich es im Stande bin, sowohl für mich als für meine Kunst gegen ihn zu verantworten suchen.

Ich fange bey dem Gesetz an, in Kraft dessen er mich abermal verstoßen zu können glaubt, und zeige ihm, daß er dazu die Gewalt nicht mehr hat wie das erste mal. Der Gesetzgeber, Mein Vater, giebt diese Gewalt weder allen, noch so oft es ihnen beliebt, noch aus allen Ursachen: sondern so wie er den Vätern erlaubt hat, ihren Unwillen über ihre Söhne auf diese Art auszulassen, so hat er auch für die Söhne gesorgt, daß sie nicht unschuldig darunter leiden. Er hat es daher nicht von ihrer Willkühr abhängen lassen, einen Sohn aussergerichtlich mit einer so harten Strafe belegen zu dürfen: sondern sie angehalten, die Sache vor

Gericht zu bringen, und Männer, welche die Vermuthung für sich haben ohne Leidenschaft und Parteylichkeit zu verfahren, niedergesetzt, um die Gerechtigkeit ihrer Bewegursachen zu prüfen. Denn er wußte, daß manche Väter sehr unstatthafte Ursachen haben, warum sie über ihre Kinder zürnen, und nicht selten dieser irgend einer lügenhaften Verläumbung Glauben beymißt, jener von einem Bedienten oder einem übelgesinnten Weibsstücke sich aufbringen läßt. Er wollte also, daß eine (für die Ruhe und das Glück der Familien so wichtige) Sache nicht aussergerichtlich verhandelt werde; die Söhne werden nicht so gleich ungehört verurtheilt, sondern auch ihnen wird ihr Wasser aufgegossen, und es muß von allem Rede und Antwort gegeben und nichts unerörtert gelassen werden.

Da es mir also erlaubt ist zu reden, und mein Vater zwar Herr ist mich anzuklagen, das Urtheil aber, ob er es mit Recht thue, bey euch, ehrwürdige Richter, steht: so bitte ich euch, ehe und bevor ihr euere Aufmerksamkeit auf die dermalige Ursache seines Unwillens gegen mich richtet, vorher zu untersuchen, ob demjenigen, der seinen Sohn schon einmal verstoßen und dadurch die Gewalt, die das Gesetz einem Vater giebt, bereits in ihrer ganzen Stärke geltend gemacht, in der Folge aber den Verstoßenen wieder angenommen hat, erlaubt sey, eben dasselbe Recht zum zweytenmale auszuüben? Ich meines Orts behaupte, daß dieß im höchsten Grade ungerecht sey; daß die Kinder auf diese Art alle Tage in Gefahr wären und in beständiger Furcht

schwe-

schweben müßten; daß das Gesetz, wofern es diese Meynung hätte, je nachdem es der Laune der Väter gefiele, sich gebrauchen lassen müßte, bald ihren Zorn zu befriedigen, bald die Wirkung desselben wieder aufzuheben, um sie ehestens wieder von neuem gültig zu machen; welches nichts anders wäre, als Recht zu Unrecht und Unrecht wieder zu Recht zu machen, je nachdem es den Vätern jedesmal beliebte. Allerdings ist es billig, daß das Gesetz dem väterlichen Ansehen nachgebe, wenn ein Vater zürnt mit ihm zürne, und ihn über die Art, wie er seine Kinder bestrafen will, zum Herren mache. Wenn er aber diese Gewalt einmal ausgeübt, sich des Gesetzes in seinem ganzen Umfang bedient, seinen Zorn befriediget, und in der Folge den verstoßenen Sohn wieder angenommen, und dadurch bewiesen hat, daß er ihn, gegen seine vorige Meynung, für rechtschaffen halte: dann muß es dabey sein Bewenden haben, und es kann ihm mit Recht nicht gestattet werden, wieder abzuspringen, seine Entschließung abermals zu ändern, und was nun einmal gerichtlich ausgemacht ist, wieder umzustoßen. Denn, ob ein Sohn gut oder schlimm ausfallen werde, das hat, so viel ich weiß, kein zuverlässiges Kennzeichen, woran man es voraussehen könnte: und daher ist den Eltern, die ihre Kinder zu einer Zeit ernährten, da sie noch nicht wußten ob sie es auch verdienen würden, das Recht zugestanden worden, ungerathene Kinder aus der Familie auszuschließen. Wenn aber Jemand nicht nothgedrungen, sondern aus eigenem freyem Belieben einen Menschen, den er selbst geprüft und bewährt gefunden, zum Sohne angenommen hat, wie kann er seine Meynung wieder ändern, oder wie könnte ihm da das Gesetz noch ferner zu statten kommen? Würde ihm der Gesetzgeber nicht sagen: Wenn er ein Taugenichts ist und verdiente daß du dich gerichtlich von ihm loßsagtest, was fochte dich denn an daß du ihn wieder annahmst? Warum führtest du ihn wieder in dein Haus ein? Warum hobest du die Wirkung des Gesetzes wieder auf? Du warst ja dein eigner Herr, und es stand in deiner Willkühr es nicht zu thun. Aber daß du ein Spiel mit den Gesetzen treibst, und die Gerichte ihre Aussprüche so oft ändern sollen als du deine Gedanken änderst; daß die Gesetze bald ungültig seyn bald wieder gelten, und die Richter, so oft es dir einfällt, als Zeugen oder vielmehr als Diener deiner Laune sitzen und nach deinem Gutdünken bald strafen bald alles wieder gutmachen sollen, das kann dir keineswegs gestattet werden! Du hast deinen Sohn einmal gezeugt, hast ihn einmal auferzogen, und dafür hast du auch das Recht ihn einmal zu verstoßen, wenn du gerechte Ursache dazu zu haben scheinst; aber so weit erstreckt sich die väterliche Gewalt nicht, daß du dieß öfters und unaufhörlich und ohne alle Ursache thun dürftest.

Da nun mein Vater mich aus eigner freyer Bewegung wieder angenommen, da er den vormals gegen mich angestellten Proceß selbst wieder vernichtet, und seinen wider mich gefaßten Unwillen aufgegeben hat; so bitte und beschwöre ich dieses ehrwürdige Gericht, nicht zuzugeben, daß er mich mit doppelter Ruthe strafe,

und

und eine väterliche Gewalt, deren Zeit schon lange verflossen und die durch jenen ersten Act gänzlich erschöpft und unkräftig worden ist, noch einmal wider mich geltend mache. Bey andern Gerichten, wo die Beysitzer durch das Loos erwählt werden, erlaubt bekanntermaßen das Gesetz demjenigen, der durch das ausgesprochne Urtheil Unrecht zu leiden vermeynt, an einen höhern Richter zu appellieren: wenn aber die Parteyen selbst übereingekommen sind, ihre Sache durch Schiedsrichter schlichten zu lassen, so findet keine Appellation statt. Denn da es von ihrem Belieben abhieng, ob sie es auf die Entscheidung dieser Personen ankommen lassen wollten oder nicht: so ist, wenn sie sich einmal dazu entschlossen haben, nicht mehr als billig, daß sie es bey dem erfolgten Spruch derselben bewenden lassen. Eben so, mein Vater, stand es gänzlich in deiner Willkühr, deinen verstoßnen Sohn nicht wieder anzunehmen, wenn du noch glaubtest daß er deiner Familie unwürdig sey: da du ihn aber, weil du ihn für rechtschaffen hieltest, freywillig wieder angenommen hast, kannst du ihn nicht von neuem verstoßen. Denn daß er nicht verdiene zum zweytenmale so von dir behandelt zu werden, hast du selbst erklärt, da du durch deine eigene Handlung das entscheidendste Zeugniß zu seinem Vortheil abgelegt hast. Seine Wiederaufnahme kann nun keiner Reue mehr unterworfen seyn, sondern nachdem du zweymal Gericht über ihn gehalten, und durch das zweyte das erste aufgehoben und vernichtet hast, so muß die Aussöhnung nun gültig und rechtsbeständig seyn. Denn eben dadurch daß du deine erste Erkenntniß vernichtet, hast

haſt du deine zweyte Willensmeynung unwiderruflich gemacht. Bleibe alſo bey deiner letzten Entſchließung und gieb deinem eigenen Urtheil Kraft! Du mußt nun einmal mein Vater ſeyn; es war dein eigenes Belieben, du haſt es bewährt, du haſt ihm die Sanction des Geſetzes aufgedrückt. Wenn mich auch die Natur nicht zu deinem Sohn gemacht hätte, wenn ich es durch die bloße Adoption wäre, ſo behaupte ich doch daß du mich nun nicht wieder verſtoßen könnteſt, weil es offenbar unrecht iſt, etwas, welches zu thun oder nicht zu thun anfangs in unſrer Willkühr ſtand, wenn wir es einmal gethan haben, wieder zurücknehmen zu wollen: um wie viel weniger alſo wäre es vor dem Richterſtuhle der Vernunft zu rechtfertigen, denjenigen der aus einem doppelten Rechte, von Natur und vermöge deiner eigenen Wahl, dein Sohn iſt, wieder aus dem Hauſe zu ſtoßen, und eines und ebendeſſelben Kindesrechts mehrmal zu berauben. Wäre ich dein Sclave geweſen, und du hätteſt mich, in der Meynung daß ich ein Taugenichts ſey, in Ketten legen laſſen, in der Folge aber, eines beſſern von mir überzeugt, mich mit der Freyheit beſchenkt: würde es dir wohl erlaubt ſeyn, mich, in einem Anſtoß von Zorn, der dich etwa wieder anwandeln könnte, in die Knechtſchaft zurückzuſtoßen? Keinesweges! Die Geſetze würden dies nicht geſtatten; denn ſie begünſtigen in ſolchen Fällen den leidenden Theil, und wollen, daß es bey dem, was einmal zu deſſen Gunſten geſchehen iſt, ſein unabänderliches Verbleiben habe.

Ich

Ich könnte meine Behauptung, daß es nicht erlaubt sey, einen verstoßenen und freywillig wieder angenommenen Sohn zum zweytenmale zu verstoßen, mit noch vielen andern Gründen unterstützen, wenn es nöthig wäre: ich lasse es aber bey diesen bewenden, um einen Schritt weiter zu thun, und euch, ehrwürdige Richter darauf aufmerksam zu machen, wie denn der Sohn beschaffen ist, den er nun zum zweytenmale verstoßt. Ich will dermalen nichts davon sagen, daß ich das erstemal noch nichts gelernt hatte, jetzt hingegen ein Arzt bin; denn meine Kunst thut hier nichts zur Sache; auch nicht, daß ich damals ein junger Mensch, und nun in einem Alter bin, das allein schon die Vermuthung für mich erweckt, daß ich nicht so leicht etwas pflichtwidriges zu thun fähig sey; auch dieß könnte von geringem Gewichte zu seyn scheinen. Ich sage nur: wiewohl ich ihm damals, als er mich zum erstenmale aus seinem Hause stieß, meiner Meynung nach keine gerechte Ursache dazu gegeben, so hatte ich mir doch auch kein Verdienst um ihn gemacht. Jetzt aber, da er mich billig als seinen Erretter anzusehen hat, jetzt nachdem ich ihn kaum von einem so gefährlichen Uebel wieder hergestellt habe, mir einen solchen Lohn zu geben; ohne die geringste Rücksicht auf eine solche Cur, alles wieder zu vergessen, und einen Sohn, der, anstatt sich zu erinnern, wie unbillig er von ihm aus dem Hause geworfen worden, ihn an Seele und Leib wieder gesund gemacht hatte, abermal in die weite Welt hinauszustoßen, — kann auch wohl etwas undankbareres ersonnen werden? Denn es ist wahrhaftig kein kleiner

ner und alltäglicher Dienst, was ich an ihm gethan habe und wofür er mir nun diesen Dank giebt! Und, wofern auch er etwa nicht weiß wie es damals mit ihm stand, so ist es doch euch allen bekannt, in was für traurigen Umständen er sich befand; daß er von allen Aerzten aufgegeben war, daß alle seine Hausgenossen vor ihm flohen, und niemand ihm nahe zu kommen sich getraute, als ich ihn in die Cur nahm und ihn so weit gebracht habe, daß er mich nun anklagen und gerichtliche Reden gegen mich halten kann. Indessen, wenn du, mein Vater, das leibhafte Bild des Zustandes sehen willst, worin du dich vor kurzem selbst befunden hast, so wirf nur einen Blick auf deine Gattin, und denke daß Du warst was Sie itzt ist. Ist es nun billig von dir gehandelt, den ersten Gebrauch deiner wieder erlangten Vernunft gegen den zu machen, dem du sie zu danken hast? Denn daß du selbst die von mir empfangene Wohlthat für nichts geringes hältst, ist sogar aus deiner Anklage klar. Wenn du deßwegen einen solchen Haß auf mich wirfst, weil ich deine Frau, die in den verzweifeltsten Umständen ist, nicht heile: solltest du mich nicht eben darum über alles lieben, und nicht wissen wie du mir deine Dankbarkeit genug dafür beweisen wolltest, daß ich dich aus einem ähnlichen Jammer herausgezogen habe? Statt dessen ist beynahe das erste, was du thust seit dem du wieder bey Sinnen bist, mich vor Gericht zu schleppen; du bestrafst mich dafür daß ich dich gerettet habe, überlässest dich deinem alten Groll wieder und machst zum zweytenmale dasselbe Gesetz gegen mich geltend. Eine schöne Art seinen

Arzt

Arzt zu belohnen, wenn man ihm die Gesundheit, die er uns geschenkt hat, bloß dadurch beweist daß man einen Prozeß mit ihm anfängt! Um so weniger also, ehrwürdige Richter, werdet ihr diesem undankbaren Manne gestatten, seinen Wohlthäter zu strafen, seinen Retter ins Elend zu treiben, den Wiederhersteller seiner Vernunft zu hassen, und denjenigen unglücklich zu machen, dem er das größte Glück seines Lebens zu verdanken hat ⁴). Nein gewiß, das werdet ihr nicht, das könnet ihr nicht wenn ihr gerecht seyn wollet! Denn gesetzt auch, ich hätte mich jetzt aufs gröblichste gegen meinen Vater vergangen, so hatte er mir doch bereits eine nicht geringe Verbindlichkeit, deren er sich billig hätte erinnern und um ihrentwillen das gegenwärtige hätte

---

4) Die Leerheit an Gedanken, und das ewige Spielen mit den nehmlichen Antithesen macht einen großen Theil dieser Declamation beynahe unübersetzbar. Die damaligen Griechen liebten diese Art von Spielerey, wenn der Redner Gewandtheit und Sprache genug in seiner Gewalt hatte, um eben dasselbe wieder mit andern Worten, Phrasen und Constructionen zu sagen. Uns Neuern ist diese Art von Gedankenleerer Wortsubtilität widerlich, und überdieß ist es auch in unsrer Sprache unmöglich mit der Griechischen, die dazu ganz eigen organisirt ist, hierin gleichen Schritt zu halten, und vieles was im Original voller Grazie ist, wird platt und schwerfällig sobald man es übertragen will. Ich hoffe also keiner Entschuldigung nöthig zu haben, daß ich hier und da freyer als gewöhnlich übersetze, und um nicht alle Augenblicke das nehmliche zu sagen, da wo ich mir nicht anders zu helfen wußte, der Antithese des Originals eine andere, die zuletzt doch auf eben dasselbe hinausläuft, untergeschoben habe; wie z. B. hier mit dem ἀναστήσαντα τιμωρεῖσθαι geschehen ist, welches den Schluß dieser Periode macht.

hätte übersehen und zu gut halten sollen; zumal da sie von einer Wohlthat herrührt, die ohne alle Vergleichung größer ist als die vermeynte Beleidigung, die er neuerlich von mir erlitten haben will. Denn daß dieß zwischen ihm und mir der Fall sey, hoffe ich ohne Unbescheidenheit annehmen zu können, da ich ihn gerettet habe, da er für sein Leben selbst mein Schuldner ist, da ers mir allein zu danken hat daß er noch da ist, und daß er bey Sinnen und Vernunft ist, und dieß nachdem ihn alle andere Aerzte verlassen und gestanden hatten, daß sein Uebel die Kräfte ihrer Kunst übersteige. Was, meiner Meynung nach, mein Verdienst um ihn noch größer macht, ist der Umstand, daß ich nicht mehr sein Sohn war, daß nichts in der Welt mich nöthigte seine Cur zu unternehmen; ich war mein eigener Herr, er selbst hatte die Bande der Natur, die mich an ihn hefteten, zerrissen. Und dennoch, weit entfernt ihn seinem Schicksal zu überlassen, eilte ich ihm aus Antrieb meines eignen Herzens ungerufen zu Hülfe, widmete ihm alle meine Aufmerksamkeit und Sorgfalt, heilte ihn, stellte ihn wieder her, bewies daß ich ihn noch immer für meinen Vater erkenne und nicht verdient hatte von ihm verstoßen zu werden, überwältigte durch diese Probe meiner kindlichen Liebe seinen Groll, erkaufte mir die Wiederkehr in den Schooß meiner Familie, erprobte ihm meine kindliche Treue bey einer ganz entscheidenden Gelegenheit, und adoptierte, so zu sagen mich, und meine Kunst, selber; indem ich mich unter so schrecklichen Umständen als seinen Sohn bewies. Denn, glaubet nicht daß ich wenig dabey

aus-

ausgestanden habe, immer um einen wahnsinnigen Menschen zu seyn, ihm alle mögliche Sclavendienste zu thun, und immer auf die Augenblicke zu lauern, wo die Krankheit so weit nachließ daß die Kunst ihr entgegen arbeiten konnte. In unsrer ganzen Praxis ist nichts so beschwerlich und gefährlich zugleich, als mit Kranken dieser Art zu thun zu haben, da sie oft in einem plötzlichen Anfall der Krankheit ihre Wuth an dem ersten besten, der ihnen der nächste ist, auslassen. Gleichwohl habe ich mich durch das Alles nicht abschrecken lassen, und weder den Muth noch die Gedult dabey verlohren, sondern aus allen Kräften so lange mit dem Uebel gerungen und gekämpft; bis ich es endlich durch die Gewalt der Arzney bezwungen habe. Sage mir niemand, der dieß hört, was für eine so große Arbeit es dann sey, einen Patienten eine Mixtur einzugeben? Ehe es dazu kömmt, ist gar viel vorher zu thun. Der ganze Körper muß, damit die Haupt-Arzney ihre Wirkung thun könne, erst gehörig verbereitet, und seine Beschaffenheit zu diesem Ende genau erforscht werden; es ist vonnöthen ihn zuvor auszuleeren; ihm die überflüssigen Kräfte zu nehmen, ihn eine besondere Diät beobachten zu lassen; ihm die nöthige Bewegung zu geben; ihm Schlaf und Ruhe zu verschaffen. Alles dieß sind Dinge, wozu andere Kranke leicht zu bringen sind: aber die Schwierigkeit einen Wahnsinnigen, dessen Phantasie ohne Zügel mit ihm davonrennt, zu lenken und zu regieren, macht ihre Cur für den Arzt gefährlich, und setzt ihm beynahe unüberwindliche Hindernisse entgegen. Denn wenn wir es auch mit unend-

licher

licher Mühe so weit gebracht haben, daß wir bereits gute Hoffnung zu schöpfen anfangen, und uns dem Ziel schon ganz nahe sehen: so braucht es nur ein einziges kleines Versehen, um die Krankheit wieder zu verschlimmern, alles was schon gewonnen worden ist, wieder zu vernichten, die Cur zurückzuwerfen und die Kunst zu Schanden zu machen.

Und ihr, meine Herren Richter, ihr wolltet zugeben, daß derjenige der dieß alles ausgestanden, und die schwierigste aller Krankheiten nach einem so schweren und gefahrvollen Kampf, endlich so glücklich überwunden hat, von dem Manne, dem er einen Dienst von dieser Wichtigkeit geleistet, so schnöde behandelt würde? Wolltet zugeben, daß ein Vater den Sohn, der sich so hoch um ihn verdient gemacht, verstoße, die Gesetze nach seinem Belieben gegen seinen Wohlthäter auslege, und der Natur selbst dadurch Gewalt anthue? Ich, an meinem Theile, habe ihrer Stimme gehorcht, habe mich keinen Augenblick bedacht für die Rettung und Erhaltung meines Vaters Alles zu thun, wiewohl Er so übel mit mir umgegangen war. Wenn er, um den Gesetzen (wie er sagt) genug zu thun, einen Sohn, der nichts als Gutes um ihn verdient hat, seines Geburtsrechts beraubt, und, so viel an ihm ist, zu Grunde richtet, so beweist er sich als einen unnatürlichen Vater gegen einen pflichtvollen Sohn; ich ehre die Natur, er verachtet ihre Verhältnisse und treibe sein Spiel mit der Gerechtigkeit. Wenn noch etwas ungerechteres seyn könnte als der Haß dieses Vaters, so

müßte

müßte es nur die Liebe des Sohnes zu einem solchen Vater seyn! In der That zwingt er mich durch seinen so ungerechten Haß, es mir selbst übel zu nehmen und mich selbst anzuklagen, daß ich ihn noch lieben kann, und mehr liebe als recht ist; da doch wirklich die Natur den Vätern mehr Liebe zu ihren Söhnen, als den Söhnen zu ihren Vätern gebietet. Aber er, weit entfernt die Größe meines Verdienst zum Maß seiner Erkenntlichkeit zu machen, oder wenigstens nur meinem Beyspiele zu folgen, und mir Liebe um Liebe zu geben, — er giebt mir Haß um Liebe, Beleidigung um Wohlthat; stößt mich von sich, treibt mich aus seinem Hause, und sucht die Gesetze selbst, die den Kindern günstig sind, so gegen mich zu drehen, als ob sie ihnen zum Nachtheil gegeben wären! Kann was entsetzlicheres seyn, als diese Bemühung die Gesetze gegen die Natur selbst aufzuhetzen? Aber das alles, mein Vater, ist nicht so wie du gerne hättest daß es wäre. Du mißdeutest das Gesetz, dessen Geist eben so weise als billig ist. Die Natur und das Gesetz sind nie im Widerspruch, wo es um Gesinnungen des Herzens zu thun ist; im Gegentheil sie unterstützen einander, und arbeiten gemeinschäftlich dem Unrecht entgegen. Du mißhandelst einen Sohn, der Gutes um dich verdient hat, und versündigest dich dadurch an der Natur; hast du nicht genug daran? mußt du dich auch noch an den Gesetzen versündigen? Sie wollen gut, gerecht, und den Kindern günstig seyn, und du willst es ihnen nicht gestatten! Du hetzest sie unaufhörlich gegen einen und ebendenselben Sohn, gleich als ob du dich über meh-

rere

rere zu beklagen hätteſt, auf, und willſt daß ſie immer ſtrafen ſollen, da ihre Abſicht doch bloß iſt, die Kinder zu ihrer Pflicht gegen ihre Eltern anzuhalten, und ſie daher gegen diejenigen, die nichts geſündiget haben, ohne alle Wirkung ſind. Hingegen berechtigen ſie uns, wie ihr wißt, ſogar gerichtlich gegen diejenigen zu klagen, die ſich weigern ihren Wohlthätern das empfangene Gute zu vergelten, (wenn es in ihrem Vermögen ſteht, und ſie durch die Umſtände dazu aufgefodert werden.) Was müſſen wir alſo von dem denken, der nicht nur das Gute nicht erwiedert, ſondern ſeinen Wohlthäter noch ſogar dafür beſtrafen will, daß er ihm Gutes gethan hat 5)? Kann die Ungerechtigkeit noch weiter getrieben werden?

Ich glaube alſo, dieſem allem zu Folge, überflüſſig erwieſen zu haben, daß mein Vater, da er das Enterbungsgeſetz einmal gegen mich geltend gemacht, und das äuſſerſte was die väterliche Gewalt vermag, dadurch erſchöpft hat, nicht berechtigt ſey ſich zum

zwey-

---

5) Dieß paßt ganz und gar nicht auf den Vater, der ſeinen Sohn bloß wegen der vermeynten Halsſtarrigkeit, ſeine Stiefmutter nicht curiren zu wollen, beſtrafen wollte. Ueberhaupt ſind alle dieſe Logismen und Paralogiſmen ohne alle Kraft, ſobald es ſeine Richtigkeit hat, daß der Sohn ſeine Stiefmutter aus bloßem Eigenſinn und Ungehorſam nicht in die Cur nehmen will. Ueber dieſen Punkt alſo mußte ſich der Sohn vor allen Dingen hinlänglich rechtfertigen; darauf allein kommt es bey dem ganzen Proceß an, und alles iſt geſagt, wenn er beweiſen kann, daß der Stiefmutter unmöglich zu helfen ſey.

zweytenmale von mir loszusagen; und daß es überdieß widerrechtlich sey, einen Sohn aus dem Hause zu stoßen, der sich ein so großes Verdienst um seinen Vater gemacht hat.

Ich schreite nun zur Untersuchung des Verbrechens selbsten fort, welches er mir zur Last legt und zum Beweggrund meiner abermaligen Verstoßung macht. Auch hier werde ich wieder nöthig haben, auf die Absicht des Gesetzgebers zurück zu gehen. Gesetzt also (was nie zugegeben werden kann) es sey dir erlaubt, deinen Sohn so oft es dir beliebt, sogar wenn er Gutes um dich verdient hat, zu verstoßen: so bleibt doch, denke ich, richtig, daß du es nicht ohne alle Ursache, oder um einer jeden Ursache willen darfst. Oder hat der Gesetzgeber sich etwa so ausgedrückt: ein Sohn soll verstoßen werden, wessen ihn auch der Vater anklagen mag, und es bedarf dazu weiter nichts als wollen und beschuldigen? — Denn wenn dieß wäre, wozu hätte er nöthig, den ordentlichen Richter dazu zu nehmen? — Also gerade das Gegentheil! Eben darum, weil die Sache gerichtlich verhandelt werden muß, hat der Gesetzgeber Euch, Ihr Richter, zur Pflicht gemacht, zu untersuchen, ob der Vater wichtige und gerechte Ursachen zu seinem Zorn habe, oder nicht. Dieß ist es, Meine Herren, was jetzt euer Geschäfte ist. Ich will also gleich bey dem anfangen, was unmittelbar auf die von mir bewirkte Wiederherstellung meines Vaters folgte.

Das erste war, daß er meine Verstoßung aus seiner Familie wieder aufhob. Damals war ich sein Retter, sein Wohlthäter, sein Alles und Alles. Und in der That war es, denke ich, nicht wohl möglich, in dem, was ich für ihn gethan hatte, einen Grund zu irgend einer Beschuldigung zu finden. Aber was für einen findet er denn in meinem ganzen folgenden Betragen? Worin habe ich jemals die Pflichten eines Sohnes gegen ihn verletzt oder zurückgesetzt? Wenn bin ich jemals eine einzige Nacht nicht zu Hause gewesen? Was für Excesse, unzeitige Gelage und nächtliche Schwärmereyen kann er mir Schuld geben? Wenn habe ich mich jemals liederlich aufgeführt? Wann ist ihm jemals eine Klage über einen Frevel, den ich begangen hätte, zu Ohren gekommen? Gleichwohl sind dieß die hauptsächlichsten Ursachen, weßwegen das Gesetz erlaubt, sich von einem Sohne loszusagen. — Aber meine Stiefmutter fieng an krank zu werden. Das ist es also dessen du mich beschuldigest? und willst du mich für ihre Krankheit verantwortlich machen? Das Nicht, antwortest du. — Wofür denn also? — „Daß du meinem Befehl, sie zu curieren, nicht gehorchen willst? Dieses Ungehorsams wegen verdienst du enterbt zu werden." — Ich werde sogleich beweisen, daß die bloße Unmöglichkeit dem Befehl meines Vaters zu gehorchen, mir diesen Schein des Ungehorsams giebt. Aber vorher sey mir erlaubt, nur so viel überhaupt zu sagen: das Gesetz giebt ihm kein Recht mir Alles zu befehlen, und verpflichtet mich nicht ihm in

Allem

Allem zu gehorchen. Unter den Dingen, die ein Vater seinem Sohne befehlen kann, sind einige ihrer Natur nach so beschaffen, daß sie keiner fremden Willkühr unterworfen sind, und also von Niemand, wer er auch sey, befohlen werden können; andere hingegen sind von einer solchen Art, daß die Weigerung des Sohnes allerdings strafbar ist und dem Vater gerechte Ursache zum Unwillen giebt. Von dieser letztern Art wäre, zum Beyspiel, wenn er krank wäre und ich mich nichts um ihn bekümmerte, oder wenn er mir die Aufsicht über sein Hauswesen oder seine Landgüter anbefähle und ich sie vernachläßigte, und ihm durch meine Saumseligkeit Schaden brächte. Alle diese und dergleichen Dinge kann ein Vater mit Recht befehlen, und der Sohn, der sich ihm darin entzieht, verdient die väterliche Ahndung. Aber es giebt andere Dinge, welche gänzlich bey uns Söhnen stehen, und dahin gehört vornehmlich alles was die Kunst, die wir etwa gelernt haben, und ihre Ausübung betrift, zumal wenn dem Vater selbst kein persönliches Unrecht durch unsere Weigerung geschieht. So, zum Exempel, wenn ein Vater seinem Sohne, der ein Mahler oder Musikus oder Fabricant wäre, befehlen wollte: das sollst du mahlen, und das nicht! diese Stücke sollst du spielen und diese nicht! Diese Dinge sollst du fabricieren und diese nicht! — Wer würde es dulden, wenn er seinen Sohn verstoßen wollte, weil dieser nicht für gut fände, sich in der Ausübung seiner Profession nach den Launen seines Vaters zu richten? Gewiß, kein Mensch in der Welt.

Da nun die Arzneykunst, wie niemand in Abrede seyn wird, eine der ehrwürdigsten und gemeinnützlichsten ist, was ist billiger, als daß denjenigen, welche sie treiben, die unbeschränkteste Freyheit zugestanden werde, sie auszuüben oder nicht auszuüben? Eine so heilige Kunst, eine Kunst, worin uns Götter den ersten Unterricht gegeben haben, eine Kunst die durch den Fleiß der weisesten Sterblichen bearbeitet und ausgebildet worden, kann keinem Befehl, keinem Zwang unterworfen werden; ihre Ausübung muß von der Knechtschaft der Gesetze und von aller Furcht vor den Gerichten und ihren Strafen befreyt seyn, und weder die Drohungen eines Vaters noch den Zorn der Unwissenden zu scheuen haben. Wenn ich dir also auch geradezu gesagt hätte: ich will nicht, ich curiere sie nicht, wiewohl ich es könnte; ich verstehe meine Kunst bloß für mich selbst und für meinen Vater, und will für alle übrige Nichts wissen: welcher Tyrann unterstünde sich die Gewaltthätigkeit so weit zu treiben, daß er mich zwingen wollte, meine Kunst wider meinen Willen auszuüben? Solche Dienste müssen durch gute Worte und Bitten erlangt, nicht durch Zorn und Anrufung der Gesetze und gerichtliche Klagen erzwungen werden. Man muß einem Arzt nicht befehlen wollen, man muß ihn gewinnen; er muß nicht bey den Haaren zu dem Kranken gezogen werden, sondern freywillig und mit Vergnügen kommen. Wahrlich, eine Kunst, welcher so viele ansehnliche Republiken öffentliche Ehrenbezeugungen, Rang, Befreyungen und Vorzüglichkeiten ertheilt haben, wird

doch

doch wohl von dem Zwang der väterlichen Gewalt befreyt seyn!

So könnte ich, in dem besondern Falle, wo du mir eine Cur, die in meinem Belieben steht, mit Gewalt aufdringen willst, Kraft der Vorrechte meiner Kunst, auch alsdann sogar mit dir sprechen, wenn du selbst sie mich hättest lernen lassen, und große Unkosten darauf verwandt hättest. Nun aber bedenke um wie viel weniger du berechtigt bist, mich in dem freyen Gebrauch einer Sache, die gänzlich mein Eigenthum ist und wozu du mir nichts gegeben hast, beeinträchtigen zu wollen!

Als ich diese Kunst lernte, war ich nicht mehr dein Sohn; wiewohl ich sie für dich gelernt habe, und du der erste warst, der ihrer Früchte genoß. Von dir habe ich zu ihrer Erlernung nicht die geringste Beyhülfe empfangen. Oder wie heißt der Lehrmeister, den du für mich bezahlt, wo ist der Apparat von Arzneyen, den du mir angeschaft hast? Du hast nichts, nichts auf der Welt dazu beygetragen. Alles was ich von dir hatte, als ich meine Studien anfieng, war Kummer, Mängel, Hülflosigkeit; Abscheu meiner vormaligen Bekannten und Entfernung meiner Blutsverwandten; du überließest mich der äußersten Dürftigkeit, und sogar den Unterricht, den ich genossen habe, bin ich dem Mitleiden meiner Lehrer schuldig. Und dafür machst du nun Ansprüche an meine Kunst, und willst nach dei-

nem

nem Gefallen über das, was ich erworben habe da du mein Herr nicht warst, schalten und walten. Begnüge dich immer an dem was ich für dich gethan habe, wiewohl ich dir nichts schuldig war, und du dafür daß ich es konnte, nicht den geringsten Dank von mir zu erwarten berechtigt warst. Es wäre wahrlich nicht billig, daß meine Gutherzigkeit mich noch für mein ganzes übriges Leben in die Nothwendigkeit setzen sollte, mir, was ich freywillig gethan habe, auch wider meinen Willen befehlen zu lassen: oder daß man es Mode werden ließe, daß ein Arzt, der jemanden einmal curiert hätte, nun darum auf ewige Zeiten alle und jede in die Cur nehmen müßte, die jener curiert wissen wollte. Was hieße das anders als unsre Patienten zu Herren über uns zu machen, und sie für die Ehre ihre Sclaven zu seyn, noch zu bezahlen? Kann auch was ungerechteres erdacht werden? Weil ich dich von einer der schwersten Krankheiten wieder hergestellt habe, verlangst du es soll dir erlaubt seyn meine Kunst als dein Eigenthum zu gebrauchen?

So könnte ich sprechen, wofern auch das, was er mir zumuthet, eine mögliche Sache wäre. Denn auch in diesem Falle würde ich mich nicht verbunden glauben, weder einem jeden, noch auf Jemands Befehl, aufzuwarten. Aber laßt uns hören wie nun vollends die Befehle lauten, die er mir ertheilt. „Da du, spricht er, mich von der Wahnsinnigkeit geheilt hast, und meine Frau nun ebenfalls toll und also mit

der

der nehmlichen Krankheit behaftet ist, du aber alles kannst, wie die Probe beweißt, so heile auch sie."— Wenn man das so obenhin hört, so scheint nichts billiger zu seyn, zumal einem der von der Medicin nichts versteht. Wenn ihr aber anhören wollt, was ich als Arzt hierauf zu antworten habe, so werdet ihr einsehen, daß uns nicht alles möglich ist, daß ähnliche Krankheiten sehr verschiedener Natur seyn können, daß sie also auch nicht auf einerley Art zu curiren sind, und daß nicht alle Arzneyen gegen alles helfen; und so wird es sich zeigen, wie groß der Abstand von **nicht wollen** und **nicht können** ist. Erlaubt mir, meine Herren, einige Augenblicke über diese Materie zu philosophieren, und sehet eine nähere Erörterung derselben als keine Abschweifung an, die uns von der Hauptsache entferne und hier nicht am rechten Orte sey.

Fürs erste sind nicht alle Temperamente und Leibesbeschaffenheiten gleich. Denn wiewohl nichts gewisser ist als daß sie aus einerley Elementen bestehen, so haben doch die einen mehr, die andern weniger von diesem oder jenem Elemente. Ich spreche jetzt bloß von männlichen Körpern, und behaupte, da schon unter diesen in Absicht der Mischung sowohl als der Zusammensetzung eine sehr große Mannichfaltigkeit statt findet, daß, vermöge einer ganz natürlichen Folge, auch ihre Krankheiten sowohl der Art als der Größe nach sehr verschieden seyn müssen. Der eine ist daher, seiner Constitution nach, leicht zu behandeln und kommt

kommt der Cur so zu sagen entgegen: da hingegen ein andeder, vermöge der seinigen, leicht von Krankheiten überfallen und überwältiget wird, und daher wenig Hoffnung zur Genesung giebt. Sich also einzubilden, jedes Fieber, jede Abzehrung, Lungensucht oder Wahnsinnigkeit, sey, weil sie unter eine und dieselbe Gattung gehöre, auch in jedem Körper durchaus gleich, ist eine Meynung unverständiger, übel räsonnierender und mit diesen Dingen sehr schlecht bekannter Leute; sondern die nehmliche Krankheit ist bey dem einen leicht zu heilen, bey dem andern nicht. Es ist damit, däucht mich, wie mit dem Weizen, der in verschiedenem Boden auch ungleich fortkommt: säet man ihn in ein ebenes, tiefliegendes und wasserreiches Land, das viel Sonne hat, günstigen Winden offen und dabey gut bearbeitet ist, so wird er schön und fett aufgehen und vielfältige Früchte bringen; ganz anders hingegen wird er auf einem Berge, in einem steinichten magern Boden, anders in einem dem es an Sonne fehlt, anders am Fuß eines Berges seyn, mit Einem Worte, er wird immer nach Verschiedenheit des Bodens ungleich gerathen. Eben so kommen auch die Krankheiten nach Beschaffenheit der Körper, die davon befallen werden, so zu sagen, in den einen besser in den andern schlechter fort, finden in jenen mehr in diesen weniger Nahrung, und nehmen also in jenen zu, in diesen ab. Aber über alle diese Betrachtungen setzt sich mein Vater weg, oder bildet sich vielmehr, ohne sich mit irgend einer Untersuchung abzugeben, ein, jede Tollheit sey in jedem

Kör-

Körper eben dieselbe, und könne auf einerley Art curirt werden.

Allein, ausser diesen allgemeinen und entscheidenden Gründen, ist leicht zu begreiffen, daß der große Unterschied zwischen männlichen und weiblichen Körpern auch in den Krankheiten sowohl als in der Art sie zu behandeln und der Hoffnung eines guten Erfolges, eine sehr beträchtliche Verschiedenheit hervorbringen müsse. Die erstern sind dichter, fester, stärker gespannt, und überdieß durch härtere Arbeit, stärkere Bewegung und das häufige Leben in freyer Luft mehr gestärkt und abgehärtet: diese hingegen sind schlaff, weich, im Schatten aufgekommen 6), und daß sie weisser sind als wir, ist bloß eine Folge daß sie schlechteres Blut, weniger Wärme und zuviel wässerige Feuchtigkeit haben; natürlich sind sie also mehrern Unpäßlichkeiten unterworfen, als die männlichen Körper, halten die Cur nicht so gut aus, und haben vornehmlich eine besondere Disposition zu den Krankheiten, die das Gehirn und die Nerven zerrütten, da sie viel Galle machen, sehr unbeständig und reitzbar und von geringer körperlicher Stärke sind 7). Es wäre also unbillig, von den Aerzten

T 5   zu

6) Weil die Griechischen Töchter und Frauen, ausser den Festen, wo sie den religiösen Processionen beywohnten, fast gar nicht aus dem Hause kamen.

7) Diese physiologische Charakterisirung macht uns von dem weiblichen Theile der Griechischen Nation keinen sehr vortheilhaften Begriff, und könnte etwas zur Auflösung

zu fodern, daß sie die einen und die andern auf gleiche
Art und mit gleichem Erfolg curieren sollten, da wir
wissen, wie weit sie in ihrer ganzen Lebensweise, in ihren Beschäftigungen und in allem ihrem Thun und
Lassen von einander verschieden sind. Wenn du also
sagst, sie sey rasend, so mußt du nicht vergessen, daß
es die Raserey eines Weibes ist, und diese zwey Arten von Raserey nicht, des Nahmens wegen, für einerley halten, sondern sie eben sowohl unterscheiden, wie
die Natur sie unterschieden hat, und dich belehren lassen, was bey der einen und der andern möglich ist.
Denn wir Aerzte fangen, wie ich bereits erinnert habe,
immer bey Untersuchung der Leibesbeschaffenheit und
des Temperamentes an, und erkundigen uns, ob die
Person hitzig oder kalt, alt oder jung, groß oder klein,
fett oder mager ist; mit Einem Wort, nach allem was
zu dieser Rubrik gehört: und ein Arzt, der diese vorläufigen Untersuchungen gehörig angestellt hat, verdient
Glauben, es sey nun daß er alle Hoffnung abspreche,
oder daß er noch etwas hoffen lasse.

 Es giebt beynahe unzählige Arten der Wahnsinnigkeit, die aus ganz verschiedenen Ursachen entsprin-
gen, und auch mit verschiedenen Nahmen belegt werden. Denn es ist ein großer Unterschied zwischen stil-
lem Wahnsinn, Verrücktheit, Tollheit und Raserey,

und

sung des Problems beytragen, ein Mann, der ein Weib lei-
warum bey den Griechen ein denschaftlich liebte, so seltne
liebenswürdiges Weib, und Dinge waren.

und alle diese Nahmen bezeichnen sehr verschiedene Grade dieser Krankheit. Die Ursachen sind bey den Frauen nicht ebendieselben wie bey den Männern, und auch bey diesen macht das Alter hierin einen großen Unterschied: bey jungen Männern, z. E. ist öfters ein zu großer Ueberfluß von Säften die Ursache, bey Alten hingegen Verdruß über erlittne Kränkungen, und nicht selten ein plötzlicher unmäßiger Zorn über ihre Hausgenossen, der sie anfangs bloß aus aller Fassung bringt, aber nach und nach in Raserey ausartet. Bey den Weibern sind die Ursachen und Veranlassungen dieses Uebels desto häufiger, je leichter sie gereitzt werden können: die gewöhnlichsten sind ein heftiger Groll gegen eine Person, oder Neid über das Glück eines Feindes; oder irgend ein Verdruß, den sie einschlucken müssen; oder ein Zorn, den sie nicht auslassen können. Diese Leidenschaften glimmen dann eine Zeitlang wie Feuer unter Asche, werden unvermerkt genährt, und brechen endlich auf einmal in Raserey aus.

Etwas von dieser Art, mein Vater, muß deiner Gemahlin zugestoßen seyn. Vielleicht hat sie neulich einen großen Verdruß gehabt; denn Haß hatte sie gegen niemand. Was aber auch die Ursache seyn mag, soviel ist gewiß, daß das Uebel dergestalt von ihr Besitz genommen hat, daß alle Kunst des Arztes an ihr verlohren ist. Findet sich irgend einer, der sich dazu anheischig macht und es zu Stande bringt, dann unterwerfe ich mich deinem Unwillen und bekenne ne ihn verschuldet zu haben. Aber dieß setze ich ohne Scheu hinzu: wenn ihr Zustand auch nicht so ganz verzweifelt wäre, wenn ich noch ein Fünkchen Hoffnung, ihr vielleicht helfen zu können, vor mir sähe, so würde ich mich doch so leicht nicht entschließen können, mich mit ihrer Cur zu befassen, und es so leicht nicht wagen, ihr Arzney zu geben, aus Besorgniß, bey der Ungewißheit des Erfolgs, mir im Publico einen sehr bösen Ruf zuzuziehen. Du weißt wie allgemein das Vorurtheil ist, alle Stiefmütter haßten die Kinder aus der vorigen Ehe; und wie gut eine auch seyn mag, so lassen sichs die Leute doch nicht aus dem Kopfe bringen, daß sie in diesem Punct mit der allgemeinen Raserey ihres Geschlechtes behaftet sey. Wie leicht könnte also jemand, wenn es übel ausfiele, und meine Arzneyen nichts ausrichteten, auf den Argwohn gerathen, die Schuld liege an meinem Willen, und ich hätte sie geflissentlich und heimtückischer Weise falsch behandelt?

So, mein Vater, steht es um deine Gemahlin, und ich kann nicht umhin, dir vermöge aller meiner Beobachtungen zu sagen, daß es nie besser mit ihr werden wird, und wenn sie auch die Mixtur, die dir geholfen hat, zehentausendmal verschluckte. Es würde sich folglich der Mühe nicht verlohnen einen Versuch zu machen; es wäre denn daß du bloß deßwegen so heftig in mich setztest, damit ich meine Schande an ihr cuciren sollte. Laß mir lieber den Vortheil, von meinen

nen Kunstverwandten beneidet zu werden! Solltest
du indessen gleichwohl darauf beharren, mich zum
zweytenmale zu verstoßen, so werde ich dir doch, wenn
ich mich auch von aller Welt verlassen sähe, nichts
böses wünschen. Gesetzt aber, der Himmel verhüte
es! deine Krankheit käme wieder — welches bey so
reizbaren Personen nur zu leicht der Fall ist — Was
würde ich thun? Dich wieder curieren, darauf
kannst du sicher rechnen! Ich werde den Posten,
auf welchen mich die Natur als deinen Sohn gestellt
hat, nie verlassen, und nie vergessen wem ich mein Leben zu danken habe. Auch darf ich hoffen, dereinst,
wenn du dann wieder hergestellt seyn wirst, zum zweytenmale wieder von dir angenommen zu werden.
Nimm dich immer in Acht! Die heftigen Leidenschaften, denen du dich überlässest, könnten dein Uebel
leicht zurückrufen; oder vielmehr, es ist nicht anders
als ob du es geflissentlich aufweckest! Du bist kaum
zwey oder drey Tage von einer so schrecklichen Krankheit wieder aufgestanden, und greifst dich schon wieder
so stark an, und schreyest, und erzürnst dich, (was
das schlimmste ist) und kehrst zu deinem alten Groll
zurück, und rufst die Gesetze wieder gegen mich auf.
O weh, o wehe! Gerade so, Mein Vater, fieng sich
deine erste Tollheit an! *)

*) Sollte man, diesem Schlusse nach, nicht denken, es sey wirklich die Absicht des schlauen Arztes gewesen, sei-
nen Vater wieder toll zu machen, um sich noch einmal das Verdienst seiner Wiederherstellung zu geben, und als
das

das letzte Mittel, das ihm, wenn alles andere fehlte, übrig blieb, der angedrohten abermaligen Enterbung zu entgehen? Diese launigte Wendung ist nicht die erste in dieser Declamation; und überhaupt werden aufmerksame Leser in diesen Ueberresten aus der Zeit, da Lucian den Rhetor machte, Spuren genug entdecken, daß er den wahren Gebrauch seines Geistes und seiner Talente erst damals ausfindig machte, da er seine satyrischen und komischen Dialogen zu schreiben anfieng, und daß er in jeder Betrachtung wohl that, der gerichtlichen Beredsamkeit und der Sachwalter-Profession bey Zeiten zu entsagen.

Der

Der erste Phalaris

oder
Rede der Abgesandten des Phalaris an die Priester und das Volk zu Delphi.

Phalaris, unser gebietender Herr, hat uns zu euch abgeschickt, ehrwürdige Delphier, um dem Gotte diesen Stier zu überbringen, und euch sowohl von seiner

Phalaris. Das bekannte Mährchen oder die Geschichte von dem ehernen Stiere dieses Tyrannen, hat seinen Nahmen auf eine so nachtheilige Art verewigt, daß Er und der Aegyptische Busiris immer oben an stehen, wenn von den unmenschlichsten Tyrannen die Rede ist. Wenn die Griechen Jemanden in bösen Ruf bringen wollten, so kannten sie im übertreiben keine Grenzen. Der Geschichtschreiber Klearch trug kein Bedenken ihn sogar zum Popanz zu machen und zu versichern, er habe die noch an der Brust liegenden Kinder der Agrigenter, gewöhnlich, statt der Spanferkel gespeist. (Athenaeus L. IX. pag. 396.) Das gewisseste indessen, was wir von ihm wissen, ist, daß seine ganze Geschichte so ungewiß ist, daß man nicht einmal die Zeit, wenn er gelebt hat, zuverläßig angeben kann. Denn die einen machen ihn zum Zeitgenossen des Dichters Stesichorus, der in der 56sten Olympiade starb; andere (z. B. Valerius Maximus, L. III. c. 3.) bringen ihn mit dem Philosophen Zeno von Elea

ner eigenen Person als von diesem Weyhgeschenke das nöthige zu sagen. Dieß ist die Ursache warum wir hier vor euch erscheinen: was wir euch aber in seinem Nahmen sagen sollen, ist folgendes.

Ihr Delphier, spricht Phalaris, es ist mir nichts so lieb und kostbar, daß ich es nicht darum geben wollte, von allen Griechen so gekannt zu werden, wie ich wirklich bin, nicht wie mich der Ruf, den mir meine Feinde und Neider gemacht haben, den Unwissenden abgeschildert hat: am meisten aber möchte ich wünschen, von euch, den heiligen Priestern, Räthen und vertrauten Hausgenossen des Pythischen Gottes, besser gekannt zu seyn. Denn ich denke, wenn ich mich nur erst vor Euch gerechtfertigt und Euch überzeugt habe, daß man mich ohne Ursache für grausam hält, so werde ich auch von Euch gegen alle übrigen vertheidigt werden. Zum Zeugen aber daß ich euch die Wahrheit sage, rufe ich den Gott auf, welchen niemand durch Sophistereyen und Trugschlüsse hintergehen kann. Menschen auf diese Art zu betrügen, ist etwas leichtes:

aber

Elea zusammen, der um die 80ste Olympiade lebte. Wie dem aber auch seyn mag, so war die Apologie eines so verrufnen Tyrannen ein artiges Sujet für eine Declamation, und die sinnreiche Dichtung, welche Lucian dabey zum Grunde legt (daß Phalaris den berüchtigten Stier in dem Delphischen Tempel gestiftet, und bey dieser Gelegenheit sich durch diese Apologie in einen bessern Ruf zu setzen gesucht habe) drückt dieser rhetorischen Composition den ächten Lucianischen Stempel auf.

aber einem Gotte, zumahl diesem hier, die Wahrheit
zu verbergen, ist unmöglich.

Ich stamme aus einem Geschlechte, dem niemand
eine Stelle unter den edelsten in Agrigent absprechen wird;
ich habe eine edle Erziehung genossen und meine Jugend
mit nützlichen und schönen Studien zugebracht. Ich habe
mir immer in meinem öffentlichen Leben durch meine
Popularität die Liebe des Volks, und durch meine Billigkeit und Mäßigung die Achtung meiner Collegen erworben. Niemand kann auftreten und sagen, daß ich
mich in dem ganzen ersten Theile meines Lebens einer
gewaltthätigen, brutalen und übermüthigen Handlung,
oder einer Anmaßung daß alles nach meinem Kopfe
gehen müsse, schuldig gemacht habe. Wie ich aber
sahe, daß diejenige, die mir in der Staatsverwaltung
entgegen waren, ein Complot gegen mich machten, und
es schlechterdings darauf anlegten mich aus dem Wege
zu räumen; und ausserdem damals unsre Republik
durch die Parteyen, in welche sie getheilt war, in die
größte Zerrüttung gesetzt wurde: so sah ich kein anderes Mittel mich selbst und das gemeine Wesen mit mir
zu retten, als wenn ich mich der Regierung gänzlich bemächtigte, um sowohl meine Feinde zu Paaren zu treiben, als die Agrigentiner zu nöthigen sich vernünftiger
zu betragen ²). Auch fanden sich nicht wenige verstän-
dige

---

2) Agrigent oder Akra-
gas, wie sie eigentlich hieß
(jetzt Girgenti) war die
schönste, reichste und mächtig-
ste Stadt unter den Repu-
bliken, die einst in dem freyen
Sici-

Lucians Werke VI. Th. U

dige und patriotische Männer, die meine Unternehmung gutheißen, weil sie meine Grundsätze und Absichten kannten, und von der Nothwendigkeit eines solchen Schrittes überzeugt waren; und so wurde es mir dann mit dem Beystand dieser wackern Männer leicht, meinen Plan auszuführen.

Von dieser Zeit an hörten alle tumultuarischen Bewegungen auf, die Friedensstörer lernten gehorchen, ich war Regent, und die Stadt kam in Ruhe. Alles dieses brachte ich zu Stande, ohne daß es auch nur einem einzigen meiner Feinde sein Leben, oder Bürgerrecht oder Vermögen gekostet hätte, wiewohl Hinrichtungen, Landesverweisungen und Confiscationen im Anfang solcher Staatsveränderungen etwas gewöhnliches und beynahe unvermeidliches sind. Ich hoffte aber durch Güte und Gelindigkeit, und indem ich alle mit gleicher Leutseligkeit behandelte, die Gemüther viel besser zum gehorchen zu gewöhnen, als durch Strenge. Mein erstes also war, mich mit meinen Feinden auszusöhnen, und in gutes Vernehmen zu setzen; ja ich gieng so weit, daß ich die meisten von ihnen zu mei-

nen

Sicilien blüheten, ehe sie von den Carthaginensern zu Grunde gerichtet wurde. Diodor von Sicilien kann nicht Worte genug finden, die erstaunliche Fruchtbarkeit und Güte ihres Bodens und Klima's, die Pracht ihrer Tempel und öffentlichen Gebäude, und den unglaublichen Reichthum ihrer Einwohner zu beschreiben; und Pindar nennt sie in seiner zweyten olympischen Ode auf den Sieg des Agrigentischen Fürsten Theron, die schönste aller Städte der Sterblichen, die Königin der Städte u. s. w.

nen Räthen und Tischgenoſſen machte. Nun war meine angelegenſte Sorge, die Stadt ſelbſt in einen beſſern Stand zu ſetzen, die durch die Nachläßigkeit ihrer ehmaligen Vorſteher in den größten Verfall gerathen war: denn anſtatt daß die gemeinen Einkünfte auch zum gemeinen Beſten hätten verwandt werden ſollen, ſtahl oder raubte vielmehr ein jeder ungeſcheut, wie er konnte und wollte. In kurzem zeigten ſich die Früchte einer beſſern Staatswirthſchaft: ich verſah die Stadt mit Waſſerleitungen und Springbrunnen, verſchönerte ſie durch öffentliche Gebäude, befeſtigte ſie mit Wällen, vermehrte die gemeinen Einkünfte durch die Sorgfalt und Treue derjenigen, denen ich ſie zu verwalten gab, ſorgte für die Erziehung der Jugend und die Verpflegung des dürftigen Alters, und unterhielt das Volk mit Schauſpielen, Spenden [3]), Feſten und öffentlichen Gaſtmählern. Alle die Gewaltthätigkeiten hingegen, die den Nahmen der Tyrannen ſo verhaßt gemacht haben, Jungfrauen und Jünglinge zu mißbrauchen, verheurathete Frauen aus den Armen ihrer Männer zu reiſſen, meine Trabanten zu Werkzeugen ungerechter und grauſamer Handlungen zu machen, und die Sicherheit meiner Oberherrlichkeit auf eine knechtiſche Furcht der Unterthanen zu gründen, waren Dinge, die ich ohne Abſcheu nicht nennen hören konnte. Zuletzt gieng ich ſogar mit dem Gedanken um, die Regierung gänz-

lich

---

3) Austheilungen von Getreide, Fleiſch und Geld an das gemeine Volk in den alten Republiken, bey den Römern *congiaria* genannt.

lich niederzulegen, und überlegte nur, wie ein Mann in meinen Umständen es mit Sicherheit thun könnte. Denn die Erfahrung hatte mich nur gar zu gut belehrt, welch eine mühselige Sache das Leben eines Fürsten ist, der in eigener Person alles thun und für alles sorgen muß, und für alle seine Arbeit doch nichts als Haß und Mißgunst zum Dank davon trägt. Ich machte mir also ein ernstliches Geschäfte daraus, solche Einrichtungen zu treffen, daß die Stadt dieser Art von Cur, die ich mit ihr hatte vornehmen müssen, künftig nicht mehr nöthig hätte. So dachte ich damals in meiner einfältigen Gutherzigkeit, die, wie ich bald genug belehrt wurde, bey den Menschen, mit denen ichs zu thun hatte, übel angewendet war. Denn, während ich damit umgieng den Agrigentinern ihre Freyheit wiederzugeben, machten meine Feinde geheime Anschläge, einen Aufstand gegen mich zu erregen; man bemühte sich immer Mehrere in die Verschwörung zu ziehen, man brachte eine Menge Waffen und Geld zusammen, man bewarb sich um den Beystand der benachbarten Städte, und schickte Emissarien nach Sparta und Athen. Wie sie, wofern sie mich in ihre Gewalt bekommen hätten, mit mir verfahren wollten, wie sie gedroht hatten mich mit eigenen Händen in Stücken zu zerreissen, und was für Martern sie für mich ausgedacht hatten [4]), haben sie selbst, da sie öffentlich auf die Folter gebracht wurden, bekannt. Daß es ihnen nicht gelungen ist, habe ich allein den Göttern, die

ihr

---

4) Nachdem er in Stücken zerrissen war?

ihr Complot an den Tag brachten, zu danken, besonders dem Pythischen Apollo, der mich in Träumen warnte, und mir von allem, was heimlich gegen mich angezettelt wurde, Nachricht geben ließ.

Nun bitte ich euch, ihr Delphier, stellet euch an meinen damaligen Platz, und saget was ich hätte thun sollen, da so wenig gefehlt hatte, daß ich durch meine zu wenige Sorge für meine Sicherheit meinen Feinden in die Hände gerathen wäre, und ich nun bloß auf meine eigene Rettung denken mußte. Reiset auf etliche Augenblicke in Gedanken nach Agrigent, nehmet ihre Anstalten in Augenschein, höret ihre Drohungen, und saget mir dann was zu thun sey! Soll ich abermals Gnade vor Recht ergehen lassen, alles verzeihen, alles mit Geduld ertragen, oder, um die Sache mit ihrem wahren Nahmen zu nennen, meinen Feinden den bloßen Hals hinstrecken, und was mir das liebste in der Welt ist vor meinen Augen abschlachten sehen? Oder glaubt ihr nicht auch, daß nur ein gänzlich blödsinniger Mensch so handeln könnte; und daß ich vielmehr, wenn ich anders edel und männlich dachte, alle Ursache hatte, der Empfindlichkeit eines klugen und in so hohem Grade beleidigten Mannes Raum zu geben, und durch die Rache, die ich an meinen Feinden nahm, mir ein für allemal auf die Zukunft Sicherheit zu verschaffen. Gewiß würdet ihr mir keinen andern Rath gegeben haben?

Und was that ich nun? Ich ließ sie vor Gericht führen, gab ihnen völlige Freyheit alles zu sagen was

sie konnten, und nachdem ich sie durch klare Beweise
aller ihrer Uebelthaten Stück vor Stück, dergestalt
überwiesen hatte, daß sie nichts davon läugnen konnten,
ließ ich einer gerechten Rache ihren Lauf, weniger darüber zürnend daß sie mir nach dem Leben getrachtet, als
daß sie mir dadurch die Freyheit benommen hatten,
bey den Grundsätzen von Gelindigkeit zu beharren, die
ich mir von Anfang meiner Regierung an zur Regel
gemacht hatte. Denn seit dieser Zeit sehe ich mich genöthigt, mein Leben beynahe einzig und allein mit Sorge für meine persönliche Sicherheit, und mit Bestrafung derjenigen, die mir unaufhörlich nachstellen, zuzubringen. Und nun schreyen die Leute über meine
Grausamkeit, und bedenken nicht, wer von beyden
Theilen die erste Ursache dazu gegeben hat; sie sehen bloß
auf die Strafen und die Strenge, die ihnen dabey vorzuwalten scheint, die Ursachen hingegen, die mich zu
dieser Strenge zwingen, kommen bey ihnen in keine
Betrachtung. Das ist gerade so, als wenn jemand,
der es mit Augen angesehen hätte, wie ein Tempelräuber bey Euch von dem Felsen herabgestürzt wird, anstatt
zu bedenken was für ein freselhaftes Beginnen es von
diesem Menschen war, sich bey nächtlicher Weile in den
Tempel zu schleichen, die darin aufgehängten Weyhgeschenke abzureissen, ja sich wohl gar an dem Bilde
des Gottes selbst zu vergreiffen, Euch einer großen Unmenschlichkeit beschuldigen wollte, daß ihr, da ihr doch
Griechen und Priesterliche Personen seyn wolltet, fähig
wäret, einen Griechen, noch dazu so nahe bey dem
Tempel (denn die zu jener Strafe bestimmte Felsen-
spitze

ſpitze ſoll nicht weit von euerer Stadt entfernt ſeyn) mit einer ſo fürchterlichen Strafe zu belegen. Ich zweifle nicht, daß ihr über denjenigen, der ſo über euch reden wollte, lachen, und euch daran begnügen würdet, dieſe vorgebliche Grauſamkeit gegen die Gottesverächter von allen übrigen Menſchen gebilliget zu wiſſen.

Ueberhaupt iſt das Volk allenthalben ſo geartet, daß es, ohne zu unterſuchen ob derjenige, der an der Spitze der Geſchäfte ſteht, gerecht oder ungerecht regiert, bloß den Nahmen der Tyrannie und des Tyrannen haßt; und wenn es Aeakus oder Minos oder Rhadamantus ſelber wäre, ſo würden ſie darum nicht weniger ſamt und ſonders darauf erpicht ſeyn, ihn aus dem Wege zu räumen; weil ſie immer nur die böſen vor Augen haben, und die guten bloß darum, weil man ſie auch Tyrannen heißt, den Haß mit entgelten laſſen, den die böſen dieſem Nahmen zugezogen haben. Ich höre indeſſen, daß es auch bey euch Hellenen verſchiedene weiſe Tyrannen gegeben habe, die unter dieſer verhaßten Benennung einen guten und milden Charakter gezeigt haben ſollen; ja daß ſogar von einigen derſelben gewiſſe kurze Denkſprüche als Denkmale und Weyhgeſchenke in euerm Tempel aufbewahrt werden [5]).

---

[5]) Unter den Sieben Weiſen befinden ſich drey ſogenannte Tyrannen, Periander von Korinth, Kleobulus von Lindus, und Pittakus von Mitylene. Dem letzten aber wurde die Tyrannie, oder, richtiger zu reden, die Dictatur von ſeinen Mitbürgern aufgetragen, er legte ſie nach zehn Jahren wieder ab, und lebte noch zehen Jahre im Privatſtande.

Ihr sehet, wie vielen Fleiß die berühmtesten Gesetzgeber auf denjenigen Theil der Gesetze, der die Strafen zum Gegenstand hat, gewendet haben, und wie überzeugt sie also gewesen seyn müssen, daß alle übrigen, ohne die Furcht und gewisse Erwartung der Strafe, die auf die Uebertretung gesetzt ist, ohne Nutzen sind. Uns andern Tyrannen aber ist die Strafgerechtigkeit um so unentbehrlicher, da wir bloß durch Gewalt regieren, und es mit Menschen zu thun haben die uns hassen, und immer auf Gelegenheit lauren unsrer los zu werden, gegen welche also mit bloßen Schrecklarven nicht viel ausgerichtet ist. Wir haben mit einem Drachen zu kämpfen, dem für jeden abgehauenen Kopf zwey neue wachsen: je mehr wir strafen, je mehr Gelegenheiten zum Strafen bekommen wir. Wenn wir siegen wollen, so müssen wir auch das was nachwächst abhauen, und wie Jolaus [6], das Feuer zu Hülfe nehmen, wo das Schwert allein nicht hinreichen will. Kurz, wer sich einmal dazu genöthigt sieht, unsre Rolle zu spielen, muß sie entweder so spielen wie es der Charakter erfodert, oder gewärtig seyn, indem er anderer schonen will, selbst zu Grunde zu gehen. Wäre dieß nicht, wie solltet ihr euch einen Menschen denken können, der ein solches wildes Thier wäre, und seine Freude daran

6) Jolaus, ein Neffe und treuer Gefährte des Herkules bey seinen meisten Abenteuern, half ihm den Lernäischen Drachen dadurch bezwingen, daß er, sobald Herkules einen Kopf abgehauen hatte, den blutenden Hals mit einem Brande berührte, und das Nachwachsen der zwey jungen Köpfe dadurch verhinderte.

daran hätte, andere Menschen zu martern, ihr Angſt⸗
geſchrey und Gewinſel mit Vergnügen zu hören, und
ſie abſchlachten zu laſſen, ohne irgend einen wichtigen
Beweggrund dazu zu haben? Wie oft habe ich, wenn
andre gegeiſelt wurden, die bitterſten Thränen dabey
geweint! Wie oft bin ich ſchon gezwungen worden,
mein unglückliches Schickſal zu bejammern, da ich im
Grunde größere und längere Quaalen leide als diejeni⸗
gen ſelbſt, die ich zu ſtrafen genöthiget bin. Denn
einem Manne, der von Natur gut, und nur aus Noth
ſtreng iſt, iſt es wirklich ſchmerzlicher, andre leiden zu
ſehen als ſelbſt zu leiden 7).

In der That, um offenherzig herauszuſagen wie
ich denke, ſo kann ich euch verſichern, wenn ich wäh⸗
len müßte, ob ich lieber jemand ungerechter Weiſe zum
Tode verdammen oder ſelbſt ſterben wollte, ich würde
ohne mindeſtes Bedenken lieber den Tod erwählen, als
einem Unſchuldigen das Leben nehmen. Fragte mich
aber jemand, ob ich lieber ſelbſt unverdienter Weiſe
den Tod leiden, oder denjenigen, die mir nach dem Le⸗
ben ſtehen, ihren verdienten Lohn geben wolle, ſo be⸗
kenne ich gerne, daß ich lieber das letzte will. Auch
hier⸗

---

7) Wenn dieß dem Tyran⸗
nen Ernſt wäre, warum (wo⸗
fern er ſich ja nicht entſchlie⸗
ßen kann wie Pittakus in
den Privatſtand zurückzukeh⸗
ren) warum ſucht er die Herzen
ſeiner ehemaligen Mitbürger
nicht durch eine milde Re⸗
gierung zu gewinnen, und
läßt es darauf ankommen,
was die Folge davon für ihn
ſeyn wird? Es iſt etwas den
Menſchenverſtand empörendes
in allen dieſen Sophiſtereyen.

hierüber, ihr Männer von Delphi, will ich es auf euern Ausspruch ankommen lassen; und ich denke nicht, daß jemand so unverständig seyn werde, daß er nicht lieber leben, als zu Grunde gehen wollte um seine Feinde zu erhalten. Und dennoch wie vielen von denen, die unläugbar überwiesen worden sind, mir nach dem Leben getrachtet zu haben, habe ich nicht das ihrige geschenkt? Wie zum Beyspiel dem Akanthus hier, und dem Timokrates und dem Leogoras seinem Bruder, in Rücksicht der alten Freundschaft, die ehmals zwischen mir und ihnen vorgewaltet hatte.

Wenn Ihr übrigens zuverläßig wissen wollt was von mir zu halten sey, so erkundiget euch bey den Fremden, die nach Agrigent kommen, wie ich mich gegen sie bezeuge, und ob sie sich über meine Leutseligkeit zu beklagen haben? Da ich sogar Kundschafter in allen meinen Seehäfen halte, die mich berichten müssen, wer die angekommenen Fremden sind und woher sie kommen, damit ich einem jeden mit der Achtung, die ihm gebührt, begegnen, und also jedermann, mit seiner Aufnahme vergnügt, wieder entlassen könne. Manche, und unter diesen selbst die Weisesten unter den Griechen, kommen von freyen Stücken zu mir, so ferne ist es daß sie meinen Umgang fliehen sollten. Es ist noch nicht lange daß ich einen Besuch vom Pythagoras erhalten habe, der aus eigener Erfahrung ganz andere Begriffe von mir bekam als diejenige die er vom Hörensagen mitgebracht hatte, und da er sich wieder von mir beurlaubte, mir das Lob eines gerechten Fürsten

und

und sein Bedauern über meine nothgedrungene Grausamkeit nicht versagen konnte⁸).

Dieses ist alles was ich Euch, der Wahrheit und
Billigkeit gemäß, zu meiner eigenen Rechtfertigung sagen wollte, und weßwegen ich, wie ich mir schmeichle,
vielmehr Lob als Haß verdiene. Nun ist es Zeit auch
von dem Weyhgeschenke zu reden, welches ich dem
Apollo übersende, und wie ich zu diesem Stiere gekommen bin, ohne ihn bey einem Bildgießer bestellt zu
haben. Denn das wolle der Himmel nicht, daß ich
jemals so rasend werde, zu einem Kunstwerk dieser Art
Lust zu bekommen! Ich habe ihn von einem gewissen
Perilaus⁹) der ein ungemein geschickter Künstler, aber
dabey ein äusserst böser Mensch war. Dieser Mann,
der sich an meinem wahren Charakter sehr übel betrog,
glaubte mir, als einem Tyrannen der große Freude am
strafen hätte, einen besonders wohlgefälligen Dienst zu
erweisen, wenn er mir mit einer neuen Todesart von
seiner Erfindung seine Aufwartung machte. Er brachte mir also diesen Stier, ein Werk von der höchsten
Schönheit, wie ihr sehet, und dem zur vollkommensten
Aehnlichkeit mit der Natur nichts fehlte als sich zu bewegen und zu brüllen. Bey seinem Anblick war mein
erstes Wort: wahrlich, ein Werk das des Apollo würdig

8) Daß Phalaris und Py-
thagoras Zeitgenossen waren,
hat seine Richtigkeit. Ob aber
Lucian für das, worauf er jenen sich hier als eine Thatsa-
che berufen läßt, historische Zeugnisse gehabt habe, ist
mir nicht bekannt.

9) Die Lateinischen Auto-
ren, die seiner erwähnen, und
Plutarch nennen ihn Peril-
lus.

dig ist! Dieser Stier soll in den Tempel zu Delphi gestiftet werden! — Was wirst du erst sagen, sprach Perilaus, wenn du das Kunststück, das darin angebracht ist, und den Gebrauch, der davon gemacht werden kann, kennen wirst? Wenn du, fuhr er fort, indem er den Rücken des Stieres aufhub, jemand abstrafen willst, so laß ihn in diese Maschine einschließen, diese Flöten an die Naßlöcher des Stiers befestigen, und dann Feuer unter ihm anmachen. Natürlicher Weise wird die unausstehliche Marter dem Patienten ein entsetzliches Geschrey und Gebrüll auspressen; dieses aber wird vermittelst der Flöten zu einem dumpfen, aber so sanften und melodiösen Brüllen werden, daß man es eher für die Begleitung eines schönen Trauergesangs halten sollte, und so wirst du, während jener gemartert wird, das Vergnügen haben, eine sehr angenehme Musik zu hören.

Diese unmenschliche Erfindung, worauf sich der Mann noch viel zu Gute zu thun schien, erfüllte mich mit Abscheu gegen den Künstler und das Kunstwerk, und ich beschloß auf der Stelle bey mir, sie zu seiner Strafe zu machen. Wohlan, Perilaus, sprach ich zu ihm, wenn du deiner Sache so gewiß bist, so zeige uns auf der Stelle eine Probe davon; steige hinein und ahme das Schreyen eines Menschen, der darin gepeiniget würde, nach, damit wir hören, ob eine so schöne Musik herauskommt wie du uns glauben machen willst. Perilaus gehorcht, und sobald er in dem Bauch des Stieres ist, lasse ich die Oefnung zuschließen und Feuer unterlegen. Nimm das, sagte ich, als die einzige

zige Belohnung die ein solches Kunstwerk werth ist, und singe uns die erste Probe der schönen Musik vor, deren Erfinder du bist! Und so litt der Unmensch, was er mit einer so schändlichen Anwendung seines mechanischen Talents wohl verdient hatte. Indessen ließ ich ihn doch, damit das Kunstwerk durch seinen Tod nicht verunreiniget würde, noch lebendig wieder heraus ziehen, und auf spitzige Felsen herabwerfen, wo er unbegraben liegen blieb. Den Stier aber, habe ich, nachdem er zuvor mit allen gehörigen Ceremonien gereiniget worden, hieher geschickt, um ihn dem Gott zum Weyhgeschenke darzubringen, mit dem Befehl, sowohl meinen, des Stifters, Nahmen, als den Nahmen des Künstlers, und die Beschaffenheit der Erfindung, und die gerechte Strafe, die er dafür gelitten, darauf eingraben zu lassen, ohne die angenehme Musik zu vergessen, wovon er uns wirklich die erste Probe hören ließ.

Ihr Delphier aber werdet mir nur Gerechtigkeit wiederfahren lassen, wenn ihr nebst meinen Gesandten dem Gott ein feyerliches Opfer für mich darbringen, und diesen Stier in dem schönsten Theile des Tempels als eine Opfergabe aufstellen werdet, die zu einem immerwährenden Denkmal dienen möge, wie ich gegen böse Menschen gesinnt bin, und wie ich ihre unbändige Neigung Uebels zu thun zu bestrafen pflege.

Ich glaube, um meinen wahren Charakter bekannt zu machen, nichts anders nöthig zu haben, als die Strafe des Perilaus, die Weyhung dieses Stiers, der nur ein einzigesmal, und zwar durch den Künstler und Erfinder selbst, melodisch gebrüllt hat, und den Umstand,

stand, daß dieser der erste und der letzte war, den ich die Probe einer so abscheulichen, den Musen und der Menschlichkeit gleich verhaßten Musik habe machen lassen. Und dieß sey also die Gabe, die ich für diesesmal dem Pythischen Gotte darbringe; es sollen ihr aber künftig noch viele andere folgen, wenn Er mir die Gnade gewährt keiner Strafen mehr nöthig zu haben."

Dieß, ihr Delphier, sind die Thatsachen, die wir euch im Nahmen und auf Befehl des Phalaris vorzutragen hätten. Alles ist der Wahrheit gemäß, und wir hoffen, ihr werdet unser Zeugniß um so glaubwürdiger finden, da wir euch nichts gesagt haben, als was wir gewiß wissen, und keine Ursache vorhanden ist, warum wir euch mit Lügen berichten sollten. Sollte aber auch eine Fürbitte für einen Mann nöthig seyn, der mit Unrecht in den Ruf der Grausamkeit gekommen ist und wider seine Neigung streng zu seyn gezwungen wird, so bitten wir euch um des griechischen Nahmens willen, zu welchem uns Agrigentinern unsre Abstammung von den alten Doriern ein unstreitiges Recht giebt, erfüllet die Wünsche eines Fürsten, der euer Freund zu seyn begehrt, und sowohl euerm gemeinen Wesen als einem Jeden unter Euch alle mögliche Gefälligkeit zu erweisen bereit ist. Nehmet also diesen Stier an, und weyhet ihn, unter öffentlichen Gebete für Agrigent und für den Phalaris selbst, dem Pythischen Gotte! Schicket uns nicht unerhört zurück; fasset keinen Schluß, der zugleich unsern Fürsten beschimpfen, und den Gott eines so schönen und seiner so würdigen Opfergeschenks berauben würde!

Der

Der zweyte Phalaris
oder
Rede eines Delphiers
zu Unterstützung

des Vortrags der Gesandten des Phalaris.

Ihr Männer von Delphi! Ich stehe nicht in der geringsten Verbindung weder mit den hier gegenwärtigen Agrigentinern noch mit dem Phalaris insonderheit ¹) auch habe ich sonst keine besondere Ursache warum

---

Rede eines Delphiers. Dem Priester, oder wer es sonst ist, der sich in dieser paränetischen Declamation für die Annahme der Gabe des Phalaris erklärt, wird niemand den Vorwurf machen, daß er mit sophistischen Waffen gefochten habe; im Gegentheil, er geht nur gar zu grade auf den Hauptpunct der Frage, oder vielmehr auf den großen Beweggrund los, der, seiner weisen Meynung nach, hier ganz allein in Betrachtung kommt. Gewiß ist daß sich weder die Priester durch seine gar zu runde Offenherzigkeit, noch Phalaris durch die Art, wie er die gegenseitige Meynung widerlegt, sehr geschmeichelt finden konnten.

2) Eigentlich, „ich bin weder zur Bewirthung der Agrigentiner (nehmlich der Gesandten von der Republik) bestellt, noch stehe ich, für meine eigene Person, in gastfreundschaftlichem Verhältniß mit dem Phalaris.

um ich sie begünstigen, oder mir ihre Freundschaft zu erwerben trachten sollte. Ich kann also keinen andern Beweggrund haben, als die Betrachtung dessen was der Religion und dem gemeinen Wesen zuträglich und überhaupt uns Delphiern anständig ist, indem ich, nach Anhörung des Vortrags seiner Gesandten, dessen Inhalt ich der Billigkeit durchaus gemäß finde, aufstehe, um euch zu ermahnen, einen mächtigen und religiösen Fürsten nicht zu beleidigen, wenn ihr sein dem Apollo bereits öffentlich gewidmetes Geschenk abweisen wolltet; ein Geschenk, das in dreyfacher Rücksicht, nehmlich als ein ewiges Denkmal einer ungemeinen Kunst, einer unseligen Erfindung, und einer exemplarischen Bestrafung des Erfinders, so annehmenswürdig ist.

Ich muß gestehen, schon die bloße Ungewißheit, worin ihr dieser Sache halben schwebet, und daß unsre Vorsteher es zu einem Gegenstande öffentlicher Debatten gemacht haben, „ob man das Weyhgeschenk annehmen oder wieder zurückschicken solle?" ist in meinen Augen Verletzung der Religion, oder vielmehr, um der Sache ihren rechten Nahmen zu geben, die äusserste Gottlosigkeit. Denn was ist es anders als Tempelraub, und ein um so viel schwererer als das was man so zu nennen gewohnt ist, um so viel gottloser, als schon gestiftete Dinge zu entwenden, es ist, nicht einmal erlauben zu wollen, daß etwas gestiftet werde?

Ich bin selbst ein Delphier, und folglich gleich stark dabey interessiert, wir mögen nun unsern guten

Ruf

(321)

Ruf unter den Auswärtigen erhalten oder bey dieser Gelegenheit verlieren? ich bitte Euch also inständig, verschließet das Heiligthum keinem, der dem Gott seine Andacht darin zu beweisen kommt; ziehet eurer Stadt nicht in der ganzen Welt die böse Nachrede zu, wir schicanierten über die Dinge die dem Gotte zugeschickt werden und maßten uns eines Rechtes an, vorher mittelst gerichtlicher Untersuchung und Mehrheit der Stimmen über die Personen derjenigen, die eine Verehrung machen, zu entscheiden. Denn wer würde es künftig wagen wollen etwas in unserm Tempel zu stiften, wenn er wüßte, Apollo dürfe es nicht annehmen wenn ihm die Delphier nicht vorher die Erlaubniß dazu gegeben hätten?

Der Gott selbst hat seine Stimme zur Annehmung dieses Geschenks bereits gegeben. Denn wenn er ungnädig auf den Phalaris wäre, oder seine Gabe verschmähte, wäre es ihm nicht ein leichtes gewesen, sie zusammt dem Schiffe, das damit beladen war, mitten auf dem Jonischen Meere in den Abgrund zu versenken? Er hingegen hat ihnen, wie sie sagen, das günstigste Wetter zu ihrer Ueberfahrt verliehen, und sie gesund und wohlbehalten zu Cirrha [3] anländen lassen. Da er nun hiedurch deutlich genug gezeigt hat, daß ihm dieses Merkmal der Gottseligkeit des Monarchen

nicht

---

[3] Der Seehafen der Delphier, nach dem Pausanias 60, oder nach dem Strabon 80 Stadien von Delphi entfernt.

Lucians Werke. VI. Th.

nicht entgegen ist: so ist es Euere Schuldigkeit eben so
zu urtheilen, und diesen Stier den übrigen Zierden des
Tempels beyzufügen. Und in der That könnte nichts
widersinnischeres erdacht werden, als wenn ein Fürst,
der dem Gotte ein so herrliches Geschenk zugedacht hat,
an der Schwelle des Tempels damit abgewiesen, und
zur Belohnung seiner Gottseligkeit sogar für unwürdig
erklärt werden sollte, es machen zu dürfen.

Zwar hat derjenige, der das Gegentheil meiner
Meynung behauptet, viel Aufhebens von Mordthaten,
Räubereyen, Entführungen und wer weiß was vor andern Gewaltthätigkeiten, die der Tyrann begangen haben soll, gemacht, und euch alles so tragisch vorge-
schildert, als ob er so eben von Agrigent angekommen
wäre, und alles mit Augen angesehen hätte; wiewohl
wir sehr gut wissen, daß er in seinem Leben nicht aus
Delphi, geschweige bis an Bord eines Schiffes, gekommen ist. Aber solche Dinge sind nicht einmal denen, welche sie erlitten zu haben vorgeben, auf ihr bloßes Wort zu glauben, da wir nicht wissen können, ob
sie die Wahrheit sagen; so ferne ist es daß wir auf
Thatsachen, die wir nicht gewiß wissen, sogar eine Anklage gründen könnten. Ob nun etwas dergleichen in
Sicilien vorgegangen oder nicht, darum haben wir zu
Delphi nicht nöthig uns zu bekümmern; es wäre denn
daß wir, anstatt Priester zu seyn, uns zu Richtern
aufwerfen, und, wenn wir opfern und den übrigen
Gottesdienst abwarten und die eingehenden Gaben an
Ort und Stelle bringen sollten, statt dessen zu Gerichte

sitzen

sitzen und untersuchen wollten, ob die Fürsten jenseits des Jonischen Meers eine gerechte oder ungerechte Regierung führen. Mögen doch andre ihre Sachen wohl oder übel machen! Wir wollen unsrer eigenen Angelegenheiten wahrnehmen; und wenn wir wissen, wie es ehemals damit gestanden hat, wie es jetzt damit steht, und was wir künftig zu thun haben, um unsre Sachen noch ferner gut zu machen: so wissen wir gerade soviel als wir brauchen. Daß wir auf Klippen wohnen und Felsen für Ackerland haben, brauchen wir nicht erst aus unserm Homer zu lernen *), das zeigen uns unsre Augen; unsers Bodens halben könnten wir den bittersten Hunger leiden. Der Tempel, der Gott, das Orakel und die Menge der Fremden, die dadurch herbeygezogen werden, um zu opfern und ihre Andacht zu verrichten, das sind unsre Landgüter, unsre Einkünfte, unser Reichthum, kurz davon allein leben wir (denn warum sollten wir nicht, uns selbst wenigstens, die Wahrheit gestehen?) Uns wächst alles, mit den Poeten zu reden, ohne Pflug und ohne Saat, unser Gott ist, so zu sagen, unser Artmann, und verschafft uns nicht nur alle Früchte, die bey den übrigen Griechen wachsen: sondern auch was Phrygien und Lydien, was Persien und Assyrien, Phönizien und Italien, ja das Land der Hyperboreer selbst hervorbringt, alles kommt nach Delphi; und unmittelbar nach dem Gotte selbst, werden wir von aller Welt in Ehren gehalten, haben

an

―――――――

4) Anspielung auf Homers Πυθωνα τε πετρηεσσαν Ilias II. 26.

an allem Ueberfluß und leben ein wahres Götterleben. So war es vor Alters, so ist es noch, und möchte es nie anders mit uns werden! Nun wird sich aber niemand erinnern können daß jemals bey uns darüber votiert worden wäre, ob eine Gabe angenommen werden solle oder nicht; oder daß man jemals irgend Jemanden verhindert hätte zu opfern und zu schenken was ihm beliebte. Und das ist eben die Ursache, denke ich, warum unser Tempel so ausserordentlich reich ist. Wir müssen es also auch hierin beym Alten lassen, und nicht erst jetzt, gegen Gebrauch und Sitte unsrer Vorfahren das Gesetz machen wollen, daß man die Weyhgeschenke einer spitzfündigen genealogischen Untersuchung unterwerfen müsse, woher und von wem sie geschickt worden, und wie sie beschaffen seyen. Das Beste ist immer sie anzunehmen wie sie kommen, und uns, was diesen Punct betrift, als bloße Diener sowohl des Gottes als der gottseligen Geber zu betrachten.

Mich dünkt, Delphier, ihr könnet über die vorliegende Sache keine bessere Partie nehmen, als wenn ihr vor allem überleget, wie äusserst interessant sie ihrer Folgen wegen für euch ist. Die Rede ist hier von nichts geringerm als von dem Gott selbst und von seinem Tempel, und den Opfern und Gaben, die ihm von den Andächtigen dargebracht werden; von unsern alten Sitten und Satzungen, und dem Ruhm unsers Orakels; endlich, von unserer ganzen Republik und dem was, sowohl dem gemeinen Wesen als einem jeden insonderheit zuträglich ist, und vornehmlich von unserm guten oder bösen Ruf unter allen Menschen. Ob ihr ver-

hünfnünftiger Weiſe etwas für größer und nöthiger halten könnet als alles dieß, weiß ich nicht: aber dieß weiß ich, daß es dermalen um alle dieſe Dinge zu thun iſt; nicht um den einzelnen Tyrannen Phalaris, noch um dieſen Stier, oder um etliche Zentner Erzt, ſondern um alle Könige und alle Fürſten, die dermalen zu unſerm Orakel Vertrauen haben, und um alles Gold und Silber und alle andere Geſchenke von Werth, die dem Gotte noch in Zukunft werden gemacht werden. Denn das Intereſſe des Gottes ſelbſt iſt der Hauptpunct, worauf es uns ankommen muß.

Warum alſo ſollten wir es mit den Gaben, die ihm geweyhet werden, nicht auch künftig ſo halten, wie es bisher immer gehalten worden iſt? Was können wir an dem alten Brauche zu verbeſſern finden? Warum wollen wir, indem wir uns über die Würdigkeit oder Unwürdigkeit der Perſonen, die eine Stiftung in unſern Tempel machen, zu erkennen anmaßen, etwas thun, das ſeitdem wir eine Stadt haben, und Pythius Orakel giebt, und die Prieſterin auf dem heiligen Dreyfuß begeiſtert wird, nie geſchehen iſt? Ihr ſeht wie zuträglich der alte Brauch, von Jedermann ohne Unterſchied anzunehmen was er darbringt, uns bisher geweſen iſt! Der Tempel iſt mit einer unendlichen Menge der ſchönſten und herrlichſten Verehrungen angefüllt; alles beeifert ſich in die Wette den Gott zu beſchenken, und man muß geſtehen daß manche über Vermögen thun. Sollte es Euch hingegen gefällig ſeyn, ein Gericht, das die Gaben und die Geber vorher prüfen und in Untersuchung nehmen müßte, nieder zu setzen, so besorge ich sehr es wird uns nur zu bald an Gegenständen dieser Untersuchung fehlen; es wird sich schwerlich mehr jemand finden, der seine Ehre euerer Gerichtsbarkeit unterwerfen, und zu allem dem Kostenaufwand, den er gemacht hätte, sich noch der Gefahr aussetzen wollte, durch euer Urtheil um Alles zu kommen. Denn wer könnte das Leben selbst noch erträglich finden, der für unwürdig erklärt worden wäre, dem Apollo eine Gabe darzubringen?

Lobrede
auf einen schönen Saal.

Wie? Alexander sollte beym Anblick des Cydnus, wie er ihn so schön, und so klar daß man bis auf den Grund sehen konnte, kühl in der größten Som-

Lobrede ꝛc. Dieses Stück scheint mir in das Fach der Proslalien zu gehören, womit Lucian, nachdem er seine Rhetor-Profession aufgegeben hatte und sich bloß auf Vorlesung seiner Dialogen und anderer Compositionen einschränkte, seine Anagnosen an jedem neuen Orte, wo er sich hören lassen wollte, anzufangen pflegte. Bey dieser scheint mir seine Hauptabsicht gewesen zu seyn, dem vermuthlich vornehmen Eigenthümer des Saals, worin er (man sieht nicht wo) in Gegenwart einer ansehnlichen Versammlung einige seiner Werke vorlesen sollte, ein Compliment dadurch zu machen, daß er den Saal selbst (auf dessen Schönheit sich der Mann vermuthlich viel zu Gute that) zum Gegenstande seiner vorläufigen Anrede wählte. Wie sich die Herren Massieu und Fränklin durch die ältern lateinischen Uebersetzer haben verleiten lassen können, dieses Stück Lobrede auf ein schönes Haus zu nennen, da doch augenscheinlich bloß von einem Gesellschafts-saale die Rede ist, begreiffe ich eben so wenig als die große Aehnlichkeit welche Hr. Thomas Fränklin zwischen der Schreibart dieser Declamation und dem Geist des berühmten Grafen Anton von Shaftesbury gefunden haben will.

merhitze, und weder so tief noch so reissend, daß er einem Badenden gefährlich oder unangenehm hätte seyn können, sah, Alexander, sage ich, sollte bey Erblickung eines so schönen Flusses lüstern genug geworden seyn sich in ihm zu baden, daß ich sogar zweifle, ob die augenscheinlichste Gewißheit des Fiebers, das er sich dadurch zuzog, ihn davon hätte zurückhalten können: und ein Redner von Profession sollte beym Anblick eines so ausserordentlich grossen, so ungemein schönen, so wohl erleuchteten, von so vielem Golde schimmernden und mit so herrlichen Gemählden ausgeschmückten Saales, nicht von einer unwiderstehlichen Lust ergriffen werden, eine Rede in ihm zu halten, in ihm zu gefallen, und sich Ehre zu machen, ihn mit seiner Stimme auszufüllen, kurz, selbst ein Theil seiner Schönheit zu werden? Er sollte sich begnügen können, ihn bloß anzuschauen, zu betrachten und stillschweigend zu bewundern, und, als ob er stumm wäre oder aus Neid zu schweigen sich vorgesetzt hätte, wieder davon gehen, ohne ihn angeredet, ohne ihm seine Bewunderung durch Worte ausgedrückt zu haben? Wahrlich, das wäre nicht was man von einem Manne von Geschmack und von einem warmen Liebhaber alles Schönen zu erwarten berechtigt ist! Nur ein roher Mensch, ein Mensch ohne alles Gefühl für Schönheit und Kunst, ein von allen Musen verlassener Mensch könnte dessen fähig seyn, und würde dadurch beweisen daß ihm die schönsten Dinge fremd wären, daß er sich unwürdig und unfähig halte von dem zu sprechen, was gebildeten Menschen das lebhafteste Vergnügen macht, und nicht wisse

daß

daß es einem gelehrten Manne nicht erlaubt ist, sich beym Anschauen schöner Kunstwerke wie ein ungelehrter zu benehmen. Die letztern mögen sich immerhin begnügen zu thun was auch die gemeinsten Leute in diesem Falle thun, die Augen aufzureissen, und herum zu sehen, von einem zum andern zu gehen und alles anzustaunen, und an die Decke hinaufzuschauen, und die Hände vor Verwunderung aufzuheben und ihr Vergnügen stillschweigend zu genießen, aus Furcht etwas zu sagen, das ihre Unwissenheit verrathe, oder doch nichts sagen zu können, das des Gegenstandes würdig wäre. Wer hingegen schöne Werke mit einiger Kenntniß sieht, der begnügt sich, meines Erachtens, schwerlich, bloß seine Augen daran zu weiden, und ein stummer Anschauer ihrer Schönheit zu seyn: sondern er wird sich so viel möglich damit zu beschäftigen und das Vergnügen des Anschauens durch reden gleichsam zu bezahlen suchen. Ich meyne aber damit etwas mehr als ein bloßes Lob dieses schönen Saals. Für jenen jungen Insulaner [2] mag es immer genug seyn, von den Schönheiten des Palasts des Menelaus und dem vielen Golde und Elfenbein, das ihm überall darin entgegenglänzt, dermaßen entzückt zu werden, daß er, der in seinem armen Ithaka (dem einzigen was er von der Erde kennt) nichts ähnliches gesehen hatte, alle diese Herrlichkeiten mit nichts anderm als dem Schönsten was im Himmel ist zu vergleichen weiß.

---

[2] Telemach. Odyss. IV. 71. u. f.

Aber in einem so schönen Saale vor einer so auserlesenen Versammlung (wie diese) sich hören zu lassen, auch das, denke ich, wäre schon ein Theil des Lobes. In meinem Sinne kann nichts angenehmeres seyn als in einem so herrlichen Saale zu reden, worin die Stimme sich mit so vielem Vortheil ausbreiten kann, wo die Zuschauer durch die Schönheit des Ortes selbst schon voraus zum Beyfall gestimmt sind, und, gleich einer hohen und tiefen Grotte, die Rede des Declamirenden leise nachhallt und begleitet, den Schall der letzten Worte verlängert, oder vielmehr, wie ein geneigter Zuhörer, mit Wohlgefallen auf ihnen zu verweilen, und sie zum Zeichen seines Beyfalls leise nachzusprechen und auf eine dem Ohre nicht unangenehme Art zurückzugeben scheint. So tönen dem Flötenspiel der Hirten die gegenüberstehenden Felsen nach, indem die an sie anschlagenden Töne in sich selbst zurückkehren: der gemeine Mann aber glaubt, es sey eine Nymphe, die in den Felsen wohne, und den singenden oder rufenden aus dem Innern derselben hervor Antwort gebe.

Meines Erachtens erhebt sich in einem prächtigen Saale natürlicher Weise auch das Gemüth des Redners, er fühlt sich, nicht anders als ob der vor ihm stehende Anblick etwas dazu beytrüge, mehr als gewöhnlich aufgelegt gut zu reden. Vermuthlich sind es die durch die Augen in die Seele einfließenden schönen Formen, die sich auch seiner Rede mittheilen, und sie unbermerkt nach jenem schönen Muster bilden. Wir müßten denn nur glauben, ein Achilles hätte von dem

blo-

bloßen Anblick der Waffen, die ihm seine Mutter brachte, mehr als gewöhnlich gegen die Trojaner aufgebracht werden ³), und da er sie nur Probierens halben angezogen, sich von einem heftigen Verlangen nach Krieg ergriffen und **beflügelt** fühlen können: die Beredsamkeit hingegen und die Beeiferung gut zu reden, könne durch die Schönheiten des Ortes, wo man spricht, nicht höher gespannt werden. Was brauchte (der Platonische) Sokrates mehr als jenen schöngewachsenen Ahornbaum, und das frische blumichte Grün und die cristallne Quelle, nicht weit vom Ilissus, um dem neben ihm sitzenden Phädrus seine unter Jronie versteckte Weisheit ins Herz zu spielen ⁴), die Rede des schönen Lysias zu widerlegen, und in seiner Begeisterung die Musen selbst herbeyzurufen, nicht zweifelnd, daß sie auf seine Bitte in jene Wildniß kommen, und ihm bey seinem berühmten Discurs über die Liebe behülflich seyn würden. Wie? Er machte sich, seiner grauen Haare ungeachtet, kein Bedenken, diese göttlichen Jungfrauen zu Anhörung seiner Theorie der Knabenliebe einzuladen: und wir sollten zweifeln, daß sie in einen so schönen Ort wie dieser, auch ungerufen kommen werden? Denn was sie hieher locken kann ist nicht bloß ein anmuthiger Schattenplatz, oder ein schöner Ahornbaum, und wenn es auch, statt dessen am Ilissus,

---

3) Ilias XIX. v. 365 = 68.
4) Dieß, denke ich mit dem lateinischen Uebersetzer, (der in solchen Umschreibungen öfters glücklich ist) sey der Sinn dessen was Lucian mit dem einzigen selbst gemachten Worte, κατειρωνευε͂ο, sagen wollte.

(332)

sus, jener goldene wäre, der dem Persischen Könige verehrt wurde ⁵). Denn alles was an diesem Verwunderung erregen konnte, war die Kostbarkeit der Materie; ausserdem war nichts daran, woran sich das Auge eines Liebhabers der Kunst und des Schönen hätte vergnügen können: ein aus dem Groben gearbeiteter Klumpen Gold, geschickt rohe Barbaren zu blenden, den Neid zu reitzen und seinen Besitzer glücklich preisen zu machen; aber zu loben war da nichts. Auch war Geschmack die Sache der Arsaciden ⁶) nicht; und wenn sie mit ihrer Größe und mit ihren Schätzen Parade machten, so war es ihnen bloß darum zu thun, die Zuschauer in Erstaunen zu setzen, nicht ihren Geschmack zu befriedigen. Und gerade diese Gewohnheit, den Werth der Sachen nicht nach der Schönheit der Form, sondern nach dem Gewicht und dem Werth der Materie zu schätzen, ist ein Hauptzug, der den Unterschied zwischen Barbaren und Griechen ausmacht.

Die

5) Bekannter maßen durfte niemand, ohne ein seinem Vermögen angemessenes Geschenk mitzubringen, vor den alten Königen in Persien erscheinen. Als Darius auf seinem Zuge nach Europa bey einem vornehmen Lydier, Nahmens Pythius, logierte, verehrte ihm dieser einen Ahornbaum und eine Weinrebe von gediegenem Golde. Herodot. VII.

6) Wir sind der Anachronismen an unserm Autor so gewohnt worden, daß wir uns auch nicht daran ärgern wollen, daß er den Darius Hystaspes Sohn, den achten König vom Geschlechte der Achämeniden, zu einem Arsaciden macht, wiewohl der Stifter der letztern ungefähr dreyhundert Jahre jünger ist als Darius.

Die Schönheit dieses Saales ist nicht für Augen dieser Art, nicht für Persische Prahlerey und königliche Ostentation berechnet; sie verlangt nicht bloß einen armen, sondern einen sinnreichen Zuschauer, einen dessen Urtheil nicht bloß in den Augen ist, sondern der das was er sagt auch mit Gründen zu belegen weiß. Denn daß er, z. B. gegen den schönsten Theil des Tages, gegen die aufgehende Sonne liegt, und also, sobald seine Flügelthüren aufgethan werden, bis zum Ueberfluß mit Licht erfüllt wird — eine Richtung, welche unsre Alten auch den Tempeln zu geben pflegten; daß die Länge zur Breite und beyde zur Höhe ein so schönes Verhältniß haben; und daß er mit Fenstern versehen ist, die man nach Erforderniß jeder Jahreszeit öfnen oder verschließen kann: wie sollte nicht alles das, da es so viel zur Anmuth eines Gesellschaft-Saals beyträgt, besonders angemerkt und gelobt zu werden verdienen?

Nicht weniger wird ein Kenner an der Decke desselben bewundern, daß sie bey aller ihrer Schönheit nichts entbehrliches, bey allen ihren Verzierungen nichts hat das man anders wünschen möchte, und daß die Vergoldungen so schicklich und mit einer so weisen Oeconomie angebracht sind, daß sie die Schönheit des Ganzen erheben, ohne durch einen prahlerischen Anspruch an Reichthum zu beleidigen. So begnügt sich eine züchtige schöne Frau, um ihre Schönheit zu erheben, an einem dünnen goldnen Kettchen um den Hals, an einem leichten Ring am Finger, an ganz einfachen Ohrenringen, an einer Schnalle oder einem Bande, um um den herabwallenden Theil ihrer Haare zusammen zu halten; kurz sie verlangt nicht daß ihre Gestalt mehr durch ihren Schmuck gewinnen soll, als ihr Kleid durch eine Verbrämung mit Purpur. Die Hetären hingegen, zumal die häßlichern, glauben sie können im Putze nie zuviel thun: ihre ganze Kleidung muß von Purpur, ihr ganzer Hals übergüldet seyn; sie suchen die Augen wenigstens durch die Kostbarkeit ihres Schmuckes anzulocken, und trösten sich durch erborgte Reitzungen über das was ihnen selbst abgeht. Sie bilden sich ein, ihr Arm werde durch Glanz eines goldnen Armbandes weisser scheinen, hoffen den Mangel eines niedlichen Fußes durch vergoldete Sandalien zu verbergen, und glauben ihr Gesicht selbst werde durch funkelnde Juwelen desto liebenswürdiger werden: da hingegen eine ehrbare Frau nicht mehr Gold an sich hat, als die Gewohnheit schlechterdings erfodert, und nicht erröthen würde, sich auch ohne einen andern Schmuck als ihre bloße Schönheit sehen zu lassen. Eben so ist die Decke dieses Saals, die man sich im Verhältniß zum Ganzen wie das Haupt an einem schönen Körper vorstellen kann, ausserdem daß sie an sich selbst schön ist, zwar mit Golde verziert, aber nicht anders als wie der nächtliche Himmel mit Sternen, deren Funkeln bloß durch die Zwischenräume eine zugleich so angenehme und prächtige Wirkung thut; da er uns hingegen, wenn er lauter Feuer wäre, nicht schön sondern fürchterlich vorkommen würde. Ueberdieß ist zu bemerken, daß das Gold hier weder müssig noch bloß zum Vergnügen den übrigen Decorationen beygemischt worden ist,

soll-

(335)

sondern auch über den ganzen Saal einen gewissen röthlichen Glanz reflectiert, der dem Auge wohl thut; zumahl wenn das Sonnenlicht darauf fällt, und, indem es sich mit dem Golde vermischt, den angestrahlten Theilen einen neuen Feuerglanz giebt, dessen lebhafterer Schimmer mit den unbestrahlten den angenehmsten Abstich macht.

Die Decke und der Plafond dieses Saales verdienten also wohl einen Homer zum Lobredner, der sie ohne Zweifel hypsorophon, wie das Schlafzimmer der Helena, oder ágleenta, wie den Olympus 7), genennt haben würde. Aber die ganze übrige Verzierung, und besonders die Mahlereyen an den Wänden, das schöne Spiel der Farben, und die Lebhaftigkeit, die Wahrheit und den ungemeinen Fleiß, womit alles dargestellt und ausgearbeitet ist, müßte ich, der Wirkung nach, die es auf das Auge thut, nicht besser als mit dem Anblick des Frühlings und einer blumenvollen Wiese zu vergleichen: ausgenommen, daß jene verblühen, welken und ihre Schönheit wieder verlieren, hier aber ein ewiger Frühling, eine immer blühende

Wiese

---

7) Das erste dieser beyden homerischen Beywörter kann nicht wohl anders als durch hoch und das andere durch glänzend verteutscht werden. Ich habe also, wiewohl die Täuschung nur augenblicklich ist, lieber die griechischen Wörter beybehalten, als durch ihre Uebersetzung die frostige Eleganz unsers Rhetors noch auffallender machen wollen, der durch diese Art, den Homer zu Hülfe zu nehmen, dem Saale, den er loben will, und dem Fürsten der Dichter ein gleich schales Compliment macht.

Wiese und ein unverwelklicher Flor zu sehen ist, woran das Auge sich weidet, und ewig sich weiden kann, ohne daß ihm etwas von seiner Anmuth durch den Genuß entzogen wird.

Wer sollte nun einen Gegenstand, der so viele und ungemeine Schönheiten in sich vereiniget, ohne Entzücken ansehen können? Oder wem müßte in einem so herrlichen Saale nicht die Lust ankommen, sogar über Vermögen zu thun, um ihm eine Lobrede zu halten, und wenigstens nicht die Schande zu haben, daß er gar zu weit unter dem was vor seinen Augen stand, zurückgeblieben sey? Denn so groß ist der Zauber eines schönen Anblicks, daß ihn nicht nur der Mensch allein fühlt; sondern auch ein Pferd, denke ich, läuft mit Vergnügen auf einem ebnen und mit kurzem Grase oder feinem Sande bedeckten Boden, der unter seinem Auftritt sanft nachgiebt, und seinen Huf durch keinen harten Gegenschlag beleidigt!); es wendet dann alle seine Kräfte zum Laufen an, und wetteifert gleichsam durch seine Schnelligkeit mit der Schönheit des Bodens. Eben so der Pfau, wenn er in den ersten Frühlingstagen in eine Wiese kommt, zur Zeit wo die Blumen nicht nur dem Auge willkommner, sondern auch, so zu sagen, blühender sind und mit reinern Farben prangen, spreitet auch er seine Federn gegen die Sonne aus, erhebt seinen prächtigen Schweif, und legt, indem er ein

Rad

---

8) Was beweiset dieß also schöner Anblick auf das Pferd für den Zauber womit ein wirken soll?

Rad schlägt, auch seine Blumen und den Frühling seiner buntschimmernden Federn zur Schau aus, als ob ihn der Anblick der schönen Wiese zum Wettkampfe herausfoderte. Nun dreht er sich mit Selbstgefälligkeit im Kreise herum, und siegpranget mit seiner Schönheit, die um so bewundernswürdiger im Sonnenglanz erscheint, da die Farben sich alle Augenblicke verändern, und, unvermerkt in einander spielend, immer andere Schönheiten zeigen; besonders in den Augen, womit die Enden seiner Schweiffedern, wie mit eben so vielen sich um sich selbst drehenden Regenbogen besäet sind. Was darauf vor einem Augenblicke Bronze schien, wird nun durch die leiseste Wendung zu Gold; was gegen die Sonne der schönste Azur war, wird, so wie es in den Schatten kommt, das lebhafteste Grün, und so wandelt sich, je nachdem das Licht darauf fällt, die Schönheit seines Gefieders, und spiegelt uns in beständigem Wechsel die lieblichsten Farben vor. Ja, daß sogar das Meer, wenn wir es bey schönem ruhigem Wetter erblicken etwas ungemein anlockendes habe, braucht ihr nicht erst von mir zu hören. Wie tief im festen Lande einer auch gebohren seyn mag, und wenn er bisher auch nicht den mindesten Begriff vom Seefahren gehabt hat, so wird er sich doch beym ersten Anblick einer ruhigen See von einer fast unwiderstehlichen Begierde ergriffen fühlen das Land zu verlassen, an Bord zu gehen und eine Seereise zu thun, zumal wenn er die Segel von einem günstigen Landwinde sanft aufschwellen, und das Schiff in anmuthig wiegender Bewegung über die Oberfläche der Wellen dahin gleiten sieht.

Lucians Werke VI. Th.   Y   Was

Was Wunder also, wenn auch die Schönheit dieses Saals eine ähnliche Wirkung thut, und sowohl zum Reden auffodert, als den Redenden in Feuer setzt, und es ihm auf alle mögliche Art leicht macht Ehre einzulegen? Ich selbst erfahre ja diese Wirkung an mir, und erfuhr sie schon vorher, indem ich bloß in der Absicht mich hören zu laffen in diesen Saal gekommen bin, von seiner Schönheit wie von einem Zaubervogel [9]) oder einer Sirene angelockt und voller Hoffnung, wie unbedeutend auch mein Talent bisher gewesen seyn möge, so werde es jetzt gleich einem unansehnlichen Menschen in einem schönen Kleide, durch den Ort verschönert und erhoben werden.

Aber ich sehe mich mitten im sprechen von einer

an-

9) Das Griechische Wort Jynx, welches Lucian hier gebraucht, bezeichnet eigentlich den Wendehals (picus torquilla *Kleinii*) einen Vogel dessen sich die vorgeblichen Zauberinnen der Alten zu ihren Liebesbezauberungen hauptsächlich bedienten. Figürlich wird dieses Wort von griechischen Dichtern und Prosaisten überhaupt in eben dem Sinne gebraucht, worin wir das Wort Zauber oder Zauberreitz nehmen. Auch die Mythologen sprechen von einer Jynx, die sie zu einer Tochter des Pan und der Echo oder der Peitho machen. Sie war (nach dem Tzetzes ad *Lycophron.* v. 309.) die Aufwärterin der Jo, einer Priesterin der Juno, und da sie sich auf Zauberkünste verstund, half sie ihrer in den Jupiter verliebten Frau, diesen Gott zu ihrer Liebe zu bewegen. Juno aber entdeckte den Antheil, den Jynx an der Untreue ihres Gemahls hatte, und verwandelte sie in den Vogel dieses Nahmens, bey dem nun das was er vormals als Kunst ausgeübt hatte, eine physische Eigenschaft wurde.

andern Rede [10]), und einer die sich nichts Schlechtes zu seyn dünken läßt, unterbrochen; und während ich einhalte um zu hören was sie wolle, sagt sie mir gerade ins Gesicht, ich habe etwas Falsches behauptet, und sie wundre sich wie ich sagen könne, die Schönheit eines mit Mahlerey und Vergoldung ausgeschmückten Saals sey einem Redner, der sich hören lassen will, vortheilhaft, da doch, ihrer Meynung nach, gerade das Gegentheil statt finde. Wenn es euch also gefällt, so soll sie selbst hervortreten, und euch, als Richtern zwischen mir und ihr, die Gründe vortragen, warum sie einen schlechten und unausgezierten Ort dem Redenden für zuträglicher halte. Was ich zu sagen hatte, habt ihr gehört, so daß es ganz unnöthig wäre, wenn ich das nehmliche zweymal sagen wollte. Meine Gegnerin mag also immerhin auftreten und reden: ich will schweigen und ihr auf eine kleine Weile meinen Platz überlassen.

„Meine Herren also, (spricht sie) der Redner, der vor mir sprach, hat eine Menge schöner Sachen zum Lobe dieses Saals vorgebracht, gegen welche ich so weit entfernt bin Etwas einwenden zu wollen, daß ich sogar gesonnen bin, noch verschiedenes nachzuhohlen was er übergangen hat. Denn je schöner der Saal euch

---

10) Eine Anspielung oder vielmehr Nachahmung des Aristophanischen Einfalls den Dikaos und Adikos Logos, in seinen Wolken als Personen auftreten zu lassen, worin die Zuhörer Lucians vermuthlich mehr Eleganz und Urbanität fanden, als wir neuern Barbaren.

euch dünken wird, desto nachtheiliger für den, der darin reden will, werdet ihr ihn zu halten genöthigt seyn. Vor allen Dingen erlaubet mir, die Vergleichung die mein Gegner von den Weibern und ihrem Putz und Schmuck hergenommen hat, gegen ihn selbst geltend zu machen. Ich behaupte also, daß ein reicher Schmuck einer schönen Frau nicht nur nichts dazu helfen könne um schöner zu scheinen, sondern daß er gerade das Gegentheil wirke: denn der Glanz des Goldes und der Edelsteine blendet den Anschauenden, und anstatt daß er die Gesichtsfarbe oder die Augen, oder den Hals, oder den Arm, oder die Hand der Dame bewundert hätte, bleibt er an einer Gemme, einem Smaragd, einer Halskette oder einem Armbande hangen; so daß die Schöne alle Ursache hat es übel zu finden, daß sie selbst vor lauter Putz und Schimmer übersehen wird, weil die Anschauer keine Muße haben sich mit ihr aufzuhalten, und nur, gleichsam im Vorbeygehen, einen flüchtigen Blick auf sie werfen können. Das nehmliche, denke ich, muß demjenigen begegnen, der mitten unter so vielen schönen Kunstwerken eine Probe seiner Beredsamkeit ablegen will. Was er auch immer vorbringen mag, es wird von dem was die Augen sehen verdunkelt; es verliert sich unter der großen Menge schöner Gegenstände, und wird davon bedeckt und verschlungen: es ist gerade als wenn einer eine Lampe in eine große Feuerbrunst würfe, oder sich auf ein Kamel oder auf einen Elephanten setzte um eine Ameise zu zeigen. Ueberdieß verliert sich in einem so großen und wiederhallenden Saale auch
die

die Stimme des Redners; seine Worte und Töne schallen ihm von allen Seiten zurück, oder vielmehr seine Stimme wird durch den Gegenhall gedämpft, ja gänzlich unterdrückt; gerade wie die Flöte durch die Trompete ausgelöscht wird, oder wie die Signale, welche die Schiffsofficiere den Ruderbänken mit der Pfeiffe zu geben pflegen, durch das Tosen der Wellen unvernehmlich werden; weil natürlicher Weise ein größerer Schall den kleinern überwältigt. Mein Gegner sagte: ein schöner Saal ermuntre und befeure den Redenden: aber ich behaupte, daß auch hievon gerade das Gegentheil erfolgt. Die Vorstellung, wie wenig Ehre er davon haben werde, wenn man seine Rede eines so schönen Orts nicht würdig fände, muß ihn nothwendig beunruhigen, seine Gedanken zerstreuen, und ihn um so viel furchtsamer machen; denn er denkt, seine Ungeschicklichkeit falle hier nur desto stärker auf, ungefehr, wie die Feigheit eines Menschen, der in einer prächtigen Waffenrüstung die Flucht ergreift, durch den Glanz seiner Waffen nur desto mehr in die Augen fällt und desto mehrere Zeugen bekommt. Und eben dieß scheint die Ursache gewesen zu seyn, warum jener Homerische Redner [11]) sich so wenig um ein schönes Ansehen bekümmerte, daß er vielmehr die Stellung und Mine eines einfältigen Idioten annahm, damit die Schönheit seiner Rede durch den Contrast mit dieser widerlichen Aussenseite desto bewundernswürdiger scheinen müßte.

Y 3 Ueber-

11) Ulysses. seh. im 3ten Gesange der Iliade, den 217. u. d. f. Verse.

Ueberdieß kann es nicht wohl anders seyn, als daß die ganze Seele des Redners von dem was er sieht angezogen und dergestalt eingenommen wird, daß es ihm nicht möglich ist die gehörige Aufmerksamkeit auf das, was er sagen will, zu wenden. Wie sollte er also nicht weit schlechter als gewöhnlich reden, wenn seine Seele im Anschauen dessen was er loben will vertieft, auf die Ausbildung, Stellung und Einkleidung seiner Gedanken nicht Acht geben kann 12).

Ich übergehe, daß auch die Personen, wiewohl sie ausdrücklich in der Absicht zu hören gekommen sind, sobald sie in einen solchen Saal treten, aus Zuhörern Zuschauer werden; und ich zweifle sehr, ob irgend ein Redner so sehr Demodokus oder Phemius, oder Thamyris, oder Amphion oder Orpheus seyn könne 13), um ihre Gedanken von dem was ihre Augen so reizend anzieht, durch die Gewalt seiner Beredsamkeit wegzureissen. Ein jeder, sobald er nur den Fuß über die Schwelle gesetzt hat, wird von dieser Fülle von Schönheit so überschwemmt, daß er kaum zu hören scheint daß hier etwas gesprochen oder vorgelesen wird; er ist ganz Auge, ganz in dem was hier zu sehen ist; er müß-

---

12) Dieß ist, wenn ich nicht irre, das was Lucian dachte, als er schrieb: της ψυχης διατριβουσης περι τον των ορωμενων επαινον — Wiewohl ich gern zugebe, daß er seinen Gedanken deutlicher und unzweydeutiger hätte ausdrucken sollen.

13) D. i. die Gabe die Ohren zu bezaubern in einem so hohen Grade besitze wie diese berühmte Sänger und Tonkünstler der Heldenzeit.

müßte denn nur blind seyn, oder die Zuhörer müßten sich, wie die Richter im Areopagus, im Dunkeln versammeln. Denn daß Worte niemals Kraft genug haben zu siegen, wenn sie mit den Augen kämpfen sollen, das kann uns schon die Fabel von den Sirenen mit der von den Gorgonen verglichen, anschaulich machen. Jene bezauberten zwar die Vorbeyfahrenden durch die schmeichelnde Süßigkeit ihres Gesangs, und hielten sie, wenn sie bey ihnen anländeten, auf; auch war ihr Geschäfte von einer solchen Art daß es nothwendig einige Zeit erfoderte: indessen fand sich doch einer, der ohne ihren Gesang anzuhören, vorbeyfuhr. Die Schönheit der Gorgonen hingegen bemeisterte sich beym ersten Anblick aller Kräfte der Seele mit solcher Gewalt, daß sie den Anschauern auf der Stelle Sprache und Bewußtseyn raubte; denn dieß will vermuthlich die Fabel damit, wenn sie uns sagt sie seyen versteinert worden. Ich nehme daher auch das, was mein Gegner von dem Pfauen gesagt hat, als für mich gesagt an. Denn das, wodurch uns dieser Vogel Vergnügen macht, ist sein Anschauen, nicht seine Stimme; und wenn man den Pfau zwischen die Nachtigall und den Schwan stellte, und beyde noch so lieblich sängen, während jener nicht den mindesten Laut von sich gäbe: so bin ich doch gewiß, jede Seele würde dem Pfau entgegen fliegen, und die andern singen lassen so lange sie wollten, ohne sich darum zu bekümmern. So unwiderstehlich und unbezwingbar ist die Wollust die sich uns durch die Augen mittheilt!

Ich kann euch aber, wenn ihr es verlangt auch noch einen weisen Mann als Zeugen aufstellen, der sich nicht weigern wird, mir Zeugniß zu geben, daß der Eindruck von dem, was man sieht, ohne Vergleichung stärker ist als von dem was man hört. Es ist kein geringerer als Herodotus [14]), der in seiner Kalliope ausdrücklich sagt: „die Ohren sind nicht so glaubig als die Augen." Er räumt also, wie ihr seht, dem Gesicht die erste Stelle ein; und das mit Recht. Denn die Worte sind (wie Homer zu sagen pflegt) geflügelt, und flattern, so wie sie entstehen, wieder davon. Das Vergnügen hingegen das uns Dinge, die wir sehen, gewähren, verweilet und bleibt bey uns, und kann sich unser also völlig bemächtigen."

„Wie sollte demnach ein so schöner, so betrachtenswürdiger Saal einem Redner, der in ihm auftreten will,

14) Im Original befiehlt der Heteros Logos, welchen Lucian als Contradictor gegen sich selbst aufgestellt hat, dem Ausrufer, „den Herodotus, Lyrus Sohn von Halikarnaß, herbeyzurufen." Herodot erscheint in eigener Person, wird um sein Zeugniß ersucht, und legt es auch in seiner Jonischen Mundart dahin ab: der Logos habe den Richtern die reine Wahrheit gesagt, und sie könnten ihm alles glauben was er von dem Vorzug des Gesichts vor dem Gehör vorgebracht habe; denn die Ohren glaubten nicht so leicht als die Augen. — Man wird mir hoffentlich kein Verbrechen daraus machen, daß ich diese Fiction abgekürzt habe und den Herodot sein Zeugniß bloß durch den angeführten Sinnspruch ablegen lasse, den er bey Erzählung der Geschichte von Kandaules und Gyges im achten Capitel seines Iten Buches angebracht hat.

will, nicht nachtheilig seyn? Und gleichwohl habe ich das wichtigste noch nicht gesagt; Aber ich habe sehr wohl bemerkt, Meine Herren Richter, wie ihr, während ich gesprochen habe, zur Decke hinauf geschaut, die Mauern mit Bewunderung betrachtet, und euch herumgedreht habt, um die darauf befindlichen Gemählde eines nach dem andern zu betrachten. Denket nicht daß ich euch durch diese Bemerkung schamroth machen wolle. Nichts kann verzeihlicher seyn, als daß euch, zumal bey so schönen und so angenehm abwechselnden Vorstellungen, etwas menschliches begegnet ist. Was könnte anziehender und gelehrter Anschauer würdiger seyn, als Werke, worin sich das Vollendete der Kunst mit dem Nützlichen der alten Geschichte vereiniget? Damit Ihr uns aber über allem dem Anschauen nicht gänzlich vergesset, wie wäre es, wenn ich einen Versuch machte, euch den Inhalt dieser Gemählde, so viel möglich, durch Beschreibung vorzumahlen? Ihr werdet, denke ich, mit Vergnügen von Dingen sprechen hören, deren Anschauen so viel Reiz für euch hat, und es mir vielleicht noch Dank wissen, und mir wenigstens deswegen den Vorzug vor meinem Gegner geben, daß ich euer Vergnügen verdopple, indem ich, während ihr die Gemählde dieses Saales betrachtet, euch zu gleicher Zeit mit dem was sie vorstellen unterhalte. Ihr sehet die Schwierigkeit meines Beginnens, euch ohne Feld, ohne Pinsel und ohne Farben, eine solche Menge von Bildern darstellen zu wollen; denn freylich kann die Mahlerey leren mit Worten nur eine sehr flache Wirkung thun [15]).

Zur rechten, wenn man in den Saal hineinkommt, ist eine Begebenheit vorgestellt, an welcher die Griechische und Aethiopische Geschichte gleich viel Anspruch hat, — Perseus, wie er, auf der Wiederkehr von seinem Fluge gegen die Gorgonen, im Vorbeygehen das Meerungeheuer tödtet, Andromeden befreyt, und sie bald darauf heurathet und mit sich nach Argos führt. Der Künstler hat hier in einem kleinen Raume [16]) viel bewerkstelliget. Schaam und Furcht sind sehr schön auf dem Gesichte und in der Stellung der Jungfrau ausgedrückt, indem sie von dem Felsen herab dem Kampf zu-

[15] Lucian, dessen Kenntnisse (wie wir wissen) überhaupt sehr oberflächlich waren, spricht auch hier wie einer, der weder von der Mahlerey mit Worten, noch von der mit Farben deutliche Begriffe hat. In der That war es ein seltsamer Einfall, der anwesenden Gesellschaft mit Worten vormahlen zu wollen, was sie mit ihren Augen vor sich sah; und es wäre verständiger von ihm gewesen, wenn er sich zu nichts weiter als zu einer bloßen historischen Exposition der Fabeln oder Geschichten, die der Mahler hatte darstellen wollen, anheischig gemacht hätte.

[16] Vermuthlich waren die Wände des Saals nach damaliger Mode mit Arabesken decoriert, und die hier beschriebenen Bilder machten nur die Hauptpartien der Verzierung aus. Da aber der Saal so groß und so hoch war, und Lucian überhaupt so viel Aufhebens von seiner Pracht und Schönheit macht: so begreift sich nicht recht, wie die Geschichte vom Perseus und der Andromeda, im Kleinen (εν βραχει) vorgestellt, nicht eine ärmliche Figur in einem solchen Saale habe machen müssen.

zusieht, den der junge Held aus Liebe zu ihr unternimmt, und wie schwer es ihm wird, das Ungeheuer zu bezwingen, das von undurchdringlichen Schuppen und Stacheln starrend mit weit aufgesperrtem Rachen auf ihn zu fährt. Perseus hält ihm mit der linken Hand das Haupt der Meduse vor, während er ihm mit dem Schwert in seiner rechten einen gewaltigen Streich versetzt; schon ist das Ungeheuer auf der Seite, die es gegen die Gorgone gekehrt hat, zu Stein geworden; der andre Theil aber zeigt das Leben, das noch in ihm ist, durch das Blut, das aus der Wunde hervorströmt, die es von dem krummen Schwert des Helden empfängt).

Das nächstfolgende Gemählde stellt ein berühmtes Beyspiel der strafenden Gerechtigkeit auf, dessen Sujet der Mahler mir aus dem Euripides oder Sophokles genommen zu haben scheint; denn beyde haben ein ähnliches Bild gemahlt [18]. Die beyden jungen Freunde, Py-

---

17) Lucian sagt freylich nur, Το δ' οσον εμψυχον μενει, τη αρπη κοπτεται. Aber für einen, der ein Gemählde mit Worten nachmahlen will, macht er sichs auch gar zu bequem.

18) Was für Leute hatte L. vor sich, wenn er ihnen das zu sagen brauchte, da wohl den Griechen nichts bekannter war, als die Geschichte von Pylades und Orestes und die Tragödien des Sophokles und Euripides? In solchen kleinen Unschicklichkeiten verräth sich, dünkt mich, der Samosatener, dem die griechische Litteratur etwas fremdes war. Ein gebohrner Athenienser hätte schwerlich so von dieser Geschichte gesprochen, als ob er Bactrianer oder Serer zu Zuhörern hätte.

Pylades von Phocäa und Orestes, kommen, unter Begünstigung des Gerüchtes von ihrem Tode, unerkannt in den Palast Agamemnons, und fallen beyde mit ihren Schwertern über den Aegisthus her. Die bereits ermordete Klytemnestra liegt halbnackend auf einem Bette; eine Menge Sclaven und Sclavinnen in größter Bestürzung um sie her, wovon die einen laut zu jammern und zu heulen scheinen, und die andern ängstlich herumsehen, wie sie sich durch die Flucht retten wollen. Der Mahler hat diese Geschichte mit großem Gefühl für das Schickliche so behandelt, daß er das, was Religion und Natur gleich stark beleidigt, den Muttermord, nicht unmittelbar vor den Augen der Zuschauer begehen läßt, sondern als schon geschehen bloß andeutet, hingegen zur Haupthandlung den Augenblick wählte, wo die beyden Jünglinge den Ehebrecher zur verdienten Strafe ziehen.

Was nun folgt, ist ein anmuthiges erotisches Spiel, geschickt, die Imagination wieder zu erheitern, die durch das vorige verdüstert wurde. Der junge Branchus, der schöne Liebling des schönsten Gottes, auf einem Felsen sitzend, hält seinem Hunde, der an ihm hinauf springt, spielend einen Hasen vor, aber so hoch, daß ihn der Hund, wie sehr er auch alle seine Kräfte anstrengt, nicht erreichen kann: Apollo steht lächelnd zur Seite und ergötzt sich an beyden, an dem spielenden Knaben und an den Versuchen des Hundes seine Beute zu erschnappen.

Auf

Auf dem vierten Gemählde erscheint Perseus abermal in dem Abenteuer begriffen, das jenem mit dem Meerungeheuer vorhergieng. Er haut, von Minerven beschützt, mit zurückgebogenem Gesichte der Medusa den Kopf ab, die er bloß in dem Bilde sieht, das sein hellpolierter Schild zurückwirft; denn er wußte was es ihn kosten würde, ihr selbst geradezu ins Gesichte zu sehen.

In der Mittelwand, der Thür gegen über, ist eine Nische angebracht, in welcher Minerva von weissem Marmor steht, aber nicht in ihrer Kriegsrüstung, sondern in einem Costum, welches den Frieden andeutet, den uns diese kriegerische Göttin genießen läßt [19]).

Das oberste Gemählde an der Wand, dem Eintretenden zur Linken [20]) stellt abermals die Minerva vor, wie sie von dem verliebten Vulkan verfolgt wird; aber sie entreißt sich seinen rußigen Armen, und Erichthonius ist die Frucht dieser Verfolgung.

Neben diesem sieht man ein anderes altes Stück. Der blinde Orion trägt den Cedalion, der ihm, auf seinen Schultern sitzend, den Weg zum Aufenthalt des Sonnengottes zeigt. Helios erscheint, und stellt das

Ge-

---

19) In der Meynung daß L. auf den langen Frieden, dessen die Welt unter der Regierung Hadrians und Antonins genoß, habe anspielen wollen, erlaubte ich mir, die Allusion etwas deutlicher als im Texte zu machen.

20) Auch dieß sagt Lucian nicht ausdrücklich, aber wofern einige Symmetrie in der Stellung dieser Gemählde war, so kann man sich die Sache nicht wohl anders denken.

Gesicht des Blinden wieder her. Vulkan sieht aus seiner Werkstatt zu Lemnos der Begebenheit zu ²¹.)

Hier-

21) Da die Legende vom Orion nicht so bekannt als sonderbar ist, so mag sie hier eine Stelle finden. Das Merkwürdigste an ihm ist unstreitig seine Geburt, so wie sie vom Palæphatus de Incredibil. erzählt wird. Die drey Götter Jupiter, Neptunus und Apollo kehrten einst, da sie die Erde zusammen besuchten, bey Hyrieus, einem kleinen Böotischen Caziken, ein. Da er sie sehr gut bewirthet hatte, so sollte er sich beym Abschiede eine Gnade von ihnen ausbitten. Hyrieus, welcher kinderlos war, bat um einen Sohn. Dazu kann Rath werden, sprachen die Götter. Sie ließen sich die Haut des Ochsens geben, den sie bey ihm verzehrt hatten, füllten sie mit ihrem göttlichen Harn an, und befahlen ihrem Wirthe, die Haut zu vergraben, und nach vierzig Wochen zu sehen, was er darin finden würde. Zur bestimmten Zeit kroch ein großer wohlgestallter Junge daraus hervor, der den Nahmen Urion erhielt, welcher in der Folge, der Euphonie wegen, in Orion verwandelt wurde. Als Orion ausgewachsen war, war er beynahe so groß wie Sct. Christoffel; denn wenn er im Meere gieng, wo es am tiefsten war, so ragte er wenigstens mit den Schultern hervor. Auf einem dieser Spaziergänge kam er in der Insel Chios an, verliebte sich in die Tschter des Königs Oenopion und diente ihm eine Zeitlang um sie; da er aber merkte, daß der Alte keine Lust hatte seinen Schwiegersohn aus ihm zu machen, fand er Mittel, sich auf die unter den Heroen damals gewöhnliche Art zu befriedigen. Oenopion wurde über diesen Zug von Heroismus so aufgebracht, daß er dem Orion die Augen ausstechen ließ. Dieser flüchtete sich nach Lemnos, wo ihm Vulkan den Cedalion, einen seiner Schmiedeknechte, zugab, daß er ihm den Weg zum Sonnengotte zeigen sollte, von welchem Orion, einem Orckel zu Folge, sein Gesicht, oder vielmehr ein Paar neue Augen erhalten sollte, und wirklich erhielt. Er hatte hierauf noch verschiedene Abenteuer mit sterblichen und unsterblichen Göttinnen, bis ihm endlich die Vermessenheit, mit einer

von

Hierauf folgt Ulysses, wie er sich wahnwitzig stellt, um nicht mit den Atriden gegen Troja ziehen zu müssen. Die Gesandten, die ihn dazu auffordern sollen, sind angekommen. Seine List ist nicht übel ersonnen; der Pflug, den er wie einen Wagen braucht, der Einfall ein Pferd und einen Ochsen zusammen vorzuspannen, und die affectierte Unwissenheit dessen was vorgeht, machen es wahrscheinlich genug daß er den Verstand verlohren habe. Aber Palamedes, dem der Handel verdächtig vorkommt, entdeckt den Betrug durch eine Gegenlist, indem er den jungen Telemach zu packen kriegt, und in angenommenem Zorn den Degen zückt, als ob er den Knaben in Stücken zerhauen wolle. Der erschrockne Ulysses fühlt in diesem Augenblicke bloß daß er Vater ist, bekommt auf der Stelle seinen Verstand wieder und die Verstellung hat ein Ende.

Das letzte Gemählde stellt die von Eifersucht entflammte Medea vor, das Schwert in ihrer Hand, der Blick, den sie auf ihre beyden Knaben wirft, alles an ihr läßt die schreckliche That ahnden, die sie schon im Sinne hat. Die armen Unglücklichen hingegen sitzen, in ihrer kindlichen Unwissenheit, ruhig auf dem Boden und lächeln zur Mutter auf, ungeachtet sie den mörderischen Stahl in ihrer Hand blinken sehen.

Noch von Dianens Nymfen, oder (nach einer andern Version) mit Dianen selbst in seiner gewohnten Manier scherzen zu wollen, den Tod brachte. Da er aber doch ein Sohn von drey Göttern war, so konnte ihm nicht weniger geschehen als daß er an den Himmel versetzt wurde, wo er bis auf diesen Tag unter den südlichen Sternbildern das ansehnlichste vorstellt.

Noch einmal, meine Herren, müßt ihr nicht gestehen, daß dieß alles nur zu sehr geschickt ist die Zuhörer zu zerstreuen, und ihre Augen auf eine zu angenehme Art zu beschäftigen, als daß ein Redner sich einige Aufmerksamkeit von ihnen versprechen dürfte? Indessen ist meine Absicht hiebey keineswegs, meinem Gegner einen schlimmen Dienst bey euch zu thun, und ihn für einen vermessenen Praler auszugeben, der sich selbst in Schwierigkeiten, die seine Kräfte übersteigen, verwickelt habe, und nicht verdiene, daß ihr dem, was er euch vorzutragen gedenkt, ein günstiges Ohr verleihet. Im Gegentheil, ich habe euch vielmehr dadurch geneigt machen wollen, desto mehr Nachsicht mit ihm zu tragen und ihm durch euern guten Willen, die Schwierigkeit seines Unternehmens, unter so nachtheiligen Umständen euern Beyfall zu erhalten, besiegen zu helfen. Denn auch so wird er noch immer Mühe genug haben, etwas vorzubringen, das nicht ganz unwürdig scheine in einem so prächtigen Saale angehört zu werden. Uebrigens laßt euch nicht befremden, daß ich diese Fürbitte für einen Gegner einlege: denn meine Bewunderung für diesen Saal ist so groß, daß ich einem jeden, wer es auch sey, der sich in demselben hören lassen will, einen glücklichen Erfolg gönnen möchte.

Charis

Charidemus
oder
über die Schönheit.

Hermippus, Charidemus.

Hermippus.

Da ich, mein lieber Charidemus, gestern vor die Stadt hinaus spazieren gieng, theils der Erhohlung wegen, theils um einer gewissen Sache, womit ich

Charidemus. Man zählt diesen Dialog gewöhnlich zu den zweifelhaften Stücken die unter Lucians Nahmen gehen. Geßner sagt sogar, er getraue sich zu behaupten, daß es eine beynahe Schulknaben mäßige Declamation eines Lehrlings der Rhetorik sey, die unserm Autor zur Ungebühr aufgebürdet werde. Ich meines Orts gestehe daß ich dieses Urtheil nicht unterschreiben kann, sondern, mit Dr. Fränklin, der Meynung bin, dieser Charidemus sey zwar ziemlich weit unter Lucians besten Werken, aber noch immer zu gut, als daß es ihm, ohne bessere als die Geßnerischen Gründe, abgesprochen werden könnte. Es scheint einer seiner ersten Versuche in dieser Art und überhaupt ein Werk seiner Jugend gewesen zu seyn; und das Gezwungene und Steiffe im Styl

ich mich beschäftigte desto ruhiger nachdenken zu können, begegnete mir Proxenus, des Epikrates Sohn, und da wir gute Bekannte sind, redete ich ihn an und fragte, woher er käme und wo er hin wollte? Er antwortete mir, auch er sey bloß hieher gekommen, um sich am Anblick dieser schönen Landschaft zu ergötzen und der reinen und milden Luft zu genießen, die man hier athmet; um so mehr, da er von einem großen Gastmal herkomme, welches Androkles, des Epichares Sohn im Piräus gegeben, nachdem er wegen des Preises, den er an den Diasien [2]) durch Vorlesung eines von ihm verfertigten Buches erhalten, dem Merkur ein feyerliches Opfer gebracht habe. Er machte viel Rühmens, wie artig und unterhaltend die Gesellschaft gewesen sey, und erwähnte besonders auch der Lobreden auf die Schönheit, die von einigen Anwesenden gehalten worden; da ich aber mehr davon wissen wollte, entschuldigte er sich theils mit der Vergeßlichkeit eines

Man-

Styl, (worauf Geßner sein Verdammungsurtheil gründet) scheint mir den gebohrnen Syrer zu verrathen, dem der attische Dialekt, und, was noch mehr ist, die edle Simplicität, Leichtigkeit, Grazie und Urbanität der besten attischen Schriftsteller noch etwas fremdes war, und der eben dadurch, daß er sich immer recht zierlich ausdrücken wollte, hier und da ins Affectirte fiel. Dieses letztern Umstandes wegen, und da, bey einem Werkchen dieser Art, eine zu große Treue vielmehr zu tadeln als zu loben wäre, habe ich, aus billiger Rücksicht auf die Leser, mir mehr als gewöhnliche Freyheiten herausgenommen, und den Autor nicht selten so reden lassen, wie er sich vielleicht zehn Jahre später als dieser Dialog geschrieben seyn mag, ausgedrückt haben möchte.

2) Dem Feste Jupiters.

Mannes von seinen Jahren, theils damit, daß er das Ende dieser Discurse nicht abgewartet habe; aber du, sagte er, würdest mir vor allem die beste Nachricht geben können, da du selbst einer der Lobredner gewesen, und auf alles, was, so lange die Gesellschaft beysammen geblieben, von den andern gesprochen worden, sehr aufmerksam gewesen seyest.

Schreibern. Dieß alles hat seine Richtigkeit, lieber Hermippus; ausser, daß es auch mir nicht leicht seyn würde, alles was gesprochen worden, mit einer gewissen Genauigkeit wieder vorzutragen. In der That, war das Getöse, das sowohl die Herren, als die Bedienten machten, zu laut, als daß ich alles hätte verstehen können; und dann weißt du ja selbst, wie schwer es überhaupt ist sich der Reden zu erinnern, die bey einem Gastmale vorgefallen, wo so viele Ursachen zusammentreffen um selbst Personen, die sonst das beste Gedächtniß haben, vergeßlich zu machen. Indessen will ich, dir zu gefallen, sehen, wie weit ich damit kommen werde, und wenigstens nichts auslassen, was mir von den vorgefallenen Discursen wieder beyfallen wird.

Hermipp. Schon dieses Versprechen, lieber Freund, verdient allen Dank: wenn du aber so gefällig seyn wolltest, deine Erzählung ganz von vorn anzufangen, und mir zu sagen was für ein Stück das war, womit Androkles den Preis erhielt, wer sein Antagonist war, und wie alle die Gäste hießen, die er zu seinem Feste eingeladen: so würdest du mich dir aufs vollständigste verbindlich machen.

Charidem. Die Preisschrift war eine Lobrede auf den Herkules, zu deren Verfertigung er, wie er sagte, durch einen Traum war bewogen worden. Sein Mitwerber um den Preis ³), oder vielmehr um die Ehre des Sieges, war Diotimus von Megara.

Hermipp. Was war der Gegenstand seiner Rede?

Charidem. Das Lob der Dioskuren, denen er, seiner Versicherung nach, sehr große Verbindlichkeiten hatte, und die ihn besonders dadurch zu dieser Lobrede, wie er sagte, aufgefodert hätten, daß sie ihm, in einem äusserst gefährlichen Sturm, den er zur See ausgestanden, auf der Spitze des großen Masts erschienen wären. Bey dem Gastmale waren eine große Menge von den Verwandten und übrigen guten Freunden des Androkles zugegen; aber diejenige, die des Nennens werth sind, weil sie die eigentliche Zierde der Tafel waren, und die Unterhaltung durch das Lob der Schönheit interessant machten, waren Philo, des Deinias Sohn, Aristippus des Agasthenes, und ich selbst ⁴).

Ne-

---

3) Im Text: um die Aehren (περι των ασαχυων). Ich habe nichts finden können, das mir Licht darüber gegeben hätte, was für ein Preis das war. Du Soul erinnert sich dabey an die goldnen Blumen der Jeux Floreaux zu Toulouse; und Dr. Fränklin macht, ich weiß nicht warum, gar einen Gerstenkuchen aus diesen Aehren.

4) Sehr bescheiden!

Neben uns befand sich auch der schöne Kleonymus, der Neffe des Androkles, ein feines, aber etwas verzärteltes Bürschgen, dem es gleichwohl nicht an Sinn zu fehlen schien; denn er hörte unsern Reden sehr begierig zu. Der erste, der über die Schönheit sprach, war Philo, und er bediente sich dazu folgendes Eingangs—

Hermipp. Ehe du die Lobrede selbst beginnest, Lieber, dürfte ich dich nicht bitten, mir zu sagen, durch was für eine Veranlassung ihr darauf gebracht wurdet, gerade die Schönheit zum Gegenstand derselben zu nehmen?

Charidem. Daß du mich aber auch immer unterbrechen mußt! Ohne das könnte ich schon lange mit meiner ganzen Erzählung fertig seyn. Doch was will einer machen, wenn ihm von einem Freunde Gewalt geschieht? Die Veranlassung also zu unsern Reden, die du wissen möchtest, war eben der besagte schöne Kleonymus, der zwischen mir und seinem Oheim saß. Der größte Theil der Gäste, der, wie gesagt, aus Ungelehrten bestand, konnten die Augen gar nicht von ihm verwenden; sie sahen nichts als ihn, sprachen von nichts als ihm, und vergaßen aller andern Anwesenden, um die Schönheit dieses jungen Menschen in die Wette herauszustreichen. Wir andern Gelehrten konnten nicht umhin, ihrem guten Geschmack unsern vollen Beyfall zu geben: da wir's uns aber billig zur Schande hätten rechnen müssen, von Idioten in dem was wir als unser eigenes Fach ansahen, übertroffen zu werden, so kamen wir ganz natürlich auf den Gedanken, die Schönheit zum Gegenstand einer kleinen Rede aus dem Stegreif, welche wir einer nach dem andern halten wollten, zu machen⁵). Denn uns in ein besonderes Lob des jungen Menschen einzulassen, der es gar nicht nöthig hatte noch verliebter in sich selbst zu werden, schien uns nicht ziemlich zu seyn; und eben so wenig wollte es sich für Leute unsrer Art schicken, so ohne alle Ordnung, wie jene, zu sagen was uns vor den Mund käme; Wir beschlossen also, ein jeder sollte über die vorgelegte Materie besonders vortragen was ihm sein Gedächtniß an die Hand geben würde.

Philo, der den Anfang machte, ließ sich also folgender maßen vernehmen: Ist es nicht im höchsten Grade widersinnisch, daß wir, denen es bey allem was wir täglich treiben und vornehmen, darum zu thun ist daß es schön ausfalle, uns so wenig um die Schönheit selbst bekümmern, sondern darüber ein so tiefes Stillschweigen beobachten, als ob wir uns fürchteten von einer Sache zu sprechen, um die wir uns unser ganzes Leben lang so viele Mühe geben⁶)? Was für einen würdigren Ge-

---

5) Dergleichen improvisierte Declamationen waren, zu Lucians Zeiten ziemlich gewöhnlich bey großen Gastmälern. Uebrigens verräth der Ton, worin er hier spricht, den jungen Menschen eben so sehr wie die Affectation, daß jeder der drey Redner seine Oration, schulgerechter maßen, mit einem Prolog anfängt, und mit einem Epilog schließt, den kürzlich aus der Schule entlassenen jungen Rhetor erkennen läßt.

6) Auch Philo spielt in seinem Prolog mit der doppelten Bedeutung des Worts Kalos; wiewohl er bald wieder zu der vulgaren zurückkehrt, und in der Folge bloß von der körperlichen Schönheit spricht.

Gegenstand könnten wir denn verlangen, oder womit wollten wir es entschuldigen, wenn wir, die wir meistens so viele Zeit und Aufmerksamkeit auf nichtswürdige Dinge verschwenden, von dem was das schönste und edelste aller Dinge ist, allein schweigen wollten? Und wie könnte einer auch selbst das Schöne im Reden auf eine schönere Art erhalten, als wenn er, mit Beseitigung aller andern Gegenstände wovon er sprechen könnte, dasjenige zu seinem Stoff erwählt, was das Höchste ist, so wie uns bey allen unserm Handlungen zum Augenmerk und Endzweck machen? Damit ich aber nicht in den Verdacht komme als ob ich andern zur Pflicht machen wolle, was ich selbst zu leisten unvermögend sey: so will ich versuchen, meine Gedanken über die Schönheit, in möglichster Kürze, vorzutragen.

„Jedermann wünscht sich an Schönheit Anspruch machen zu können: wiewohl die Anzahl derer, die man würdig gefunden hat für schön erklärt zu werden, von jeher immer sehr klein gewesen ist; die Wenigen aber, die diese Gabe wirklich empfiengen, schienen dadurch auf die höchste Stufe der Glückseligkeit gesetzt zu seyn, und wurden von den Göttern sowohl als von den Menschen in vorzüglichen Ehren gehalten. Was für einen stärkern Beweis könnte ich hievon geben, als das Beyspiel des Herkules, der Dioskuren und der Helena, die aus Heroen zu Göttern geworden sind? Es ist wahr, der erste, sagt man, erwarb sich diese höchste Ehre durch seine Tugend: aber Helena erhob sich bloß durch ihre Schönheit nicht nur selbst zur Göttin, sondern verschaffte, sobald sie in den Himmel eingegangen war, diese Ehre auch ihren Brüdern, die vorher den Bewohnern des unterirdischen Reichs zugezählt wurden. Aber auch unter allen Sterblichen, die jemals mit den Göttern Umgang zu pflegen gewürdiget worden, ist nicht ein einziger zu finden, der diesen Vorzug nicht seiner Schönheit zu danken gehabt hätte. Bloß um ihrentwillen erhielt Pelops das Glück Ambrosia an ihrer Tafel zu kosten; und sie allein gab dem schönen Ganymed eine so große Gewalt über den König der Götter, daß er keinem andern Gott erlauben wollte ihn zu begleiten, als er auf den Gipfel des Ida herabflog, um diesen seinen Liebling in den Himmel zu hohlen, wo er ihn nun auf immer bey sich behalten wollte. Und so groß war die Leidenschaft, die er für schöne Sterbliche hatte, daß er sie nicht nur der Versetzung in den Himmel würdigte, sondern aus Liebe zu ihnen nicht selten auf der Erde verweilte, und bald in Gestalt eines Schwans die schöne Leda besuchte, bald in einen Stier verwandelt Europen entführte, bald in der angenommenen Person des Amphitryon Alkmenen zur Mutter des Herkules machte — eine Menge anderer Erfindungen zu geschweigen, deren er sich bediente um sich den Besitz derjenigen, die er liebte, zu verschaffen.

Es sey mir erlaubt hiebey noch einen Umstand anzumerken, der in der That Verwunderung erregen muß.

Ju-

Jupiter, wenn er lauter Götter um sich hat und von Weltgeschäften mit ihnen spricht, wird von dem gemeinschaftlichen Dichter der Griechen immer trotzig, stolz und furchtbar vorgestellt: gleich in der ersten Götterversammlung jagt er der Juno, die doch von je her gewohnt war ihm alle Arten von Vorwürfen zu machen, eine solche Angst ein, daß sie sich noch glücklich schätzt wie es ihr erzürnter Gemahl bey bloßen Worten bewenden läßt; und in der zweyten setzt er die sämmtlichen Götter in nicht geringern Schrecken, da er ihnen droht, daß er die Erde zusammt den Menschen und das Meer an seiner Kette heraufziehen wolle. Sobald er hingegen zu den Schönen auf die Erde herabsteigt, wird er auf einmal so sanft und mild und gefällig, daß er immer damit anfängt, den Jupiter abzulegen, und aus Besorgniß seinen Geliebten in seiner eigenen Gestalt nicht angenehm genug zu seyn, irgend eine andere annimmt, und zwar immer eine so schöne, daß er gewiß seyn kann alle die ihn erblicken, an sich zu ziehen: so groß ist die Ehrerbietung die er für die Schönheit trägt!

Jupiter ist indessen nicht der einzige unter den Göttern, über welchen die Schönheit eine solche Macht ausübe — und ich muß dieß erinnern, damit ich nicht das Ansehen habe, als ob ich durch die angeführten Beyspiele nicht so wohl die Allmacht der Schönheit beweisen, als einen verdeckten Tadel auf den König des Himmels werfen wolle. Wer sich in der Göttergeschichte umsehen will, wird finden, daß sie über diesen Punct

Z 5 alle

alle gleiches Geschmacks sind: so sehen wir (um nur etlicher Beyspiele zu erwähnen) den Neptun durch die Schönheit des Pelops überwältigt und der schöne Hyacinthus wird von Apollo, der schöne Kadmus von Merkur geliebt. Ja, auch die Göttinnen erröthen nicht der Macht der Schönheit zu unterliegen, sondern scheinen sich vielmehr eine Ehre daraus zu machen, wenn ihnen nachgesagt wird, diesen oder jenen schönen Sterblichen mit ihrer höchsten Gunst beglückt zu haben. Man hat kein Beyspiel daß jemals wegen dessen, was jeder von ihnen besonders zu verwalten und zu regieren obliegt, Zwistigkeiten zwischen ihnen entstanden wären. Minerva, die das Kriegs-Departement hat, läßt sich nicht einfallen Dianen ihre Jagdgerechtigkeit streitig zu machen, so wenig als sich diese jemals in die Kriegssachen, die unter Minervens Aufsicht stehen, einmischt: Juno überläßt Aphroditen das Recht über Ehsachen zu disponieren, und wird dagegen auch von dieser, in dem was unter ihrer Aufsicht steht, nicht beeinträchtiget: auf die Schönheit hingegen legen sie einen so hohen Werth, daß jede darin alle übrigen zu übertreffen glaubt, und Eris, fand, um sie zusammen zu hetzen, kein unfehlbareres Mittel, als den Zankapfel der Schönheit unter sie zu werfen. Auch lehrte der Erfolg, daß sie sehr richtig gerechnet hatte. Kaum haben die Göttinnen die Aufschrift des goldnen Apfels gelesen, so glaubt jede, er gehöre ihr zu; und da keine zugeben kann noch will, weniger schön zu seyn als die Andere, so bringen sie die Sache vor Jupitern, den Bruder und Gemahl der einen und den Vater der übrigen, und überlassen ihm

den

den Ausspruch. Wiewohl er nun unstreitig berechtigt war zu erklären, welche die schönste sey, oder, (falls er sich nicht selbst damit bemengen wollte) unter Griechen und Nicht-Griechen weise und sachkundige Männer genug waren, denen er das Richteramt auftragen konnte: so überließ er doch den Ausspruch lieber dem schönen Paris, und legte dadurch im Grunde ein sehr deutliches Zeugniß ab, daß, seinem Urtheil nach, Weisheit, Klugheit und Stärke der Schönheit die Oberstelle lassen müssen. In der That geht die leidenschaftliche Begierde der Göttinnen, sich schön nennen zu hören, so weit, daß sie dem Lobpreiser der Helden und Hofpoeten der Götter eingaben, sie nicht leicht mit andern Beywörtern zu bezeichnen, als die von der Schönheit hergenommen sind. Juno hört sich also lieber die Göttin mit den weissen Armen, als die ehrwürdige Göttin oder die Tochter des großen Kronion, Minerva lieber blauaugicht als Tritogeneia nennen, und Aphrodite scheint sich durch den Beynahmen, die Goldene, mehr geschmeichelt zu finden, als durch irgend einen andern, den er ihr hätte geben können. Und dieß beweiset nicht nur wie groß die Götter überhaupt von der Schönheit denken, sondern ist auch ein unläugbares Zeugniß, daß sie über alle andere Vollkommenheiten gehe. Denn Pallas selbst erkennt dadurch ihren Vorzug vor der Tapferkeit und Klugheit, deren Vorsteherin sie ist, so wie Juno ihr den Rang über alle Kronen und Reiche der Welt giebt; das einzige vielleicht, worüber ihr Gemahl immer ihrer Meynung ist. — Wenn denn also die Schönheit etwas so herrliches und göttliches ist, und

in

in den Augen der Götter selbst einen so hohen Werth hat: wie sollte es nicht auch unsre Pflicht seyn, die Götter hierin nachzuahmen, und alles was wir durch Worte und Handlungen vermögen, zu ihrer Verherrlichung beyzutragen."

Und hiemit endigte Philo seine Rede, nicht ohne zum Beschluß beyzufügen, er würde noch länger gesprochen haben, wenn er nicht wüßte, daß Tischreden sich vorzüglich durch ihre Kürze unterscheiden müßten. Nunmehr nahm Aristippus das Wort, wiewohl erst nachdem er sich vom Androkles lange genug hatte bitten lassen; denn er fürchte sich (sagte er) sich nach einem Meister wie Philo hören zu lassen. Indessen fieng er doch endlich also an:

Nichts ist häuffiger als Redner zu hören, die mit Vernachläßigung der edelsten und interessantesten Gegenstände, sich Ehre zu machen glauben wenn sie ihre Beredsamkeit an den unbedeutendsten Dingen versuchen, wovon ihren Zuhörern nicht der geringste Nutzen zugehen kann; die einen beeifern sich eben dieselbe Sache von ganz verschiedenen Seiten anzusehen als andere, und jeder bietet alle seine Geschicklichkeit auf, gegen seine Widersprecher Recht zu behalten: während es nicht an andern fehlt, die über Dinge, die ins Reich der Hirngespenste gehören, oder doch über ganz unnöthige Dinge mit eben so vielem Prunk sich hören lassen, als ob es Sachen von der größten Wichtigkeit wären. Ohnezweifel hätten alle diese besser gethan, wenn
sie

ſie ſich vor allen andern Dingen um die Auswahl eines Stoffes, der der Rede werth wäre, bekümmert
und dadurch den Verdacht vermieden hätten, daß es
ihnen gänzlich an Beurtheilungskraft und Geſchmack
fehle. Da es aber wohl die größte aller Thorheiten
wäre ſelbſt in die Thorheit zu fallen, die man an andern tadelt: ſo glaube ich einem ſolchen Vorwurf nicht
beſſer entgehen zu können, als indem ich einen Gegen-
ſtand zu meiner Rede nehme, der eben ſo intereſſant
als ſchön iſt, und von welchem mir jeder Zuhörer gern
eingeſtehen wird, daß man ihn mit größtem Recht den
ſchönſten unter allen möglichen nennen könne, da es kein
andrer als die Schönheit ſelber iſt.

Von welcher andern Sache dermalen die Rede ſeyn
möchte, ſo könnten wir es, wenn Einer darüber geſpro-
chen hätte, dabey bewenden laſſen: aber Dieſe bietet
denen welche von ihr ſprechen wollen einen ſo unerſchöpf-
lichen Reichthum dar, daß ein Mann, der nicht nach
Würden von ihr reden könnte, keinen Tadel deßwegen
verdiente, hingegen wie viele Vorgänger er auch gehabt hätte, immer noch Stoff genug zu ihrem Lobe
übrig finden würde, um mit ſeinem Loſe zufrieden ſeyn
zu können [7]). Denn wer iſt ſo beredt, daß er eine

Sache,

---

[7]) Ich behaupte nicht, daß der Autor dieß geſagt habe: aber mich dünkt er hätte es ſagen ſollen. Wenigſtens wäre doch immer mehr Sinn darin geweſen, als wenn er ſeinen Ariſtippus ſagen läßt: „die Materie von der Schönheit ſey ſo reich, daß derjenige, der nach vielen andern, noch etwas zu ihrem Lobe bey tragen könne, ſich ſehr glück- lich

Sache; die von den Göttern selbst so vorzüglich geschätzt wird, in den Augen der Menschen aber etwas so göttliches und verehrenswürdiges ist; daß diejenigen, die so glücklich sind sie zu besitzen, überall von aller Welt geliebt und beynahe angebetet, diejenigen hingegen, die ihrer gänzlich ermangeln, verabscheut und nur nicht eines Anblicks würdig geachtet werden: wer, sage ich, könnte beredt genug seyn, eine solche Sache nach Würden zu preisen? Indessen wie viele Lobredner auch immer noch auftreten müßten, wenn ihr auch nur einiger maßen ihr Recht wiederfahren sollte: so wird es mir hoffentlich nicht übel ausgedeutet werden, daß ich einen Versuch machen will, auch etwas von ihr zu sagen, wiewohl ich nach einem Redner wie Philo zu sprechen habe.

Die Schönheit also ist eine so herrliche und göttliche Sache, daß — nichts davon zu sagen, was mein Vorgänger schon ausgeführt hat, wie hoch die Götter die schönen Menschen geachtet haben — in jenen uralten Zeiten die Tochter Jupiters, Helena, mit der ihrigen sogar, ehe sie das Alter der Liebe erreicht hatte, einen der ersten Helden ihrer Zeit bezwang [8]). Denn

The-

---

lich zu halten habe." Dieß möchte wohl dann wahr seyn, wenn der Stoff arm wäre: aber da er so reich, so unerschöpflich ist, was ist natürlicher als daß immer noch etwas zu sagen übrig bleibt, und wo ist denn da das große Glück, noch etwas sagen zu können, wo so viel zu sagen blieb?

8) Nach dem Hellanikus, war sie sieben Jahr alt als sie vom Theseus entführt wurde.

Theseus, den seine Geschäfte in den Peloponesus geführt hatten, entbrannte beym Anblick ihrer Schönheit dermaßen, daß er, wiewohl im Besitz eines ansehnlichen Reichs und eines nicht gemeinen Ruhms, ohne sie nicht leben zu können, hingegen der glückseligste aller Sterblichen zu seyn glaubte, wenn er sie zur Gemahlin bekäme. Da er nun keine Hoffnung hatte, sie, in einem noch so zarten Alter, von ihrem Vater zu erhalten, beschloß er, trotz aller Macht dieses Fürsten und des ganzen Peloponesus, eine That, die vielleicht der höchste Beweis der Macht der Schönheit ist; Er entführte sie, mit Hülfe seines Freundes Peirithous, so zu sagen aus den Armen ihres Vaters und brachte sie nach Aphidna*) und seine Dankbarkeit für den Dienst, welchen Peirithous ihm hiebey geleistet hatte, war so groß, daß er ihm von dieser Zeit an eine Freundschaft zuschwor, die noch von den spätesten Zeiten als ein Beyspiel angezogen wird und zum Sprüchwort worden ist. Denn da dieser sein Freund aus Liebe zu Proserpinen in die unterirdische Welt herabzusteigen unternahm, und alles, was er ihm gegen ein so verwegenes Unterfangen vorstellte, fruchtlos war, konnte er sich nicht entschließen ihn allein gehen zu lassen, sondern begleitete ihn, und glaubte ihm das, was er ihm schuldig war, mit nichts geringerm erwiedern zu können, als wenn er seine Seele für ihn wagte. Wie nun Helena (die, während einer

seines

---

*) Aphidna (oder Aphidnä) war nach dem Hesychius, ein Dorf des attischen Stammes Ptolemais, und ist bloß durch diesen Umstand bekannt worden.

seiner Abwesenheiten, von ihren Brüdern nach Argos zurückgehohlt worden war) die Jahre der Mannbarkeit erreicht hatte, trafen alle Griechischen Könige so viel ihrer damals waren, in Argos zusammen, und wiewohl es schöne und edle Frauen genug in Griechenland gab, daß jeder sich eine davon hätte hohlen können, so schien ihnen doch keine mit dieser zu vergleichen; und ein jeder wollte die schöne Helena zur Gemahlin haben. Da sie also sahen, daß ein allgemeiner Krieg für Griechenland zu befürchten sey, wenn sie die Schönie einander mit Gewalt streitig machen wollten, beschwuren sie den einhellig getroffenen Vertrag, daß sie es auf die eigene Wahl der Prinzessin ankommen lassen, und sie demjenigen, den sie ihres Besitzes würdig finden würde, gegen alle und jede, die ihn darin zu stören sich vermäßen, garantieren wollten. Ein jeder hoffte nehmlich, daß er durch die Theilnehmung an diesem Bunde für sich selbst arbeite; indessen war Menelaus der einzige, den diese Hoffnung nicht betrog. Aber daß die gemeinschaftlich genommene Fürsorge nicht unnöthig gewesen war, wurden sie bald genug inne. Denn da, nicht lange hernach, der bekannte Streit unter den drey Göttinnen entstanden war, wurde Paris, einer der Söhne des Trojanischen Königs Priamus, zum Schiedsrichter erwählt. Dieser, wie schwer ihm auch, beym Anschauen so vieler Schönheiten, die ihm unverhüllt dargestellt wurden, und bey den Versprechungen, womit ihn jede zu bestechen suchte, die Wahl wurde — denn Juno hatte ihm die Herrschaft über ganz Asien, Pallas beständige Siege über alle seine Feinde, und Venus

aus den Besitz der schönen Helena versprochen —
dachte bey sich selbst, die größten Reiche würden auch
wohl den schlechtesten Menschen zu Theil, aber eine Helena würde die Welt nie wieder sehen — und so erklärte er sich für diese. Und da nun der Weltbekannte
Trojanische Krieg daraus entstand, wo Europa zum erstenmal gegen Asien zu Felde zog, und die bloße Zu-
rückgabe der Helena die Trojaner ihres schönen Landes
in Ruhe hätte genießen lassen, die Entsagung auf sie
hingegen die Griechen auf einmal alles Ungemachs des
Kriegs und einer langwierigen Belagerung überhoben
hätte: so konnte sich doch kein Theil zu einem so großen
Opfer entschließen, sondern beyde glaubten, sie würden
nie Gelegenheit finden um einer schönern Ursache willen
zu sterben. Ja sogar die Götter hielten ihre Söhne,
wiewohl sie voraus wußten, daß sie den Tod in diesem
Kriege finden würden, nicht nur nicht zurück, sondern
feuerten sie noch selber an, in der Meynung es würde
ihnen nicht weniger Nachruhm bringen, um die schöne
Helena kämpfend ihr Leben zu lassen, als es von einer
Göttin oder einem Gott empfangen zu haben. Doch,
was sage ich ihre Söhne? Sie selbst geriethen um dieser Sache willen in einen schrecklichern Krieg mit einander als der war, den sie einst mit den Giganten zu
führen hatten; denn in jenem fochten sie mit, hier aber
gegen einander. Und wenn wir nun sehen daß auch in
der Götter Augen die Schönheit allen andern menschlichen Dingen so weit vorgeht, daß sie, die um keiner andern Sache in der Welt jemals in Zwietracht geriethen,
für die Schönheit nicht nur ihre Kinder hingaben, son-

Lucians Werke VI. Th.   Aa   dern

dern selbst mit einander kämpften, und einige sogar Wunden davontrugen: müssen wir nicht gestehen, daß Himmel und Erde, Sterbliche und Götter einhellig die Schönheit für das vorzüglichste aller Dinge erklären."

Damit ich aber nicht aus Mangel an Beyspielen bey diesem einzigen so lange zu verweilen scheine, will ich zu einem andern übergehen, das nicht weniger geschickt ist unsre Behauptung zu bestätigen, als das angeführte, — zu Hippodamia, der berühmten Tochter des Arkadischen Fürsten Oenomaus. Wie viele edle Jünglinge sah man nicht, die von ihrer Schönheit bezwungen lieber sterben, als ohne sie das Licht der Sonne sehen wollten? Diese Prinzessin ließ alle andere, die zu ihrer Zeit an Schönheit Anspruch machen konnten, so weit hinter sich, daß ihre Reitzungen, gegen die Ordnung der Natur, ihren Vater selbst fesselten, und er, um sie immer bey sich zu behalten, und gleichwohl allem Verdacht des wahren Beweggrunds zuvorzukommen, auf einen Anschlag verfiel, der noch schlimmer war als seine Leidenschaft selbst. Er besaß einen Wagen, der seiner ausserordentlichen Leichtigkeit wegen ein wahres Kunstwerk war, und zu diesem Wagen die schnellsten Rennpferde in ganz Arkadien. Im Vertrauen also auf diese Vortheile erklärte er sich gegen die Freyer seiner Tochter, daß er bereit sey sie demjenigen zu geben, der sie ihm im Wettrennen abgewinnen würde; nur müßte sich jeder, der um diesen Preis mit ihm rennen wollte, gefallen lassen den Kopf zu ver-
lie-

lieren, wenn er den Sieg nicht davon trüge. Um seiner Sache desto gewisser zu seyn, fügte er noch die Bedingung hinzu: daß die schöne Hippodamia sich jedesmal mit auf den Wagen der Freyer setzen mußte, in Hoffnung, diese würden über ihrem Anschauen die Aufmerksamkeit auf die Führung ihres Wagens verlieren.

Wiewohl nun der erste, der es auf diese Art wagte, das Unglück hatte, die Braut und das Leben zugleich zu verlieren, so ließen sich doch die andern so wenig dadurch abschrecken, daß sie sich vielmehr unter Verwünschung der Grausamkeit des Oenomaus, in die Wette hinzudrängten, und immer einer dem andern zuvorzukommen eilte, als ob sie besorgten, die Ehre für ein so schönes Mädchen zu sterben möchte ihnen nicht mehr zu Theil werden. Dreyzehn der edelsten Jünglinge Griechenlands kamen auf diese Art um ihr Leben. Endlich nahmen sich die Götter selbst der Sache an, und, sowohl aus gerechtem Unwillen über die tyrannische Unmenschlichkeit des Oenomaus, als aus Mitleiden mit den unglücklichen Freyern und dem Mädchen selbst, die so unbilliger Weise des Genusses ihrer Schönheit und Jugend beraubt wurde, beschenkten sie den Pelops, als er im Begriff war sich dem Schicksal seiner Vorgänger auszusetzen, mit einem noch künstlichern Wagen und mit unsterblichen Pferden, die ihm denn auch wirklich zum Besitz der schönen Hippodamia verhalfen, indem er seinen Schwiegervater am Ziel der Laufbahn überrennte, und durch den Sturz von seinem Wagen des Lebens beraubte [10]).

Ich denke, es bedürfe nicht mehr als zwey so ausgezeichnete Beyspiele, wie weit die Menschen den Enthusiasmus für die Schönheit getrieben, und wie hoch die Götter selbst sie zu allen Zeiten geschätzt haben, um uns gegen allen Tadel sicher zu stellen, daß wir es der Mühe werth gehalten, diesen Beytrag zu ihrem Lobe abzugeben. Und hiemit endigte Aristippus seine Rede.

Hermipp. Du bist also noch allein übrig, lieber Charidemus, um allen den schönen Sachen die über die Schönheit gesagt wurden, die Krone aufzusetzen.

Charidem. Um aller Götter willen, laß es hieran genug seyn, Hermippus! Ich dächte, was du bereits gehört hast, wäre mehr als genug, um dir einen Begriff von unsrer Tisch-Conversation zu geben. Ueberdieß erinnere ich mich auch wirklich nicht mehr an alles was ich gesagt habe. Man behält weit leichter was andere, als was man selbst gesprochen hat.

Hermipp. Und doch ist es gerade deine Rede, und nicht der andern ihre, die ich von Anfang an zu hören am begierigsten war. Wenn du mir also die deinige vorenthältst, so hast du dir bisher eine ganz vergebli-

---

[10] Diese Geschichte wird von andern Mythologen mit andern Umständen erzählt. S. die Anm. 58. zum Dial. von der Tanzk. III. S. 414.

gebliche Mühe gegeben, und es ist soviel als ob du nichts gesagt hättest. Um Merkurs willen, Freund! laß dich erbitten! Erinnere dich, daß du mir gleich Anfangs Alles, was über diese Materie vorgekommen, versprochen hast.

Charidem. Es wäre recht schön von dir gewesen, wenn du mir, gegen das was ich schon gegeben habe, das unangenehmste für mich erlassen hättest. Weil du denn aber ja so begierig bist auch meine Rede zu hören, so muß ich dir schon zu Willen seyn. Ich sprach also folgender maßen.

„Wenn ich der erste wäre, der von der Schönheit reden sollte, so hätte ich vielleicht vieler Vorreden vonnöthen: da ich aber schon zwey Vorgänger habe, so wird es am schicklichsten seyn, ihre Reden als die Proömien der Meinigen zu betrachten, und gleich mit der Sache selbst anzufangen; zumal da sie nicht anderswo sondern hier und an eben demselben Tage gehalten worden sind, so daß nichts leichter wäre als unsern Zuhörern die Täuschung vorzumachen, als ob sie nicht drey verschiedene Reden, sondern nur eine einzige hörten, von welcher jeder seinen Antheil ausführte. Was meine beyden Vorgänger jeder für sich zum Lob der Schönheit bereits gesprochen haben, wäre gewiß mehr als genug um jede andere Sache in einen guten Ruf zu bringen. Von dieser aber ist noch immer so viel zu sagen übrig, daß noch viele auf uns folgen könnten, ohne daß sie zu besorgen hätten, der Stoff zu ihrem Lobe möchte ihnen ausgehen. Sie bietet aus so mancherley Ge-

sichtspunkten, als sie betrachtet werden kann, so vielerley dar, wovon jedes zuerst gesagt zu werden verdiente,
daß man nur verlegen ist, wo man anfangen soll: so
wie in einem schönen Blumenfelde, eine jede, auf die
das Auge fällt, zum Pflücken reizt. Ich will mich
indessen bemühen, so viel mit wenigem geschehen kann,
aus allem was noch zu sagen wäre, auszulesen, was
ohne Tadel nicht übergangen werden könnte, um auch
für meinen Antheil der Schönheit ihre Gebühr zu geben, und der Gesellschaft, in beliebter Kürze, wenigstens meinen guten Willen zu beweisen."

Es ist bemerkenswerth, daß die wir so geartet sind,
daß wir Männer die sich durch Tapferkeit oder irgend
eine andere Tugend in einem hohen Grade hervorthun,
wofern sie uns nicht durch unaufhörliche Verdienste, so
sie sich um uns machen, gleichsam mit Gewalt nöthigen ihre Freunde zu seyn, beneiden und eine heimliche
Freude daran haben wenn ihnen ihre Unternehmungen
nicht nach Wunsch von statten gehen. Schönen Personen hingegen beneiden wir nicht nur ihre Schönheit
nicht, sondern werden beym ersten Anblick von ihnen
eingenommen, lieben sie über alle maßen, und werden
nicht müde, ihnen als Wesen von einer höhern Natur,
soviel in unserm Vermögen ist, zu dienen. Dieß geht
so weit daß man lieber einer schönen Person gehorchen,
als einer häßlichen befehlen mag, und daß wir jener
weit mehr Dank wissen wenn sie uns recht viel, als
wenn sie uns nichts befiehlt. Noch etwas, das die
Schönheit vor allen andern wünschenswürdigen Dingen
voraus hat, ist dieses: daß wir, so bald wir diese erlangt

lange haben, befriedigt sind, und uns weiter keine Mühe um sie geben, der Schönheit hingegen nie genug haben können. Und wenn einer schöner als Nireus, schöner als Hyacinthus und Narcissus wäre; so würde er noch nicht zufrieden seyn, sondern immer fürchten, es könnte einer nach ihm in die Welt kommen der noch schöner wäre.

Die Schönheit ist das allgemeine Ideal und Modell beynahe aller menschlichen Verrichtungen: der Rhetor, wenn er eine Rede aufsetzt, der Mahler bey seinen Schildereyen, sogar der Feldherr, wenn er sein Heer in Schlachtordnung stellt, hat die Schönheit dabey zum Augenmerk. Doch bey jenen beyden, könnte man sagen, verstehe sichs von selbst, da die Schönheit ihr letzter Zweck ist: aber auch bey solchen Dingen, auf deren Gebrauch uns die Nothwendigkeit gebracht hat und deren Hauptzweck das Nützlichste ist, wenden wir allen nur ersinnlichen Fleiß an, ihnen so viel Schönheit zu geben als uns möglich ist. So war es dem homerischen Menelaus weniger um den Nutzen seines Palasts zu thun, als darum, daß alle, die über seine Schwelle kämen, in angenehmes Erstaunen gesetzt werden möchten; und deßwegen hatte er ihn zugleich so kostbar und so schön eingerichtet und ausgeschmückt, daß der Sohn des Ulysses, da er seinen Vater aufzusuchen nach Sparta kam, zu seinem Begleiter Pisistratus sagt:

So wie dieser muß Jupiters Hof von innen geschmückt seyn! Auch der Vater dieses Jünglings hatte gewiß aus keiner andern Ursache, die Schiffe die er den Griechen zum Zuge gegen Troja zuführte, mit Mennig bemahlen laßen ¹¹), als damit sie desto schöner in die Augen fallen und sich vor den übrigen auszeichnen möchten. Ueberhaupt wird man bey näherer Untersuchung finden, daß alle Künste ihr Augenmerk auf die Schönheit richten, und in derselben ihren höchsten Punkt erreicht zu haben glauben.

Die Schönheit hat in den Augen der Menschen so viel vor allen andern Eigenschaften voraus, daß es z. B. tausend Dinge giebt, die in höherm Werthe gehalten werden als diejenige die mit der Gerechtigkeit, Weisheit oder Tapferkeit in Verbindung stehen: da hingegen alles was die Idee der Schönheit in uns erweckt, immer für das Beste in seiner Art gilt; so wie nichts verachteter ist als woran wir gar nichts schönes finden. Daher pflegen wir Griechen auch nur diejenigen die nicht schön sind, schändlich ¹²) zu nennen: als ob bey einem, dem die Schönheit mangelt, alle andere Vorzüge in gar keine Betrachtung kämen. So nennen wir diejenigen, die in einer Demokratie dem gemei-

---

11) Anspielung auf das Beywort μηλτοπαρειος, rothwangicht, oder mit Mennig geschminkt, das Homer den zwölf Schiffen giebt, welche Ulysses vor Troja führte.

12) Auch bey uns Teutschen ist diese Bedeutung des Worts schändlich (nur anders ausgesprochen) in Bayern und Oesterreich ebenfalls gewöhnlich. Sie ist nit schandlich, hört man eine Dame zu Wien von einer andern sagen, wenn sie ungefehr so viel sagen will als ein Franzose mit der Redensart, elle n'est pas mal.

(377)

meinen Wesen vorstehen, mit einer gewissen Verachtung
Demagogen, und die Diener eines Tyrannen (wie
groß auch ihr Ansehen und Rang seyn mag) sind doch
nur speichelleckende Knechte in unsern Augen: hingegen sind die schönsten und ehrenvollsten Beywörter in
unsrer Sprache (Philoponos und Philokalos) nur
für diejenigen, die allein unter der Herrschaft des Schönen stehen; und wir betrachten die als Wohlthäter der
menschlichen Gesellschaft, die, bey allem was sie thun,
nur das Schöne zum Gegenstand und Endzweck haben 13).

Aa 5

Da

---

13) Diese ganze Periode (von τας μεν ᾳν ἡ δημοκρατυμενοις bis zu ἐπιμελητας) ist im Original so seltsam und gezwungen ausgedruckt, daß, so viel ich sehe, alle Ueberse-tzer verlegen gewesen sind, was sie mit ihr anfangen sol-len. Dr. Thom. Franklin hilft sich mit weglassen, zu-sammenziehen und verändern, und macht sich die Arbeit so leicht als möglich indem er so übersetzt: Those who serve tyrants (die Demagogen übergeht er gänzlich, vermuth-lich weil er nicht begreiffen konnte wie sie hieher kamen) we call flatterers: and tho-se alone *who practise the good and beautifull* do we admire; to these we give the title of *the lovers of industry and beauty*. (Φιλοπονυς τε και Φιλοκαλυς ὀνομαζομεν). Das fol-gende läßt er abermal weg; warum, mag er selbst wissen; denn wenn ich nicht irre, hat es einen großen Sinn. Herr Massieu — der überhaupt in dem sechsten Theile seiner Uebersetzung sehr eilfertig ge-arbeitet zu haben scheint und Fehler auf Fehler gehäuft hat — macht sichs eben so be-quem. Er übersetzt: Nous appellons *politiques* les ca-racteres souples qui plai-sent au Peuple dans les Re-publiques, et *flatteurs*, ceux qui vivent dans la de-pendance des Rois: mais nous n'admirons que les Esclaves de la beauté; nous disons qu'ils sont jaloux

d'ar-

Da nun die Schönheit etwas so herrliches und begehrenswürdiges ist, daß jedermann Theil an ihr zu haben wünscht,

d'atteindre le beau et l'honête, et nous les regardons comme les bienfaiteurs de la societé. Kenner mögen urtheilen, ob es mir besser geglückt hat, den Sinn dessen was der Autor sagen wollte, durch meine Paraphrase deutlich zu machen. Es ist augenscheinlich, daß Charidemus von der vulgaren Bedeutung, worin seine Vorgänger das Wort Schönheit (καλλος) genommen hatten, abgeht, und ihr das Sokratische und Platonische Kalon unterschiebt. Dieß leuchtet freylich, zumal mit Hülfe der Geßnerischen Uebersetzung, einem jeden in die Augen: aber wiewohl es der Schlüssel zu dieser ganzen Stelle ist, so finde ich doch nicht, daß weder Fränklin noch Massieu sie damit aufgeschlossen, oder sich einen deutlichen Begriff von dem was Lucian sagen wollte gemacht hätten. Philoponos heißt ganz und gar nicht *a lover of industry*; *Esclaves de la beauté* erklärt keinesweges was der Autor mit der Redensart ὑπὸ παντὶ τῇ δυνάμει γενομένοι (die unter der Gewalt oder Herrschaft des Schönen stehen) sagen will; auch ist „wir nennen sie Philoponus und Philokalus" bey ihm ganz was anders als „nous difons qu'ils font jaloux d'atteindre le beau et l'honête," wenn gleich Geßner es wörtlich durch *laboris et honestatis amantes* übersetzt. Und wie kommen die Vorsteher der Demokratien und die Unterthanen der Tyrannen dazu, denen, die unter der Obermacht der Schönheit oder des Kalon stehen, entgegengesetzt zu werden? oder, was thut es zur Sache, daß man jene Demagogen, diese Kolakas nennt? und wenn ist es jemals unter den Griechen gewöhnlich gewesen *ceux qui vivent sous la dependance des Rois* durch die Bank Kolakas zu nennen, so wie man die Volksregenten Demagogen hieß? Auch dieß kümmert Hrn. Massieu so wenig, daß er die unmittelbar vorhergehende Periode, die ihm hinlänglich Licht hierüber hätte geben können, auf eine Art übersetzt, die weder dem Text ein Genüge thut, noch mit dem unmittelbar folgenden in der mindesten nähern Beziehung steht. Denn er giebt

wünſcht, und ihr zu dienen für einen großen Gewinn achtet: würden wir nicht ſehr zu tadeln ſeyn, wenn wir

giebt die Stelle „ὡσ ἐδεν ὀν, ἐι τι τις ἐχων τυχοι πλεονεκτημα των αλλων, καλῶς ἐςερημενος" zum Beweiſe daß er ſie ganz und gar nicht verſtanden hat; durch „quelque eſtimable que ſoit d'ailleurs une choſe, il ſemble que ce ne ſoit rien ſans la beauté: da ſie doch unläugbar keinen andern Sinn hat, noch geben kann als dieſen: „Wie groß auch der Vorzug ſey, den Geburt, Stand, bürgerliches Anſehen, Gewalt, Reichthum, Gunſt der Großen, u. ſ. w. einem Manne geben, das hilft ihm alles nichts um uns wirkliche gefühlte Hochachtung einzuflößen; wenn er nicht ſchön (καλος) iſt, ſo iſt er ſchändlich (ἄιſχρος) in unſern Augen." Und dieß erklärt uns nun, dünkt mich, ſehr deutlich, daß das unmittelbar folgende keinen andern als dieſen Verſtand haben kann: „So, zum Beyſpiel, imponieren uns diejenige die in Demokratien das Ruder führen, oder unter Tyrannen (Monarchen) die anſehnlichſten Stellen bekleiden, (denn dieß will er, wenn er anders nicht etwas ganz ungereimtes ſagen wollte, mit Τυραννοις ὑποταγμενοι ſagen, wiewohl er ſich freylich beſtimmter hätte ausdrucken ſollen) ſo wenig dadurch, daß wir jene (offenbar nicht honoris gratia, alſo in einem verächtlichen Sinne des Worts) Demagogen, dieſe — Hofſchranzen, Schmarotzer, Fuchsſchwänzer (alles dieß ſagt das Wort Κολαξ, dem das lateiniſche Scurra entſpricht) nennen. Hingegen bewundern und verehren wir diejenige, die keinen andern Zweck des Lebens als das Καλον kennen, die bey allen ihren Gedanken und Wünſchen, Handlungen, und Unternehmungen nichts anders als dieſes Καλον (das höchſte Schöne, die Vollkommenheit) zum Beweggrund und Augenmerk haben; (denn dieß heißt in der Sprache unſers Rhetors, gänzlich unter der Gewalt und Oberherrſchaft des Καλον ſtehen) und indem wir einen ſolchen Mann Φιλοπονος und Φιλοκαλος nennen, glauben wir ihm die höchſten Titel zu geben." — Ich habe dieſe beyden Wörter in der Urſprache beybehalten müſſen, weil ſie der

unſri

wir eines so großen Schatzes, den wir gewinnen könnten, aus eigener Schuld verlustig giengen, und nicht einmal fähig wären zu fühlen daß wir dabey zu Schaden kämen?„

Dieß, lieber Freund, war es was ich, meines Ortes zu diesem gemeinschaftlichen Lob der Schönheit beytrug, mit Vorbeygehung vieles andern was noch zu sagen war, wenn ich nicht gesehen hätte, daß sich die Conversation gar zu sehr in die länge ziehe.

Her-

unsrigen fehlen, und eine Umschreibung hier unschicklich gewesen wäre. Ihre Bedeutung habe ich anderswo schon erklärt: beyde zusammen, machten nach dem Maaßstab der Griechen einen vortreflichen Mann, einen Helden und Weisen, kurz, einen Virtuoso, in dem Sinne, welchen Shaftesbury diesem Worte beylegt, aus. Philoponos ist so zusagen, der Philokalos in die höchste Thätigkeit und Wirksamkeit gesetzt, — ein Mann, der aus bloßem Enthusiasmus für das Große und Schöne, ohne Sold noch Lohn, dem Vergnügen und der Ruhe entsagt, um die mühsamsten und schwersten Abenteuer, an die kein Mensch, der von diesem göttlichen Triebe nicht begeistert ist, sich wagen würde, zum Besten der Gesellschaft und der Menschheit zu unternehmen, keine Gefahr, keine Schmerzen dabey achtet, und sein Leben selbst alle Augenblicke an eine schöne That zu setzen bereit ist — und eben darum weil er alles dieß *con amore*, und bloß aus Liebe zu dem hohen Kalon, das seiner Seele vorschwebt, thut, heist er Philoponos. Und da alles Schöne, in menschlichen Handlungen und Charakteren so wohl als in Werken des Geistes und der Kunst, in das Kalon als die Spitze der menschlichen Vollkommenheit, gleichsam ausläuft: so ist nun auch klar, mit welchem Grunde der Redner diese ϵπιμελητας των καλων Wohlthäter der menschlichen Gesellschaft nennt.

Hermipp. Ihr seyd glückliche Leute, daß euch solche Conversationen zu Theil werden! Indessen danke ichs deiner Gefälligkeit, daß ich beynahe eben so viel davon genossen habe, als ob ich selbst zugegen gewesen wäre.

Philo-

Philopatris.

Triephon, Kritias, Kleolaus.

Triephon.

Was soll das seyn, Kritias? Du haſt dich ja ganz und gar verändert! Du irreſt mit herabwärts gezogenen Augenbrauen in tiefen Gedanken hin und wieder, als ob

Philopatris. Man kann sich ſchwerlich ärger an Lucian verſündigen als ihn für den Vater dieſes Findlings zu halten, der zwar gewöhnlich unter ſeinem Nahmen geht, aber (troz aller Beſtrebung ſeines wahren Urhebers Lucians Manier bis zur geſchmackloſeſten Uebertreibung nachzuäffen) ſo weit unter dem Genie Lucians iſt, ſo wenig von der Urbanität und Grazie hat, womit die ächten Kinder ſeines Geiſtes ſo reichlich ausgeſteuert ſind, daß ich meine nun ſchon lange genug mit ihm bekannten Leſer zu beleidigen fürchtete, wenn ich nur ein Wort weiter hierüber verlieren wollte. Ich hätte mich alſo (zumal da der gelehrte F. M. Geßner, auch aus andern Gründen unwiderſprechlich bewieſen hat, daß Lucian nicht der Verfaſſer dieſes Stückes iſt) von der Ueberſetzung deſſelben füglich diſpenſieren können. Da ich aber vermuthlich die Erwartung vieler Leſer dadurch getäuſcht hätte; ſo habe ich mich dieſer Arbeit (nach dem Beyſpiel des Engl. u. Franzöſ. Ueberſetzers) um ſo lieber unterzogen, weil doch, wer auch der Verfaſſer dieſes Stücks ſeyn mag, und wie unbedeutend es als Werk des Witzes

ob du über irgend einem halsbrechenden Geheimniß brü-
test, und Todesbläſſe bedeckt dir die Wangen, wie der
Dich-

Witzes und Geſchmacks iſt, es doch ſeines Inhalts wegen, und als das Einzige in ſeiner Art aus der kurzen Regierungszeit Julians, noch immer in mehr als Einer Rückſicht unſrer Aufmerkſamkeit würdig bleibt. So iſt, z. B. eine wahre Singularität dieſer Schrift, daß der Verfaſſer laut und deutlich zu erkennen giebt, daß er weder der alten Religion, deren Götter er ohne einige Scheu lächerlich macht, noch der neuen, die er für Schwärmerey zu halten ſcheint, günſtig iſt, ſondern ſich, da er doch nicht ohne alle Religion ſeyn wollte, für den unbekannten Gott der Athenienſer erklärt. Wahrſcheinlich befanden ſich damals viele nüchterne Leute in dieſem Falle; indeſſen iſt doch der Verf. des Philopatris der einzige, wenigſtens der einzig übriggebliebene, der ſo freymüthig, wiewohl mit zu ſchwachen Geiſteskräften, eine Art von bewafneter Neutralität gegen die beyden damals noch um die Oberherrſchaft, oder vielmehr um ihre Exiſtenz ſelbſt mit einander kämpfenden Glaubensparteyen zu ergreiffen ge-

wagt hat. Zwar iſt es gerade dieſer Umſtand, den man gegen die Geßneriſche Hypotheſe, „daß aller Wahrſcheinlichkeit nach ein jüngerer Lycian, nehmlich ein Sophiſt dieſes Nahmens, der unter dem Kaiſer Julian lebte, der Verfaſſer des Philopatris ſey,“ aus Mangel beſſerer Gründe, am meiſten geltend gemacht hat: aber die Erwägung deſſen was in der Anmerk. 38. dieſem Einwurf entgegen geſetzt worden, iſt, däucht mich, hinlänglich ſeine Schwäche darzuthun. Der Philopatris behält alſo in meinen Augen immer das Intereſſe eines authentiſchen Documents, woraus wir ſowohl eine damals nur allzuhäufige Art von fanatiſchen Chriſtianern, als eine gewiſſe Mittelgattung zwiſchen dieſen und den Anhängern des alten Götterdienſtes anſchaulich kennen lernen, welche, wofern Julian lange genug regiert hätte ſeinen Plan gegen das Chriſtenthum auszuführen, ohne Zweifel auf ſeiner Seite geſtanden wären, unter ſeinen Nachfolgern aber dem Strohm der Zeiten folgten und ſich unvermerkt in der herrſchenden Par-
tey

Dichter sagt²). Hast du etwa den dreyköpfigen Cerberus erblickt, oder die furchtbare Hekate aus dem Hades heraufsteigen gesehen? Oder hat die Pronöa gewollt, daß dir irgend einer der obern Götter in den Wurf gekommen ist? Denn wahrhaftig, wenn du ge-

ten verlohren. Ich finde nicht den geringsten Grund zu zweifeln, daß dieser Dialog zu Constantinopel, kurz vor Julians Tode, und also gerade in dem merkwürdigen Zeitpunct geschrieben worden sey, da beyde Hauptparteyen durch Erwartung der Dinge die da kommen sollten, aufs äusserste gespannt waren, und, während die Gegner des christlichen Glaubens, durch den glücklichen Fortgang der Unternehmungen Julians gegen die Perser sich der hohen Fluth ihrer sanguinischen Hoffnungen überließen, die Christianer hingegen alles mit melancholischen Weissagungen einer nahe bevorstehenden schrecklichen Revolution der Dinge erfüllten. Dieses letztere war (wie jeder unbefangene Leser des Philopatris mit Händen greiffen kann) die Veranlassung dieser Schrift, deren eigentlicher Zweck gewesen zu seyn scheint, einem über die Christianer, wegen ihrer übeln Gesinnungen gegen den Kayser, und seine Regierung gefaßten Unwillen Luft zu machen, sie als böse Bürger und mit Unheil schwangere Mißvergnügte darzustellen, und dadurch das Schicksal, das sie erwartete wenn Julian siegreich zurückgekommen wäre, zum Voraus zu rechtfertigen. Uebrigens däucht mich, daß es dem Autor mehr an Geschmack als an Witz fehlte, daß er seinem ältern Nahmensbruder und Vorgänger ähnlicher gewesen seyn würde, wenn er ihm nicht gar zu ähnlich hätte seyn wollen.

2) Ilias III. 35. der Autor, dessen ganzes Werkchen überhaupt von Lucianischen Reminiscenzen wimmelt, zeigt sich besonders auch darin als einen Nachahmer von der geschmacklosesten Art, daß er alle Augenblicke in homerischen Versen oder Halbversen spricht, so daß diese Anspielungen, die Lucians Werken Urbanität und Grazie geben, bey ihm durch ihre unzeitige und zwecklose Anhäuffung zur ekelhaftesten Pedanterey werden.

gewisse Nachricht bekommen hättest, daß die Welt nächstens untergehen werde, so könntest du kaum in einen solchen Zustand dadurch versetzt worden seyn. — Wie, mein schöner Herr? hast du denn auch das Gehör verlohren, daß du mich nicht hörst, da ich dich doch, dächte ich, laut genug anschreye und dir so nahe bin? Zürnst du mit mir? oder bist du stumm geworden? oder wartest du darauf, daß ich auch noch die Hände dazu brauchen soll, um dich aufmerksam auf mich zu machen?

Kritias. O Triephon! ich komme von einer Predigt her, einer Predigt! — Nein, so was erstaunliches, unbegreifliches, labyrinthisches, hab, ich in meinem Leben nicht gehört! Und nun da ich das tolle Zeug gar nicht aus dem Kopfe bringen kann, stopfe ich mir die Ohren zu, aus Furcht, ich könnte es noch einmal hören müssen; denn, wenn das Unglück wollte daß das der Fall wäre, ich würde vor Tollheit zum Stein erstarren, und den Poeten Stoff zu einer neuen Fabel geben, wie weiland Niobe. Mir war so schwindlicht und dunkel vor den Augen, daß ich wahrhaftig glaube, wenn du mich nicht so angeschrieen hättest, ich würde mich unversehens mit dem Kopf zu unterst von dem Felsen dort hinabgestürzt, und der Nachwelt Gelegenheit gegeben haben einen zweyten Kleombrotus aus mir zu machen [3]).

Trieph.

[3] Ein junger Mensch, den das Lesen des Platonischen Phädons mit einem solchen Verlangen, sich durch eigene Erfahrung von der Unsterblichkeit der Seele gewiß zu machen, begeisterte, daß er sich, mit dem Buch in der Hand von der Mauer seiner Vaterstadt Ambracia herab in die See stürzte.

Trieph. Beym Herkules! wenn Kritias so aus aller Fassung gesetzt werden konnte, so muß er ganz übernatürliche Dinge gesehen oder gehört haben — Er, auf den die hirnwüthigsten Poeten und die abgeschmacktesten Philosophen [4]) nie eine andere Wirkung thun konnten, als daß er Kindermährchen und Narrenspossen zu hören glaubte.

Kritias. Sey ruhig, Triephon, und stürme nicht so auf mich zu! laß mir nur ein wenig Zeit! Du sollst nicht unbefriediget von mir gehen.

Triephon. Gut! Ich sehe nur zu wohl, daß es keine Kleinigkeiten sind, die dir im Kopfe herum treiben; deine Farbe, dein stierer Blick, dein taumelnder Schritt, das unaufhörliche Hin und Wiederlaufen; kurz alles an dir überzeugt mich daß es Dinge von der geheimnißvollen und unaussprechlichen Art seyn müssen. Indessen, das Beste was du thun kannst, ist doch immer daß du dich des unverdaulichen Zeugs zu entledigen suchst. Gieb es je bälder je lieber von dir! du könntest mir sonst gar noch krank davon werden.

Kritias. So laufe was du kannst, Triephon, und bringe deine Person wenigstens in einer Entfernung

von

---

4) Philosophen nehmlich von derjenigen Gattung, die in Lucians Lügenfreunde paradieren. Die Neuplatonische Schule zu Alexandria hatte diese schwärmerische After-Philosophie in diesen Zeiten zur herrschenden gemacht, und beynahe alle Gelehrten unter den Christianern waren von ihr angesteckt.

von hundert Schritten in Sicherheit. Denn, wenn ich anfange, so bist du nicht sicher, nicht auf den ersten Athemstoß so hoch in die Luft empor zu fliegen, daß dich die Leute für einen zweyten Ikarus halten würden, und du durch deinen Fall irgend einem Triephonteischen Meere, wie jener dem Ikarischen, deinen Nahmen geben könntest. Denn die Dinge, die ich heute bey diesen verruchten Sophisten gehört habe, haben mir den Leib ganz entsetzlich aufgetrieben.

Triephon. Ich will so weit zurück treten als du es haben willst; mache du nur daß du deiner Blähungen los wirst!

Kritias. Fy, Fy, Fy! Was für alberne Kindereyen! — Puh, puh, puh! Was für abscheuliche Anschläge! Au, au, au! welche bodenlose Hoffnungen! 5)

Triephon. Das war eine fürchterliche Blähung! Wie sie die Wolken aus einander getrieben hat! Vorher bließ ein ziemlich starker Mittagwind; und nun hast du auf einmal einen so heftigen Nordwind auf der

Pro-

---

5) Daß diese frostige und stark ins Hanswurst-mäßige fallende Hypotyposis Lucians ganz unwürdig sey, und einen affectirten Nachahmer seiner Aristophanischen Manier verrathe, fällt von selbst in die Augen. Damit sie uns aber nicht noch frostiger vorkomme als sie ist, muß man sich vorstellen, daß Kritias einen Menschen, der von Blähungen beynahe erstickt wird, durch seine Grimassen nachahmt, und bey jeder Ausrufung sich so gebährdet als ob er sich, um etwas erleichtert habe.

Propontis erregt, daß die Schiffe mit Stricken durch den Bosporus ins schwarze Meer gezogen werden müssen⁶), so gewaltige Wellen wälzen sich ihnen von dem Winde, den du gemacht hast, entgegen. Armer Mann! Wie entsetzlich müssen deine Gedärme aufgeblasen gewesen seyn! Das muß ein Geknurr und Gedräng in deinem Leibe gemacht haben! ⁷) Aber warum hörtest du auch so begierig zu? Denn es ist klar daß du, um so viel Wind durchs Gehör einzuschlucken, lauter Ohr gewesen seyn mußt! Du mußt, so unglaublich es auch immer klingt, sogar an den Nägeln gehört haben!

Kritias. An den Nägeln zu hören sollte dir so unglaublich nicht vorkommen, da du einen Schenkel, der die Stelle des Mutterleibs vertrat, einen trächtigen und kreissenden Kopf, einen Mann der zum Weibe, und Weiber die zu Vögeln wurden, kennest, und überhaupt, wenn du den Poeten glauben willst, die ganze Welt voller Zeichen und Wunder ist. Aber, weil wir uns doch hier zusammengefunden haben, wohlan, so komm und laß uns dort unter jene Ahornbäume gehen, die uns vor der Sonne schützen, und wo sich die Nachtigallen und Schwalben so angenehm hören lassen. Der an-

6) Aus dieser Stelle ist so unwidersprechlich klar, daß die Scene dieses Dialogs in Constantinopel liegt, daß sogar Dusoul davon überzeugt wurde, so trüb auch der orthodoxe Eifer, der in seinen Noten zu diesem Stück mehr Rauch als Flamme von sich giebt, seine Augen sonst gemacht hat.

7) Eine Anspielung (wie Gesner bemerkt) auf eine Stelle in den Wolken des Aristophanes v. 38. f.

anmuthige Gesang der Vögel und das sanfte Rieseln des Baches wird am geschicktesten seyn, unsre Seelen in einen ruhigern Ton zu stimmen.

Triephon. Ich bin es wohl zufrieden, Kritias. Aber mit allem dem ist mir doch nicht so ganz wohl bey der Sache. Ich fürchte immer, was du gehört hast, könnte wohl gar Hexerey seyn, und da es eine so seltsame Wirkung auf dich gethan hat, könnte es aus mir wohl gar einen Stößel oder Thürriegel machen. ⁸).

Kritias. (lachend) Ich schwöre dir beym Jupiter Aetherius, es soll dir kein Leid geschehen.

Triephon. Du erschreckst mich nur noch mehr, da du beym Jupiter schwörst. Denn wenn du nun auch falsch geschworen hättest, was könnte er dir deßwegen thun? Du weißt doch wohl so gut als ich, wie es mit deinem Jupiter steht?

Kritias. (mit angenommenem Ernst) Wie, Herr? Jupiter sollte einen nicht in den Tartarus schicken können? Weißt du nicht, daß er einst die Götter allzumal über des Olympus hochheilige Schwelle hinausgeworfen, und den Salmoneus, der ihm nachdonnern wollte, mit einem Blitz von seinem ehernen Wagen herabgeschleudert hat? Und daß er noch heutiges Tages leichtfertige böse Buben zu Boden blitzt? Meynst du die Poeten, besonders Homer, geben ihm die stol-

---

8) S. Lucians Lügenfreund, I. Th. S. 191.

zen Nahmen Titanenbändiger und Gigantenbezwinger nur so für die lange Weile?

Triephon. Ich muß gestehen, was du da von Jupitern aus den Dichtern angeführt hast, Kritias, macht ihm alle Ehre. Aber drehen wir die Münze um: Ist nicht eben dieser nehmliche Jupiter aus Leichtfertigkeit ein Schwan und ein Satyr, ja sogar ein Stier geworden? Und wenn er sein Hürchen nicht ungesäumt auf den Rücken aufgepackt hätte und durch das mittelländische Meer mit ihr davon geschwommen wäre: wer weiß was hätte begegnen können? Vielleicht hätte ihn irgend ein ehrlicher Bauer aufgefangen und vor den Pflug gespannt, und dein großer Donnerer und Blitzeschleuderer fühlte jetzt, statt den Herrn der Welt zu machen, den Stachel und die Peitsche *). Und sollte er sich nicht in sein Herz hinein schämen, mit einem so großen Bart, wie er hat, die Aethiopier, die noch dazu so schwarz wie die Raben sind, zu beschmausen, und zwölf ganzer Sonnentage bey ihnen zu faulenzen und zu schlemmen? Denn von seiner Verwandlung in einen Adler und was er auf dem Ida vorgenommen, und daß er immer am ganzen Leibe trächtig ist, schäme ich mich nur ein Wort zu sagen.

Kri

---

9) Ein Einfall, den unser Lucian der jüngere dem Momus seines ältern Nahmensbruders gestohlen hat. Seh. die Götterversammlung im IIten Theil, S. 427. Doch der ganze Dialog ist ja, wie die Aesopische Krähe, mit Lucianischen Federn bestecket, wie die Leser von selbst bemerken werden, ohne daß ich sie weiter an die Stellen erinnere, wo sie ausgerupft worden sind.

Kritias. So werden wir also wohl beym **Apollo** schwören müssen, Freund, der zugleich ein treflicher Arzt und ein großer Prophet ist?

Triephon. Wie? bey dem Lügenpropheten, der den ehrlichen Krösus und die Salaminier, [10]) und zehentausend andere durch seine zweydeutigen Orakel zu Grunde gerichtet hat?

Kritias. Also beym **Neptunus**, der mit seinem Dreyzack in der Hand, im Krieg so durchdringend und entsetzlich schreyen kann, wie kaum neun oder zehentausend Mann thun konnten, [11]) und überdieß den furchtbaren Beynahmen **Erderschütterer** führt?

Triephon. Bey dem garstigen Ehebrecher, der die Tochter des Salmoneus, die Tyro, so schändlich verführte, [12]) und nicht nur selbst so viel Ehebrüche begieng; sondern noch der große Patron und Beschützer der Leute seines Gelichters ist? Denn als Mars mit seiner geliebten Venus in dem unauflößlichen Netze gefangen wurde, und alle andern Götter vor Schaam schwiegen, weinte da nicht der Pferdebändiger Poseidon wie eine alte

---

10) Hier täuscht den Autor sein Gedächtniß. Nicht die Salaminier, sondern die Perser hätten sich über das bekannte Orakel: o göttliche Salamis, wie viele Mutterkinder wirst du zu Grunde richten! — zu beklagen gehabt, wenn es ihnen wäre gegeben worden. S. Luc. Jupiter Tragödus.

11) Dieß sagt Homer vom Mars Ilias V. 860.

12) S. In den Meergötter-Gesprächen den Dialog zwischen Neptun und Enipeus.

alte Kupplerin oder wie ein kleiner Junge, [13] der sich vor der Ruthe seines Schulmeisters fürchtet, darüber daß den armen Verliebten so ein Unglück zugestoßen sey? Lag er nicht dem Vulkan beständig an, seinen lieben Ares loßzulassen, bis der arme hinkende Teufel [14] sich erbitten ließ, und aus Mitleiden mit dem alten Gott, den Galan seiner getreuen Gemahlin wieder in Freyheit setzte? Braucht es etwa mehr als diesen warmen Antheil den er an den Ehebrechern nimmt, um zu wissen, was wir von ihm selbst zu denken haben?

Kritias. Wie wär' es denn mit dem Merkur?

Triephon. Sprich mir kein Wort von diesem heillosen Sclaven des erzlüderlichen Jupiters, der über diesen Punct selbst so ausschweifend ist als einer in der Welt!

Kritias. Von Mars und Venus hast du nur eben so unehrerbietig gesprochen, daß ich leicht voraussehen kann, du werdest sie nicht annehmen. Also nichts von ihnen! Aber da ist ja noch Minerva, diese jungfräuliche Göttin, die immer in voller Rüstung einhergeht, und durch den Gorgonenkopf, den sie vor der Brust trägt, auch die Verwegensten in Respect zu erhalten weiß. Gegen diese kannst du doch nichts einzuwenden haben?

Trie-

13) Davon sagt Homer, dem dieses Göttermährchen hier in einem scurrilen Ton nacherzählt wird, kein Wort.

14) Το αμφιγυήεν τουτο Δαιμονιον.

Triephon. Mich gegen diese, wenn du mir antworten willst.

Kritias. So laß hören!

Triephon. Sage mir also, Kritias, wozu der Gorgonenkopf, den diese Göttin vor der Brust trägt, nützen soll?

Kritias. Um durch einen so fürchterlichen Anblick zu schrecken und sich gegen alle Anfälle sicher zu stellen. Im Kriege nimmt sie vermittelst desselben den Feinden allen Muth, und entscheidet den Sieg auf welche Seite sie will.

Triephon. Dieß ist also die Ursache warum die grauaugige Göttin unüberwindlich ist?

Kritias. Allerdings.

Triephon. Warum opfern wir also unsre Kinder- und Ziegen-Keulen nicht lieber der Gorgo, die uns retten kann, als der, welche jener ihre eigene Sicherheit zu danken hat? Warum wenden wir uns nicht gerade zu an sie, damit sie uns eben so unüberwindlich mache, wie Minerven? -

Kritias. Weil die Gorgo nicht von ferne helfen kann, wie die Götter, sondern nur wenn man sie bey sich trägt.

Triephon. Wolltest du wohl so gut seyn, und mich, weil du doch über diese Dinge große Entdeckungen gemacht und sie ganz ins Reine gebracht zu haben scheinst, belehren, was diese Gorgo eigentlich ist?

Denn ich muß gestehen, daß ihr bloßer Nahme alles ist was ich von ihr weiß.

Kritias. Sie war ehmals eine sehr schöne und liebenswürdige Jungfrau: seitdem ihr aber Perseus, ein tapferer und seiner magischen Künste wegen ¹⁵) berühmter Mann, vermittelst seiner Bezauberungen listiger Weise den Kopf abschlug, bedienen sich die Götter dieses Kopfs als einer Schutzwehr.

Triephon. Ich gestehe, das ist mir zu gelehrt! Ich begreiffe nicht was die Götter für Ehre davon haben, der Menschen benöthiget zu seyn. Aber wieder auf die Gorgo zu kommen, wozu war sie, da ihr der Kopf noch zwischen den Schultern stand, zu gebrauchen? Trieb sie das Hetären-Hantwerk öffentlich, oder machte sie ihre Sache so vorsichtig, daß sie gleichwohl immer für eine Jungfer paßierte? ¹⁶)

Kritias. Bey dem Unbekannten ¹⁷) zu Athen! sie

---

15) Wer ausser diesem A. den Perseus zum Zauberer gemacht hätte, ist mir unbekannt.

16) Heraklitus, der unbekannte Autor eines noch vorhandenen Buchs de Incredibilibus ist der einzige, der aus Medusen eine Hetäre macht, und die Fabel von ihr aus dieser Hypothese erklärt. — Die Abgeschmacktheit des A. in dem ganzen Geschwätze über die Gorgo ist unter aller Kritik.

17) Nehmlich, bey dem unbekannten Gott der Athenienser! Kritias will seinem Freunde die Jungferschaft der Medusa (gegen die Verläumdung des Heraklitus) beschwören; und da ihm auf einmal einfällt, daß Triephon keinen von den bekannten Göttern gelten lassen will, so weiß er sich in der Geschwindigkeit nicht

sie war und blieb Jungfrau bis ihr der Kopf abgehauen wurde.

Triephon. Wenn man also der ersten besten Jungfrau den Kopf abschlüge, würde er dann auch zum Popanz werden? Wenn das wäre, wie viele Gorgonenköpfe hätte ich dir aus der Insel Kreta mitbringen können, wo wenigstens etliche tausend Jungfrauen (vor nicht langer Zeit) in Stücken zerhauen wurden. 18) Was für einen unüberwindlichen Kriegshelden hätte ich aus dir machen können! Und wie weit würden die Poeten und Redemeister mich als den Erfinder so vieler Gorgonen über den Perseus hinaufgesetzt haben? Aber, weil ich doch auf die Kretenser gekommen bin, sie zeig-

ten

nicht besser zu helfen, als daß er bey dem Unbekannten schwört, dessen Altar Sct. Paul zu Athen entdeckte. So erkläre ich mir diesen seyn sollenden Spaß.

18) Was der A. mit diesen zehentausend Jungfrauen (wie er sagt) die zu der Insel Kreta in Stücken zerhauen worden seyn sollen, sagen wolle, bleibt, aller Bemühungen der Ausleger ungeachtet, ein unauflösliches Räthsel, da sich in den Geschichtschreibern und andern Schriftstellern dieser Zeiten nichts findet, das uns den Schlüssel dazu geben könnte. Geßner glaubt ihn zwar in einer Stelle der zwey-

ten Schmähreden des Gregorius von Nazianz auf den K. Julian gefunden zu haben, wo die Rede von einigen christlichen Nonnen ist, die von den Einwohnern eines kleinen Syrischen Städtchens Nahmens Arethusa in Stücken zerrissen worden seyn sollen. Aber was hätte den Triephon bewegen können, aus etlichen Nonnen von Arethusa in Syrien zehentausend Jungfrauen in Kreta zu machen? Eben so lieb möchte ich dem ehrlichen Moses Düsoul glauben, daß die eilftausend Jungfrauen der heiligen Ursula gemeynt seyen!

sen mir, als ich zu Kreta war, auch das Grab deines Jupiters und die noch bis auf den heutigen Tag immer grünen Thäler, worin seine Mutter sich verborgen gehalten haben soll.

Kritias. Deine Jungfernköpfe würden dir und mir nicht viel geholfen haben, weil dir die Zaubersprüche und Mysterien unbekannt sind, die dazu gehören, wenn sie die Wirkung des Gorgonenhaupts thun sollten.

Triephon. (lachend) Daran dachte ich freylich nicht! aber desto besser, Kritias! wenn Zaubersprüche so große Dinge thun können, warum sollten sie nicht auch die Verstorbenen aus dem Todtenreiche hervorrufen und an das süße Licht des Tages zurück bringen können? — Doch, lassen wir den Poeten das Vergnügen, sich auf Erfindung dieser abgeschmackten Possen und Kindermährchen so viel sie wollen zu Gute zu thun!

Kritias. Wie wäre es denn mit der Juno, die Jupiters Schwester und Gemahlin zugleich ist? lässest du diese auch nicht gelten?

Triephon. Fy! Von der weiß man ja Dinge, wovon sich gar nicht reden läßt! laß sie immer, mit den zwey Amboßen an ihren Füßen zwischen Himmel und Erde hängen, wie ihr eigener Bruder und Gemahl sie einst aufgehangen hat. ¹⁹)

Kri-

---

19) Ilias XV. wo Jupiter selbst seine Gemahlin, in einer bösen Laune, deren Ursache ihm eben nicht zur Ehre gereicht, an diese einst an ihr begangene Ungebühr erinnert.

Kritias. Nun, bey wem soll ich dir dann schwören?

Triephon. (feyerlich)

Bey dem hochthronenden Gott, dem großen ew'gen im Himmel,
Bey dem Sohne des Vaters, dem Geist der vom Vater hervorgeht,
Eins aus Dreyen, und Drey aus Eins!
Der sey dir Jupiter! den nenne Gott!

Kritias. Du verlangst also einen arithmetischen Schwur? Du rechnest ja troz dem Nikomachus von Gerosa! [20]) Aber ich verstehe nicht allzuwohl, was du mit deinem Eins Drey und Drey Eins sagen willst? Meynst du die Tetraktys des Pythagoras? oder die Ogdoas und Triakas [21])? —

Triephon. (ihm in die Rede fallend) Still, Freund; von Dingen, welche unaussprechlich sind [22])! Es ist hier nicht darum zu thun den Sprung eines Flohes nach Flohfüßen auszurechnen [23]). Ich will dich belehren was das All ist, und wer Der ist, der vor Allem war, und nach was für einem Grundriß das All aufgeführt ist. Denn auch mir ist vor kurzem unge-

sehr

---

20) Von welchem noch zwey Bücher von der Rechenkunst vorhanden sind.

21) Der Valentinianer — von denen dieser frostige Witzling auch etwas gehört zu haben scheint.

22) Ein Vers aus einer Tragödie.

23) Anspielung auf eine bekannte Stelle in den Wolken, wo ein Schüler des travestirten Sokrates erzählt, wie es sein Meister angefangen habe, um auszumessen wie viele Flohfüße hoch ein Floh springen könne.

ſehr das nehmliche begegnet was dir. Ich kam einem gewiſſen glatzköpfigen, großnaſichten Galiläer in den Wurf, der auf ſeinen Luftwanderungen bis in den dritten Himmel gekommen iſt, ²⁴) und vermuthlich da die herrlichen Sachen gelernt hatte, die er uns wieder lehrte. Der hat mich durch Waſſer zu einem neuen Menſchen gemacht, mich aus dem Reich der Gottloſen erlöſt und auf den Weg der Seligen gebracht, um in ihren Fußſtapfen fortzuwandeln. Und wenn du mir zuhören willſt, ſo kann ich auch aus dir einen wahren Menſchen machen.

Kritias. Rede, hocherleuchtender Triephon, ich zittre an allen Gliedern vor Erwartung.

Triephon. Haſt du jemals die Vögel des Ariſtophanes geleſen?

Kritias. O gewiß!

Trie-

---

24) Julian nannte die Chriſtianer nicht nur ſelbſt nicht anders als die Galilder, ſondern befahl ſogar durch ein Edict daß ſie künftig im ganzen Römiſchen Reiche nicht mehr Chriſtianer ſondern Galilder genannt werden ſollten. Dieſem kayſerlichen Befehl zu folge nennt hier Triephon den Mann, von welchem er in den chriſtlichen Myſterien initiirt worden, einen Galilder, und dieſer einzige Umſtand wäre ſchon hinlänglich, zu beweiſen, daß der Philopatris unter Julians Regierung geſchrieben ſey. Durch den Beyſatz, ein Mann, der auf ſeinen Luftreiſen bis in den dritten Himmel gekommen, alludirt er zwar auf eine bekannte Stelle des Apoſtels Paulus, will aber allem Anſehen nach nichts mehr damit ſagen, als daß ſein Myſtagog im Chriſtenthum ebenfalls ein großer Mann in ſeinem Orden geweſen ſey.

Triephon. So erinnerst du dich vielleicht der Stelle:

Zuerst war Chaos, Nacht, der schwarze Erebos und der unermeßliche Tartarus, Da war noch keine Erde, keine Luft, kein Himmel. [25]

Kritias. Sehr wohl! Und was war dann?

Triephon. Es war ein unvergängliches, unsichtbares, dem Verstande selbst unbegreifliches Licht; dieses Licht zerstreute die Finsterniß, und machte allem dem häßlichen Chaotischen Unwesen ein Ende, und zwar mit einem einzigen von ihm ausgesprochnen Worte, wie der Mann mit der schweren Zunge [26] schreibt: es setzte die Erde auf das Wasser, breitete den Himmel aus, bildete die Planeten, die du als Götter verehrst, und ordnete ihren Lauf an; die Erde aber schmückte es mit Blumen aus und zog den Menschen aus dem was nicht war ins Daseyn hervor. Und nun beobachtet es vom Himmel herab die Gerechten und Ungerechten

---

[25] S. *Aristoph.* aves, v. 694. f.

[26] Moses, 2 B. 4. v. 10. Das Wort ὁράυγλωσσος hat Triephon aus der Uebersetz. der LXX. Dollmetscher entlehnt. Uebrigens machte Moses, bekannter maßen das Licht zur ersten Creatur, nicht zum ersten Principium aller Dinge. Aber die christlichen Theologen der Zeiten, worin Philopatris geschrieben ist, sprechen von dem höchsten Wesen gewöhnlich in den Ausdrücken deren sich Triephon bedient. So nennt z. B. unser Heil. Vater Gregor von Nazianz, (den ich eben bey der Hand habe) Gott an vielen Orten seiner Reden, das höchste Licht, das reinste Licht, ein unzugangbares, unwandelbares, unendliches, unermeßliches, ewig ausstrahlendes, und dreystrahliges (τρίλαμπες) Licht, u. s. w.

ten, schreibt alles was ein jeder thut in Bücher auf, und wird allen an dem Tage, welchen es dazu bestimmt hat, vergelten wie sie es verdient haben.

Kritias. Und was die Parzen einem jeden spinnen, wird das auch in die Bücher eingetragen?

Triephon. (mit erstaunter Miene) Was wäre das?

Kritias. Ich meyne was die Heimarmene einem jeden vorbestimmt hat.

Triephon. Aha! — Auch gut, bester Kritias! Wenn du von den Parzen reden willst, so rede immer! Nun werde ich wieder dein Schüler, und will dir aufmerksam zuhören.

Kritias. Wohlan denn, sagt nicht Homer, der weltgepriesene Dichter, mit dürren Worten:

Denn der Parze ist nie der Sterblichen einer entflohen. 27),

und von dem großen Herkules:

Herkules selbst, der Gewaltige, ward vom Verhängniß ergriffen,
War er der Liebste gleich dem herrschenden Zevs Kronion,
Doch bezwang ihn die Parze und Junons zürnende Rache. 28)

Ja, daß das ganze menschliche Leben und alle uns in demselben begegnende Zufälle vom Schicksal voraus be-

27) Ilias VI. v. 488. 28) Il. XVII. 117. f.

bestimmt seyen, lehrt uns eben derselbe in folgender Stelle ²⁹)

    — Nachmals wird er gefallen sich lassen
    Was ihm, da ihn die Mutter gebahr, die Parze gesponnen.

So sagt er z. B. an einem andern Orte, daß es das Verhängniß sey, was uns oft wider Willen in einem fremden Lande aufhält:

    Freundlich nahm ihn Aeolus auf, und entließ ihn auch wieder
    freundlich, allein die Parze vergönnt' ihm noch immer die Rückkehr
    in sein geliebtes Vaterland nicht. — 30)

So daß wir die deutlichsten Zeugnisse des Dichters haben, daß alles was geschieht unter dem Einfluß der Parzen steht. Jupiter selbst kann seinen Sohn Sarpedon

    — vom leidigen Tode nicht retten

wollen, sondern

    Weinte nur blutige Thränen herab auf die Erde,
    seinen geliebten Sohn zu betrauren, den ihm Patroklus
    tödten sollte vor Troja — 31)

Bey so bewandten Sachen, mein lieber Triephon, wirst du hoffentlich nicht verlangen, daß ich nur ein einziges Wort

---

29) Aus einer Anrede der Juno an Neptun und Minerva, Ilias XX. v. 127. f. der Autor citiert die Stelle aus dem Gedächtniß mit einigen Veränderungen.

30) Odyss. XXIII. v. 314. f.

31) Ilias XIV. v. 442. und 459. L

Wort in Betreff der Parzen noch hinzufüge, und wenn du gleich selbst mit deinem vorbesagten Meister in den Himmel verzückt und in den unaussprechlichen Dingen initiirt worden wärest ³²).

Triephon. Aber wie kommt es, Kritias, daß eben dieser Dichter von einem zweyfachen und zwischen so oder so schwankenden Verhängniß spricht? daß nehmlich wenn einer so handelt, dieß die Folge davon ist; handelt er aber anders, auch ein andrer Ausgang erfolget? So sagt, z. B. Achilles ³³) von sich selbst:

   Thetis die mich gebähr, die silberfüßige Göttin,
saat, mich führe zum Ziele des Todes ein doppeltes Schicksal.
Bleib ich allhier um Troja zu kämpfen, so ist mir die Heim-
                               kehr
ewig versagt, dagegen ist unvergänglicher Ruhm mein:
kehr' ich aber nach Hause zurück ins werthe Geburtsland,
so verlier' ich den herrlichen Ruhm; doch leb' ich hingegen
lang' und werd' erst spät vom Todesverhängniß ergriffen.

Und vom Euchenor spricht er ³⁴),

   Er war, seines Geschicks wohl kundig, zu Schiffe gegangen:
denn Polyidos, der alte Seher, hatt' es ihm öfters
vorgesagt, er würd' entweder zu Hause an schwerer
    Krankheit, oder im Heere der Griechen von Troern erschlagen
sterben —

Was sagst du nun dazu, Kritias? Willst du läugnen, daß diese Verse von Homer sind? oder willst du der Wahrheit die Ehre geben und gestehen, daß man mit einem solchen doppelsinnigen Schicksal unfehlbar

ent-

---

32) Abermals ein böser Spaß! nach des Uebers. der Ungenannten.

33) Il. IX. v. 410. u. f.   34) Il. XIII. 665. f.

entweder auf der einen oder der andern Seite angeführt ist? Doch ich kann dich, wenn du noch nicht zufrieden bist, mit Jupiters eigenen Worten überweisen: denn sagt er dem Aegisthus nicht: wenn er sich enthalten wolle Klytemnestern zu verführen und dem Agamemnon nach dem Leben zu stellen, so sey ihm ein langes Leben vom Schicksal bestimmt; mache er sich aber dieser Verbrechen schuldig, so werde er seinen Tod beschleunigen? In dieser Manier bin ich auch ein Wahrsager, und habe schon mehr als Einem vorhergesagt: wenn du deinen Nachbar todt schlägst, wird dich die Obrigkeit wieder tödten lassen; wenn du es nicht thust, wirst du ruhig fort leben,

und dich wird der Tod nicht vor der Zeit überraschen 35).

Siehst du nun nicht wie unbestimmt, zweydeutig und unzuverläßig die Aussprüche und Dichtungen der Poeten sind? Laß also, wenn dir zu rathen ist, alles dahinfahren, auf daß auch dein Nahme in das Register der Guten im Himmel eingeschrieben werde!

Kritias. O! recht schön, daß du wieder dahin kommst, wovon wir uns unvermerkt verlohren haben! Sage mir also vor allen Dingen, lieber Triephon, werden auch die Angelegenheiten der Scythen im Himmel registriert?

Triephon. Und aller andern Völker in der Welt

---

35) Il. IX. 416.

Welt, wofern sich anders auch unter ihnen ein guter Mensch finden sollte ³⁶).

Kritias. Es müssen also eine hübsche Anzahl Schreiber im Himmel gehalten werden, wenn sie mit allem fertig werden sollen?

Triephon. Rede nicht so leichtfertig und unziemlich von dem wahren Gott, sondern höre mir mit der glaubigen Gelehrigkeit eines Katechumenen zu, wenn du anders in Ewigkeit zu leben wünschest. Wenn Er den Himmel wie ein Fell ausgebreitet ³⁷), die Erde auf Wasser gegründet, die Sterne gebildet, und den Menschen aus dem was Nicht war hervorgebracht hat, was ist denn so unglaubliches daran, daß aller Menschen Thaten aufgeschrieben werden? Wenn dir in deinem Häuschen auch nicht das geringste, was deine Knechte und Mägde thun, verborgen bleibt: sollte der Gott, der alles geschaffen hat, nicht ohne Mühe alles, was jeder seiner Erschaffenen denkt und thut, übersehen können? Deine Götter können das freylich nicht! Aber dafür sind sie auch schon lange zu nichts gut, als daß gescheute Leute Spaß mit ihnen treiben ³⁸)

Kri-

---

36) Wozu diese Bedingung, wodurch der A. sich selbst widerspricht? denn oben sagte er ja (und wird es so gleich wieder sagen) aller Menschen Thaten würden aufgeschrieben.

37) Psalm 104. v. 2. Triephon ist, wie man sieht, nicht übel in seinen LXX. Dollmetschern beschlagen.

38) Dieß scheint eine harte Rede unter der Regierung Julians, selbst in dem Munde eines Ex-Christianers wie der Deist Triephon war. Aber fürs erste kam dem A. die allgemeine Toleranz zu stat-

Kritias. Du sprichst vortreflich, und hast ein Wunder an mir gethan, das gerade das Widerspiel von dem ist, was der Niobe geschah; sie wurde aus einem Menschen zum Stein, mich hast du aus einem Steine zum Menschen gemacht. Bey diesem Gott also schwöre ich dir, daß dir nichts Böses durch mich wiederfahren soll.

Triephon. Wenn du mich von Herzen und in der Wahrheit liebst, so wirst du ja die Untreue nicht an mir begehen,

Etwas anders im Herzen zu bergen, ein anders zu reden 39).

Also laß dich nichts mehr abhalten, mir die wunderbaren Dinge die du gehört hast mitzutheilen, damit ich ebenfalls das Vergnügen habe, zu schaudern und zu erblassen, und ganz ein ander Ding zu werden als ich war. Nur, bitte ich, mache keine Niobe aus mir; wenn es ja verwandelt seyn muß, so verwandle mich in einen hübschen Sangvogel, ungefehr wie die Nachtigall, damit ich den grünen Wiesen die Geschichte deiner wundervollen Entgeisterung vortragißeren könne.

---

statten, welche Julian allen Arten von Secten und Glauben bewilligt hatte; und zweytens gieng dieses Kaysers Meynung, indem er die alte Religion wieder herstellen wollte, auch dahin, sie zu reformieren, und von den groben populären Vorstellungsarten zu reinigen. Ueberdieß bedient sich der A. des Rechts des Dialogs, jeden seinem Charakter gemäß reden zu lassen.

39) Wieder ein homerischer Vers. Il. IX. 313.

Kritias. Beym Sohn vom Vater! so schlimm soll dir's nicht gehen.

Triephon. So rede dann, wie dir der Geist Macht zu reden verleihen wird ⁴⁰)! Ich will mich indessen hieher setzen, und schweigend,

harren bis mein Achill mit seinem Gesange zu End' ist. ⁴¹)

Kritias. Als ich diesen Morgen, um verschiedene Nothwendigkeiten einzukaufen, ausgegangen war, sehe ich eine große Menge Volks zusammengedrängt, die einander in die Ohren flüstern, und das so leise, daß die Lippen der einen mit den Ohren der andern zusammen zu wachsen schienen. Neugierig was dieß wohl zu bedeuten haben könne, seh ich mich überall herum, und halte, um desto schärfer zu sehen, die gekrümmte Hand über die Augenbrauen, ob ich keinen von meinen Bekannten gewahr werden könne. Endlich erblicke ich den Polizeybeamten Krato, der einer meiner ältesten Jugendfreunde ist.

Triephon. Ich kenne den Mann, denke ich — du sprichst von dem Steuereinnehmer ⁴²)? — Gut! und wie weiter.

Kri-

---

40) Triephon affectiert als ein Ex-Christianer die damals gewöhnliche Formeln und Redensarten seiner ehmaligen Brüder.

41) M. IX. 191.

42) Ἐξισωτής. Diese Erisoten waren, wie es scheint eine Gattung von Einnehmern der Schatzung, die jeder Bürger und Unterthan des römischen Reichs dem Staate zu bezahlen hatte, welchen besonders die Eintreibung der Restanten, oder die Sorge, daß alle gleich bezahlten, oblag.

Kritias. „Ich dränge mich mit beyden Ellenbogen durch den Hauffen bis zu ihm hindurch, rufe ihm den gewöhnlichen Morgengruß zu, und wie ich im Begriff bin ihn vollends zu erreichen, erregt ein schreckliches Schnüffeln und Husten meine Aufmerksamkeit. Ich schaue um und erblicke einen gewissen Charicenus, einen kleinen schwindsüchtigen alten Kerl, der so aussah, als ob er schon halb in Verwesung gegangen sey, und nachdem er einen Theil seiner faulen Lunge auf eine höchst ekelhafte Art herausgeräuspert hatte, mit einer schwachen kränklichen Stimme, in einer, durch seinen Husten vermuthlich unterbrochnen Rede folgender maßen fortfuhr: „Dieser also wird, wie gesagt, die Steuereinnehmer von aller Verantwortlichkeit wegen ihrer Restanten freysprechen, den Glaubigern ihre Forderungen bezahlen, und mit Einem Wort alle Schulden der Privatpersonen sowohl als des Staats erlassen und cassieren [43])." Dergleichen tolles Zeug und

noch

---

[43]) Wer der dieser sey, in dessen Nahmen Charicenus dem Pöbel, der ihm zuhört so gute Zeiten verspricht, ist, dünkt mich, aus dem ganzen Zusammenhange leicht zu errathen. Ob er aber von Sündenschulden gesprochen, und vom Kritias nur unrecht verstanden worden, oder ob ihn dieser muthwilliger Weise nicht habe verstehen wollen, um über ihn spotten zu können; oder ob Charicenus seinen Zuhörern wirklich eine ihren Wünschen so angemessene goldne Zeit der Befreyung von allen lästigen Schulden und Abgaben im eigentlichen Verstande, Hoffnung gemacht habe; hierüber mag die Wahl unsern Lesern selbst überlassen bleiben. Gewiß däucht mich, daß die Hypothese, dieser Dialog sey unter der Regierung K. Julians geschrieben, auch über diese Stelle, so wie über das Ganze, ein großes Licht ver-

noch weit ärgeres schwärmte der gute Mann, während die Umstehenden den neuen Dingen, die er ihnen an-
kün-

verbreitet. Julian wollte (wie billig) die Privilegien und Exemtionen, welche die bereits in immensum angewachsene Geistlichkeit der neuen Religion unter den beyden vorigen Regierungen erhalten oder erschlichen hatte, nicht länger gelten lassen, und bestand darauf daß jedermann dem Kayser geben solle was des Kaysers sey: Diese hingegen waren der Meynung unsers heiligen Vaters, Sct. Gregorius von Nazianz, und behaupteten „die Priester und Mönche hätten nichts für den Kayser, sondern alles für Gott." (S. dessen 9te Rede pag. 159. edit. Paris. de 1630.) Unter der unendlichen Menge der Officianten die zu Regulierung und Einnahme der Staatseinkünfte und der ordentlichen sowohl als der ausserordentlichen Schazung angestellt waren, gab es um diese Zeit keine geringe Anzahl Christianer, welche, wie leicht zu erachten, ihre Brüder überhaupt, und besonders ihre heiligen Väter auf alle mögliche Art begünstigten, und anstatt die schuldigen Abgaben von ihnen einzuziehen, selbige in ihren Rechnungen als Reste (ελλειματα, oder Reliqua, nach damaligem Cameral-Styl) nachführten, in Hoffnung, daß Christus seine Kirche bald durch Vertilgung des Antichristischen Tyrannen und apokalyptischen Ungeheuers Julians, wieder in Freyheit sezen, und unter einem neuen rechtglaubigen Kayser so wohl die Restanten von aller Schuld, als die Regulatoren und Einnehmer von aller Verantwortung wegen ihrer Nachsicht, welche Julian schlechterdings nicht dulden wollte noch konnte, erledigen würde. — Nimmt man also, wie gesagt, die Geßnerische Hypothese an, so wird in diesem kleinen Fragmente der Predigt des angeblichen Charicenus alles ziemlich klar, bis auf die unheilbaren oder uns wenigstens gänzlich unverständlichen Worte και τας ΕΙΡΑΜΑΓΓΑΣ δεξεται, μη εξεταζων της τεχνης, an welchen, meines Erachtens, alle Bemühungen der Gelehrten, die ihnen einen leidlichen Sinn haben geben wollen, vergeblich gewesen sind, und die ich lieber gar weglassen, als mit Geßnern und seinen

gekündigte, mit großer Aufmerksamkeit und sichtbarem Vergnügen zuhörten."

„Nun trat ein anderer Nahmens **Chleuocharmus** auf, ein Kerl in einem abgetragenen schmutzigen Kaputrock, ohne Schuhe und mit bloßem Kopfe, und sagte mit den Zähnen klappernd: Es habe ihm ein gewisser eben so übel wie er selbst bekleideter Mann mit geschornem Kopfe, der vom Gebürge hiehergekommen sey [44]), am Theater den Nahmen desjenigen, der das Alles thun sollte, mit hieroglyphischen Buchstaben eingegraben gezeigt, und dabey versichert, er würde die ganze Straße mit Gold überschwemmen [45]). — Jetzt konnt' ich es nicht länger lassen auch ein Wort darein zu

---

getreuen Nachsprechern übersetzen wollte: recipiet etiam *vanos futuri conjectores*, non aestimans illos· ex arte — welches wenigstens Charicenus nicht gesagt haben kann, da nicht zu glauben ist, daß er sogar ein neues barbarischgriechisches Wort erfinden werde, um Leute seines eigenen Ordens lächerlich zu machen.

44) Geßner bemerkt daß die cynische Außenseite dieser beyden Quidams das gewöhnliche Costum der damaligen Asceten und Einsidler gewesen sey.

45) Es ist nicht unmöglich, daß der Autor (nach Geßners Vermuthung) etwas von dem neuen Jerusalem in der Apokalypse gehört hatte, die von lauterm Golde ist, und zwölf Thore hatte, deren jedes von Einer Perle ist, und wo die Gassen lauter Gold sind als ein durchscheinend Glas. So wenig gründliches er auch von Christus und seiner Religion weiß, so scheint er doch von der eigenen Sprache und Phraseologie der Christianer seiner Zeit manches, das er gelegenheitlich in diesem Aufsatz anzubringen weiß, aufgeschnappt zu haben, wie der aufmerksame Leser schon öfters bemerkt haben wird.

(410)

zu sprechen. Wofern, sagte ich, die Regeln der berühmten Traumdeuter Aristander und Artemidorus [46]) richtig sind, so bedeuten euch diese schönen Träume nicht viel Gutes: Du (zum Chariccnus) wirst desto mehr schuldig werden, jemehr du im Traum abbezahlt hast, und du (zum Ebleuocharmus) wirst durch die Ueberschwemmung mit Golde, die du geträumt hast, um deinen letzten Dreyer kommen. Denn nothwendig müßt ihr beyde auf Homers weissem Felsen mitten unter dem Volke der Träume [47]) eingeschlafen seyn, daß ihr in diesen kurzen Nächten so gewaltig träumet. — Hier entstand ein so unmäßiges Gelächter über meine dumme Unwissenheit unter diesen Leuten, daß ich nicht anders dachte als der Athem würde ihnen zuletzt ausbleiben. Ich wandte mich also zum meinem Freunde Krato: hab ich es denn wirklich so schlecht getroffen, Krato? und mußt du nicht gestehen, daß ich die Träume dieser Herren, nach den Regeln, die uns Aristander und Artemidorus von der Traumdeuterkunst hinterlassen, richtig ausgedeutet habe? — Halt ein mit solchen Reden, Kritias, versetzte jener: denn wenn du dich entschließen kannst zu schweigen, so will ich dein Mystagog seyn und dir ganz herrliche Dinge, und die jetzt schon
im

46) *Aristander*, ein berühmter Wahrsager und Zeichendeuter in Alexanders Diensten, ist aus Plutarch und Curtius bekannt genug. Von Artemidorus ist noch ein Buch über die Traumdeutungskunst vorhanden, das in diesem beliebten Theile der Rocken-Philosophie ein classisches Werk ist.

47) Odyss. XXIV. zu Anfang

im Werke ſind, offenbaren. Denn bilde dir ja nicht
ein, daß hier von Träumen die Rede ſey; alles iſt
höchſt wahr, und wird noch vor Ende des Monaths
Meſori in Erfüllung gegangen ſeyn⁴⁸).. Wie ich
meinen Freund Krato aus dieſem Tone reden hörte,
ſchämte ich mich ſo ſehr für ihn, daß auch er ſich von
ihren Poſſen ſo habe einnehmen laſſen, daß ich feuerroth wurde; und ich war im Begriff, mit allem Unwillen, den mein Geſicht ausdrücken konnte, nicht ohne
dem

48) Der Aegyptiſche Mo-
nath Meſori fällt in unſern
Auguſt. Warum Krato den
Monath, vor deſſen Verlauf
die angekündigten herrlichen
Dinge in Erfüllung gegangen
ſeyn ſollen, gerade auf ägyp-
tiſch nennt, hat vermuthlich
keinen andern Grund, als
der Sache einen geheimnißvollen Anſchein zu geben. Aber
dieß iſt es nicht, was dieſe
Worte des Krato merkwürdig
macht: der zuverläßige Ton
iſt es, womit er die herrlichen
Dinge (καλλιϛα) die ſchon
im Werke ſind (νῦν γενησο-
μενα) und vor Ausgang
des Auguſts zu Stande ge-
kommen ſeyn ſollen, ankün-
digt. Der Anti-Chriſt Ju-
lian, an deſſen Tode den Chriſtianern ſo unendlich viel gelegen war, ſtarb an der Wunde, die er durch einen Pfeil-
ſchuß in einer Action mit den
Perſern empfangen hatte, a.
c. 363. den 26. Junius, und
zu Ende Auguſts waren die
Chriſtianer unter ſeinem Nachfolger Jovian wieder die herr-
ſchende Parten. Man ver-
gleiche hiemit die Geſinnungen
der Kleriſey gegen Julian, die
Wuth, die in der abſcheulichen Parentation herrſcht, die
ihm Gregorius von Nazianz
hielt — das merkwürdige
Wort des Athanaſius, da er
von Julian aus Aegypten verbannt wurde, „es iſt nur
ein vorübergehendes Wölk-
chen" — das noch bedenk-
lichere eines Antiocheners,
der wenige Tage vor Julians
Tode auf die Frage, was macht
euer Zimmermannsſohn? zur
Antwort gab: er zimmert
einen Sarg für Julian —
und man verfolge nun den
Weg ſelbſt, auf welchen dieſe
Fußſtapfen leiten!

dem Krato starke Vorwürfe zu machen, meines Weges zu gehen. Aber einer von ihnen kriegte mich mit einem stieren und Titanenmäßigen Blick beym Saum meines Rocks zu packen und zog mich zurück, um mir, auf Anstiften des alten kleinen Waldteufels, der Anfangs gesprochen hatte, eine tüchtige Predigt zu halten.

Nach vielem und langem Wortwechseln ließ ich mich endlich, zur unglücklichen Stunde, überreden, mich diesen verschmitzten Gauklern anzuvertrauen, nachdem mich Krato versichert hatte, daß er in allen ihren Mysterien initiirt sey. Wir giengen also, als ob wir in den Tartarus herab steigen sollten, durch eiserne Pforten und über eherne Schwellen [42]), aber anstatt hinab zu steigen, stiegen wir auf einer langen Wendeltreppe in einen so prächtig vergoldeten Saal, daß ich in den Palast des Menelaus beym Homer versetzt zu seyn glaubte [50]). Auch betrachtete ich alles was darin zu sehen war, mit nicht geringerer Neugier als jener junge Insulaner: aber anstatt der schönen Helena, die dieser zu sehen bekam, sah ich nichts als bleiche Gespenster von Menschen, die die Köpfe zur Erde hängen ließen, aber doch, wie sie uns hereintreten sahen, uns entgegen kamen, und mit einer sich zusehends aufheiternden Miene fragten: ob wir ihnen irgend eine klägliche Nachricht brächten?

49) Ilias VIII. 15.
50) Vermuthlich in einem Privathause eines vornehmen oder reichen Christianers. Wenigstens ist kein Grund vorhanden, zu glauben, daß eine prächtige christliche Basilika gemeynt sey, wie Baronius und Cave wähnten.

ten? Denn sie gaben deutlich genug zu erkennen daß sie lauter Unglück vom Himmel herab betheten, und wie die Furien auf dem Theater, ihre Freude an dem hatten, was andern der größte Jammer wäre [51]). Hierauf steckten sie die Köpfe zusammen, flüsterten einander ich weiß nicht was in die Ohren, und fragten mich endlich:

Sage wer bist du? dein Vaterland wo? wer deine Erzeuger? Deinem Ansehen nach scheinst du ein guter Mensch zu seyn. Die Guten sind, soviel ich sehe, überall selten, antwortete ich; mein Nahme ist Kritias, und meine Vaterstadt ist auch die eurige. Nun fragten mich die Luftwandler, was es Neues in der Stadt und in der Welt gebe? Jedermann ist fröhlich, erwiederte ich, und in kurzem wird man noch mehr Ursache haben fröhlich zu seyn. Sogleich zogen sich alle Augenbrauen zusammen: Nichts weniger als das, sagten sie, die Stadt geht mit Verderben schwanger! Das müßt ihr freylich am besten wissen, antwortete ich nach ihrem

---

[51]) Kritias spricht als einer von der Parten des Kaisers, der aber in den Augen der Christianer ein apokalyptisches Ungeheuer war, an dessen Untergang der Triumph der Sache Gottes hieng. Nach ihrer Vorstellungsart und mit ihrem brennenden Eifer für eine Revolution, die in ihren Augen die Wiederherstellung des Reichs Gottes und Christi war, konnten sie nicht weniger thun, als Verderben auf das Reich des Teufels und seines Werkzeugs Julians vom Himmel herunter bethen. Die Kirchenscribenten dieser Zeit sind die glaubwürdigsten Zeugen, daß ihnen durch die Gesinnungen, die ihnen hier zugeschrieben werden, kein Unrecht geschieht.

ihrem Sinne, da ihr so hoch über der Erde schwebet. Nothwendig müßt ihr aus einem so erhabnen Standpunct alles, was unter euch ist, und also auch dieß, aufs deutlichste erkennen und übersehen ⁵²). Aber (wenn mir erlaubt ist auch eine Frage an euch zu thun) wie steht es da oben in den ätherischen Gegenden? Wird sich die Sonne nächstens verfinstern, wenn der Mond in gerader Linie zwischen sie und die Erde kommt? Wird Mars mit Jupitern im Quadratschein, und Saturn mit der Sonne im Gegenschein stehen? Wird Aphrodite (Venus) nicht bald mit Hermes (Merkur) in Conjunction kommen, um uns neue Hermaphroditen zu fabrizieren, an denen ihr so große Freude habt ⁵³)? Werden wir bald von einem tüchtigen Wolkenbruch unter Wasser gesetzt, oder bis über die Ohren eingeschneyt werden? Haben wir Hagel oder Getreidebrand, Pest oder Hungersnoth zu hoffen? Ist das Donner und Bliß-Magazin bald voll genug, um ausgeleert zu werden?

Das

---

52) Der höchst leichtsinnige Ton, worin Kritias hier die Unglückweissagende Christianer verspottet, verdient deßwegen bemerkt zu werden, weil man daraus sieht, wie wenig dem Autor, als er dieses Pamphlet schrieb, davon ahndete, daß die vorgeblichen Träume dieser Leute so bald in Erfüllung gehen würden. Im Gegentheil er seines Orts war so fröhlich und guten Muthes, daß ihm nicht einmal die zuversichtliche Gewißheit, womit Krato sogar die nahe Zeit der bevorstehenden Revolution bestimmt hatte, aufgefallen war.

53) Weil die Hermaphroditen unter die Unglückvorbedeutenden *monstra* gerechnet wurden.

Das war Waſſer auf ihre Mühle; ich hätte ſie auf ihre Lieblingsmaterie gebracht: auch ergoſſen ſie ſich mit innigem Vergnügen und als ob ſie das größte Recht hätten, in ihre gewöhnliche Weiſſagungen, daß in kurzem alles anders werden, in der Stadt alles drunter und drüber gehen und unſre Kriegsheere von den Feinden aufs Haupt geſchlagen werden würden. Hier, ich geſtehe es, gieng mir die Geduld aus, ich ſchwoll auf wie eine brennende Steineiche ⁵⁴) und ſchrie was ich konnte: ey ſo hört einmal auf, ihr heilloſen Leute, ſo groß zu thun, und euere Zähne gegen löwenherzige Männer zu wetzen ⁵⁵), Männer, die

Spieße athmen und Speere und Helme mit weiſſen Federbüſchen.

Alle das Unheil das ihr euerm Vaterlande anfluchet, wird auf euere eigene Köpfe fallen. Denn daß ihr nicht in den Himmel hinaufgeſtiegen ſeyd und dieſe Dinge dort gehört habt, weiß man eben ſo gut als daß ihr keine ſo große Aſtrologen ſeyd, um ſie mit Hülfe euerer Wiſſenſchaft entdeckt zu haben. Und wenn ihr euch von andern Leuten durch Weiſſagungen und Gauckeleyen betrügen laßt, ſo beweiſt ihr dadurch eure dumme Unwiſſenheit nur deſto mehr. Denn das alles ſind Einfälle und Spielwerke alter Betteln, und nur ſchwachſinnige Geſchöpfe von dieſer Gattung können

ein-

---

54) Anſpielung auf den 883. Vers in den Fröſchen des Ariſtophanes.
55) Anſpielungen auf Homeriſche und Ariſtophaniſche Redensarten, beſonders auf v. 1048 in den Fröſchen.

einfältig genug seyn, sich mit solchen Albernheiten abzugeben.

Triephon. Und was sagten diese am Verstande (wie an den Köpfen) beschohrne 56) Plattköpfe zu diesem Ausfall?

Kritias. O! Sie wußten sich meisterlich herauszuhelfen. Ohne sich auf das was ich ihnen gesagt hatte, einzulassen, versicherten sie mich, sie brächten zehen Tage mit Fasten und eben so viele Nächte mit Wachen und Psalmensingen zu, und dann kämen ihnen diese Träume.

Triephon. Und was konntest du ihnen darauf antworten? Denn was sie da vorbrachten, hat einen großen Schein und ist etwas, worüber sich viel für und wider sagen läßt 57).

Kri-

---

56) Die Christianer dieser Zeiten pflegten sich auch durch kurz verschnittne Haare, und die Mönche auch wohl durch ganz glatt geschohrne Köpfe zu unterscheiden.

57) Dieß, glaube ich, ist der Sinn der Worte: μεγα γαρ έφησαν και διηγορημενον. Aber warum sagt Triephon das? Mich wundert, daß sie Geßnern nicht aufgefallen sind, da sie, wenn ich nicht sehr irre, seine Hypothese bestättigen helfen, und durch sie Licht erhalten. Wenn man annimmt, daß der Verf. des Philopatris dem K. Julianus eine Cour habe machen wollen, so begreift sich warum er dem Triephon diese Worte in den Mund legte, nehmlich, um das Ansehen zu vermeiden, als ob er, indem er den Kritias so verächtlich von den Träumereyen der Christianer sprechen läßt, überhaupt von Träumen und Traumdeutung nichts hielte. Denn Julianus selbst war, (seiner schwärmerischen Philosophie oder vielmehr Theurgie zu Folge) mit einem großen Glauben an diese Dinge angesteckt, und brachte oft ganze Nächte in Tempeln zu, um sich durch Abstinenz und schwärmerische Andachtsübungen heilige Träume und Offenbarungen zu verschaffen.

Kritias. Sey ohne Sorge! Ich hielt mich gut; ich gab ihnen die rechte Antwort die ihnen gehörte. Es ist also wahr, sagte ich, was man in der ganzen Stadt von euch sagt, daß euch dergleichen Dinge in euern Träumen vorzukommen pflegen. — Aber, versetzten sie mir mit grinsendem Hohnlächeln, sie kommen uns ausser dem Bette. — Und wenn das auch wahr ist, meine ätherischen Herren, erwiederte ich, so werdet ihr doch das Zukünftige nie mit Zuverläßigkeit ausfindig machen, sondern von euern Gesichten getäuscht, immer von Dingen faseln, die weder sind noch jemals seyn werden. Uebrigens möchte ich wohl wissen, wie ihr, aus bloßem Glauben an euere Träume, einen solchen Abscheu gegen alles was andre ehrliche Leute lieben und eine solche Freude an Unheil und Unglück haben könnt, wiewohl ihr nichts damit gewinnt [58]). Laßt also, wenn euch zu rathen ist, diese seltsamen Phantasien und böse Anschläge und Weissagungen fahren, damit Gott nicht genöthigt werde euch für euern bösen Willen gegen das Vaterland und alles Unglück das ihr unaufhörlich weissaget und heimlich wünschet, endlich zu irgend einer schweren Strafe zu ziehen. — Diese wohlgemeynte Warnung brachte sie alle gewaltig gegen mich auf, und sie schalten mich so entsetzlich aus, daß ich wie eine Säule da stand und keine Laut mehr von mir geben konnte, bis deine wohlthätige Anrede die Versteinerung auflösete, und mich wieder zum Menschen machte. Wenn du Lust hast eine Probe davon zu hören —

Tri-

---

58) Das wußten sie besser!

Triephon. (einfallend) Stille, stille, bester Kritias! Kein Wort weiter von diesen Possen! Du siehst ja was für eine leidige Wirkung das Gehörte schon auf mich gethan hat, und wie ich schon aufgeschwollen bin! Solch tolles Zeug ist ansteckend wie der Biß eines tollen Hundes, und wofern ich nicht ungesäumt irgend ein Gegenmittel, das mich alles wieder vergessen macht, zu mir nehme, so besorge ich sehr, daß mir die bloße Erinnerung, wenn sie bey mir bliebe, großes Unheil zuziehen könnte. Laß also die Narren ruhen, und stimme das Vater Unser und die große Doxologie mit mir an [59]) — Aber wer kommt da mit so großen eilfertigen Schritten dahergelaufen? Ist es nicht Kritolaus? wollen wir ihm nicht rufen, Kritias?

Kritias. Sehr gerne.

Triephon. Kleolaus! Kleolaus! laufe nicht so bey uns vorbey; komme herzu, und sey uns willkommen wenn du uns was Neues bringst.

Kleolaus. Meinen Gruß dem edeln Freundes-Paar!

Triephon. Darf man fragen warum du so eilfertig bist daß du dich beynahe aus dem Athem gelaufen hast? Ist etwas was Neues vorgefallen?

Kleo-

---

59) Dieß soll nehmlich das Zauberlied seyn, wodurch er sein Gemüth von jenen fatalen Eindrücken reinigen will. Im Griechischen: την ευχην απο Πατρος αρξαμενος, και την πολυωνυμον ῳδην ἐς τελος ἀνιεις. Es ist kein Zweifel, daß er unter dem erstern das Vater Unser, und unter dem andern die sogenannte große Doxologie, Wir loben Dich, wir preisen Dich, wir beten Dich an, u. s. w. verstehe.

Kleolaus. Gefallen ist der Perser Stolz und alter Ruhm, und Susa, die berühmte Stadt! und bald wird ganz Arabien der Stärke des unaufhaltbarn Siegers unterliegen!

Kritias. Ein neues Beyspiel, daß Gott die guten Menschen nie verläßt, vielmehr sie hebt und mehr gedeyhen macht! **)

Wir, lieber Triephon, haben besonders von Glück zu sagen. Ich gestehe, es machte mir oft Kummer, was ich meinen Kindern nach meinem Ableben in meinem Testamente hinterlassen könnte. Wie du siehst, mache ich kein Geheimniß aus meiner Armuth, da du meine Umstände so gut kennst als ich die deinige. Aber nun bin ich für meine Kinder unbesorgt; sie haben nichts weiter nöthig da der Kayser lebt; mit Ihm wird es uns nicht an Reichthum fehlen, und kein Volk kann uns mehr Schrecken einjagen [61]).

Triephon. Auch ich, Kritias, hinterlasse den meinigen die Glückseligkeit, die Zeiten zu sehen, da Babylon zerstört, [62]) Aegypten gebändigt [63]), die Per-

---

60) Die Wuth dieses Autors alle seine Personen zur Unzeit in Versen reden zu lassen, ist desto seltsamer, da er keine bessere zu machen weiß.

61) Der Autor verräth hier naiv genug den Nebenzweck seiner Schrift (wenn es nicht vielleicht gar in Geheim sein Hauptzweck war) dem Kaiser bey dieser Gelegenheit mit guter Art zu sagen wo ihn der Schuh drückte.

62) Das alte Babylon war schon lange nicht mehr; aber Seleucia wurde damals gewöhnlich von den Griechen Babylon genennt.

63) Aegypten, wo die Christianer bey weitem die größere Zahl ausmachten, und nur die Thebaische Wüste viele Legionen von heiligen Faunen und Sylvanen stellen konnte, hatte sich ganz besonders übelgesinnt und aufrührerisch ge-

ſer unterjocht, und die Einfälle der Scythen gehemmt, wollte Gott auf immer abgewendet! ſeyn werden. Inzwiſchen, Freund, laß uns den unbekannten Gott der Athenienſer aufſuchen ⁶⁴), und ihm mit aufgehabnen Händen knieſällig danken, daß er uns werth geachtet hat, einem ſo großen Fürſten unterthan zu ſeyn. Mögen doch andere unſerthalben ſchwärmen und faſeln ſo viel ſie wollen! wir ſehen ruhig zu, und ſagen mit dem Sprüchworte: **Was kümmerts den Hippokleides** ⁶⁵)?

---

gen Julian bezeugt, und würde wahrſcheinlich, wenn er den Perſiſchen Krieg glücklich geendiget hätte, ſeine ſchwere Hand zuerſt gefühlt haben.

64) In ſo fern Triephon der Repräſentant eines wirklichen Charakters und vielleicht des Autors ſelbſt iſt, ſcheint er zu einer Claſſe zu gehören, die damals zahlreich genug ſeyn mochte. Er war von Profeſſion ein Sophiſt, oder Gelehrter, und hatte ſich, entweder aus Neugier, oder der Vortheile wegen, die unter den Regierungen Conſtantins und Conſtantius mit der Profeſſion des Chriſtenthums verbunden waren, eine Zeit lang zu den Chriſtianern gehalten. Unter Julians Regierung fiel der letzte Bewegrund weg; jetzt war es im Gegentheil eine Empfehlung, ſich gegen ſie zu erklären. Da er nun weder Heide noch Chriſtianer mehr war, und man unter Julian alles eher ſeyn durfte als ein Atheiſt: ſo hält er ſich einsweilen an den unbekannten Gott zu Athen, (den er aus der Apoſtelgeſchichte hatte kennen lernen) oder iſt was wir einen Deiſten nennen.

65) Und ſo endigt dieſer Nachahmer mit Lucian, wie er mit ihm angefangen hat.

Tragopodagra.
Ein Tragikomisches Drama.

Der Podagrist,
Der Chor
Das Podagra
Ein Bote
Zwey Quacksalber
Die Qualen.

Der Podagrist.

O du den Menschen und den Göttern selbst verhaßter Nahme, Podagra, wehvolle Tochter des

---

Tragopodagra. Eine Composition, womit Lucian, wenn ich nicht irre, an einem guten Tage sich selbst die Langeweile eines vom Podagra an sein Ruhebette gefesselten Menschen zu kürzen suchte, und so reich an Witz und Laune, als man es von einem beym Podagra geschriebenen Gedichte nur immer verlangen kann. Auffer dem daß der Text unter den Händen der Abschreiber gelitten hat und die beßernde Hand eines Hemsterhuys erwartet, sind noch viele andre, in der Sache selbst, in der Sprache, in dem beybehaltnen Costum des Griechischen Theaters und in der nachgeahm-

des Kozytus, die in der nächtlichsten
geheimsten Kluft des finstern Tartarus
die Furie Megära ausgeheckt,
und der statt Muttermilch Alekto Gift
aus ihren Zitzen eingeträufelt hat:
O welch ein Dämon ließ, zur bösen Stunde,
dich, Unglückselige, ans Licht herauf?
Denn, wenn die Todten noch in Plutons Reiche
die Sünden, die sie auf der Oberwelt
begiengen, büßen müssen, o! so sollte
den Tantalus nicht Durst, den Irion
sein Rad nicht quälen, Sisyphus
nicht ewig keuchend seinen Felsen wälzen;
nein! alle Missethäter sollten ohne weiters
in deine Folter bloß gespannet werden.
Wie abgemergelt von den Fingerspitzen
bis an das Aeußerste der Füße dieser
armsel'ge Körper ist! Ein scharfer Schleim,
genährt von böser Galle, drängt vergebens sich
mit wildem Schmerz durch die verstopften Poren.
Durch meine Eingeweide selber zuckt
die feur'ge Pein, und ihre Flammenwirbel fressen

das

geahmten Manier tragischer und komischer Dichter der Griechen, liegende Ursachen, warum dieses elegante Product der Lucianischen Muse in jeder Uebersetzung verlieren muß. Ich hoffe indessen, daß auch durch diesen unvollkommenen Versuch noch immer genug von dem Geiste des Originals durchschimmern werde, um in dieser scherzhaften kleinen Tragödie den Dichter des Timons, der Göttergespräche, und so mancher andrer Dramatischen Scenen in Prosa, die man mit Vergnügen gelesen hat, wieder zu finden.

das Fleisch mir von den dürren Knochen ab.
So tobt das Feuer in des Aetna Schlünden;
so drängen im Sicilischen Canal
die Meereswogen in das labyrinthische
Gewinde hohler Felsen eingezwängt,
mit wüthendem Gebrüll sich schäumend durch.
Und, o! was meine Qual aufs höchste treibt,
Kein Mensch kann sagen wenn sie enden wird.
Vergebens hoffen wir durch Bähungen
sie einzuschläfern! Jedes Mittel täuscht
die immer neubethörte, immer wieder
betrogne Hoffnung!

Der Chor.

Durch den Dindymus Cybelens
hallt um ihren zarten Liebling
Phrygischer Chöre begeistert Geheul;
zum Getöne der lermenden Hörner
schallt von des Tenolus walbichten Gipfeln
der Indier bacchischer Reihen-Gesang;
Schwärmend und die Keulen schwingend
stimmen in Kretischen Weisen ihr Evan
Ita's Korybanten an;
und mit wildem kriegrischem Klange
ruft den stürmischen Gott der Schlachten
laut die Trompete ins eiserne Feld: —

Aber wir, o Podagra,
deine Eingeweyhte, lassen
in des Frühlings ersten Tagen

unsre Jammertöne hören,
wenn des Zephyrs milder Athem
junges Laub den Bäumen entlockt;
Wenn die traur'ge Chelidonis
eingedenk der alten Leiden
unter unsern Dächern schwirret,
und mit zärtlich schmelzenden Tönen
tief im nächtlichen Hayn Aedon *)
bang um ihren Itys klagt.

Der Podagrist.

O du mein treuer Helfer in der Noth,
du der mir statt des dritten Fußes ist,
mein Knotenstock, o stütze meinen schwanken Schritt,
und tritt für mich, fest auf dem Boden auf!
Auf, Unglückselger! hebe dich vom Lager auf,
heraus aus diesem dumpfen Kerker! wische
den düstern Nebel von den trüben Augen!
Heraus ans liebe Tageslicht, das du
so lange schon entbehrst, und athme wieder

die

---

2) Man erzählte in Jonien von Aedon und Chelidonis beynahe die nehmliche Fabel, die man in Attika von Philomele und Prokne erzählte. Polytechnos, Aedons Mann, verübte an Chelidonis, seiner Frauen Schwester, denselben Frevel, den Tereus an Philomelen verübte. — Beydes Schwesternpaar rächte sich auf eben dieselbe Art; Aedon hatte, wie Prokne, einen kleinen Itys, den sie abschlachtete und ihrem Manne zu essen gab; auch der Erfolg war gleich: Aedon wurde wie Philomele in eine Nachtigall, Chelidonis wie Prokne in eine Schwalbe verwandelt. Es war also nur unter verschiedenen Nahmen das nehmliche Mährchen.

die Wollust einer reinen frischen Luft!
Denn leider! ist dieß nach dem fünften schon
der zehnte Tag, seitdem ich, von der Sonne
verbannt, in diesem finstern Loche mich
auf hartem Lager quälen muß. — Weh mir!
an Lust und gutem Willen, Schritt vor Schritt
mich an die Thür zu schleppen, fehlt mirs nicht,
doch kraftlos, ach! versagen mir den Dienst
die steiffen Glieder! — Muth gefaßt, mein Herz!
Nimm dich zusammen! Auf! Bedenke daß
ein armer Bettelmann, vom Podagra
gehindert seiner Nahrung nachzugehen,
so gut als todt und schon begraben ist.

Er kommt an die Thür hervor.

Was seh ich da? Wer sind die Männer mit
den Krücken in den Händen, mit
den Kränzen von Holunder um die Schläfe?
und welchem von den Göttern gilt
ihr feyerlicher Reigen? Etwa dir
o Phöbus Päan? doch, es windet ja
kein Delphisch Laub um ihre Stirne sich,
Ists Bacchus, dem sie ihre Hymnen stimmen,
warum kränzt Epheu ihre Haare nicht?
Wer seyd ihr, Fremdlinge? Wo kommt ihr her?
Sagt mir die Wahrheit, Freunde? Welchem Gotte
zu Ehren tönt der Hymnus, den ihr singt?

Chor.

Und du, der zu uns spricht, wer bist du selbst?

Denn beinem Gang und beiner Krücke nach
sehn einen Bruder, einen Eingeweyhten
der unbezwingbarn Göttin wir in dir

Der Podagrist.

Ich armer Mann! wie käme unser einer
zu einer Göttin Gunst?

Der Chor (singend.)

Die Cyprische Göttin, in Tropfen vom Aether
gefallen, und bald zur schönsten von allen
Gestalten sich bildend, erzog in den Wellen
der Meeresgott Nereus. Die Gattin des Königs
der Götter, die lilieharmichte Here,
hat Tethys neben des Ozeans Quellen
an ihrem weitwallenden Busen genährt.
Aus seinem unsterblichen Haupte hat Zevs,
der Himmlischen Erster, die furchtlose Jungfrau
die Krieg erregende Pallas gebohren.

Aber Unsre Göttin hat der alte
Ophion gezeuget, als das Chaos
vor Aurorens erstem Schimmer
floh, und Helios mit seinem
ersten Strahl das All erhellte.
Damals ward die Parze Klotho
unsrer mächtgen Göttin Mutter,
und so wie die Neugebohrne
aus dem ersten Bade kam
lachte ihr der ganze Himmel

laut erdonnerte der Aether
und an seinen vollen Brüsten
säugte sie der Gott des Reichthums.

Der Podagrist.

Und welches sind die heiligen Gebräuche
Womit die Göttin ihre Diener weyhet?

Der Chorführer.

Es strömt nicht unser Blut aus selbstgemachten Wunden,
noch zwingen wir, den Gallen gleich, das freye Haar
in knotenreiche Zöpfe, unsre Rücken tönen nicht
vom Klatschen unsrer eignen Geiselhiebe,
noch fressen wir zerrißner Stiere rohes Fleisch.

Aber wenn die Ulm im Lenzen sich mit zarten Blüthen
    deckt
Und der Amsel helle Stimme aus den jungen Zweigen
    schmettert,
Dann schießt eine unsichtbare Hand in unsre Glieder
einen feur'gen Pfeil, der, wie ein Blitz durch alle
Adern fliegend Fuß und Knie und Kugel, Knöchel,
Hüften, Schenkel, Arme, Schultern, Hände, Nacken
    und Gelenke
nagt und frißt und brennt, entzündet, kneipt und zwickt
    und mürbe kocht,
bis ein Wink der großen Göttin unsre Qualen fliehen
    heißt.

Der

Der Podagrist.

So war ich also, ohne es zu wissen
der Eingeweyhten einer? Nun, wenn dieses ist,
so steig', o Göttin, huldreich zu uns nieder,
und laß dir wohlgefallen, daß auch ich
in deiner alten Diener Chor mich mischend
das Podagristenlied verstärken helfe.

Der Chor. (singend)

Still, o Aether! ruht, ihr Lüfte!
und ein heilges Schweigen binde
aller Podagristen Zungen!
Denn die Bettenliebende Göttin
Seht, sie naht schon ihrem Altar!
Seht, sie kommt auf ihre Krücke
aufgestützt! — Sey uns gegrüßet,
o du mildeste der Götter,[3]
schau mit gnäd'gen Augen deine
Diener an, und mach' in diesen
Frühlingstagen ihren Schmerzen
elend ein erwünschtes Ende!

Die Göttin Podagra.

Wem auf dem ganzen weiten Erdenrunde
bin ich, die unbezwingbare Beherrscherin
der Schmerzen, unbekannt? Ich Podagra,
die keine Weyhrauchwolken, keine Dämpfe

von

---

[3] Per *euphemian*, so wie man aus eben diesem Grunde die Erinnyen oder Furien Eumeniden grüßte.

von Opferblut auf flammenden Altären,
kein reiches Weyhgeschenk besänft'gen kann!
die weder Päan, ob er gleich der Arzt
des ganzen Himmels ist, durch seine Büchsen
bezwingen kann, noch Phöbus hocherfahrner Sohn
Asklepios. Zwar seit es Menschen giebt,
was haben die Verwegnen unversucht
gelassen, meine Herrschaft abzuschütteln?
Was für Mixturen nicht gemischt, für Kräuter,
Drogen und Salben gegen meine Macht
nicht aufgeboten? Jedermann versuchts
auf einem andern Weg an mich zu kommen.
Die einen stoßen wilden Portulak, Salat,
Schafzung' und Eppich, andre Anborn oder
Froschlöffelkraut, noch andre Nesseln, Günsel
und Wasserlinsen; andre kommen gegen mich
mit Pferstchblättern, Pastinak und Bilsenkraut,
mit Mohn und Zwiebeln, Schalen von Granaten,
Flohkraut und Weyhrauch, Niesewurz, Salpeter,
Johannisbrodt in Wein, Cypressenblättern, Froschleich,
mit Linsenbrey, gekochtem Kohl, Fischlacke, Bollen
von wilden Ziegen, Menschenkoth, und Mehl
von Bohnen und vom Stein von Assus [4]) angezogen.
Sie kochen Kröten, Wiesel, Frösche, Katzen,
Eidechsen, Füchse, Hircocerten und Hyänen.

Wo

[4] Ein harter Stein der bey der Stadt Assus, die auch Apollonia hieß, in Phrygien, gebrochen wurde, und worin eine Art von Mehl ähnlichem säuerlich schmeckendem Staub gefunden wurde, dem die Alten eine corrosive Eigenschaft beylegten.

Wo ist ein Mineral, ein Saft von Kräutern
von Stauden und von Bäumen, unversucht
an mir geblieben? Aller Thiere Knochen,
Sennen und Häute, Fett und Blut und Koth,
Mark, Harn und Milch sind Waffen gegen mich.
Die einen trinken ein Decoct von vier
Ingredienzen, andere von achten,
die meisten glauben an die Siebenzahl.
Der läßt durch ein unfehlbares Arcanum sich
purgieren, jener wird mit Amuleten
und Zaubersprüchen um sein Geld geschraubt,
bey einem andern Narren hext ein Jude)
den andern aus; ja mancher sucht was ihn
curieren soll, in einem Schwalbenneste ⁶).
Ich aber heisse sie mit allen ihren
Quacksalbereyen an den Galgen gehen,
und wer durch solche Dinge mich zu schrecken glaubt,
den laß ich meinen Zorn nur desto stärker fühlen.
Hingegen dem, der ohne Widerspenstigkeit
geduldig sich in meine Launen schickt,
dem wird mit Schonung und mit Huld begegnet.

Das

---

5). Es scheint daß sich in Lucians Zeiten herumziehende Juden damit abgaben, unheilbare Krankheiten durch geheime cabbalistische und magische Mittel zu curieren.

6) Diesen Sinn giebt der Text, wenn man ὠpαxη statt ζpaxη liest. Ein zerriebnes Schwalbennest, mit Brennessel-Saamen und verdicktem Mostsaft zusammengekocht und um den Fuß geschlagen, wurde von den Alten für ein Mittel gegen das Podagra gehalten; wie Erasmus Schmidt, der einen medicinischen Commentar über dieses Stück geschrieben hat, bemerkt.

Das erste was ein Mann, der Theil an meinen
Mysterien genommen, lernen muß
ist gute Worte geben, und durch Witz
und immer frohen Muth bey jedermann
sich angenehm zu machen. läßt er dann
ins Bad sich tragen, so empfängt ihn stracks
wie er sich zeigt ein allgemeines Lachen
und Händeklatschen. Denn die Ate, die Homer
beschreibt, die auf der Leute Köpfen geht,
und die so zarte Füße hat [7], bin ich,
wiewohl der große Hauffe Podagra
mich nennt, weil ich sie bey den Füßen fange [8].
Wohlan dann, ihr in meinen Orgien
Längsteingeweyhte, laßt der nie bezwungnen Göttin
zu Ehren euern Lobgesang erschallen!

Der Chor.

Die du ein Herz von Diamant
im Busen trägst, jungfräuliche
allmögende, furchbare Göttin!
Höre die Stimmen deiner Geweyhten!
Groß ist deine Macht, Reichthumliebendes Podagra!
Dich fürchtet Jupiters zückender Blitz,
vor dir erbebt des tiefen Meeres Woge,
erbebt der finstre König der Todten!
O du, die du, die Füße in Flanell
eingewindelt, auf niedrigen Ruhebetten

zu

---

7) Jl. XIX. 91.   gie bedeutet Podagra soviel
8) Vermöge der Etymolo-   als podos agra, Fußfang.

zu liegen liebst, du deren Fußtritt
kein Erdstrich fühlt; o Feindin des Wettlaufs,
Kniebrecherin, Folter der Knöchel,
die du in schlaflosen peinlichen Nächten
die schwellenden Knorren
mit kalchigten Knoten belastest,
Du, die nichts, — nichts, als eine Mörselkeule
erschrecken kann ⁹), o Podagra —

   Ein Bote, (mit zwey gebundenen Männern.)

Gebieterin, ich treffe dich recht zu gelegner Zeit,
um eine Nachricht dir zu hinterbringen,
die vom Beweis der Wahrheit meiner Worte
begleitet ist. Indem ich, wie du mir
befohlen, überall mit leisem Fuß
umher mich schleiche, und von Haus zu Haus
erkundige, ob etwa jemand sey
der deiner Macht die Huldigung versage:
so fand, o Königin, ich überall

         die

---

9) Diese zehn Verse sind im Originale nur sechse, die aus zehn, auf eine possierliche Art zusammengesetzten Beywörtern bestehen, und so gut als möglich war, umschrieben werden mußten, da ein Versuch ähnliche Ungeheuer in unsrer Sprache zu schmieden, wenn er auch eben so möglich wäre als in der Griechischen, für unsre Leser das drollige nicht haben würde, welches Wörter wie Sphyropresspyra, Megiaphedapha, Gonyklasagrypna, und Perikondyloporophila für Leser haben mochte, denen die sesquipedalia verba ihrer Dithyrambendichter und Tragiker, dabey einfielen; wiewohl nicht zu läugnen ist, daß Lucian seine bürleste Nachahmung über die Grenzen des Geschmacks und der Grammatik hinaus tritt.

die Herzen alle ruhig deiner Herrschaft
sich unterthan bekennen. Diese beyden
Verwegenen allein erfrechten sich
es laut zu sagen und mit einem falschen Eid
noch zu beschwören, niemand hätte sich
forthin vor dir zu fürchten, und sie nähmen es
auf sich, dich gänzlich aus der Welt zu bannen.
Ich griff sie also straks, und bringe sie
an beyden Füßen scharf gebunden mit,
nachdem ich nur fünf Tage an zwey Stadien
gegangen bin —

Podagra.

Das nenn' ich ja geflogen, schnellester
von meinen Boten! Aber sage mir
vor allem, wo du herkommst, und
wie viele Schwierigkeiten auf dem Wege du
besiegen mußtest, um hier anzulangen.

Der Bote.

Fürs erste mußt' ich eine Treppe von
fünf Stufen steigen, deren morsche Balken
bey jedem Tritte zitterten und unter mir
zu weichen drohten. Wie ich unten war
empfieng ein eingelegtes Estrich mich,
wo jeder Tritt vom harten Gegendrucke
durch alle Nerven zuckte. Als dieß überstanden war,
gerieth ich auf ein Kiesel-Pflaster, wo
der Steine scharfe Spitzen mir das Gehen
beynah, unmöglich machten. Doch dafür war auch

der Weg, auf den ich nun kam, desto weicher;
so weich und schlüpfrig, daß, wie sehr ich auch
vorwärts zu kommen strebte, doch der Koth
die schwachen Knöchel immer rückwärts zog;
Ich war noch nicht heraus, so lief der Schweiß
mir strohmweis schon am ganzen Leib herunter,
so schrecklich griff der schmuz'ge Marsch mich an.
An allen Gliedern lahm empfieng mich nun
ein ziemlich breiter, aber wenig sichrer Weg.
Denn rechts und links begegneten mir Wagen
die mir den Paß versperrten und mich laufen hießen.
Ich, laufen? einer deiner Eingeweyhten?
Ich hob so hurtig als mirs möglich war
die trägen Füße, und warf mich seitwärts in
ein enges Winkel-Gäßchen, bis die Wagen
vorüber waren —

Podagra.

Du sollst, mein Bester, diesen Dienst
mir mit so vielem Eifer nicht umsonst
geleistet haben: zum verdienten Danke
wirst du, von diesem Tag, drey Jahre lang
nur leichte Schmerzen spüren. Aber ihr,
(zu den Quacksalbern)
Verruchtes, Gottvergessenes Gesindel,
wer seyd ihr, und von wannen stammt ihr ab,
daß einen Zweykampf mit dem Podagra
ihr zu bestehen euch vermessen dürft?
mit mir, der Zevs sogar nichts anzuhaben
vermag? Sprecht, Bösewichter! — Wißt ihr nicht
wie

wie manchen Göttersohn ich schon bezwungen?
Die Dichter hätten euch davon belehren können.
Als Podagrist ward König Priamus
Podarkes zubenahmt; am Podagra
starb Peleus Sohn Achill [10]). Am Fuße litt
Bellerophon, und Oedipus von Theben
was war er anders als ein Podagrist?
Dasselbe war der Fall mit Plisthenes
dem Pelopiden, und mit Pöans Sohne,
der Troja's Fall beschleunigte; ein andrer
Podarkes, einer von Thessaliens Fürsten,
nahm, als Protesilaus fiel, wiewohl
er an den Füßen krank war, seinen Platz

im

---

[10] Diese ganze Liste von Podagristen aus der heroischen Zeit, ist, wie man leicht merken kann, ein bloßes Spiel mit der Etymologischen Bedeutung des Wortes Podagra, und ich begreife nicht warum Hr. Gilbert West (von welchem man eine artige freye Uebersetzung oder vielmehr Zusammensetzung des Tragopodagra und des Ocypus hat) für nöthig hält, daß Lucian eigene, uns unbekannte historische Quellen dazu gehabt habe. Priamus, (läßt der scherzende Dichter seine neucreirte Göttin sagen) wurde bloß per Antiphrasin Podarkes (stark von Füßen) genannt, weil er ein Podagrist und also schwach von Füßen war; Achilles starb am Podagra, und die Dichter sagten er sey an einer Wunde gestorben, die er an der Fußsohle, dem einzigen Orte, wo er verwundbar, bekommen; Bellerophon litt am Podagra, und die Fabel sagte er habe sich die Füße durch einen Sturz vom Pegasus zerfallen; Philoktetes (Pöans Sohn) hatte das Podagra, und man sagte seine Leiden seyen davon hergekommen, daß ihm ein vergifteter Pfeil auf den Fuß gefallen sey, u. s. w.

im Heer vor Troja ein [11]) Den klugen König
von Ithaka, Laertes Sohn, hab Ich
getödtet, nicht der Stachel eines Trygons [12]).
Erkennt hieraus wie wenig Freude ihr
von euerm tollen Frevel haben werdet,
und macht auf eure Strafe euch gefaßt!

Einer der Quackſalber.

Wir ſind gebohrne Syrer von Damaskus;
Die Armuth und der bittre Hunger nöthigt uns
zu Waſſer und zu Land herum zu irren,
und alles was uns unſre Väter hinterlaſſen
iſt dieſe Salbe, die der Kranken Schmerzen lindert.

Podagra.

Laßt ſehen! — Und woraus bereitet ihr die Salbe?

Quackſalber.

Dieß zu verrathen läßt der Eid nicht zu
den uns der Vater ſterbend abgenommen;
Er hat uns ſcharf verboten, keinem Menſchen
dieß herrliche Arcanum zu entdecken,

das

---

11) N. II. 695. u. f.
12) Die Fabel ſagt, Ulyſ-
ſes ſey von ſeinem mit Circe
erzeugten Sohne Telegonus,
ohne daß einer den andern
kannte, mit einem Pfeile er-
ſchoſſen worden, der mit dem
Stachel eines von den Griechen τρυγων (turtur mari-
nus) genannten Seefiſches beſteckt geweſen ſey. Die Alten
erzählen Wunderdinge von
der Macht des Giftes, wo-
mit dieſer Stachel verſehen
ſeyn ſoll. Ob aber unter dieſem Trygon der Stechroche
gemeynt ſey, iſt mir unbekannt.

das solche Kraft hat, daß es auch dich selbst,
wie sehr du wüthest, zu beruhigen vermag.

Podagra.

Wie, ihr verruchten Schäker? auf der ganzen Erde
wär' eine Droge, eine Schmiererey,
die meine Macht vernichten könnte? Nun,
wohlan! ich geh' die Wette ein, es komm'
auf eine Probe an, was stärker ist,
ob eure Salbe, oder meine Fackeln!
Herbey, ihr Qualen, fliegt herbey von allen Seiten
ihr strengen Dienerinnen meiner Orgien,

(die Qualen erscheinen mit Fackeln in
den Händen)

Rückt näher an! Du, brenne ihm die Sohlen
bis an die Zeh'n! Du fahr ihm in die Knöchel!
Du, träufle von den Schenkeln bis zun Knien
dein scharfes Gift ihm in die Adern! Ihr,
schraubt ihm die Finger an den Händen ein!

Die Qualen.

Sieh, alles ist, wie Du befahlst, vollzogen.
Die Unglückseligen liegen auf der Erde
und schreyn an allen Gliedern scharf gefoltert, ganz
erbärmlich.

Podagra.

Nun, laßt sehen, was eure Salbe
euch helfen wird! Bezwingt sie mich, so habt
mein Wort dafür, ich geh um niemals wieder

mich auf der Erde sehn zu lassen, schwinde
auf ewig weg und sinke in den Schlund
des tiefsten Tartarus.

Quacksalber.

Geschmieret sind wir, aber leider! leider!
der Qualen Fackeln löscht die Salbe nicht.
O Weh, o Weh! o! wie das Mark und Bein
durchbohrt, zerreißt, zermürst! Ich halt's nicht aus!
Nein, solche Blitze schießt der Donnerer nicht,
so raset nicht des Meeres wildste Fluth,
so wüthend wirbelt sich kein Wirbelwind!
O! mich zerreißt der Zahn des Höllenhundes,
mir nagen Ottern alle Knochen ab!
Ich steh in Flammen, gleich als wäre mein
Gewand in des Centauren Blut getaucht [13]).
Erbarme dich, o Göttin! Ich bekenne,
Nichts, weder diese Salbe noch was anders, kann
dir Einhalt thun; du überwältigst alles,
allmächtige Besiegerin der Welt!

Podagra.

Laßt ab, ihr Qualen, gönnt den Armen Ruhe
von ihrem Leiden, da es sie gereuet
sich in den Streit mit mir gewagt zu haben!

Er-

---

13) Anspielung auf die Todesart des Herkules, durch Entzündung des im Blute des Centauren Nessus getauchten hochzeitlichen Mantels, den er von Dejaniren zum Geschenke bekommen hatte.

Erkenne nun ein jeglicher, daß ich, allein
von allen Göttern unerweichlich, keinem
Arcanum, keinem Zaubermittel weiche!

Der Chor.

Vergebens stand gegen Zevs Salmoneus auf,
er fiel vom rauchenden Keil des Gottes durchbohrt!
Was hatte vom Streit mit Phöbus der Satyr Marsyas?
Ein Spiel der Winde knistert am Fichtenbaum
sein abgezognes Fell! Der Mütter jammervollste,
Noch steht sie zum Stein erstarrt, die unglückselige
Niobe, auf des Sipylus Höhen, mit ewigen Thränen
den Streit beweinend, der sie der Kinder beraubte.
Arachne, die, zur Wette der Kunst, Minerven
herausgefobert, webt als Spinne nun! Zu ungleich ist
der Streit, zu kraftlos gegen den Zorn der Götter
der Sterblichen Troß!
Aber du, o aller Völker Göttin [14] Podagra,
gieb uns deine Folter gnädig, leicht und kurz!
daß wir, nach erträglichen Schmerzen, wieder
Peinlos athmen und die Füße brauchen können!

Vielgestaltig ist der Sterblichen Elend!
Diese Betrachtung und die Angewohnheit
sey der Podagristen große Tröstung.
So geliebte Consorten, werdet ihr euch
selber helfen, wofern der Ausgang etwa
eure

---

[14] ὦ πάνδημε. Das drolligte dieses Beyworts, welches sonst nur der Venus gegeben wurde, läßt sich eben deßwegen nicht ausdrücken.

eure Hofnungen täuschen, und die Göttin
was ihr nicht gewünschet euch senden sollte ¹⁵).
Jeder ergebe sich in Gedulb zu leiden
und dazu noch weiblich gefoppt zu werden;
denn die Sache ist einmal nun nicht anders.

15) Parodie eines Epilogs, 1. Th. S. 361. der Werke
womit Euripides etliche sei- Lucians.
ner Tragödien schließt. S.

Sinngedichte

1.
Auf einen Schlemmer.

Mit lockern Brüdern und mit lustgen Schwestern
verschleuderte sein väterliches Erbe
der junge Theron ohne Sinn und Scham.
In kurzem war wie Schnee an Frühligsluft
sein Reichthum weggeschmolzen, und mit ihm
die lockern Brüder und die lustgen Schwestern

Sinngedichte. Um die gegenwärtige Uebersetzung der Werke Lucians so vollständig als möglich zu machen, habe ich auch die Sinngedichte, welche theils in den Ausgaben derselben, theils in den griechischen Anthologien unter seinem Nahmen vorkommen (mit Ausschluß einiger weniger, die ohne alles Salz sind und seinen Nahmen fälschlich zu tragen scheinen) mit mehr oder weniger Freyheit, zu dollmetschen versucht, je nachdem das Sujet oder der gehörige Schwung des Gedankens und Ausdrucks das eine oder das andere zu erfodern schien. Da mir das elegische Sylbenmaß, worin diese Epigrammen geschrieben sind, selten auch nur leidlich gelingt: so habe ich mich meistens der Jamben bedient; ja verschiedene sogar gereimt, wenn mir die Reime ungesucht entgegen kamen.

zu späte Reue, von der hagern Armuth
ihm zugeführt, ist seine einzige
Gespielin nun. Hohlaugicht, blaß und mürbe
von Dürftigkeit, begegnet er dem alten
Euktemon, einem Freunde seines Vaters.
Der gute Graubart weint bey seinem Anblick,
nimmt stracks ihn zu sich, giebt ihm seine Tochter
zum Weibe und ein großes Heyrathsguth
mit ihr. Was thut mein Theron, der so unverhoft
sich wieder reich sieht? Auf der Stelle kehrt
der Taugenichts zu seinem vorigen Leben
zurück, thut seinem Gaumen wieder gutlich,
versagt sich nichts wozu die Lust ihn ankommt,
und wird auf diesem Wege bald genug
zum Bettler wie vorher. Der gute Graubart
Euktemon weint nun wieder, nicht um ihn,
er weint um seine Tochter und ihr Heyrathsgut;
und ist mit seinem Schaden um die Lehre reicher,
daß wer sich seines Eignen mit Vernunft
nicht zu bedienen weiß, nicht treu mit Fremdem ist.

2.

Die Genügsamkeit.

Genieße was du hast als ob du heute
noch sterben solltest, aber spar' es auch
als ob du ewig lebtest. Der allein ist weise,
der beydes eingedenk im Sparen zu
genießen, im Genuß zu sparen weiß.

3. Das

3.
Das menschliche Leben.
Alles ist sterblich was Sterbliche haben: entweder die Dinge
gehen bey uns, oder wir gehen bey ihnen vorbey.

4.
Maßstab der Länge und Kürze der Zeit.
Das ganze Leben wird dem Glücklichen zu kurz,
dem Leidenden nimmt Eine Nacht kein Ende.

5.
Amor.
Was klagt ihr Amorn an? Er hat sich zu beklagen,
Ists Seine Schuld daß Wir ihm Unsre übertragen?

6.
Die Grazien.
Die Grazien sind am süßesten
    Wenn sie von selbst uns in die Arme laufen,
so bald wir sie durch langes Warten kaufen,
    dann sind sie nicht mehr Grazien.

7.

Die Undankbarkeit.

Dem Faß der Danaiden gleicht
des Undankbaren Herz;
Wie viel man Gutes in ihn gießt,
er bleibt doch immer leer.

―――――

8.

Die Götter.

Entzögst du gleich der Menschen Angesicht
was Böses du vollbracht,
der Götter Aug' entziehst du's nicht
auch wenn du's nur gedacht.

―――――

9.

Die Schmeichler.

Wie viel gefährlicher als ein erklärter Feind
ist nicht ein täuschender verstellter Freund?
Vor Jenem wahrt man sich; man kennet die Gefahr:
doch diesem beut man selbst den ofnen Busen dar.

―――――

10.

Auf einen Faustkämpfer.

Diese Statue stellten die Gegenkämpfer dem Apis,
Weil er keinem noch nie Weh that, aus Dankbarkeit auf.

―――――

11. An

11.
An einen Exorzisten.

Kaum öfnest du die Lippen zum Beschwören
so fährt der Teufel aus; du denkst, vor deinem Rauch,
vor deinen Formeln: o! die konntest du entbehren,
er floh vor deinem bloßen Hauch.

12.
Lollianus.

Wie nahm sich, o Merkur, der Schwätzer Lollian,
Da er mit dir ins Schattenreich, sich trollte?
Ein Wunder wenn er schwieg — was er noch nie gethan —
und nicht Dich Selbst sogar noch etwas lehren wollte!
Weh denen, die auch todt dem Schwätzer nahn!

13.
Auf die Gnidische Venus.

Nackend hat Paphien niemand gesehn; doch sahe sie einer,
so ists der, der sie hier nackend in Marmor uns zeigt.

14.
Priap als Hüter eines leeren Gartens.

Verdorrter Reben hier zu warten

stellt

stellt mich Eutychides in seinen leeren Garten;
und desto sicherer zu seyn
schloß er sie noch mit einem Graben ein:
will also hier ein Dieb nicht seinen Zweck verfehlen,
so muß er nur mich selbst, den Hüter, stehlen.

15.
Wie Narren sich zu helfen wissen.

Ein Narr den viele Flöhe bissen
löscht hurtig seine Lampe aus, und spricht:
daß ich ein Narre wär' und hielt euch noch das Licht!
Nun werdet ihr mich lange suchen müssen!

16.
Auf einen zur Unzeit Weisen.

Unter Betrunkenen willst du allein der nüchterne bleiben;
Was ist die Folge? Daß Du ihnen der trun-
kene scheinst.

17.
Auf einen Thersites.

Du siehest seinen Kahlkopf, seine Schultern
und seine Brust und fragst noch wer er sey?
Der Anblick sagt dirs ja: ein kahler Narr.

18. Auf

18.
Auf eine alte Cokette.

Färb' immerhin dein Haar, nur mußt du dir nicht
   schmeicheln
auf deinen Wangen je die Runzeln glatt zu streicheln;
Du tünchest dein Gesicht mit Bleyweiß bis ans Ohr
und guckst mit hohlem Aug' — aus einer Larv'
   hervor:
Umsonst! die Schminke wird (so flüstern wir und
   lachen)
die alte Hekuba nicht zur Helene machen.

19.
Auf eine große Nase.

Mit seiner Habichtsnase riecht euch Nikon
gar meisterlich die besten Weine aus;
doch dieß Talent hilft weder ihm noch uns;
Biß der Geruch den hundertelligen
Kamin hinauf gestiegen ist, vergehn
zum wenigsten drey lange Sommerstunden *).
Doch laß darum, Freund Nikon, deine lange Nase
dich nicht verdrießen; hast du nicht dafür

ben

---

*) Die Stunden waren bey den Griechen und Römern, weil sie die Zeit von Sonnenaufgang bis zu ihrem Untergang immer in gleich viele Stunden theilten, nothwendig im Sommer länger als im Winter.

den Vortheil, wenn du einen Fluß paſſierſt
die Fiſche mit der Naſe weg zu angeln?

20.

An einen Mahler.

Wie glücklich haſcht dein Pinſel alle Formen?
Nichts fehlt als daß er auch die Rede haſchen könnte.

21.

Auf einen Geizigen.

Artemidor, der Tonnen Goldes einnimmt,
 lebt juſt ſo gut wie ſeine Eſelin,
die öfters Säcke Geld auf ihrem Rücken träget
 und doch nur Heu zu freſſen kriegt.

22.

Auf einen Cyniker.

Nun ſag' mir einer noch, der Mann dort mit
dem Ziegenbart und Dornſtock ſey kein weiſer Mann!
Beym Gaſtmal hat ſichs, denk ich, jüngſt gewieſen.
Er ließ die Bohnen und die Rüben weislich
vorbeygehn, weil ſichs, wie er ſagte, nicht
geziemet, daß dem Bauch die Tugend diene.
Doch wie die Schüſſel mit den ſcharfgewürzten

ſchne-

schneeweissen Zwiebeln ihm ins Auge stach.
Da zeigte sich des Mannes Weisheit erst
in ihrem vollen Glanz; denn, gegen alles
Vermuthen, fodert' er sogleich davon und ließ
sichs wohl belieben, mit Versicherung
die Zwiebeln schadeten der Tugend nichts *).

23. An

*) Mit allem Respect vor dem großen Salmasius (der noch sehr jung war, als er in seinen Noten zu Lamprids Heliogabalus behauptete, man müsse hier statt βολβον — BOΛBAN lesen) däucht mich die gewöhnliche Lesart gebe einen so guten Sinn, daß man der Salmasischen Verbesserung nicht nöthig habe. Bolba sollte nehmlich, seiner Meynung nach, das lateinische volva oder vulva seyn, und das uns Neuern (meines Wissens) unbekannte, aber von den Griechen und Römern so hoch geschätzte Gerichte bedeuten, wovon Horaz in seiner Epistel an Vala den Schwelger Mänius mit der Entzückung eines Epicuri de grege porcus ausrufen läßt, nil vulva pulchrius ampla! Aber wozu hätte Lucian nöthig gehabt das barbarische Wort Bolba zu schmieden, da dieses Gerichte den Griechen unter dem Nahmen Metra Hy-
eia nicht nur wohl bekannt, sondern unstreitig aus ihrer Küche in die römische gekommen war? — Aber, sagt der junge Salmasius, was war denn an einer Zwiebel so anlockendes, daß der Cyniker, der die Bohnen und Rüben verschmähet hatte, bey ihrem Anblick plötzlich aufstehen und sein Leckermaul verrathen sollte?" — Meine Antwort ist: Lucian will dem Cyniker, dem dieses Epigramma gilt, nicht seine Leckerhaftigkeit, sondern eine andere Untugend, die den Cynikern zur Last gelegt zu werden pflegte, seine Salacität, vorrücken: denn der Bolbos der Griechen, eine Art von Zwiebeln, die mit der gemeinen Zwiebel (κρομυον) nicht verwechselt werden muß, wurde für ein mächtiges Stimulans gehalten; besonders eine große Gattung, die der königliche Bolbos hieß. Athenäus, der dieser Art von Zwiebeln

23.

An das Podagra.

Du große Bettlerfeindin, Göttin, die
allein den Uebermuth des Reichthum zähmt,
wer weiß das Leben leichter sich zu machen
als du? Du gehst sogar auf — fremden Füßen,
und niemals darf es dir an — Salben fehlen,
an Kränzen nie, noch an Auson'schem Weine *).
Bey Bettlern findet sich das alles nicht:
drum fliehest du der Armuth kahle Hütte
und legest dich den Reichen nur — zu Füßen.

im zweyten Buche seines Gelehrten-Gastmahls ein eigenes Kapitel gewidmet hat, führt aus dem Komödiendichter Philemon ein Recept an, wie sie zubereitet werden müßten, um für ein leckeres Gericht zu passieren, und ihre gehörige Wirkung zu thun, nehmlich mit Käse, Honig, Sesamkörnern, Essig, Oehl, gemeine Zwiebeln und Asa Fötida. So zubereitet machten sie also eine Schüssel aus, die einem Satyrmäßigen Cyniker allerdings in die Augen stechen konnte; und dieß ist, däucht mich, genug, um alle Schwierigkeiten zu heben, und sowohl den wahren Sinn als den Stachel dieses Epigramms sichtbar zu machen.

*) Etwa weil die Aerzte in Griechenland italienischen Wein für zuträglicher für die Podagristen hielten als Griechischen? Oder will er damit sagen, das Podagra suchte nur die reichen Römer heim. Denn die Römer hatten so ziemlich dafür gesorgt, daß in der ganzen Welt die ihnen unterthan war, niemand reich seyn konnte als sie.

24.
An einen Weinhändler.

Ehmahls schmeckte dein Wein mir so süß wie der,
    der in Hebe's
Schale sprudelt, und ich wußte viel Dank dir
    dafür:
Aber nun, wenn du mich liebst, nun keinen mehr!
    wie den letzten
brauch' ich keinen, mein Arzt hat den Salat mir
    verwehrt.

25.
Lais.

Die Siegerin der Perser, Hellas, ward
der schönen Lais Raub: Ihr Zauberreitz
besiegte jedes Herz und leerte jeden Beutel.
Nun, selbst besiegt vom Alter, weihet sie,
o Cypria, den Schmeichler ihrer Jugend,
ihn, der ihr jetzt der Haare Schnee, die Runzeln
der Stirne vorrückt, ihren einst so zärtlich
geliebten nun verhaßten Spiegel, Dir.

26.
Verschwiegenheit.

Versigle deinen Mund, um der profanen Welt
  Was zu verschweigen ist nicht rasch zu offenbaren:
Oft liegt dir minder dran, dein Geld
  als deine Worte zu bewahren.

27.
Wer ist reich?

Der Seele Reichthum nur ist wahrer Reichthum:
Wie vieles hat sie in sich selbst, das mehr
als Alles werth ist, was wir in der Welt
besitzen können? Reich verdient nur der zu heißen,
der seiner Güter zu genießen weiß.
Wer überm Zählen seines Geldes sich
verzehrt, und stets nur Sack auf Sack zu häuffen
beschäftigt ist, der ist den Bienen gleich,
die ohne Rast der Blumen süßen Raub
für andere in ihre Zellen sammeln.

---

28. Un-

28.
Unbestand der Güter.

Ein Feld des reichen Kleons war ich einst,
nun bin ich des Menipps, und werde bald
von einem dritten auf den vierten kommen:
für sein hielt Der und Jener irrig mich,
denn ich gehöre bloß Fortunen an *).

29.
Die Macht des Glücks.

Sey glücklich, und du hast die Menschen, hast die
                      Götter
  zu Freunden, wünsche nur, du wirst erhört!
So bald Fortuna dir den Rücken kehrt,
  wie schnell verändert sich das schöne Wetter!
Weg sind die Freunde, taub die Götter;
  Kurz, wie dein Glück sinkt oder steigt
ist alles andre dir hold oder abgeneigt.

---

*) Wahrer und schöner drückt diesen Gedanken Horaz jens Ofellus aus. Satyr. L. II. 2. v. 128. sequ.

30.

Auf Lucians Werke *).

Dieß schrieb einst Lucian, der keiner Thorheit schonte
Wie alt sie war, wie hoch sie thronte,
wie unverschämt sie sich der Weisheit Miene gab!
Sein Urtheil sticht vielleicht oft stark vom euern ab:
der Menschen Urtheil von den Sachen
bleibt immer schwankend, dieß ist einmal unser Loß,
die größten Fragen sind noch immer auszumachen,
und manches scheint dem einen wichtig, groß
und hoher Ehren werth, worüber andre bloß
die Achseln zücken, oder lachen.

---

*) Vermuthlich von einer andern Hand, wiewohl es gewöhnlich an der Spitze der Lucianischen Epigrammen steht. Ich habe es sehr frey behandelt, um den Gedanken, der darin liegt, mit etwas mehr Bestimmtheit auszubilden.

Und so ist dann, Dank sey den Musen und dem Geiste Lucians, der mich in dieser langen Arbeit selten, wie ich hoffe, verlassen hat, die angenehmste und mühsamste aller litterarischen Unternehmungen meines Lebens zu Ende gebracht: und wenn auf der einen Seite die kleine Zahl der Leser, die mit der Sprache dieses liebenswürdigen Schriftstellers vertraut sind, von der ihm eigenen Lebhaftigkeit, Gewandtheit und Anmuth des Geistes, von den Schönheiten seiner Diction und von jener attischen ϛωμυλια, die auch alsdann, wenn sie zur Geschwätzigkeit wird, noch voller Grazien ist, wenigstens Etwas in dieser Uebersetzung wiederfänden; und auf der andern die größere Anzahl derer, die ihn ohne Hülfe eines Dollmetschers gar nicht kennen lernten, indem sie die Werke Lucians in dieser teutschen Einkleidung lesen, nur selten gewahr würden, daß sie eine bloße Uebersetzung lesen, und die Idee, die sie sich von dem Witz, der Laune und dem gesunden Verstande dieses alten Vorgängers und Modells der neuern Rabelais, Cervantes, Cyrano de Bergerac, Swift, Fielding, Sterne, u. s. w. auf Hörensagen gemacht hatten, dadurch gerechtfertigt fänden, — dann wäre freylich das Ziel meiner Wünsche und Bestrebungen bey dieser Arbeit erreicht, und ich könnte mir schmeicheln, den größten Theil der drey letzten Jahre meines Lebens nicht ganz unverdienstlich zugebracht zu haben.

Da ich aber hierüber keine Stimme habe, so bleibt mir nun weiter nichts übrig, als hinzuzufügen, daß diese sechs Theile nicht nur von den sämtlichen ächten Werken Lucians, sondern sogar von denen, die ihm mit Ungewißheit oder gar fälschlich zugeschrieben werden, Alles enthalten, was einer Uebersetzung fähig oder nicht ganz unwürdig war. Der Unübersetzlichen habe ich unter allen Schriften die seinen Nahmen tragen (ausser einem einzigen Hetärengespräche) nur viere gefunden, wovon zwey, das Gericht der Vocalen und Lexiphanes, unstreitig ächt, der Soloecist zweifelhaft, und der Dialog, der den Titel Erotes (die beyden Liebesgötter) führt, der fast allgemeinen Meynung der Gelehrten und meiner eigenen Ueberzeugung nach, Lucians zu unwürdig ist, als daß er vor dem Richterstuhl des

Geschmacks und der Billigkeit von der Beschuldigung, der Vater eines solchen Zwitters oder Wechselbalges zu seyn, nicht losgesprochen werden sollte. Gesetzt aber auch, daß er es gewesen wäre, so brauche ich denen, die nicht schon wissen von was für Liebesgöttern in diesem Dialog die Rede ist, nur zu sagen, daß der Haupteinhalt desselben mit dem Sujet des berüchtigten *Capitolo del Forno*, das der gute Erzbischoff von Benevent Johann la Casa zu verantworten hat, ziemlich einerley, aber ohne Vergleichung weniger verschleiert, und, mit Einem Worte so anstößig ist, daß ausser den lateinischen Uebersetzern, noch niemand, meines Wissens, unverschämt genug gewesen ist, sich mit der Dollmetschung desselben zu beschmutzen.

Die übrigen drey Stücke sind, nicht aus Achtung für Sitten und Anständigkeit, sondern aus grammaticalischen Ursachen unübersetzlich; nehmlich weil sie lediglich von Gegenständen handeln, welche die Griechische Sprache, Grammatik, Dialecte, Rechtschreibung und dergleichen betreffen; so daß also, da sie ungriechischen Lesern nothwendig unausstehliche Langeweile machen müßten, und sicherlich von ihnen überschlagen werden würden, schlechterdings kein Grund zu erdenken wäre, warum man sie in irgend eine lebende Sprache übertragen sollte.

In einem dieser Dialogen — in welchem überdieß auch die gelehrtesten Ausleger eine Menge unauflößlicher Knoten finden — disputiert Lycinus mit dem schönen Lexiphanes, einem jungen Sophisten, über den falschen Geschmack und unächten Witz, wodurch gewisse, nicht genannte junge Schriftsteller seiner Zeit sich verführen ließen, die Reinigkeit der Griechischen Sprache zu verderben, indem sie ihre Diction mit einer ungeheuern Menge abgeschmackter neuer Wörter, Redensarten, Metaphern u. s. w, ausstaffierten, und, um für Original zu passieren eine Art zu schreiben affectierten, die sich von der Sprache und dem Styl der guten Schrift-

steller der schönsten Zeiten Griechens eben so weit entfernte
als vom Sprachgebrauch, vom guten Geschmack und vom gesunden Menschenverstand. Der junge Lexiphanes liest dem Lycinus ein ziemlich großes Stück seiner neuesten, oder (wie er sich ausdrückt) mostigsten Composition in dieser Manier vor, worin, wie leicht zu erachten, die Thorheit über welche Lucian spottet, aufs äusserste getrieben ist; und wie er damit fertig ist, findet Lycinus den Zustand des jungen Autors so schlimm, daß er keinen andern Rath weiß, als ihn einem von ungefehr dazukommenden Arzt zu empfehlen, um zu versuchen was Nieswurz und tüchtige Abführungsmittel zu Wiederherstellung seiner Gesundheit etwa wirken möchten. Dieser Dialog verdient allerdings von Liebhabern der Griechischen Sprache studiert zu werden, und muß einem Hemsterhuys oder Brunck und ihres gleichen eine sehr angenehme Unterhaltung geben: aber er ist, wie gesagt, so gar ins Lateinische unübersetzlich. Das nehmliche gilt beynahe in noch höherm Grade von dem Solöcisten. Man muß ein Grieche seyn, um griechische Solöcismen zu verstehen, und man müßte zu Lucians Zeiten gelebt haben, um an einer grammaticalischen Satyre über die Rhetorn und Schriftsteller, die solche Solöcismen affectierten, einiges Interesse zu finden. Das sogenannte Iudicium Vocalium ist das eleganteste unter diesen drey Stücken: der Buchstabe S stellt darin eine gerichtliche Klage gegen den Buchstaben T, peto Spolii, vor dem Gerichte der sieben Vocalen an, und beschwert sich darüber, daß er aller der Wörter gewaltsamer Weise beraubt werde, die (in dem Attischen Dialekt) mit einem doppelten τ ausgesprochen werden, da sie doch von Rechts wegen ein doppeltes ſſ haben; wie z. B. Glotta, Pitta, Melitta, u. s. w. statt daß sie Glossa, Pissa, Melissa lauten sollten. Dieses kleine Stück gehört, meines Bedünkens, in seiner Art unter die witzigsten Spiele der Lucianischen Laune: aber es läßt sich eben so wenig übersetzen als die beyden andern. Ausser diesen findet sich unter den versificierten Stücken, die unserm Autor zugeschrieben werden, noch ein Fragment eines kleinen Drama's, Okypus genannt, welches eine abgeschmackte Nachahmung des Tragopodagra gewesen zu seyn scheint, und in seinem jetzigen Zustande, als Fragment, noch
unge-

ungenießbarer ist. Es wird beynahe einhellig für unächt gehalten, und scheint mir in jeder Betrachtung Lucians unwürdig zu seyn. Ich habe also meine Zeit um so weniger mit Uebersetzung desselben verderben wollen, da ich gewiß seyn konnte, daß mir kein Leser von Geschmack für die Gewalt, die ich dem meinigen bey einer so unnützen Arbeit hätte anthun müssen, Dank gewußt haben würde.

www.ingramcontent.com/pod-product-compliance
Lightning Source LLC
Chambersburg PA
CBHW031957300426
44117CB00008B/802